BENNO VON WIESE

Die deutsche Novelle
von Goethe bis Kafka

Interpretationen

II

DÜSSELDORF
AUGUST BAGEL VERLAG

Richard Alewyn
zugeeignet

13.— 18. Tausend

Alle Rechte vorbehalten

Herstellung A. Bagel, Düsseldorf

Printed in Germany 1965

VORWORT

Dieser zweite Band Interpretationen zur deutschen Novelle von Goethe bis Kafka ist durchaus als Ergänzung zum ersten gemeint, kann jedoch auch ohne seine Kenntnis gelesen werden. Er beschränkt sich in voller Absicht auf den gleichen Zeitraum. Wenn jedoch damals das Schwergewicht besonders auf den Bildsymbolen in der Novelle lag, so wird hier mehr nach der Rolle des Erzählers und dem Spielraum des novellistischen Erzählens überhaupt gefragt. Das einleitende grundsätzliche Kapitel umschreibt den Problemkreis, der sich dabei ergibt, und geht nur am Rande auf die geschichtlichen Fragen ein, die bereits in der Einleitung zum ersten Band abgehandelt wurden.

Zum Prinzip der Auswahl dieser fünfzehn Erzählungen wäre zu sagen, daß wiederum in erster Linie der Rang der jeweiligen Dichtung, in zweiter ihr geschichtlich repräsentativer Charakter maßgebend waren. Im allgemeinen ist die chronologische Folge eingehalten. Gelegentliche Abweichungen schienen mir von der Sache her sinnvoll. Mehr als bisher habe ich, wo ich es für angebracht hielt, eine am Gegenstand selbst gewonnene ästhetische Kritik geübt. Ferner suchte ich auch weniger Bekanntes einzubeziehen oder sogar weitgehend Verschollenes wie z. B. die Novellistik Eduard von Keyserlings, ja auch die des meist unterschätzten Schnitzler neu zu entdecken. Einige Autoren wie Kleist, Stifter, Keller, Meyer und Kafka sind hier nochmals, zum Teil sogar nachdrücklicher vertreten als bisher, um ihre Bedeutung für die Geschichte der deutschen Novelle zu unterstreichen. Als neue Autoren habe ich Goethe, dem ich im ersten Bande eine eigene Analyse schuldig geblieben bin, nunmehr mit aufgenommen, ferner Arnim, Hoffmann, Büchner, Raabe, Storm, Fontane, Schnitzler, Keyserling und Musil. Dabei handelte es sich bei Büchner um einen Grenzfall. Es mag ruhig offenbleiben, ob und wieweit er in eine Geschichte der deutschen Novelle hineingehört. Seine Bedeutung für die Entwicklung deutscher Prosa kann dennoch kaum überschätzt werden. Fontane wiederum ist bisher viel zuwenig als Novellendichter von höchstem Rang gewürdigt worden, mag seine Novellistik auch oft ins Romanhafte hinüberspielen. In der modernen Dichtung von Schnitzler, Keyserling, Musil und Kafka wird man sich sowieso vor einem starren Begriff der Novelle besonders hüten müssen.

Die Auswahl der interpretierten Texte ist nicht ohne pädagogische Absichten. Sie möchte den Leser dazu verlocken, von allzu festgelegten Linien einmal abzuweichen, etwa bei Keller nicht immer nur „Romeo und Julia auf dem Dorfe" heranzuziehen, sondern auch den bisher viel zuwenig gewürdigten „Landvogt von Greifensee"; bei Storm statt des unvermeidlichen „Schimmelreiter" endlich einmal „Hans und Heinz Kirch"; bei Hoffmann statt des „Fräulein von Scuderi" die ebenso meisterhafte Erzählung „Rat Krespel". Außerdem soll meine Auswahl auch auf unbekanntere Dichtungen aufmerksam machen.

Ich würde es begrüßen, wenn diese Analysen für den Leser auch ohne Kenntnis der behandelten Texte anschaulich und fesselnd blieben. Aber zum richtigen Verständnis ist dennoch der Umgang mit den Dichtungen selbst erforderlich. Auf das wissenschaftliche Schrifttum bin ich nur dort näher eingegangen, wo es mir für die Auslegung der betreffenden Novelle fruchtbar erschien. In manchen Fällen mußte ich mir jedoch den Weg allein suchen, da erstaunlich vieles bisher so gut wie unbeachtet geblieben ist. Das Schrifttumsverzeichnis am Ende soll die rasche Orientierung erleichtern. Bibliographische Vollständigkeit wird dabei nicht erstrebt. Die schon im ersten Band angeführten Werke und Aufsätze wurden nur dort wiederholt, wo ich sie für diese Interpretationen erneut herangezogen habe.

Besonders habe ich der Deutschen Forschungsgemeinschaft zu danken, die mir durch ihre Unterstützung bei meiner vorübergehenden Beurlaubung von meinen Pflichten als akademischer Lehrer die Muße für dieses Buch mit ermöglicht hat. Jetzt, wo es vollendet ist, kann ich nur hoffen und wünschen, daß es die gleiche Anteilnahme findet, wie sie der erste Band meiner Novelleninterpretationen gefunden hat.

Benno von Wiese

INHALT

INHALT

VOM SPIELRAUM DES
NOVELLISTISCHEN ERZÄHLENS

Von einem Mailänder Friedensrichter wird erzählt, daß er
nach Anhörung zweier streitender Parteien beiden recht gab,
und als das zuhörende Söhnchen einwarf: „Aber, Vater, das kann
doch nicht sein, daß alle beide recht haben", bestätigend hin-
zufügte: „Auch du hast recht, mein Sohn."
An diese hübsche Anekdote mag man denken, wenn man angesichts der verschiedenen und sich widersprechenden Theorien
über die Gattung Novelle in Verwirrung gerät. Romanisten hie,
Germanisten da — sie haben sich oft noch nicht einmal über den
Gegenstand verständigt, von dem die Rede sein soll. Wer sich
jedoch von den Theoretikern über die Novelle im allgemeinen
belehren lassen will, wird bald mit Befremden feststellen, daß die
von den Kennern behaupteten Kriterien und Kennzeichen für
eine Novelle zwar erstaunlicherweise ab und zu wirklich in der
Dichtung selbst anzutreffen sind, aber im Ganzen dem Reichtum
der geschichtlichen Überlieferung in keiner Weise gerecht werden
können. Wer sich aber statt dessen nur an die Geschichte der
Novelle hält, findet auch hier keinen festen Boden. Mag er noch so
sehr auf die romanische Urform der Novelle zurückgehen wollen,
zu seiner Überraschung wird er erkennen, daß ihre Existenz bereits bei den Romanisten selber umstritten ist. Aber auch davon
abgesehen, in jedem Falle bleibt die Schwierigkeit unauflösbar,
daß sich kaum eine haltbare Brücke auch nur von Boccaccio und
Cervantes zu der gänzlich anderen deutschen Novellistik des 19.
und 20. Jahrhunderts schlagen läßt, so unverkennbar auch die
Einflüsse Boccaccios auf Friedrich Schlegels Theorie oder die Einwirkung Cervantes' auf die Novellendichtung der deutschen
Romantik gewesen sind.
Es gilt sich damit abzufinden, daß die in der neueren deutschen
Dichtung entwickelten Formtypen der Novelle nicht nur art-,
sondern wesensverschieden sind von dem breiten Strom der

9

Novellistik, der jahrhundertelang sich in den romanischen Kulturkreis ergießt. Aber auch wenn man die Geschichte der deutschen Novelle in dem konventionell überlieferten Sinn mit Goethe beginnen und die mittelalterliche Tradition auf sich beruhen läßt, steht man vor nahezu unüberwindlichen Schwierigkeiten. Immer deutlicher stellt sich heraus, daß die in der Theorie der Novelle gefundenen Kategorien von Ludwig Tieck bis Friedrich Theodor Vischer, Paul Heyse und Spielhagen und solchen unserer Gegenwart für die Dichtungsanalyse selbst in keiner Weise ausreichen. Manfred Schunicht hat in einem klugen Aufsatz „Der ‚Falke' am ‚Wendepunkt' " überzeugend nachgewiesen, daß Tiecks Lehre vom „Wendepunkt" aufs engste mit Solgers romantischer Metaphysik vom punkthaften Eingehen des Absoluten in das Endliche verschmolzen und schon darum völlig ungeeignet ist, zu einem formaltechnischen Trick eingeengt zu werden, der sich, auch unabhängig von der späteren Novellistik Tiecks, verwenden ließe. Das gleiche gilt von dem oft angerufenen „Falken" Paul Heyses, den man zwar als sog. „Spitzenmotiv" gelten lassen kann, aber dessen Umdeutung in ein echtes Symbol bereits sehr fragwürdig ist. Reduziert man jedoch die Theorie Heyses auf die These, daß eine novellistische Komposition ein „Grundmotiv" braucht, so ist damit nicht allzuviel gesagt, was für die Bestimmung der Gattung Novelle aufschlußreich wäre. Abgesehen von seiner viel zu sehr überschätzten Falkentheorie hat Heyse freilich darüber hinaus über die Novelle als Gattung noch anderes behauptet: in ihr fände „der Ausnahmefall, das höchst individuelle und allerpersönlichste Recht im Kampf der Pflichten seine Geltung". Jedoch hebt Schunicht mit Recht hervor, das sei nur die „Heldenfeier des unbedingten Individualismus in einer Ära bürgerlich-gesellschaftlicher Degeneration", also eine geschichtlich sehr bedingte und darüber hinaus keineswegs gültige oder auch nur verwendbare Theorie. So wollen denn auch wir uns mit Schunicht entschließen, „dem Vorbild Friedrichs degli Alberighi folgend, den Falken zu schlachten" oder ihn wenigstens mit Theodor Storm getrost davonfliegen zu lassen.

Schunicht versucht freilich trotzdem, wenn auch ohne „Wendepunkt" und „Falke", eine auf den deutschen Novellentypus des 19. Jahrhunderts beschränkte typologische Strukturbestimmung der Erzählform Novelle, die im wesentlichen das ambivalente Verhältnis von subjektivem Erzählen und objektiver Wirklichkeit in den Mittelpunkt rückt: die Darbietung einer scheinbar objektiv strengen „Kausalität", hinter der sich in Wahrheit eine geschickt verhüllte subjektive „Finalität" verbirgt. Einiges in dieser Richtung wird uns noch näher beschäftigen.

Im Gegensatz zu Schunicht will Fritz Martini in einem zusammenfassenden Aufsatz „Die deutsche Novelle im ‚bürgerlichen Realismus'" den Formtypus auf geschichtliche Weise einkreisen. Sosehr hier vorschnell verallgemeinernde Abstraktionen vermieden sind, sosehr droht auf der anderen Seite die Gefahr, daß in der immer noch recht großen Spannweite von Keller über Meyer bis zu Storm und Fontane die Novelle zu einem großen Sammelbecken wird, in das alles und jedes einströmen konnte, so daß die Konturen des „geschichtlichen Formtypus" dadurch unscharf und vieldeutig werden. Martini sucht sich zu helfen, indem er zwischen einem älteren und einem neueren geschichtlichen Formtypus unterscheidet. Für den älteren, der noch vom „Ereignisstil" her bestimmt ist, nennt er Kellers Erzählung „Der Landvogt von Greifensee" als Beispiel. Für den neueren sei die Vereinigung der „objektiven" Wirklichkeit mit „subjektiven Perspektiven" charakteristisch, die dem Gattungstypus eine elastische und erheblich variierende Ausgestaltung gestatte. Das „Problematische" und „Moderne" sei in diesen geschichtlichen Formtypus miteingegangen, der sich im „bürgerlichen" Raum des Gesellschaftlichen, Geschichtlichen und Psychologischen angesiedelt habe. Die Novelle mache jetzt sichtbar, daß das „eigentliche Leben" jenseits der „beruhigten Normalformen" liege „und sich in der ungewöhnlichen Individualität und ihrem Geschick zu Steigerungen und Spannungen konzentrierte".

Aber läßt sich diese immer stärker hervortretende „persönliche Erzählperspektive", die sich das Recht zur „subjektivierten Deutung" vorbehält, noch mit jenem geschichtlichen Formtypus vereinigen, den etwa Keller repräsentiert? Werden nicht im Übergang vom „Ereignisstil" der Novelle zu dem des Problematischen die Grenzen bereits innerhalb des „bürgerlichen Realismus" so fließend, daß der postulierte geschichtliche Formtypus darüber verlorengeht? Martini — so hoffe ich — wird mir darauf antworten wie jener Mailänder Friedensrichter: „Auch du hast recht, mein Sohn." Habe ich ihm doch nur den Vorwurf zurückgegeben, den er seinerseits gegen meinen Begriff des „novellistischen Erzählens" gerichtet hat. Er sei nur „eine Verlegenheitslösung, die Formverwischungen offenläßt". Es fragt sich jedoch, ob es eine andere Lösung überhaupt geben kann, da ja auch von dem geschichtlichen

Formtypus, von der Novelle des „bürgerlichen Realismus", das gleiche gilt. Es wird alles darauf ankommen, wieweit sich nicht doch dieses novellistische Erzählen als eine Art Spielraum auffassen läßt, innerhalb dessen sich bestimmte Formmöglichkeiten in einer gewissen Variationsbreite entfalten dürfen. Dafür sollen in dieser Einleitung einige Blickpunkte entwickelt werden.

Gehen wir zunächst, wie es bereits der Schüler Emil Staigers, Bernhard von Arx, in seinem Buch „Novellistisches Dasein, Spielraum einer Gattung in der Goethezeit", Zürich 1953, versucht hat, vom Banalen und scheinbar Selbstverständlichen aus: von der Novelle als einer mittellangen oder auch kürzeren Erzählung, die sich in der Regel der Prosaform bedient. So allgemein diese Bestimmung des Spielraums gehalten ist, sie schließt bei näherer Analyse doch schon manches andere aus. Die Novelle hat auf Grund ihrer begrenzten und überschaubaren Länge bereits nicht mehr die Möglichkeit des epischen Erzählens im weiteren Sinne, nämlich die, sich Zeit zu lassen, den Stoff auf breite Weise, oft sogar auf komplizierten Umwegen, zu entfalten. Die nahezu unbegrenzte Weltfülle des Romans besitzt sie nicht. Gewiß, auch sie kennt retardierende Momente, aber sie vermag sie nur sparsam und in Hinblick auf eine dem Abschluß schnell zueilende Handlung zu verwenden. Sogar dort, wo sie sich auf einen Wechsel der Räume und Zeiten einläßt, wird sie das nur auf sprunghafte Weise tun können. Ebenso bleibt ihr Figurenpanorama stets ein eng begrenztes, zum mindesten, wenn man es mit dem des Romans vergleicht. Muß sie doch alles knapper, rascher, oft aber auch genauer sagen.

Auf der anderen Seite wiederum ist ihr die unmittelbare Vergegenwärtigung des Dramatischen, das nur als Handlung vor unseren Augen abrollt, versagt. Mag die geschilderte Begebenheit noch so isoliert, noch so eingleisig und abgegrenzt sein, der Novellist sieht sich zu einer *indirekten* Ansprache genötigt. Erzählte Dialoge haben bei Fontane eine andere Funktion als im Drama; der Erzähler braucht sie zwar nicht immer zu kommentieren, trotzdem wird ihre jeweilige Stelle im Erzählzusammenhang ihnen eine besondere, unter Umständen ironische Funktion verleihen. Selbst dort, wo der novellistische Erzähler sich ganz hinter dem von ihm dargestellten kleinen Ausschnitt von Welt verbirgt, dirigiert er noch auf seine besondere Weise die Motive und Gegenmotive, die das Geschehen bestimmen. Fast immer behält er Distanz nicht nur zum Geschehen selbst, sondern auch zu den Menschen, von denen er erzählt. Der Dramatiker hat, damit verglichen, eine weit größere Chance, sich direkt in seine sprechenden und agierenden Personen zu verwandeln und sich mit ihnen zu identifizieren. Ja, es ist sogar meist für ihn erforderlich, in den Ablauf der Handlung gleichsam selbst mit hineinzuspringen und sich ihrem Telos unmittelbar zu überlassen.

Ebenso läßt sich der Spielraum des Novellistischen gegen die weltlose Freiheit der rein lyrischen Selbstdarstellung abgrenzen, obwohl natürlich diese den Spielraum des Lyrischen keineswegs erschöpft. Sogar noch in der nahezu auf eine Person beschränkten Monolognovelle — und diese ist ja nur ein Grenzfall bereits jenseits des „bürgerlichen Realismus" — muß sich eine Begebenheit spiegeln, und sei es auch nur mit Hilfe eines fiktiv eingeführten individuellen Bewußtseinsstroms. Schnitzlers Erzählung „Die Toten schweigen" soll dem Leser das später verdeutlichen. Will der novellistische Dichter jedoch vor allem die Schwingungen *seines* persönlichen Lebens darstellen, so nötigt ihn der Stil des novellistischen Erzählens zur Verhüllung ins Gegenständliche und Bildhafte. Darauf hat bereits Arnold Hirsch in seinem auch heute noch lesenswerten Buch „Der Gattungsbegriff Novelle" hingewiesen. Theodor Storm z. B. räumt dem Lyrischen und Subjektiven der Stimmung einen erstaunlich großen Raum ein, aber als Erzähler bleibt auch er an das objektiv Ereignishafte gebunden.

Nicht nur für den Roman, auch für die Novelle stellt sich die Frage nach dem Erzähler. Er dirigiert, so sagten wir, das Geschehen auf seine besondere Weise. Wie aber verhält er sich im einzelnen zum Dargestellten? Sucht er sich dahinter zu verbergen, mischt er sich reflektierend ein oder überläßt er einem Dritten, meist einem Icherzähler, das Erzählen, um eben damit erneut Distanz zu seinem Gegenstand zu gewinnen? Wieweit führt die Verwendung eines „Rahmens" zur Verdoppelung der Erzählerperspektive? Vielleicht noch wichtiger ist die bereits angedeutete Frage, ob der Erzähler alles im voraus schon überschaut oder ob er selbst in den Strom des Geschehens mit hineingerissen wird. Wolfgang Kayser hat in seiner wertvollen Studie „Wer erzählt den Roman?" zwischen Autor und Erzähler unterschieden und den Romandichter als den allwissenden Weltschöpfer aufgefaßt, der die Totalität der Welt noch darzustellen weiß und gleichzeitig in zwei ganz verschiedenen Zeitordnungen gegenwärtig sein kann. Das dürfte für den Dichter der Novelle schon deshalb nur begrenzt gelten, weil die Beschränkung auf den isolierten Fall ihm eine solche Allwissenheit gerade verbietet. Zuweilen kann sie freilich auch hier in versteckter Weise bestehen, zumal dann, wenn der Einzelfall noch stellvertretende Bedeutung für das Ganze des Lebens hat. Aber nicht weniger läßt sich, zumal in der modernen Prosa, beobachten, daß eben diese Allmacht verlorengeht und der Erzähler nur noch zum exakt aufnehmenden Seismographen innerer oder äußerer Vorgänge geworden ist. In jedem Falle ist es für das Verständnis der Novelle erforderlich, auch bei ihr aufs genaueste darauf zu achten, wen der Dichter erzählen läßt, sei es in der Ich-, sei es in der Erform, und wieweit er auf einem solchen Umwege noch sich selbst und sein Verhältnis zu Welt darstellt.

Das Indirekte und Artistische aller novellistischen Darstellung wird nur dort im vollen Umfange sichtbar werden, wo die interpretierende Analyse nicht nur dem dichterischen Gegenstand selbst gilt, sondern nicht weniger dem Erzähler, der sich auch dort, wo er nicht als eigenständige Figur auftritt, reflektierend einschalten kann oder auch die als wirklich mitgeteilte Begebenheit noch zum Organ einer welterschaffenden oder weltvernichtenden Selbstmitteilung macht. Nicht nur, *was* der Erzähler in der Novelle berichtet, ist bedeutsam, sondern mehr noch das *Wie* seines Erzählens. Glücklicherweise läßt sich das nicht auf abstrakt theoretische Weise ausmachen, sondern nur in der genauen Beobachtung, und wir hoffen dafür in den folgenden Kapiteln sehr verschiedene Varianten und damit auch Antworten auf unsere gestellten Fragen geben zu können.

Das novellistische Erzählen, das in so verwirrende Nähe zu den verschiedenen dichterischen Großformen, dem Epischen, dem Dramatischen und dem Lyrischen, gerät, zieht dennoch Nutzen aus dieser Verwirrung, indem es in solchen Angrenzungen in besonders akzentuierter Weise „Spiel" bleibt, sei es, daß der Dichter als Spielender sein eigenes Spiel und die Spielregeln dabei vor uns zu verbergen sucht, sei es, daß er sie höchst kunstvoll und bewußt darbietend in Szene setzt. Keller und Meyer mögen für diesen Gegensatz stellvertretend genannt werden, ein Gegensatz, auf den sich wohl auch noch die Schillersche Typologie von naiven und sentimentalischen Dichtern anwenden ließe. Sosehr die Novelle sich auf *eine* Begebenheit konzentriert, die als „unerhörte", das heißt als noch niemals vernommene wie auch als außergewöhnliche Begebenheit dem Zuhörer oder Leser berichtet werden soll, sosehr kontrastiert die künstlerische Formengebung zum Eindeutigen solcher Zuordnung. In dieser schwebenden, am Einzelfall gewonnenen Beziehung zwischen Wahrheit und Fiktion liegt ein besonderer Reiz der novellistischen Darstellung. Mit Recht hebt auch Schunicht hervor, daß ein angemessenes Verstehen der Novellendichtungen unabdinglich an die Einsicht in diese „doppelte Bewandtnis", in diese „bilaterale Struktur der Novelle" geknüpft sei.

Ob damit freilich die von Johannes Klein der Novelle zuerkannte „Urform des Erzählens" noch getroffen wird, muß zweifelhaft bleiben. Denn eine solche „bilaterale Struktur" setzt bereits ein hochentwickeltes und differenziertes Bewußtsein der Neuzeit voraus. Ursprüngliches Novellenerzählen dürfte hingegen weit eher in der Nachbarschaft des Volksmärchens zu suchen sein und gehörte damit in den Umkreis jener „einfachen Formen", über die André Jolles bereits 1929 ein sehr anregendes Buch geschrieben hat. Ebendort taucht das Stichwort „Novelle" im Zusammenhang mit der einfachen Form „Märchen" auf. Der Abstand von dort bis zum Novellenerzählen des bürgerlichen Realismus ist riesengroß. Trotzdem schließt das nicht aus, daß auch die Novelle als kompliziertes Kunstgebilde immer noch Spuren von einer „Urform des Erzählens" zeigt. Schon im gleichen Jahrhundert sind hier sehr verschiedene Formtypen möglich. Friedrich Sengle hat in seinem Aufsatz „Der Romanbegriff in der ersten Hälfte des 19. Jahrhunderts" mit Nachdruck darauf hingewiesen, daß in der frühen Biedermeierzeit Roman und Novelle noch kaum von einander getrennt sind und die Vorstellung von der strengen, konstruktiven Form der Novelle sich erst in der zweiten Jahrhunderthälfte bei Keller, Storm, Meyer und Heyse entwickelt. Wir tun gewiß gut daran, alle Beobachtungen über den Spielraum des Novellistischen stets am geschichtlichen Formenwandel zu überprüfen und von dort her jeweils einzuschränken. Das gilt sowohl von der Novelle als „Urform des Erzählens" wie auch umgekehrt von ihren kunstvollen Höhepunkten.

Die Beobachtung lehrt den Literarhistoriker, daß gerade das aufsteigende Bürgertum des 19. Jahrhunderts in Deutschland durch die Novelle besonders angezogen wurde. Bereits Theodor Mundt konstatierte: „So fasse ich die Novelle als Deutsches Hausthier auf, und als solche ist sie mir jetzt die berufenste Kunstform, das Höchste darzustellen." Die Gründe für das Faszinierende dieses Gattungstypus von der Romantik bis zur Moderne mochten sehr verschiedener Art sein. So manche Spannungen und Zweifel des neuen Zeitalters, so mancher bürgerliche Protest noch gegen die Bürgerlichkeit selbst fanden in dem von uns bereits angedeuteten Spielraum des Novellistischen ihren gemäßen Ausdruck. Ließ sich doch hier der Schein einer Objektivität gewinnen, die im modernen Roman um so fraglicher wurde, je mehr „Weltbild" und „Wirklichkeit" auseinanderklafften. Der geringere Spielraum des Novellistischen, verglichen mit dem des Romans, erwies sich als ein unschätzbarer künstlerischer Vorteil, sobald der Großform die Zersplitterung drohte. Die Novelle gestattete, subjektiv zu sein und sich trotzdem um die Wirklichkeit zu bemühen. Ja, selbst als im modernen Bewußtsein diese Wirklichkeit als verrätselt und undurchdringlich erlebt wurde und eben darum nicht mehr als Ganzes darstellbar war, konnte das Isolierte des novellistischen Einzelfalls immer noch repräsentative Bedeutung für eine lediglich auf dem Umweg über die dichterische Fiktion zugängliche Wahrheit haben. Die Anziehungskraft der Novelle blieb keineswegs auf den „bürgerlichen Realismus" beschränkt.

Zwischen diesem möglichen Spielraum eines Gattungstypus und der geschichtlichen Situation, in der er erprobt und abgewandelt wird, bestehen so mannigfache Querverbindungen, daß wir im Wandel der Formen und Stile die geschichtlichen Lebensvorgänge sich spiegeln, aber auch diese wieder umgekehrt in bereitstehende allgemeine Formstrukturen einströmen sehen, um mit ihnen auf eine höchst individuelle Weise zu verschmelzen. Dieser sehr verwickelte Prozeß kann im Rahmen unserer Einleitung und dieses Buches natürlich nicht dargestellt, höchstens nur angedeutet werden. Dazu bedürfte es einer umfassenden geschichtlichen Untersuchung.

Die Novelle, so hören wir bei Theodor Mundt, habe es mit „Lebensperspektiven" zu tun und könne daher mit „großer Kühnheit" „in alle Gebiete des innern und äußern Lebens übergreifen". Aber diese sich immer stärker ausbreitende Auffassung von der Novelle als eines Gefäßes für die sittlichen Probleme des Einzelnen und der Gesellschaft ist nicht unbedenklich. In ihr steckt bereits eine Gefahr, die später noch deutlicher hervortritt, nämlich die, daß die Novelle als eine Art problemreicher Universaldichtung proklamiert wird. Überschreitet sie damit nicht den ihr gesetzten künstlerischen Spielraum? Die modernen deutschen Theorien über die Novelle kranken oft an einer metaphysischen Überdehnung dieses Spielfeldes. Der eigentliche Charakter der Gattung geht darüber ganz verloren. Ist es nicht recht willkürlich, wenn man etwa von der Novelle behauptet, sie habe es mit der Polarität von Kosmos und Chaos zu tun oder mit der vom Unbedingten und Bedingten oder mit der vom Absoluten und Empirischen? Oft entsteht gerade aus der Verwendung so großer Worte eine unerträgliche Schulmeisterei, die von bestimmten, außerkünstlerischen Kriterien aus Ruhm und Schande der einzelnen Novellendichter beurteilt. Was berechtigt uns eigentlich zu der Anmaßung, der Dichter habe so zu erzählen, daß sich sittliche Lebensmaximen und erzieherische Belehrungen, ja sogar noch religiöse Bestätigung daraus gewinnen lassen? Und warum soll das in der Novelle besonders der Fall sein? Allzu schnell sind viele Literaturkritiker mit Schlagworten wie Dekadenz, Verfall, Resignation, Müdigkeit und Nihilismus bei der Hand und beklagen dann, etwa am Paradebeispiel von Thomas Manns „Der Tod in Venedig", daß „der verpflichtende Charakter der Werte und die Verantwortung" sich „als unzureichend und ohnmächtig" erwiesen hätten. Mag die Novelle im 19. Jahrhundert noch so sehr Lebensfragen überhaupt darstellen, die ethische Beurteilung solcher Lebensfragen kann und darf jedoch nicht das Kriterium für ihren Rang sein. Ja, es ist sogar mißlich, immer nur nach bedeutenden Gehalten suchen zu wollen und ihr Fehlen von vornherein als künstlerisches Versagen aufzufassen.

Weit wichtiger müßte es dem Interpreten sein, in welcher Weise der novellistische Dichter seinen Stoff — sei er nun bedeutend oder nicht — in ein freies künstlerisches Spiel verwandelt hat. Wäre es nicht an der Zeit, das deutsche Vorurteil zu überwinden, als ob Spiel bereits eine Versündigung am Ernst des Lebens sei? Hofmannsthal spricht einmal im „Buch der Freunde" von der sog. „Tiefe" der Deutschen, die nichts anderes als „unrealisierte Form" sei. Die deutsche Novelle sollte uns nicht wegen ihrer angeblichen Tiefe oder ihrer sittlich metaphysischen Verluste in der Moderne interessieren, sondern vielmehr als Beispiel echter, d. h. realisierter Form.

Darum möchte ich lieber noch einige Möglichkeiten dieser Formengebung erörtern, die, wenn auch nicht auf den Spielraum des Novellistischen beschränkt, eben dort zu ihrer besonderen künstlerischen Entfaltung drängen. Solche Formensprache wird sich freilich immer nur in der Geschichte aktualisieren. Bleiben doch alle Wandlungen des Stils und der Form an den jeweiligen Augenblick dieser Geschichte gebunden.

Bereits Friedrich Schlegel hat mit Nachdruck betont, daß die

Novelle „die Anlage zur *Ironie* schon in der Geburtsstunde mit in die Welt bringt". Wenn die Novelle zuweilen sogar ein angenehmes Nichts so darzustellen vermag, daß wir uns, und zwar lediglich auf Grund der künstlerischen Darstellung, lebhaft dafür interessieren, so setzt das bereits Ironie voraus. Denn der Dichter ist sich dieser Zweideutigkeit ja durchaus bewußt und gewinnt eben ihr eine pointierende Wirkung ab. Ironie im novellistischen Erzählen ist der subjektive Vorbehalt, den der Erzähler sich aller Wirklichkeit des Erzählten gegenüber offenhält. Die Ironie kann sich aber auch umgekehrt gegen das Erzählen selbst richten, um das nur Fiktive solchen Erzählens durchscheinen zu lassen. Oft wechselt das vom einen Pol zum anderen hinüber. Ein Erzählen ohne Ironie ist zuweilen wie eine Speise ohne Salz, selbst wo uns „Tiefe" und „Gemüt" dafür entschädigen sollen. Gewiß, die Novelle braucht die Ironie nicht in jedem Falle, aber gerade ihre großen Dichter wie Goethe, Keller, Fontane, ja noch Raabe zeigen sich darin als Meister. In den nachfolgenden Kapiteln wird das Spielfeld dieser Ironie mannigfaltig hervortreten: als geistreiche Überlegenheit des Erzählers, als anmutiges Sicheinlassen in den Widerspruch von Wahrheit und Schein, als dem Humoristischen sich nähernde Freude am Feuerwerk des heiter Grotesken, aber auch im Umgang mit den dämonischen Mächten, die nur durch den Vorbehalt der Ironie wieder in eine künstlerische Distanz hineingezwungen werden können. Ironie sichert dem Erzähler seine Freiheit noch inmitten des realen Zwanges der von ihm dargestellten Begebenheit. Wir sind nicht so pedantisch, einzelne Beispiele dafür anzuführen. Der Leser wird sie später in reichem Maße finden. Er sei zum Nachdenken darüber aufgefordert, warum sich bei Kleist und Kafka zwar das Phänomen des Grotesken findet, nicht aber erzählerische Ironie im engeren Sinne. Wohl behält auch hier die Novelle ihren Spielcharakter, aber das Spiel erstrebt die Identifikation mit der Wahrheit und duldet daher nicht mehr jenen Vorbehalt gegen das Spiel, nur weil es Spiel ist oder gegen die Wirklichkeit, weil sie sich dem Spiel widersetzt. Auch wo ein dem Drama verwandtes Pathos in die Novelle eindringt wie bei C. F. Meyer, muß es zum Todfeind der Ironie werden. Nur auf höchst sublimen Umwegen über das rein Artistische der Form kann die Ironie dann trotzdem zurückgewonnen werden. Ohne Ironie erzählen auch Stifter und Storm: der eine, weil seine dem Epischen benachbarte unbeirrte, zuweilen sogar feierliche Gelassenheit ihm die Ironie verbietet; der Spielraum des Subjektiven soll gerade eingeschränkt werden; der andere, weil die poetisierende Stimmung des verschwimmenden Erinnerungsrahmens die Helligkeit der Ironie nicht erträgt; der Spielraum des Subjektiven ist bereits zu groß geworden. Ironie hingegen entzündet sich dort, wo der jeweilige Widerspruch des Subjektiven zum Objektiven oder auch umgekehrt sichtbar wird. Eben dadurch vermag sie zuweilen, wie bei Keller, das Gleichgewicht zwischen beiden Polen wiederherzustellen. Aber damit ist sie bereits ein enges Bündnis mit dem Humor eingegangen.

Die Ironie gewinnt ihre individuellen Nuancen aus der geschichtlichen Situation des Erzählers. Je nachdem, ob er dieser noch souverän gegenübersteht oder sich bereits von ihr verschlungen fühlt, wird seine Ironie verschiedener Art sein. Das eine Mal vermag er die Geschichte, die er erzählt, oft in kunstvoller Steigerung zu einem von ihm bereits vorausgewußten Ende — sei es verdeckt, sei es offen — zu führen. Die Ironie zeigt dabei an, wie der Dichter mit seiner Geschichte umgeht, ja zuweilen sogar, wie er noch mit sich selbst umgeht. Das andere Mal ist die Ironie bereits Abwehr gegen eine allzu mächtig andrängende dunkle Wirklichkeit, eine Art künstlerischer Takt, der sich angesichts der Gleichgewichtslosigkeit des Lebens in das Gleichgewicht der Form zu retten versucht. Ironie wird zur Maske, hinter der sich der Novellist verschanzt. Es wäre reizvoll, einmal dem Unterschied zwischen der Ironie im Roman und der in der Novelle nachzugehen. Aber das kann hier nicht unsere Aufgabe sein. Oft mag die Ironie im Roman noch ein novellistisches Element sein. Denn ironisieren läßt sich im Grunde nur das Einzelne, nicht das Ganze. Je mehr der Roman sich ins einzelne aufsplittert oder seine eigene Formengebung selbst reflektiert, um so mehr muß er ironisch werden. Daneben freilich gibt es auch jene Ironie der großen Erzähler, mit deren Hilfe die im Roman gespiegelte Welt gleichsam demiurgisch erst geschaffen oder auch — wenn es der Dichter so will — von ihm selbst vernichtet wird.

Der strukturelle Zusammenhang zwischen Ironie und Novelle verdiente einmal eine eigene Untersuchung. Hat nicht schon der Einzelfall als solcher, die isolierte Begebenheit ohne Folgen, die uns in der Novelle so oft begegnet, bereits durch ihr bloßes Vorhandensein ironischen Charakter? Die Ironie läge dann nicht zuletzt darin, daß ein solcher Einzelfall uns als erzählter gleichsam einreden will, er wäre bereits das Ganze. Aber auch wo der novellistische Erzähler umgekehrt sich selbst zu unterbieten sucht und die eigentliche Bedeutung seiner Geschichte im „understatement" verhüllt, bedarf es dafür der Ironie.

Mit dem Stilprinzip der Ironie hängt aufs engste die Rolle des *Zufalls* im novellistischen Erzählen zusammen. Der Erzähler wird gerade ihm oft einen ironischen Akzent geben, nicht nur, wenn es ein komischer, auch wenn es ein tragischer Zufall ist. Der Spielraum des Zufalls schenkt der Novelle das für sie fast immer unentbehrliche Moment der Spannung. Wo nur wenig Erzählzeit zur Verfügung steht, bedarf es der überraschenden Wendungen. Zufälle werden im Drama oft als unerlaubter diskontinuierlicher Einbruch in ein notwendig und erst dadurch schicksalhaft erfahrenes Geschehen empfunden. Hingegen braucht sie die Komödie. Nur am Zufälligen kann sie das Relative *aller* Situationen anschaulich machen. Die Novelle steht hier genau zwischen den beiden Polen. Sich mit der Tatsache des Zufalls abfinden heißt zugleich die Bereitschaft zum Kompromiß in allen gesellschaftlichen Verhältnissen bewahren; denn der Zufall deutet auf das Endliche und Wirkliche unserer Existenz hin. Er legt den Menschen jene Hindernisse in den Weg, die das Leben sinnlos oder nur komisch werden lassen, wenn nicht der Erzähler oder seine Personen sich mit Ironie, Witz, Vernunft und Humor dagegen behaupten. Wie sehr gerade die Novelle immer wieder um diesen Ausgleich zwischen dem Individuellen und dem Universellen, dem beschränkt Isolierten des Einzelfalls und den noch überschaubaren oder bereits undurchschaubaren Gesetzlichkeiten des allgemeinen Lebens bemüht ist, das wurde oft und mit Recht hervorgehoben. Der Zufall schafft den objektiven Kontakt zwischen dem zunächst scheinbar Unvereinbaren, während dieser in der Ironie nur auf subjektive Weise hergestellt werden kann.

Zufälle aber können — innerhalb des Novellistischen — sowohl komisch wie tragisch sein. Eben dadurch geben sie der Novelle den Spielraum nach beiden Seiten hin. Gerade zur Vermischung des Komischen mit dem Grausigen oder auch zum absurden Fall und seiner grotesken Wirkung hat sie oft eine besondere Affinität. Auch mit dem Furchtbaren kann sie zuweilen noch scherzen: Achim von Arnim ist dafür ein gutes Beispiel. Der Zufall bietet sich mit empirischer Zuverlässigkeit an; aber ebenso läßt er sich jederzeit als dichterische Fiktion benutzen, mit deren zeichenhafter Verwendung der Erzähler bereits bewußt stilisiert. Durch solche doppelte Funktion wird er für das novellistische Erzählen nahezu unentbehrlich. Mit der Einbeziehung eines oder mehrerer Zufälle kann der Novellendichter, der ja selbst dort, wo er auf artistisch verhüllende Weise erzählt, immer an eine überschaubare Erzählstruktur gebunden bleibt, die verschiedensten Motive und Handlungsstränge unerwartet verknüpfen, ja selbst vom Komischen zum Tragischen hinüberwechseln und umgekehrt. Bereits der erzählte Einzelfall ist als rein faktischer zufällig, und eben dies fordert die Ironie heraus, die nicht zuletzt im Zufälligen ihr unerschöpfliches Stoffreservoir hat. Der tragische Zufall freilich wird meist als Gegenspieler der Ironie auftreten, am deutlichsten etwa bei Heinrich von Kleist und Conrad Ferdinand Meyer. Wie sehr Kleists Menschen in seinen Novellen vom Zufall bestimmt sind, weil erst dieser ihr Handeln auslöst, hat die gescheite Studie von Hans Peter Herrmann „Zufall und Ich. Zum Begriff der Situation in den Novellen Heinrich von Kleists" gezeigt. Wenn dieses, wie ich meinen möchte, auf die Dramen Kleists nicht in gleicher Weise anwendbar ist, so wäre damit auch ein wichtiger Hinweis für die Rolle des Zufalls im Spielraum des novellistischen Erzählens überhaupt gewonnen. Herrmann kommt für die Novellen Kleists zu dem Ergebnis, daß es gerade die dominierende Macht des Zufalls ist, die nicht nur die Menschen dazu zwingt, die Einheit ihrer inneren Welt gegen den Zufall zu verteidigen oder erst zu schaffen, sondern auch den Dichter herausfordert, inmitten einer bereits fragwürdig gewordenen geschichtlichen Situation ein Refugium in der Sprache — ich möchte darüber hinaus sagen, ein Refugium in der novellistischen Darbietungsform — zu suchen und auch zu finden. Bei Meyer wiederum wird die dominierende dramatische Macht des Schicksals ins Novellistische transponiert und entfaltet sich dort paradoxerweise im Spiel der Zufälle. Der Zusammenhang zwischen Zufall und Empirie auf der einen Seite und der zwischen Schicksal und Notwendigkeit auf der anderen bekommt etwas merkwürdig Schwebendes. Der tragische Zufall gewinnt zeichenhafte Bedeutung und zeigt die geheime, undurchschaubare Verknüpfung allen geschichtlichen Daseins selbst am isolierten Einzelfall noch auf.

Damit aber sind wir schon im Umkreis des dritten Momentes, das für den Spielraum des novellistischen Erzählens meist unentbehrlich ist: der Verwendung der *Zeichen*. Die Novelle als Erzählung geringeren Umfangs ist zu Verkürzungen gezwungen. Sie braucht die Sprünge und die Kontraste, nicht die allmählichen Übergänge. Sie muß auswählen und Schwerpunkte setzen; sie wird manches fortlassen und kann oft nur andeuten. Das alles verlangt Takt und Kunst. Eine Novelle ohne Prägnanz, ohne Mittelpunkt, ohne Gipfelbildung und ohne sorgfältige kompositorische Anordnung ihrer Erzählmotive wird zum mindesten andere, vielleicht sogar raffiniertere artistische Mittel dafür als Ersatz brauchen. Diese können etwa in einer auf das Verheimlichen, Verhüllen und Verrätseln bedachten Erzählweise wirksam werden, wozu dann auch umgekehrt das Aufdecken, Enthüllen und Enträtseln in reziproker Weise mit dazu gehört. Zwischen Novelle und Kriminalgeschichte besteht von der Struktur her ein enger Zusammenhang. E. T. A. Hoffmanns Novellistik bietet dafür reiches Anschauungsmaterial. Ein richtungsloses, ungeordnetes Erzählen wäre jedoch in jedem Falle unnovellistisch. Gehört ja gerade der pointierende Darstellungsstil zum novellistischen Erzählen. Nino Erné hat in seiner anregenden und geistvollen Plauderei „Kunst der Novelle", 1956, auf den Spielraum solcher Pointierung näher hingewiesen, wenn er zwischen der einfachen Pointe der Anekdote, der artistischen Zuspitzung in der klassischen Novellistik und schließlich der gebrochenen oder sogar verborgenen Pointe unterscheidet.

Novelle und Erzählung sind nicht immer streng gegeneinander abgrenzbar. Manche Geschichten, die die Dichter selbst „Novellen" nennen, sind oft bloße „Erzählungen" und so auch umgekehrt. Beide, Novelle und Erzählung, haben den begrenzten Spielraum miteinander gemeinsam. Aber die Erzählung kann dabei auf den profilierenden oder gar artistischen Stil der Novelle verzichten. Es wäre sinnlos, von jener zu verlangen, daß sie eine „Silhouette" haben muß, während eben dieser Begriff für die Novelle sehr fruchtbar sein kann. Die Erzählung darf sehr viel unbekümmerter ihr Garn spinnen. Sie bietet weit weniger den isolierten „Fall" und ist daher der Welt als Ganzem gegenüber offener und nicht so sehr gegen sie abgegrenzt. Daher stellt sich auch die Frage nach Umfang und Aufbau für sie nicht in so dringlicher Weise. Die von uns herausgehobenen spezifischen Momente novellistischen Erzählens können natürlich auch in Erzählungen der verschiedensten Art gelegentlich vorkommen, aber sie bestimmen dann nicht von vornherein die Struktur des Erzählens, sondern lassen sich dort mehr zufällig beobachten.

Alle diese erwähnten Stilzüge, ob sie nun metaphorisch oder symbolisch, realistisch oder irrational mystisch angewandt werden, drängen zur Verwendung von „Zeichen" hin. Das bedeutet freilich dann immer einen Triumph des künstlerischen Spieles und seiner ihm innewohnenden ästhetischen Vernunft über einen „Realismus", den es paradoxerweise in großer Dichtung eigentlich nie auf direkte Weise gegeben hat. Zeichen, zuweilen noch zu Bildsymbolen gesteigert, ermöglichen Konzentration und Verdichtung. Sie halten im Vor- oder Rückdeuten das Erzählte zusammen, sie unterstützen die Leitmotivik oder verschmelzen sogar mit ihr. Denn auch das Leitmotiv selbst kann zum Zeichen werden. Zeichen dienen der Verhüllung und der Enthüllung zugleich; sie lassen das Reale ins Fiktive oder auch umgekehrt das Fiktive ins Reale hinüberspielen. Sie können einer Atmosphäre und einer Stimmung einen Ereignisakzent verleihen, aber auch ein Ereignis im stellvertretend symbolischen Sinne überhöhen. Im ersten Fall wird das kaum Mitteilbare zur realen Erscheinung verdichtet; im zweiten wird das Zufällige ins Gleichnishafte verwandelt, und das einmalig Wirkliche stellt sich uns dann so dar, daß es einmalig und wahr zugleich sein darf. Für solche Bildsymbolik habe ich in meinem ersten Band mancherlei Beispiele gegeben. Im Spielraum des Zeichenhaften vom nur motivisch Gemeinten über das Metaphorische bis zum Symbolischen entfaltet sich die große Kunst des konstruktiv novellistischen Erzählens, innerhalb derer nun auch der isolierte Fall eine überindividuelle Bedeutung gewinnen kann. Das setzt dann freilich eine besondere Transparenz der Darstellung voraus. Vor allem aber können nur im Zeichen die gerade im 19. und 20. Jahrhundert unversöhnlich aufbrechenden Widersprüche von innen und außen, von psychischer und dinglicher Wirklichkeit, von Ich und Gesellschaft, von Zeit und Ewigkeit über die bloße Reflexion hinaus sowohl anschaulich gezeigt wie auch wiederum versöhnt werden. Wenn die moderne Novelle, aber auch schon die romantische, die empirisch sichtbare Welt transzendiert, so ist das nur durch Zeichen darstellbar, die zu Chiffren geworden sind. Jede Lektüre von Arnim, Hoffmann, Musil und Kafka wird das dem Leser auf Schritt und Tritt bestätigen. In der modernen Dichtung nimmt mehr und mehr das gesamte Gefüge der Wirklichkeit zeichenhaften Charakter an und strömt eben damit das Beängstigende, Unenträtselbare, ja Grauenvolle aus, in dessen Bann nicht nur der Leser, sondern der Dichter selbst geraten zu sein scheint. Das bereitet sich schon in der sogenannten „impressionistischen" Prosa der Jahrhundertwende, etwa bei Schnitzler und Keyserling, vor, um dann bei Dichtern wie Musil und Kafka zu gipfeln. Der sich hier vollziehende Stilwandel ist nicht nur ein ästhetisches, sondern zugleich ein geschichtliches

Problem, da er aufs engste mit den Entwicklungsprozessen der modernen Gesellschaft zusammenhängt. Wie denn überhaupt der sogenannte Gegensatz von formaler Stilbetrachtung und geschichtlich-gesellschaftlicher nur ein Scheingegensatz ist! Jenes novellistische Erzählen, in dem das Zeichenhafte totale Geltung erhält, spiegelt in exakter Weise eine vom Wirklichkeitsverlust bedrohte Gesellschaft, die diesen verlorenen Bezug nur auf einem Umweg wiederherstellen kann. Um naiv in der Welt zu leben und naiv in ihr erzählen zu können, muß die Welt selbst noch etwas Fragloses und Gesichertes haben.

Der novellistische Dichter ist nicht an die Verwendung bestimmter Zeichen gebunden. Er besitzt hier durchaus die Freiheit der individuellen Wahl. Ja, die Einbildungskraft kann sich gerade in diesem Bereich produktiv entfalten, sosehr dann auch wieder eine künstlerische Disziplin erforderlich ist, die alle in einer Erzählung verwandten Zeichen mit den Haupt- und Nebenmotiven der Begebenheit überzeugend zu verschmelzen vermag. Menschen, Tiere oder Pflanzen lassen sich für eine erzählte Begebenheit zeichenhaft verwenden, aber auch bloße Gesten, Dinge aller Art, ja sogar noch einzelne Sätze oder Worte. Der Spielraum hat hier etwas nahezu Unbegrenztes, so daß es uns nicht überraschen wird, wenn schließlich die Begebenheit selbst, wie etwa in Musils Erzählung „Die Amsel" oder in Kafkas „Die Verwandlung", rein zeichenhaften Charakter gewinnen kann.

Die Skala der Schattierungen und Nuancen, in denen Zeichen auftreten oder wechselseitig, zuweilen durch Wiederholung, aufeinander verweisen, ist höchst mannigfaltig. Nur in der genauen Einzelanalyse kann sie beobachtet werden, wie wir sie für die nachfolgenden Kapitel dem Leser versprechen. In „Resultate" zusammenfassen läßt sie sich nicht. Aber in eben jener Verwendung der „Zeichen" wird noch einmal der ganze Spielraum novellistischen Erzählens deutlich, innerhalb dessen das Subjektive den Schein des Objektiven erzeugen, das Objektive wiederum noch als Werkzeug in der auswählenden und ordnenden Kunst des Erzählers benutzt werden kann.

Ironie, Zufall und Zeichen gehen dabei die seltsamsten Verbindungen ein. Das eine wird oft stellvertretend für das andere stehen. Eben darin zeigt sich etwas von der unerschöpflichen Spielfreude des novellistischen Erzählens, als ob die „Wahrheit" des Erzählten — und jeder Novellist muß sie zum mindesten vortäuschen — durch solchen Tausch erst gewährleistet sei. So

ironisch der Zufall „spielt", der Novellist vermag ihn in das bedeutungsvolle Zeichen einer Begebenheit zu verwandeln. Ebenso
freilich kann wiederum das Zeichen den Zufall annullieren, so daß
erst dadurch die Begebenheit als „wahr" erscheint. Oder aber der
isolierte Fall des Erzählten gewinnt gerade im Zufälligen eine
zeichenhafte Funktion für die Ironie des Erzählers, so daß er der
Begebenheit erst in der künstlerischen Formengebung den verborgenen, eigentlichen Sinn verleiht. Es ist unmöglich, die verschiedenen Variationen eines solchen künstlerischen Spieles auch
nur annähernd hier zu erschöpfen. Keineswegs möchte ich jedoch
den Leser dazu verleiten, jetzt in der Novelle überall nach Ironie,
Zufall und Zeichen zu suchen statt wie früher nach Wendepunkt
und Falken. Jede Verdinglichung dieser nur funktional verstehbaren Stilelemente ist vom Übel. Gehört ja sogar ihr geschicktes
Verdecken im Erzählen häufig noch zur Darstellungsweise der
Novelle. Eher läßt sich sagen, daß bestimmte Formelemente sich
dem Autor dieses Buches aus der Sache selbst als bedeutsam für
den Spielraum des Novellistischen ergeben haben, als er den geschichtlichen Umkreis der deutschen Novelle von Goethe bis
Kafka ein zweites Mal an ausgewählten Beispielen zu durch-
schreiten versuchte und dabei, getreu seinem nun einmal ein-
geschlagenen Wege, jeden dieser Texte nicht nach einem vorgegebenen Gattungsbegriff Novelle zu verstehen suchte, sondern
sich überall von der Frage leiten ließ: *Wie* erzählt *dieser* Autor eben
diese Geschichte? Solches unbefangene und zugleich streng reflektierende Lesen und die daraus gewonnenen Beobachtungen möchte
er seinen Lesern zur Anregung und Nachprüfung vorlegen. Vielleicht ist damit ein weiterer Schritt zu einer Geschichte der
deutschen Novelle getan, zumal sich in einer solchen Kette der
Einzelanalysen zugleich ein geschichtlicher Prozeß abzeichnet.
Daß der von mir behauptete Spielraum des novellistischen Erzählens tatsächlich besteht und wie er sich im Kunstwerk der
Novelle verwirklicht, kann und soll nur in der Interpretation
sichtbar werden. Denn die Phänomene selbst sind die Lehre.

JOHANN WOLFGANG GOETHE

—

DER MANN VON FUNFZIG JAHREN

Die Novelle des alten Goethe „Der Mann von funfzig Jahren"
gehört zu den relativ selbständigen Teilen, die in den Roman
„Wilhelm Meisters Wanderjahre" eingeschoben sind. Aber diese
Teile bleiben alle noch mit dem Ganzen des Romans verbunden,
sei es durch wiederholte Spiegelungen, sei es durch das gemeinsame
Thema der „Entsagung", sei es — wie auch in diesem Falle —
durch weitere Verknüpfung der Novellengestalten mit den Personen des Romans und ihren Schicksalen. Zwar wird die Geschichte
im 3., 4., und 5. Kapitel des zweiten Buches der „Wanderjahre"
erst als eine ganz „abgesondert scheinende Begebenheit" erzählt,
kommt aber dabei zu keinem eigentlichen Abschluß. Das 7. Kapitel greift dann wieder auf die Handlung des Romans zurück —
Wilhelm Meister trifft auf seiner Reise zum Lago Maggiore einen
jungen, leidenschaftlich von Mignons Wesen und Schicksal er-
griffenen Maler —, nimmt aber dann die weiblichen Hauptgestalten der Novelle, Hilarie und die Schöne Witwe, erneut auf
und bringt sie mit den beiden jungen Männern in eine lyrisch
schwebende und eben darin nicht ungefährliche Beziehung. Die
Begegnungen enden, dem gemeinsamen Thema des Romans und
der Novellen gemäß, in „Entsagung". Das Geschehen als solches
ist dabei auf ein Minimum reduziert. Erst sehr viel später, im
14. Kapitel des 3. Buches, werden wir, unter Überspringung von
Zwischengliedern, über den glücklichen Ausgang der Novelle
unterrichtet. Jedoch stellt Goethe den Vorgang der Heilung nicht
mehr dar, wenngleich diese schon am Ende des 5. Kapitels des
2. Buches angedeutet wird, als wir von dem Briefwechsel mit
Makarie, der wichtigsten Figur der „Wanderjahre", erfahren. Ist
ja doch fast alle „sittliche Besserung" in diesem Roman an das
direkte oder indirekte Eingreifen dieser in die Verklärung des
Mythos erhobenen Gestalt geknüpft. Die erste Spur der Novelle
findet sich in Goethes Tagebuch vom 5. Oktober 1803, die frühsten

Entwürfe verzeichnet das Tagebuch vom 11. April 1808, die endgültige Gestaltung wurde jedoch erst 1821 und 1829 durchgeführt.

Im Schrifttum über Goethe hat „Der Mann von funfzig Jahren" erstaunlich wenig Beachtung gefunden. Der Aufsatz von Ernst Maass (1916) verzichtet auf Interpretation zugunsten einer Herausarbeitung der in die Erzählung eingewobenen antiken Motive; die Studie von Marianne Thalmann (1948) bleibt trotz einzelner feiner Beobachtungen mit ihrer leitmotivischen Antithese des „Herzlichen" und des „Geistigen" zu konstruktiv, wenn auch anregend durch die vergleichende Heranziehung späterer Texte wie Stifters Novelle „Der fromme Spruch", Hofmannsthals „Rosenkavalier" und Thomas Manns „Tod in Venedig". Deli Fischer-Hartmann übersieht in ihrer sonst klugen Dissertation „Goethes Altersroman" (Halle 1941) ganz die Ironie in der Goetheschen Darstellung, für die wiederum Arthur Henkel in seinem Buch „Entsagung" (1954), das „Wilhelm Meisters Wanderjahre" behandelt, ein besonderes Gespür zeigt. Nur Emil Staiger ist es neben Henkel bisher gelungen, auf wenigen Seiten im 3. Band seines „Goethe" (1959) in das spezifisch Dichterische dieser Novelle näher einzudringen. (Zur Kommentierung des Textes sei auf Band VIII der Hamburger Goethe-Ausgabe, 1950, durch Erich Trunz hingewiesen. Unsere eigene Interpretation benutzt diesen Band als Textgrundlage und zieht nur ergänzend gelegentlich die in der Weimarer Ausgabe abgedruckten Schemata heran.)

Angesichts der scheinbar lockeren, in Wahrheit jedoch kunstvollen Verknüpfung dieser Novelle mit dem Goetheschen Altersroman will die Frage nur allzu berechtigt erscheinen, ob eine losgelöste, selbständige Interpretation nicht ein recht willkürliches Unternehmen ist. Dennoch soll es gewagt werden. Denn „Der Mann von funfzig Jahren" ist eine dichterische Kostbarkeit für sich, und eben hier zeichnet sich die novellistische Gestaltungsform besonders eindringlich ab, vielleicht sogar noch mehr als in der von Goethe selbst „Novelle" genannten Altersdichtung, in der die Verschmelzung mit dem Legendären, wenigstens am Ausgang des Erzählten, unverkennbar ist. Aber auch für die allgemeine Frage nach dem Verhältnis von Novelle und Roman ist „Der Mann von funfzig Jahren" recht aufschlußreich. Ist ja doch die Verknüpfung dieser beiden dichterischen Darbietungsformen ein nicht nur für Goethe charakteristischer Zug. Kellers „Sinngedicht" ist geradezu ein aus Novellen aufgebauter Roman, nur durch eine Rahmenhandlung zusammengehalten, sein „Landvogt von Greifensee" umgekehrt eine Novelle, die durch die wechselseitigen Spiegelungen von Einzelerzählungen fast schon romanhafte Form annimmt. Ebenso ist Fontanes „Schach von Wuthenow" eine Novelle, die sich bereits ins Romanhafte auszuweiten sucht. Auch Hofmannsthals fragmentarischer „Andreas" hat in seinem einzigen, völlig ausgeführten Kärnten-Kapitel eine novellistische Urzone, aus der das Geschehen entspringt und in die es auch wieder einmünden sollte. In jüngster Zeit unternahm Hermann Broch in seiner Dichtung „Die Schuldlosen" bewußt den Versuch, einen Roman aus elf, zum Teil schon vorher selbständig entstandenen Erzählungen aufzubauen.

Sosehr die Novelle eine mehr oder weniger in sich geschlossene, artistische Darbietungsform mit ausgesprochenen Verkürzungen und perspektivischen Tiefenwirkungen ist, sie vermag trotzdem auch wieder zur Zelle innerhalb eines größeren epischen Ganzen zu werden. Bereits die Neigung, Novellen zyklisch zusammenzufassen, wie Kellers „Die Leute von Seldwyla" und seine „Züricher Novellen", zeigt das unabweisbare Bedürfnis, das Isolierte der Novelle durch übergreifende, ganzheitliche Zusammenhänge zu überwinden. Reizvollerweise verliert die Novelle dabei nicht ihre Eigengesetzlichkeit, sosehr auch neue Blickpunkte und Horizonte hinzugewonnen werden. Man kann diesen Vorgang mehr ästhetisch, man kann ihn, wie Lukácz, mehr soziologisch verstehen. Im Grunde lassen sich jedoch die beiden Betrachtungsweisen nicht scheiden. Als Einzelfall behält die Novelle das Zufällige, da sie nur von der *einen*, für sich allein genommenen unvergleichbaren Begebenheit handelt. Indessen, der Blick des Dichters kann sehr wohl von hier aus, wie etwa bei Keller, auch auf „die Totalität der Objekte" fallen. Dann öffnet sich der Bezug vom einmalig Isolierten auf das Allverbundene und Allverknüpfte, sei es in der Natur, sei es in der Geschichte. Der erzählte Einzelfall gewinnt immer mehr stellvertretende Bedeutung. Wir werden in späteren Analysen sehen, wie das gleichzeitig die Stiltendenz zum Epischen auch noch innerhalb der Novelle selbst begünstigt, z. B. bei Stifter, Keller und Fontane. Die verknappende Novelle fordert dann gleichsam von sich aus als ergänzendes Gegenbild den breitangelegten Roman, so wie der Roman, vor allem in der Moderne, immer wieder der Präzision des nahezu experimentell gewordenen Einzelfalles bedarf. Die Novelle, die in ihrem engen Raum vieles als bekannt voraussetzen darf, voraussetzen muß, kann in der Verknüpfung mit dem Roman manches nachträglich in den Erzählzusammenhang noch einmal einbauen. Solche vorwiegend ästhetische Optik wird insofern durch die soziologische ergänzt, als der „Isolation" des novellistischen Falles sehr wohl eine Isolation innerhalb der menschlichen Gesellschaft entsprechen kann und die Überwindung im Zyklischen und Epischen nur so lange möglich ist, wie im Bewußtsein des Dichters — sei es realistisch, sei es utopisch — ein ganzheitlich übergreifender Zusammenhang des gesellschaftlichen Lebens noch realisierbar ist. In der Prosa nach Goethe, Keller und Fontane geht aber eben dies weitgehend verloren. Der Dichter steht jetzt nicht mehr in erzählerischer Distanz seinen Gestalten und ihren Schicksalen gegenüber, sondern wird in das Leben und Fühlen der Gestalten selbst so sehr mit hineingerissen, ja geradezu ein Opfer dieser Gestalten, daß dadurch auch die künstlerische Form etwas Augenblickshaftes bis zur Atomisierung bekommen kann. Davon weiß sich Goethe allerdings noch durchaus freizuhalten.

Die Geschichte des Mannes von fünfzig Jahren gehört in den Umkreis jener bereits im 17. und 18. Jahrhundert so beliebten „moralischen Erzählungen", die eine sittliche, aus den Verirrungen des Eros entstandene Krise schildern, ihre endgültige Auflösung jedoch hier nur andeuten. Damit rückt sie in die Nähe von Goethes Roman „Die Wahlverwandtschaften" (1808), der ja seinerseits zunächst als Novelle für die „Wanderjahre" geplant war, durch seine tragische Unbedingtheit jedoch den Rahmen dieses Romans gesprengt hätte und daher sich zu einem selbständigen Werk fortentwickelte. Goethe bedient sich — wenn auch auf seine eigene, ihm gemäße Weise — des alten, längst erprobten Schemas von den zwei Paaren, die eigentlich füreinander bestimmt sind, zunächst aber mit den Partnern des jeweils anderen Paares in eine gefährliche Verbindung hineingeraten. Das Schema enthält hier jedoch noch eine besondere Abwandlung, da es sich bei den männlichen Partnern um Vater und Sohn handelt, die weiblichen Partner aber entweder als zu jung oder als zu alt erscheinen. Die Handlung selbst ist von größter Einfachheit und zeigt nur an einzelnen Wendepunkten — wir kommen noch auf sie zurück — erregende Spannung. Hilarie, eigentlich zur künftigen Braut für den Sohn des Majors vorgesehen, liebt oder glaubt, diesen selbst, ihren Onkel, zu lieben. Der Sohn seinerseits ist ganz von der Leidenschaft zur Schönen Witwe erfüllt, die ihrem, wenn auch unbestimmt gelassenen Alter nach, gewiß sehr viel besser für den Vater geeignet wäre. Jedoch

Hilarie wird die Braut des Vaters, und der Sohn bemüht sich weiter um die viel umworbene, anmutig unwiderstehliche Schöne. Als er dann von ihr abgewiesen wird und verzweifelt im Haus seiner Tante Zuflucht sucht, entwickelt sich — in Abwesenheit des Majors — unaufhaltsam die wachsende Neigung zwischen Hilarie und dem ihr einst, aber nicht mehr jetzt Bestimmten. Mit der Rückkehr des Vaters gerät die Situation ganz ins Verworrene, aber dieser ringt sich zum Verzicht auf Hilarie durch. Indessen, nunmehr ist sie es, die der neu geplanten Verbindung mit dem Sohn entsagen will, und erst durch Vermittlung der Makarie kommt es zur endgültigen, nur als Tatsache berichteten Vereinigung der füreinander bestimmten Paare: der des Sohnes mit Hilarie und der des Vaters mit der Schönen Witwe. Dazwischen liegt das bereits erwähnte Zusammentreffen der beiden einsam sich selbst überlassenen Frauen mit Wilhelm Meister und dem jungen Maler.

Die nüchterne Inhaltsskizze sagt jedoch über das Eigentliche der Novelle so gut wie nichts aus. Das Stoffliche ist in Goethes Darstellung überall sublimiert durch die Kunst des Erzählens, durch die urbane, behaglich durchgeführte Mischung von Anmut und Ironie, durch den Takt des Erzählers, der ihn in den Gang der Erzählung sich immer nur mit Vorsicht einschalten läßt, durch die aus widerstreitenden Elementen kunstvoll aufgebaute Komposition und durch die zum Symbolischen gesteigerte Folge der Bilder. Kaum je wieder im deutschen Schrifttum ist die Novelle in so hohem Maße als artistische, von der Form her bestimmte Gattung behandelt worden wie in diesem Falle. Sie setzt dabei soziologisch noch eine wohlhabende, aristokratische Gesellschaft voraus, ihr ökonomisch tätiges Leben und ihren sowohl ethischen wie ästhetischen Ordnungssinn, sprengt aber diesen Raum bereits auf und deckt jenseits des maßvoll und mit klugem Gelingen ins reine Gebrachten die tiefen Verworrenheiten auf, in die auch und gerade der noch an eine Gesellschaft gebundene Mensch hineingeraten kann und für die die Gesellschaft selbst keine Lösungen mehr bereithält. Dabei werden Dinge des höchsten Ernstes oft spielerisch, scheinbar leichtfertig vorgetragen, und das Spielerische seinerseits wirkt wie ein feiner Schleier, hinter dem das Eigentliche, Unaussprechbare nur indirekt durchscheinen darf. Jede Nuance des oft wechselnden, aber eigentlich nie lauten Tons will hier wahrgenommen werden. Wird ja doch selbst der vielberufene Goethesche „Altersstil" mit seiner distanzierenden Gemessenheit und seiner gewollt barocken Schwerfälligkeit noch zu einem Gegenstand der dichterischen Ironie!

Nach einer kurzen Vornotiz des Autors — sie deutet auf den inneren Zusammenhang des Erzählten „nach Gesinnungen, Empfindungen und Ereignissen" hin und auf die erst später erkennbare Verflechtung der „abgesondert scheinenden Begebenheit" mit dem Roman als Ganzem und seinen Personen — beginnt Goethe mit einem streng berichtenden, verknappenden Erzählen. Aber der Bericht von Ereignissen nimmt von Anfang an die „Gesinnungen" und „Empfindungen" der Personen mit in sein Erzählen hinein. Zur ruhigen, mit Erzählabstand gegebenen Objektivität des Tatsächlichen kontrastiert das unruhig Wechselvolle, ja Sprunghafte der menschlichen Empfindungen. Wie bildhaft klar, weitab von jeder Zweideutigkeit, wird die Eingangssituation in ihrer reinen Wirklichkeit umrissen: „Der Major war in den Gutshof hereingeritten, und Hilarie, seine Nichte, stand schon, um ihn zu empfangen, außen auf der Treppe, die zum Schloß hinaufführte. Kaum erkannte er sie; denn schon war sie wieder größer und schöner geworden. Sie flog ihm entgegen, er drückte sie an seine Brust mit dem Sinn eines Vaters, und sie eilten hinauf zu ihrer Mutter." Aber bald danach genügt eine kurze Bemerkung der Schwester, Hilariens Herz sei nicht mehr frei und daher die geplante Verbindung mit dem Sohn kaum mehr möglich, und schon ist der gleiche Major in eine Empfindung der Eifersucht auf den unbekannten Glücklichen verstrickt, und als er, nur wenig später, erfährt, daß er selbst dieser Glückliche sei, fühlt er sich, „wider seinen Willen, abermals verändert", bereits zur Liebe und zur „Wiederkehr seines eignen Frühlings" verführt. So verhalten und gedrängt der Erzähler auch berichtet, eine leise Unruhe des Herzens schwingt von Anfang an mit, sei es bei dem Major oder bei der mitfühlenden Hilarie. Die „Spannung" des Goetheschen Erzählens liegt nicht in der Erwartung, welche Wendung die Ereignisse nehmen könnten, wohl aber in dem ständig gleitenden Zusammenhang zwischen den realen Situationen der Menschen und ihren Empfindungen. Die Empfindung scheint der Situation meist vorauszueilen oder auch hinter ihr zurückzubleiben. Unsere Lage in der Welt wiederum wird mit unseren Empfindungen nur selten im Einklang stehen. Situation und Empfindung, sie bewegen sich aufeinander zu oder sie fliehen einander; identisch sind sie so gut wie nie. Wenn sie aber nicht nur differieren, sondern in der Dissonanz völlig auseinanderklaffen, setzt das Thema des menschlichen Wahns und damit auch des Tragischen ein. Beides, Empfindung und Situation, wieder miteinander auszusöhnen, zum mindesten im Gleichgewicht zu halten, ist die eigentliche, dem Menschen nicht nur hier, sondern auch im ganzen Roman gestellte Aufgabe.

Der geliebte Major sieht sich selbst, fast gegen seinen Willen, in die Rolle des Liebenden hineingeworfen und damit in „eine neue Ordnung der Dinge". Aber eine solche zieht nach den kommentierenden Worten des Autors „manches Unbequeme nach sich". Die nachfolgende Schilderung von dem um körperliche Verjüngung bemühten Major hat den zarten Duft der Ironie, gerade noch bis zu jener Grenze, an der er als männliche Gestalt herabgemindert, ja sogar entwertet würde. Dies jedoch weiß der Erzähler durch eine gewisse verweilende Behaglichkeit des Erzähltons zu vermeiden. Ja, die Ironie wird gleichsam verteilt, indem sie mindestens ebensosehr dem Schauspielerfreund gilt, dem bejahrten Jüngling von etwa sechzig mit seinen Tinkturen und Mixturen, seinen Zaubermitteln der heilsamen Toilette, seiner Verteidigung der männlichen Eitelkeit samt dem dazugehörigen Diener, der, dem Major zeitweilig überlassen, wie ein Deus ex machina eingeführt wird, um dem Major zum anmutigen Gefallen an sich selbst und damit zum Selbstbewußtsein dem jungen, geliebten Mädchen gegenüber zu verhelfen. Aber die Kunst des Scheinens, die dem Schauspieler noch anstehen mag, wenngleich das Theater in den „Wanderjahren" nicht mehr, wie einst beim jungen Goethe, enthusiastisch, sondern höchst kritisch bewertet, ja sogar aus der pädagogischen Provinz verbannt wird, ist beim nicht mehr jugendlichen Liebhaber erst recht fragwürdig geworden. Denn das Kosmetische und Rollenhafte als Existenzform verfällt unentrinnbar dem Flüchtigen des bloß punkthaften Augenblickes. Diese Problematik des bloßen Scheins mag in den witzigen und geistreichen Gesprächen der beiden Männer noch überspielt werden; das Komische, ja Bedenkliche der Situation bleibt trotzdem unverkennbar, und für den Leser wird damit bereits vorausgedeutet auf die Verwicklungen und Irrungen, die aus dem bald geschlossenen Verlöbnis entstehen können, vielleicht sogar entstehen müssen. Kann ja auch die Baronin, nachdem sich die beiden Paare gefunden zu haben scheinen, eine warnende „Ahnung wegen doppelter Ungleichheit des Alters" nicht von sich abweisen. Verjüngungen des Körpers — und nur um ihn handelt es sich hier, denn in der seelischen Spann- und Tatkraft ist der Major in keiner

Weise alt — lassen sich auf solchen Abwegen nicht erzwingen. Im Grunde ist der Major klug genug, das selbst zu wissen. Der Autor verrät es in einem seiner Stellung nehmenden, in das Innere der Personen eindringenden Sätzen, mit dem die von den Lichtern des Humors umspielte Ironie wieder aufgehoben, oder, richtiger gesagt, aus dem Humoristischen bereits ins Bittere hinübergespielt wird. So berichtet er über den mit allen mühseligen Schönheitskuren behandelten und im Bett liegenden Major: „Sollen wir aber in seine Seele sprechen, so fühlte er sich etwas mumienhaft, zwischen einem Kranken und einem Einbalsamierten."

Wie wichtig das ans rein Physische geknüpfte Motiv der Insuffizienz ist, wird später nochmals auf geradezu krasse Weise deutlich. Nicht so sehr Philosophie und Poesie sind hier die Helfer auf dem Weg zur Entsagung, wohl aber ein vor kurzem ausgefallener Vorderzahn und die Gefahr, einen zweiten zu verlieren. „Mit diesem Mangel um eine junge Geliebte zu werben" will dem Major „ganz erniedrigend" scheinen, zumal in einer Lage, „da er sich mit ihr unter *einem* Dach befand". Der an „eine gesunde Vollständigkeit" gewöhnte Mensch sieht sich in seinem Gleichgewicht in einem bedeutsamen, zur Entscheidung drängenden Augenblick bedroht. „Es ist ihm, als wenn der Schlußstein seines organischen Wesens entfremdet wäre und das übrige Gewölbe nun auch nach und nach zusammenzustürzen drohte." Der ausgefallene Vorderzahn trägt bereits Züge einer makabren Ironie. Statt der symbolisch erhöhenden Kraft geht von dem Bilde etwas destruktiv Zerstörerisches aus, das die Gesundheit und damit auch die Vollständigkeit des Organismus auf schleichende Weise bedroht. Wird ja doch, wie es bereits früher hieß, „den Männern in gewissen Jahren, obgleich noch im völligen Vigor, das leiseste Gefühl einer unzulänglichen Kraft äußerst unangenehm, ja gewissermaßen ängstlich." Eine unheimliche Grenzlinie zwischen dem noch unerfahrenen Kinde und dem bereits erprobten und bewährten, aber auch dem Tode schon näheren Mann zeichnet sich ab. Fällt nicht auch von hier aus auf die Künste der männlichen Toilette nachträglich ein bedenkliches, ja sogar etwas unheimliches Zwielicht?

So unverkennbar die Ironie des Erzählers ist, wo er von der Einweihung des Majors in die „Verjüngungskunst" berichtet, die Szene der Verlobung selbst gibt er mit ruhigem, knappem Ernst, ja mit verhaltener Würde. Bezeichnenderweise findet sie unter der Familientafel des Stammbaums, „dem lakonischen Familiengemälde" statt. Der Major betrachtet es zunächst allein, dann tritt Hilarie hinzu und lehnt sich „kindlich" an ihn an. Sie wünscht Näheres über die Familie zu erfahren. Das Motiv, das hier aufgenommen wird, hat für die ganze Erzählung symbolisches Gewicht. Es geht um die Ähnlichkeit und Unähnlichkeit in der Kette der Generationen, mündend in die auffallende Ähnlichkeit zwischen Vater und Sohn. Als letzte Glieder der weitverzweigten Familie sehen sich in der Stammtafel der Sohn und Hilarie „einander gerade genug ins Gesicht". Aber Hilarie geht auf diese Anspielung nicht ein, sie bekennt sich zur „Höhe" und damit zum Vater. Der Major wiederum antwortet auf das unerwartete Glück dieser Liebe mit einem fast ein wenig konventionell anmutenden Kniefall. Leidenschaftlich hingerissen ist er offensichtlich nicht. Eher nimmt er die ihm entgegengebrachte Liebe wie ein Geschenk des Lebens dankbar hin. Erst dadurch wird der Altersunterschied betont, den wir etwa bei Eduard und Ottilie in den „Wahlverwandtschaften" kaum empfinden. Der Erzähler legt dem Major sogar das Trennende des Alters noch selbst in den Mund, wenn dieser gleich zu Beginn der Erzählung das Gefühl der Hilarie für ihn als etwas „Unnatürliches" bezeichnet. Ironisiert er damit bereits sich selbst? Oder soll Hilariens Neigung auf diese Weise rechtzeitig relativiert werden? Hier ist jedoch eine gewisse Vorsicht am Platz. Allzu selbstverständlich nehmen die Interpreten an, die Liebe des jungen Mädchens zu dem älteren Mann sei eine Selbsttäuschung gewesen, eine Verwechslung von Gefühlen der Verehrung und der Vaterbindung mit solchen der wirklichen Liebe. Wenn man dem ohne Vorbehalt zustimmt, nimmt man der Erzählung ihr eigentliches Gewicht und ihre ins Paradoxe hineinreichende Bedeutung. Ausdrücklich heißt es zu Beginn: „denn sie liebte ihn wirklich und von ganzer Seele." Wäre nicht sonst auch Hilariens später gefaßter Entschluß zum Verzicht auf den Sohn fast unverständlich? Allzu edel und damit peinlich müßte uns ein solches Verhalten erscheinen, wenn es ihr nur um die bloße Schonung der gekränkten Gefühle des Majors zu tun gewesen wäre. Nicht nur *unschicklich*, geradezu *verbrecherisch* will dem jungen Mädchen die nochmalige, neu geplante Verbindung mit dem Sohn erscheinen. Die Entwürfe Goethes notieren zu dieser unerwarteten Weigerung: „Leidenschaftlich zart und schön. Das Unschickliche ja Verbrecherische fühlend. Nahezu tragisch." Andererseits darf man Hilarie auch nicht unter der Perspektive einer in ihren Gefühlen schwankenden und zum raschen Wechsel geneigten Gestalt sehen. Zeichnet doch gerade eine ähnliche Unbedingtheit ihr Wesen aus, wie sie auch die Ottilie der „Wahlverwandtschaften" besitzt, mag sie auch in der künstlerischen Durchformung nicht entfernt an diese heranreichen. Der nur aus Versehen, aus Weltunkenntnis, aus Irrtum geliebte Major wäre eine unrettbar komische oder hoffnungslos tragische Figur geworden. Von beiden Möglichkeiten macht die Erzählung keinen Gebrauch. Der Major — wie alle Gestalten der Erzählung mehr stellvertretender Typus als besonders herausgehobene Individualität — verkörpert den in der Mitte des Lebens stehenden tätigen Mann, der am Ende der Erzählung noch ein sinnvolles Lebensbündnis mit einer sehr liebenswerten und unwiderstehlichen Frau eingehen darf. Goethe hat ihn in keiner Weise als eine zu belächelnde Figur oder gar als einen törichten liebestollen Alten gemeint, mag er auch im einzelnen seine Schwächen heiter ironisiert haben. Der Interpret hält es daher mit der Meinung der lebenserfahrenen Baronin, daß Hilarie „nach allen Symptomen" von einem sehr ernstlichen Gefühl für ihn durchdrungen ist.

Wie aber ist dann der relativ rasche Wechsel zum Sohn überhaupt möglich? Hat er etwas mit der Goethe nur allzugut bekannten Unbeständigkeit der menschlichen Gefühle zu tun? Das würde nun in keiner Weise dem Wesen der Hilarie entsprechen. Und doch gerät sie in eine Untreue des Gefühls, die sie sich nachher weder verzeihen kann noch verzeihen will. Zum Verständnis dieses inneren Vorganges muß auf die in der Erzählung wiederholt betonte Identität von Vater und Sohn zurückgegangen werden, Identität gleichsam im Typus trotz aller individuellen Verschiedenheiten. Im Sohne wiederholt sich der Vater, aber noch in der blühenden Schönheit der Jugend, noch nicht eigentlich zur geprägten Gestalt entwickelt, noch eingehüllt in elementare, unbewußte, triebhafte Kräfte des Daseins. Beim Aufräumen findet die Baronin später das Miniaturporträt ihres Bruders „und mußte über die Ähnlichkeit mit dem Sohne lächelnd seufzen". Hilarie überrascht sie in diesem Augenblick, bemächtigt sich des Bildes, „und auch sie ward von jener Ähnlichkeit wundersam betroffen". Bald danach kommt der Sohn in den Kleidern des Vaters. Gewiß, diese Situation ist ganz alltäglich motiviert, sie hat nahezu schwank- und lustspielhafte Züge, zumal auch die Vergleichungen des Arztes zwischen Vater und Sohn nur der rein äußerlichen Ebene der komischen Maskerade gelten. Eben dies hilft aber zunächst einmal „über das Bedenkliche des Augenblicks hinaus".

Leitmotivisch wichtiger ist jedoch die geheimnisvolle Wirkung auf Hilarie. Denn für sie „freilich blieb die Ähnlichkeit des jugendlichen Vaterbildes mit der frischen Lebensgegenwart des Sohnes unheimlich, ja bedrängend". Im Grunde ist Hilarie dem Sohn schon verfallen, als er in verwilderter Verzweiflung in das Schloß einbricht. Mehr noch als durch seine Schönheit sieht sie sich durch sein Leiden zur Liebe verführt. Die Anziehungskraft durch das Ungeheure, Schreckliche — als wenn „das liebe Kind die Pforten der Hölle vor sich eröffnet" gesehen hätte — ist unwiderstehlich. Wie so oft entzündet sich auch hier die Liebe an der Flamme des Mitleids. „Sehnsuchtsvoll" nähert sich Hilarie bereits dem Schlafenden, durch die morgendliche Anrede „Schwester" wird „ihr Allerinnerstes . . . aufgeregt", „leidenschaftlich" ist der bittere Tränenstrom des bedrängten Herzens, in dem sich das Mitgefühl für den Unglücklichen entlädt. Es ist wie ein Sog, in den sie fast willenlos hineingezogen wird. Selbst der Autor wahrt nur noch mühsam seine Distanz und will sie wohl auch nicht mehr wahren. Der lakonische Altersstil wandelt sich unversehens aus der liebenswürdigen Ironie in eine beschwingt verklärende, ja mythische Darstellung. „Sie sahen einander an, das herrlichste Paar, kontrastierend im schönsten Sinne. Des Jünglings schwarze, funkelnde Augen stimmten zu den düstern, verwirrten Locken; dagegen stand sie scheinbar himmlisch in Ruhe, doch zu dem erschütternden Begebnis gesellte sich nun die ahnungsvolle Gegenwart." Keinerlei Spur von freundlichem Spott ist hier mehr zu erkennen. Ein seliges Verhängnis kündigt sich an.

Es wäre jedoch zu simpel, anzunehmen, Goethe bekenne sich bloß zu dem landläufigen und noch nicht einmal immer richtigen Satz, daß Jugend eben zu Jugend gehöre. Im Sohne wird von Hilarie auch noch der Vater geliebt, als eine Möglichkeit, die im Wesen des Sohnes angelegt ist, während ihr der dem Vater so ähnliche Sohn zunächst verborgen und solange auch gleichgültig blieb. Der Vater ist nicht deshalb unterlegen, weil er biologisch älter ist, sondern weil sein Altsein zugleich eine vernünftige und gesellschaftliche Beherrschung der Welt repräsentiert, während im Sohn noch die elementaren Kräfte des Ursprünglichen wirken, auf die Hilarie schon darum in nahezu magischer Wahlverwandtschaft reagieren muß, weil sie selbst zu den ursprünglichen Naturen gehört. So wie der Vater stellvertretend für die Reife des Mannesalters und damit auch für das dieser Lebensstufe zugeordnete Vermögen der epischen Daseinsgestaltung steht, so der Sohn für

den Typus des Jünglings und seinen lyrisch maßlosen Überschwang. Wohl vermag Hilarie liebend zur „Höhe" zu blicken,
aber noch gemäßer ist es ihr, den Leidenden und leidenschaftlich
Verirrten wieder auf einen heilsamen Weg hinüberzuretten.
Hilariens an sich durchaus echtes, aber unaufgeregtes stilles Gefühl für den Vater wird gleichsam in die leidenschaftliche Bewegung auf den Sohn hin umgeschmolzen. In ihm liebt sie den
Vater noch einmal, aber nunmehr geradezu doppelt, auch als
Sohn und daher weit intensiver, nicht nur als Ziel, sondern ebenso
als Beginn eines Weges, nicht nur als Aufblick nach oben, sondern
auch als Zuwendung nach unten, nicht nur als geistiges Leitbild,
sondern auch als dämonische, tief ins Unbewußte verstrickende,
sinnliche Gegenwart. Die verborgene, unbewußte Berührung der
Gelenke beim wechselseitigen Lesen, das Fassen an der Hand beim
Schlittschuhlauf, das ungewollte Spielen der zierlichen Finger in
den beiderseitigen Locken, mit diesen und verwandten Zügen
deutet der Erzähler auf das magnetische Feld solcher Liebes-
anziehung hin. Und dennoch! Wäre Flavio nur jung, wild und
schön, nur Kontrastbild zum Vater, kaum hätte er die leidenschaftliche Neigung einer Hilarie so rasch gewinnen können. Nur weil er
dies alles ist, zugleich aber auch das Inbild des Vaters und seiner
vernünftigen Formkraft schon in sich trägt, muß er für Hilarie zur
unausweichlichen Bestimmung werden. Die tragische Situation
des Vaters liegt darin, daß er nicht mehr der Sohn sein kann, nicht
mehr sein darf; die unüberwindbare Chance des Sohnes darin,
daß er zwar noch nicht der Vater ist, sogar in vielen Zügen diesem
nachsteht, es aber einmal auf seine Weise zu werden verspricht,
zugleich aber auch dem vollen Zauber einer von den Lebens-
mächten getragenen und fortgerissenen Jugend besitzt. „Man
sollte immer sein eigner Sohn sein", heißt es einmal in Hermann
Brochs Roman „Die Schuldlosen". Eben dies mußte dem Major
versagt bleiben.

Auch im verschiedenen Dichtertum von Vater und Sohn macht
sich der Unterschied der Lebensalter sehr bemerkbar. Am Ausgang des Erzählten findet jedoch eine sehr bezeichnende Angleichung statt. Als der Sohn sehr viel später im Roman — bereits
mit Hilarie verheiratet — uns noch einmal begegnet, da tritt er
„als Hauptmann und entschieden reicher Gutsbesitzer" auf,
„rüstig, munter und liebenswürdig", in deutlicher Annäherung
an das nunmehr verwirklichte Vaterbild, und eben dadurch
mochte es ihm gelungen sein, auch später sich die Neigung seiner

Gattin vollkommen zu erhalten. Seine von ihm in der Gesellschaft vorgetragene Poesie jedoch behandelt Goethe jetzt mit der gleichen unverkennbar lässigen Ironie, die er früher ähnlich dem Vater zukommen ließ. Auch die Dichtung des Sohnes ist nunmehr Gesellschaftspoesie geworden. Wohl ist noch von dem immer leidenschaftlichen Dichter die Rede, aber er wird nicht mehr ernst genommen; „... es ließ sich allenfalls anhören, ob man dadurch weiter nichts erfuhr, als was man schon wußte, nichts fühlte, als was man schon gefühlt hatte. Indessen war doch der Vortrag leicht und gefällig, Wendung und Reim mitunter neu, wenn man es auch hätte im ganzen etwas kürzer wünschen mögen." Selbst in der verschiedenen Art ihres Dichtens sind Vater und Sohn am Ende so weit angenähert, daß in beiden Fällen nur der liebenswürdige Dilettantismus dabei herauskommt. Am Wert ihrer sittlich und sozial verstandenen Personen ändert das freilich nichts.

Für die Charakteristik des Majors und seine Beziehungen zur Schönen Witwe ist das musische Element ebenso wichtig wie später in den Krankentagen des Sohnes in seinem poetischen Umgang mit Hilarie. Will man die Verschiedenheit ihres beiderseitigen Dichtens gegeneinander abgrenzen, so bietet sich der ja auch generationsmäßig gegebene Gegensatz von aufgeklärter Bildungspoesie und emotionaler Sturm-und-Drang-Dichtung an: beschreibend-belehrende Dichtung, poetische Gemälde beim Vater — leidenschaftliche Erlebnislyrik beim Sohn. Jedoch heißt das keineswegs, daß der alte Goethe der einen Poesie gegenüber der anderen den Vorzug gäbe, zumal ja später auch die Poesie des Sohnes unter dem relativierenden Blickpunkt der gesellschaftlichen Unterhaltung gesehen wird. Vater und Sohn sind beide dadurch charakterisiert — und eben darauf kommt es hier an —, daß das Musische ein bildendes Element für die Empfindungen und Gesinnungen des Menschen sein kann. Als solches greift es helfend und fördernd, in verborgener Weise aber auch gefährdend, in die Liebesschicksale mit ein. Das zeigt sich bereits im anmutig-ironischen vierten Kapitel, das die teils geflochtene, teils gestickte Brieftasche der Schönen Witwe, „ein penelopeisch zauderhaftes Werk", zum Anlaß macht, andere, diesmal geistige Fäden zu spinnen, in denen der Major sich als ein Meister erweist. Je mehr der Vater den Sohn zu preisen versucht, desto mehr zeigt er sich ungewollt selbst im besten Licht: ein vollendeter Kavalier des Gesprächs, der sich auf die liebenswürdige Weisheit römischer Schriftsteller und Dichter versteht, aber sie doch nicht wörtlich zu zitieren wagt, sondern nur in halb gelungener prosaischer Paraphrase, um vor der eleganten Dame, die ihn bereits zu bezaubern beginnt, „nicht als Pedant zu erscheinen". In der nochmaligen Abwandlung dieses gleichen Motivs erhält die Abneigung gegen das Pedantentum selber einen leicht pedantischen Zug. Das alles bewegt sich auf der Ebene des Gesellschaftlichen im besten Sinne des Wortes. Dazu gehört die Kunst der Konversation, das Streben nach dem vernünftigen, nicht aber dem aufgeregten Leben, die Freude an der Jagd und an ihrer Spiegelung in der belehrenden dichterischen Idylle und nicht zuletzt die zierlichen Komplimente, das erotische Spiel mit gestickten Brieftaschen und eigens dafür in sorgfältiger Reinschrift niedergeschriebenen, ins Deutsche übertragenen antiken Huldigungsversen an seine unwiderstehliche Besitzerin. Mit einem Male sieht sich der Major, der eigentlich nur für den Sohn werben wollte, „nicht ohne Verlegenheit in ein angenehmes Verhältnis verflochten". Die Grazie eines solchen Kapitels, in dem noch das ganze Zeitalter des Rokoko nachklingt, muß der Leser von sich aus mitempfinden.

Der Autor darf hier mit seinen Wir-Reflexionen unterbrechen, allgemeine Bemerkungen über zwischenmenschliche Beziehungen einschalten, gut gemeinte, aber doch ein wenig intrigierende Briefstellen zitieren oder auch den Bericht der Ereignisse mit jenen liebenswürdigen Fiktionen würzen, die in ihrer Künstlichkeit so vorzüglich auf das Künstliche dieser ganzen, hier geschilderten gesellschaftlichen Sphäre des Intimen abgestimmt sind. Nehmen wir das Ovid-Kompliment des Majors als Beispiel. Welche Klippen gilt es dabei zu überwinden, und nicht nur stilistische, sondern vor allem zwischen Takt und Taktlosigkeit! Kann man in Versen galant sein, ohne verliebt zu scheinen? Und wurden nicht jene Ovidschen Verse noch dazu — dem Major fiel es leider zu spät ein — von Arachne, der ebenso geschickten wie hübschen und zierlichen Weberin gesagt, die von der neidischen Minerva in eine Spinne verwandelt wurde, so daß am Ende die mit dem Kompliment beehrte schöne Dame sich gar mit einer im Mittelpunkt eines ausgebreiteten Netzes schwebenden Spinne verglichen fühlen konnte, sofern sie den gelehrten mythologischen Hintergründen überhaupt auf die Spur kam! Der Autor schaltet sich mit liebenswürdiger, niemals böser Ironie in diese allzu feinen Gespinste des gesellschaftlichen Umganges ein. „Wie sich nun der Freund aus einer solchen Verlegenheit gezogen, ist uns unbekannt geblieben, und wir müssen diesen Fall unter diejenigen rechnen, über welchen die Musen auch wohl einen Schleier zu werfen sich die Schalkheit erlauben." So bleibt alles in der Sphäre des unverbindlichen, aber durchaus gemeisterten Spiels. Zugleich aber wechselt der Ton wieder zum schmerzlichen Ernst hinüber, wenn im Anschluß an das abgesandte Jagdgedicht das Motiv des Abschieds von den Lebensfreuden anklingt, des Enteilens der Jahre und der Trauer über ihre unwiederbringlichen Verluste. Indessen, der Major findet hier noch im Auf und Ab der Empfindungen ohne allzu große Anstrengung zum Beherrschten und Gemäßigten seiner bereits errungenen Lebensform zurück. So wie es ihm immer wieder gelang, die Verschränkungen und Verworrenheiten des sozialen Lebens tätig aufzulösen und das Unreine ins Reine zu bringen — eben darin bewährt sich die eigentliche Stärke seines Wesens —, so bleibt er auch jetzt der verständige Mann, der Empfindung und Situation auszugleichen vermag und sich nur zu mäßigen braucht, um glücklich zu sein. Die angenehmen Irritationen durch die schöne Weberin, die ängstliche Anfechtung durch das Fliehen der Zeit bedeuten keine ernsthafte Bedrohung für eine so kraftvolle Natur. In den einsamen Momenten des Reitens, der Jagd tritt die Gestalt Hilariens wieder „freudig" hervor, „und er fügte sich in den Zustand des Bräutigams, vielleicht den anmutigsten, der uns in dem gesitteten Kreise des Lebens gegönnt ist". Der Satz kehrt in Goethes „Dichtung und Wahrheit" fast wörtlich über seine eigene Verlobung mit Lili wieder. In unserem Text hat er seine Parallele in dem bräutlichen Gefühl der Hilarie, das am Ausgang des Kapitels im Zusammenhang mit der breit ausgemalten Festbeleuchtung des Zimmers und der genau geschilderten Ausstattung für die künftige Ehe erwähnt wird.

Bei diesem Ausgang gilt es noch etwas genauer zu verweilen. Hat er doch sein deutliches, bewußt komponiertes Gegenbild im Beginn des fünften Kapitels mit der Rückkehr des verlorenen Sohnes, der, wie weiland Orest, von den Furien verfolgt, plötzlich vor der Tür des Hauses steht und die geordnete Welt aus den Angeln hebt. Aber Goethe versteht es, dieser geordneten Welt etwas Scheinhaftes zu verleihen, ohne ihre sittliche Substanz dabei anzutasten. Der Erzähler spielt bereits zu Beginn dieses Schlusses mit der Wirklichkeit des Erzählten, indem er sich reflektierend auf die Ebene der poetischen Fiktion einläßt. „Wer heute durch eine düstre Novembernacht sich in der Gegend des adligen Schlosses verirrt hätte und bei dem schwachen Lichte eines bedeckten

Mondes Äcker, Wiesen, Baumgruppen, Hügel und Gebüsche düster vor sich liegen sähe, auf einmal aber bei einer schnellen Wendung um eine Ecke die ganz erleuchtete Fensterreihe eines langen Gebäudes vor sich erblickte, er hätte gewiß geglaubt, eine festlich geschmückte Gesellschaft dort anzutreffen. Wie sehr verwundert müßte er aber sein, von wenigen Bedienten erleuchtete Treppen hinaufgeführt, nur drei Frauenzimmer, die Baronin, Hilarien und das Kammermädchen, in hellen Zimmern zwischen klaren Wänden, neben freundlichem Hausrat, durchaus erwärmt und behaglich, zu erblicken.'' Der Kontrast der umständlich realistischen Einzelschilderung zum rein Fiktiven einer ja nur angenommenen und sich noch dazu auf das nur Fiktive der Dichtung beziehenden Situation ist unverkennbar. Solches Schweben zwischen Poesie und Wirklichkeit, hier bewußt als stilistisches Mittel der Poesie eingesetzt, liebten besonders die Romantiker. Ja, noch von E. T. A. Hoffmann bis zu Wilhelm Raabe werden sie mit Vorliebe als Erzähleingänge verwandt. Für Goethe galt es im Rahmen seiner Novelle, den gesellschaftlichen Ordnungszusammenhang mit den Mitteln der Fiktion und der in ihr bereits mitschwingenden Ironie unter dem Blickpunkt des leise Fragwürdigen, zum mindesten Relativen zu rücken. Allzu künstlich ist diese Festbeleuchtung, allzu gefällig der wie sonst auch mit geistreichem Lesen, anmutigem Pianospiel, lieblichem Gesang verbrachte Abend, geradezu ein ,,Musterbild des bisherigen Lebens'' der drei Frauen, allzu wohlgestimmt ist die Harmonie zwischen Empfindung und Zustand, als daß dies dauern könnte. So steht ein solches hell beleuchtetes Scheinglück dennoch im Zwielicht zwischen Wahn und Wirklichkeit. Aber auch in der Schilderung der Kontrastsituation — heftiges Pochen und Rufen an dem äußersten Tor, Wortwechsel, gedämpfter Lärm und schließlich die ohne Meldung aufspringende Tür mit dem greulich beschmutzten und verwilderten Flavio — darf die Ironie des Erzählers nicht überhört werden. ,,Mutter und Tochter standen erstarrt, sie hatten Orest gesehen, von Furien verfolgt, nicht durch Kunst veredelt, in greulicher, widerwärtiger Wirklichkeit, die im Kontrast mit einer behaglichen Glanzwohnung im klarsten Kerzenschimmer nur desto fürchterlicher schien.'' Ganz ernst nimmt der schalkhafte Autor dieses Fürchterliche offensichtlich nicht. Es hat etwas von einer Theaterszene, fast so, als ob ein Spuk (Glanzwohnung im klarsten Kerzenschimmer) durch einen anderen Spuk (Orest als Schreckbild) ausgetrieben werden sollte. Für

„brutale Tatsächlichkeit", wie Staiger diesen Auftritt auslegt, möchte ich das nicht halten. Vielmehr gestattet sich hier der novellistische Stil dem Erzählten gegenüber die Ironie; er darf das, zumal dann, wenn der Autor sich mit den Geschehnissen keineswegs identifiziert, sondern ihnen stets einen Erzählabstand abzugewinnen sucht. Eben darin ist Goethe ein Meister. So wird denn auch die anschließend berichtete unentrinnbare Annäherung zwischen dem Sohn und Hilarie zwar durchaus ernst genommen, ja sogar bereits poetisch aus der eigenen Anteilnahme des Dichters verklärt, ohne daß der Autor sein amüsiertes Lächeln über das junge Paar ganz preisgäbe. Diese Mischung von mythischem Tonfall, Hilarie als „Psyche" mit der leuchtenden Kerze über den schlafenden Liebesgott gebeugt, mit zierlicher Ironie, die die Distanz des erzählenden Alters zu dem lieben Kind und zu dem verwilderten, vielleicht im geheimen aber noch beneideten, leidenschaftlichen und schönen Jüngling bewahrt, ist von unvergleichlichem sprachlichen Reiz. Es ist, als ob Goethe seine eigene Werther-Jugend noch einmal zurückriefe, nur leise und gedämpft als tragische Bedrohung, mehr noch als ein erinnertes Gestern, das nun in sein zur Entsagung bereites Heute hinüberwirkt; so wie es in den Versen „Schweizeralpe" aus der Sammlung: „Antiker Form sich nähernd" heißt:

> Jugend, ach! ist dem Alter so nah, durchs Leben verbunden,
> Wie ein beweglicher Traum Gestern und Heute verband.

Wie sehr hier die Verklärung des jugendlichen „Gestern" und die ironische Distanz aus der Erzählhaltung des „Heute", das heißt aus der des Goetheschen Alters heraus, ineinander übergehen können, ist selbst noch in jenem dichterischen Sprechen des jungen Paares spürbar, jenem Sprechen „unter dem Schutz der Musen", wie Staiger es so schön ausgedrückt hat, in das die Liebenden sich flüchten, um ihre aufkeimende Liebe sich gestatten zu dürfen. Auf die jünglingshafte „Hölle" antwortet die sich anpassende, die Reimwörter aufnehmende und zugleich umformende weibliche Stimme mit dem heilenden Reim „Helle"; auf die dunkle, schwer entdeckte „Schwelle" mit des Lebens heitrer „Quelle". So rührend dieser lyrische Dialog vor allem von seiten der Hilarie ist, der Erzähler deutet auch schon leise die Gefahren an, die gerade aus der Hingabe an das rein Lyrische erwachsen müssen. Ja, in dem Roman der „Entsagung" mußte, wie Henkel mit Recht betont, das Lyrische geradezu zur „unerlaubten De-

bauche des Gefühls" werden. Liebe, in die zarte, behutsame
Sprache der Verse transponiert, bezaubert, und indem sie bezaubert, verführt sie. Zugleich jedoch behält sie eben dadurch
ihre tröstende Macht. Auch der Schmerz wird für die Liebenden
zum Zeichen der Versöhnung und des Entzückens, wo er Rhythmus
und Ton geworden ist. Der Kontrast zu den galanten antiken
Versen des Majors an die Schöne Witwe ist unverkennbar. Zierlich poetische Komplimente führten dort unversehens zur Verflechtung „in ein angenehmes Verhältnis". Hier jedoch entführt
die leidenschaftliche Dichtart — nach Staigers Worten — in ein
entrücktes Reich des Schönen, „in dem sich reimt, was sonst zerbricht". Dichtung und Musik heilen die Seelenleiden aus dem
Grunde. Wie sehr hat das gerade der alte Goethe gewußt! Aber
das Doppelglück der Liebe und der Töne reicht hier nicht in das
Kathartische des tragischen Bereichs hinein wie in der „Marien-
bader Elegie". Der Autor distanziert sich auf freundliche Weise
sowohl vom Überschwang des Gefühls wie von dem tröstlichen
Heilungsvorgang, indem er ihn in die Ebene der poetischen
Fiktion verlagert: „... vielleicht ist es uns vergönnt, den ganzen
Verlauf dieser holden Kur gelegentlich mitzuteilen." Weiß doch
jeder Leser nur allzu genau, daß dieses Versprechen allein gegeben ist, um *nicht* gehalten zu werden!

Aber dann verdichtet sich das Erzählen allmählich zu einer
Tonart, die alles gesellschaftliche Sprechen weit hinter sich läßt.
Das wird um so wirkungsvoller, als eben jetzt der ironische
Kommentar so lange wie möglich beibehalten wird. Der Erzähler
will sich keineswegs durch das Erzählte überwältigen lassen; es
dient ihm zunächst nur als Mittel für seine artistischen Absichten.
Über die zurückliegende, nur vermutete Szene der Abweisung des
Jünglings durch die Schöne Witwe bemerkt er, daß er sie nicht
zu schildern wage, „aus Furcht, hier möchte uns die jugendliche
Glut ermangeln". Dabei sind es nur zwei Seiten weiter, daß er
einen echten Liebesvorgang mit der höchsten Intensität und gewiß nicht unjugendlicher „Glut" darzustellen weiß. Aber die
Bemerkung erreicht einen doppelten Zweck: sie ironisiert nicht
nur das Zweifelhafte dieser damaligen Situation, die überdies gar
nicht mehr berichtet zu werden braucht, weil wir längst auf
indirekte Weise ausreichend unterrichtet sind; sie ironisiert zugleich den eigenen distanzierenden Altersstil, der sich die Reserve
dem Erzählten gegenüber vorbehält, aber sie gegebenenfalls —
wir werden es gleich sehen — gerne zu opfern bereit ist. Auch die

Fahrt zur Wöchnerin, die das mehr und mehr in Liebe verstrickte Paar gemeinsam unternimmt, wird noch durch eine erzählerische Fiktion in den Abstand der Ironie hineingenommen. „Wir wollen gerne bekennen, in dem Laufe, wie diese Begebenheit uns bekannt geworden, einigermaßen besorgt gewesen zu sein, es möge hier einige Gefahr obschweben, ein Stranden, ein Umschlagen des Kahns, Lebensgefahr der Schönen, kühne Rettung von Seiten des Jünglings, um das lose geknüpfte Band noch fester zu ziehen." In Wahrheit weiß der Erzähler bereits genau, daß es aller solcher romantischer Situationen durchaus nicht mehr bedarf. Das Unheil hat längst seinen unentrinnbaren Lauf genommen.

Aber erst nachdem er alle ironischen Lichter vieldeutig hat spielen lassen, gibt er immer mehr den Raum frei für eine poetisch-symbolische Darstellung, die zum Mittelpunkt und zur Wende der ganzen Novelle wird. Diese Schilderung setzt mit dem Satz ein: „Anmutig sollten sie jedoch auf solchen Liebeswegen immer weiter und weiter verlockt werden." Sie gipfelt dann im gemeinsamen Eislauf und in der überraschenden Begegnung mit dem unerwartet zurückkehrenden Vater. Nicht mehr die Gesellschaft, wohl aber die Natur mit dem glühenden Sternenhimmel, der Kälte der Winternacht, dem magischen Licht des Vollmonds ist hier der festliche Schauplatz, auf dem sich die lockende und wiegende, in eine glückhafte Ruhe einmündende Bewegung des zur Liebe bestimmten Paares vollzieht. Diese vom Gesetz der Schwere befreite zwecklose Bewegung auf dem Eise mit ihren kunstvollen, um ihrer selbst willen genossenen Figuren ist mit der inneren Bewegung des Gefühls der Liebe identisch geworden. „Sie sahen sich wieder deutlich und suchten wechselseitig in den beschatteten Augen Erwiderung wie sonst, aber es schien anders zu sein. Aus ihren Abgründen schien ein Licht hervorzublicken und anzudeuten, was der Mund weislich verschwieg, sie fühlten sich beide in einem festlich behäglichen Zustande." Die symbolische Kraft der Bilder ist unverkennbar und wird überdies im folgenden noch gesteigert. Dem inneren Licht antwortet das äußere. Unter den flammenden Sternen und dem lang dahinglitzernden Widerschein des Mondes fährt das selig-unselige Paar „unmittelbar dem himmlischen Gestirn selbst entgegen". Aber der unsägliche Zauber wird gebrochen durch die plötzliche Gegenbewegung der auf sie zukommenden dunklen Gestalt, die auf ihren Schlittschuhen sich bald zu nähern, bald zu entfernen scheint, am Ende aber mehrmals „das fast beängstigte Paar" umkreist. Wohl versucht es nunmehr die Schattenseite zu gewinnen, aber „im vollen Mondglanz fuhr jener auf sie zu, er stand nah vor ihnen, es war unmöglich, den Vater zu verkennen".

Was sich hier an Begegnung ereignet, bedeutet zugleich ein volles Aufdecken der Wahrheit und damit ein Hineingeraten in die tragische Krise im Augenblick des höchsten, ganz als rhythmische Bewegung genossenen Glückes. Die gefährliche Konstellation zu dritt wird bereits im Bildhaften voll sichtbar. Es bedarf keiner psychologischen Erörterungen mehr, weder von seiten der Personen noch des Autors. Die Liebe sieht sich hier gleichsam bloßgestellt, da sie ja nach den Maßstäben einer geordneten Gesellschaft verboten war. Erschreckend ist das Anschauliche der Bilderreihe: die stürzende Hilarie, Flavio auf einem Knie, ihr Haupt in den Schoß aufnehmend; der um einen Schlitten bemühte Vater, den er doch nur vergebens und leer „ins Weite und Breite hülfreich" herumführen wird; das junge Paar, „einzeln, sich nicht zu berühren, sich nicht zu nähern wagend" auf dem Weg zum Schlosse. Es ist, als ob alles auseinanderstrebte, was doch unentrinnbar zusammengehört. Der geballte, in symbolischen Leitbildern festgehaltene Augenblick enthüllt eine jenseits aller gesellschaftlichen Maßstäbe liegende Situation, die das Erz des Tragischen in sich zu tragen scheint. Der Erzähler droht seine Überlegenheit zu verlieren angesichts der von ihm heraufbeschworenen Mächte, mag er auch leise zuredend, um Therapie bemüht, am Ende seiner Darstellung hinzufügen, daß es Zeit brauchte, „sich von der Überraschung zu erholen, das Unerwartete zu begreifen, die Zweifel zu heben, die Sorge zu beschwichtigen; an Lösung des Knotens, an Befreiung des Geistes war nicht sogleich zu denken". Auch in den Entwürfen hieß es: „Nur der Zeit überlassen."

Wie soll er von nun an weiter erzählen? Die Rückkehr zum ironisch-gesellschaftlichen Stil verbietet sich von selbst, ein stärkeres Sicheinlassen mit dem Dämonischen würde in die Zerstörung führen, und eben dies ist bereits vom Thema der „Wanderjahre" her unmöglich, in denen es ja um das Gelingen des Menschen, nicht um sein Scheitern geht. Die Distanz zum Erzählten mußte daher notwendig wiederhergestellt werden. Dem Autor gelingt dies, indem er von der Darstellung der Situationen zu der das Innere seiner Personen erforschenden Analyse übergeht. Das spricht er selber deutlich aus. „Unsere Leser überzeugen sich wohl, daß von diesem Punkte an wir beim Vortrag unserer

Geschichte nicht mehr darstellend, sondern erzählend und betrachtend verfahren müssen, wenn wir in die Gemütszustände, auf welche jetzt alles ankommt, eindringen und sie uns vergegenwärtigen wollen." Begreiflicherweise steht in dieser Analyse der Major im Mittelpunkt. Der Erzähler berichtet zunächst nachträglich, wie es zu dem unerwarteten Zusammentreffen auf dem Eise gekommen ist. Erst jetzt gibt er die Motivierung aus dem Kausalnexus heraus, die, an früherer Stelle mitgeteilt, den poetischen Glanz und die symbolische Kraft der geheimnisvollen — novellistisch gesehen — ganz vom „Zufall" bestimmten Begegnung zerstört hätte. In den Entwürfen war es zunächst anders geplant. Die wechselseitige Anziehung des jungen Paares sollte sich danach in Anwesenheit des Majors vollziehen. „Peinliches Detail" war vorgesehen. Solche kontinuierliche Darstellungsform wäre indessen mehr dem Roman als der Novelle angemessen gewesen.

So wie Goethe die Geschichte endgültig erzählt hat, ist der Major völlig ahnungslos und das Erlebte darum besonders furchtbar. Aber der Erzähler bemüht sich, in der Distanz der analytisch-psychologischen Erörterung uns dies so schonend wie möglich beizubringen. In einer „tagklaren Nacht" war der Major „zum unerfreulichsten Anschauen" gelangt und so zugleich „mit sich selbst in die unangenehmste Verwirrung geraten". Die anschließende Reflexion des Autors enthüllt jedoch den ganzen grundsätzlichen Ernst der Situation. Sie handelt von nichts Geringerem als dem tragischen Widerspruch von innerer Wahrheit und äußerer Wirklichkeit. Es geht um das Durchschauen eines Wahns, um die schneidende Dissonanz von Empfindung und Situation und um die Frage, ob ein männlicher und tüchtiger Geist in einer solchen Lage, in der der alte Weg versperrt ist, noch einen neuen „frisch und mutig" anzutreten vermag. Ist ja doch so manches Herz an dieser ungeheuren Kluft zwischen Wahn und Wirklichkeit schon zugrunde gegangen! Jeder Blick auf Goethes Drama „Torquato Tasso" oder auch auf den Roman „Die Wahlverwandtschaften" bestätigt sogleich, wie sehr der Dichter das unauflösbar Tragische einer solchen Lage durchaus gekannt und auch gestaltet hat. So durfte und konnte er auch mit dem Major voll mitempfinden, und es ist gewiß nicht die leiseste Spur von Ironie, wenn er kommentierend niederschreibt: „Nun aber, da er [der Major] in klarster Nacht ein vereintes junges Paar vor sich gesehen, die Liebenswürdigste zusammenstürzend, in dem Schoße des Jünglings, beide seiner verheißenen hülfreichen Wiederkunft nicht achtend, ihn an dem genau bezeichneten Ort nicht erwartend, verschwunden in die Nacht, und er sich selbst im düstersten Zustande überlassen: wer fühlte das mit und verzweifelte nicht in seine Seele?" Indessen, so manche Umstände wirken zusammen, um den Major zur Gesundheit seines Wesens zurückfinden zu lassen. Nicht nur, daß er auch als Liebhaber Hilariens sich zugleich stets als zärtlicher Vater wußte, philosophische und poetische Tröstungen treten helfend hinzu; vor allem sei auch hier der ausgefallene Vorderzahn noch einmal erwähnt, wenngleich er in seinem erbarmungslosen Realismus ebenso das Unerfreuliche, das Fatale in der Lage des Majors grell betont. Aber wie dem auch sei, der Major vollzieht jenen freien Akt der „Entsagung", der für die Personen der „Wanderjahre" eine konstitutive Bedeutung hat. Damit scheint der Weg für die ja von Anfang an geplante Verbindung des jungen Paares völlig freigegeben. Aber ähnlich wie bei Ottilie in den „Wahlverwandtschaften", so stößt nunmehr bei Hilarie eine solche vernünftig-zweckmäßige Planung auf unüberwindbaren Widerstand. Die Argumente des Verstandes gelten nicht mehr, wo das Herz selbst verwundet ist und nur „aus Gründen" spricht, „die tief im Herzen ruhen". Goethe, der so oft lieber die unter- als die überbietende Form der Darstellung wählt, spricht dennoch dem jungen Mädchen „Hoheit" und „Würde" zu, als sie der Mutter gegenüber „mit Energie und Wahrheit das Unschickliche, ja Verbrecherische einer solchen Verbindung hervorhob". Hier ist das Gesetz der „Entsagung" nicht mehr ein aus der Situation selbst erwachsener Anspruch, den es anzunehmen und zu bewältigen gilt, sondern hier ist „Entsagung" von innen, vom Herzen her gefordert, obwohl die Situation selbst in die Glückserfüllung einzuwilligen scheint. Solchen kategorischen Imperativ des Herzens finden wir bei den edelsten der Goetheschen Frauengestalten immer wieder: sei es Iphigenie, Eugenie, Ottilie. Sie alle zeichnen sich selbst die Bahn vor, die sie gehen müssen, und was — gerade im freiwilligen Verzicht — der Umwelt oft als ein „Rätsel" oder gar als eine „Grille" erscheinen will, geht dennoch aus dem innersten Adel und damit aus der Wahrheit ihres Wesens hervor, mag es nun mit der umgebenden Welt im Einklang stehen oder nicht.

Aber trotz dieser Entscheidung der Hilarie bleibt der innere Zustand des Majors beklagenswert. Sein Empfinden kommt aus dem Zwiespalt nicht heraus. Mit Hilarie kann und darf er nicht mehr leben, eine Hilarie an der Seite des Sohnes hätte ihn für

„immer verletzt". „Im unerfreulichsten Kreis" bringt ihn die Wiederkehr des Unabweisbaren bis in einen Zustand hinein, von dem der Autor anmerkt, daß wir ihn „fast Verzweiflung nennen dürften, weil Handeln und Schaffen, die sich sonst als Heilmittel für solche Lagen am sichersten bewährten, hier kaum lindernd, geschweige denn befriedigend wirken wollten". Der Erzähler hat den Knoten so unerbittlich geknüpft, daß an eine Lösung zunächst nicht zu denken ist.

Dennoch bahnt er mit dem Ausgang des 5. Kapitels den versöhnenden Schluß bereits an. Das geschieht durch die Wiederbegegnung des Majors mit der Schönen Witwe und durch die Erhöhung ihrer Gestalt auf Grund des im Kreise umhergewanderten Briefwechsels zwischen der Schwester des Majors und Makarie. Der Sinn der Makarienbriefe ist das „Vorhalten eines sittlich-magischen Spiegels", in dem auch noch der Verworrene und Unglückliche „sein rein schönes Innere" wiederzufinden vermag und eben dadurch zu einem neuen Leben sich aufgefordert sieht. Solche „sittliche Besserung" ist an sich mehr Thema des Romans als der hier eingelegten Novelle. In den Entwürfen hieß es über die Schöne Witwe: „Halb Lüstern Eitelkeit ... Gebohrne Kokette ... Unschuld und Verwegenheit." Auch in der Novelle selbst muß sie sich den Vorwurf eines „weiblichen Frevels" vom Erzähler gefallen lassen. So bleibt ihre nicht weiter dargestellte Wandlung für den Leser nicht sehr glaubhaft. Aber offensichtlich sollte diese verwirrend verführerische Figur dahin verstanden werden, daß sie aus der Welt der gesellschaftlichen Eleganz und der geistreichen Komplimente und erotischen Spielereien — eben durch die Einwirkung der Makarie und ihrer mythischen Ausstrahlung — mehr und mehr zu jener inneren Schönheit gelangt, die sie nicht bloß „liebenswürdig", sondern auch „achtungswert" macht und damit erst zur echten, ihm vom Leben selbst bestimmten Partnerin des Majors prädestiniert. Es braucht von Goethe nicht mehr mitgeteilt zu werden, daß unter solchen veränderten Voraussetzungen auch Hilarie wiederum zum Sohn hinfinden darf, ohne daß damit das Gesetz, das sie sich selbst auferlegt hat, verletzt würde.

Unsere Interpretation könnte am Ende dieser zusammenhängend erzählten Kapitelfolge abbrechen. Denn das 7. Kapitel des 2. Buches der „Wanderjahre" gehört wieder ganz in die Welt des Romans hinein und enthält noch dazu keine eigentliche Handlung. Die Begebenheit, die uns über den Mann von fünfzig Jahren

erzählt wird, ist bereits so weit abgeschlossen, daß wir die Auflösung des Konfliktes mit der Schließung der beiden Ehen zumindest vermuten können. Die von Goethe zuletzt durchgeführte
Analyse der Gemütszustände diente zugleich ihrer Klärung und
Reinigung. Die einst „im Mondschein Verirrten, Verwirrten"
gelangen — wenn auch nur mit Geduld, Schonung und wechsel-
seitiger Hilfe — zu ihrer endgültigen Heilung.

Das Italien-Kapitel hat mit alledem, wenigstens direkt, nichts
mehr zu tun. Indem es aber Hilarie und die Schöne Witwe nunmehr unmittelbar in den Kreis der Figuren der „Wanderjahre"
aufnimmt, macht es diese zu Ebenbürtigen, die zum Orden der
Entsagenden mitgehören. Es verdeutlicht damit noch einmal eine
innere Epoche im Leben der beiden Frauen, ohne die die spätere
Aussöhnung und das Geschenk des neuen Lebens wohl kaum
hätten zustande kommen können. Aber seine Bedeutung ist damit
noch keineswegs erschöpft. Es wandelt das in der Novelle erzählte
Thema der menschlichen Gefährdung durch den Eros dahin ab,
daß es ihm den Charakter des isolierten Einzelfalls nimmt und
seine stets mögliche Wiederholung auf höchst zarte und behutsame
Weise andeutet. Niemals kann der Mensch seines gesicherten und
vernünftigen Daseins für immer gewiß sein, auch dort nicht, wo
er durch Leid geprüft und durch Entsagung sittlich gefestigt ist.
Das Thema erforderte von Goethe den äußersten Takt; denn
keinesfalls durften Hilarie und die Schöne Witwe nun etwa in
erneute Verstrickungen mit dem Maler und Wilhelm Meister
geraten. Davon ist denn auch mit keinem Wort die Rede. Und
dennoch hat Goethe nur selten ein solches arkadisches Glück, eine
solche dionysische Lebenssüße beschworen wie in diesen Fahrten
auf dem Lago Maggiore im richtungslosen Hin-und-widerge-
schaukelt-werden, die dann durchaus richtungsbestimmt in den
drei vollen himmlischen Tagen in einem abgeschlossenen Bezirk
dieser paradiesischen Inselwelt enden. „Die Boote am See, das
männliche und das weibliche Paar schweben zwischen Nähe und
Ferne dahin, zwischen Begegnen und Verlieren, zwischen Geselligkeit und Entbehren. Sie wandern gemeinsam durch alle
Krisen der Sehnsucht", sagt Marianne Thalmann. Eben hier
jedoch verzichtet der Erzähler in seiner Weisheit völlig darauf,
auch nur andeutend zu schildern, was in den Empfindungen der
Menschen selber vorgeht. Henkel glaubt zwar selbst in diesem
Kapitel noch Goethesche Ironie zu finden. Dem kann ich nicht
zustimmen, es sei denn, es ist eine Ironie ganz anderer Art gemeint

als die bisherige. Das transparent gewordene lyrische Glück dieser Tage, die das Vergangene, Abwesende traumartig zurückrufen, das Gegenwärtige wie eine geisterhafte Erscheinung entfernen, entzieht sich dem Stilprinzip der Ironie. Wohl aber bedurfte es als Gegenmacht jener ans Abstrakte grenzenden Stilisierung ins Objektive von Natur und Kunst, die beide sich noch wechselseitig zum Spiegel dienen dürfen. Verlangt doch das höchste Glück nicht nur hier, sondern wohl immer den Preis der Entsagung, und daher sind es gerade die Entsagenden, denen es zuweilen geschenkt wird. Nicht das zerstörerische Feuer der Leidenschaft, auch nicht das Übermaß subjektiven jugendlichen Fühlens ist hier thematisch, sondern der noch Ungeprüfte, der junge Maler und Sänger, entgeht der drohenden Gefahrenzone, indem er durch seine Begleiter zu Erfahrungen ganz anderer, aber auch höherer Art hinübergeleitet wird. Indessen, auch er muß dabei „alle Schmerzen des ersten Grades der Entsagenden" erleiden, während umgekehrt die anderen, schon Eingeweihten „sich in Gefahr sahen", in so anmutiger, aber auch nicht unbedenklicher Lage „abermals schmerzlich geprüft zu werden". Dieses Wenige an Aussage genügt Goethe, um auf die tragischen Zerstörungen hinzudeuten, denen alle menschlichen Paradiese immer wieder ausgesetzt sein können. Denn es ist ja durchaus die Gegenwart der beiden Frauen, die den beiden Freunden die ebenso schöne wie merkwürdige Umgebung zum Paradies verwandelt hat; und mit ihrer plötzlichen, aber gewiß auch notwendigen Abreise ist der Zauber der Landschaft unbarmherzig zerstört.

Wie Natur durch Kunst ihre Auslegung erhält, Kunst aber auf Natur wieder zurückverweist, das gehört zu Goethes Lieblingsthemen, die sich durch sein ganzes Leben hindurchziehen. Im Lago-Maggiore-Kapitel erhält es seine reizvolle Abwandlung, wenn jetzt eine Figur der „Lehrjahre", nämlich Mignon, durch die Landschaft, aus der sie stammte, und durch die malerischen Spiegelungen eines bildenden Künstlers ihre erneute Verklärung erhält. Freilich, Mignon als die verkörperte Sehnsucht wird nur erneut beschworen, um erneut zu sterben. Denn in diesem Kapitel geht es gerade um die Überwindung der Sehnsucht.

Darauf näher einzugehen ist in unserem Zusammenhang nicht erforderlich. Wohl aber ist wichtig, daß nunmehr auch Hilarie durch den jungen Maler in ihrer Begabung zum Zeichnen entdeckt und weiter gefördert wird; denn das gehört noch durchaus zum Vorgang der Heilung dieses tief verwundeten Herzens.

Solches doppelte Gewahrwerden einer tagelang vor sich gesehenen Welt nicht nur als Natur, sondern auch in der eigenen, ihr verliehenen und nunmehr erst eigentlich entdeckten Darstellungsgabe gab Hilarie eine neue Jugend zurück und schuf so die Voraussetzung für die Tage der Zukunft. Nur ganz leise deutet der Dichter die Gefahren an, die vielleicht in der besonderen „Anneigung zu jenem, dem sie dies Glück schuldig geworden", noch verborgen sein mochten. Jedoch eben dies zeichnet ihre Gestalt aus, daß ein erneuter Wechsel „von Interesse zu Interesse" — so heißt die Wandelbarkeit der Gefühle in der Sprache der Gesellschaft — jetzt in keinem Falle für sie mehr möglich wäre, auch nicht in der Stunde, als die Erschütterung im Andenken an Mignon die Frauen und Männer in eine fast bewußtlose, trunkene Rührung hineinreißt. Der ungeheure Andrang der Sehnsucht und damit des Lyrischen überhaupt verlangt als Gegengewicht den äußersten Grad an episch-formender Weltbewältigung, wenn das Herz nicht an der Überfülle zugrunde gehen soll. In diesem Hinundwiderschaukeln, Anziehen und Ablehnen, Sich-Nähern und Entfernen der wallenden und wogenden lyrischen Traumtage am Lago Maggiore ist der paradiesische Zustand nur darum eine kurze Zeitspanne lang möglich, weil die geprüften Herzen sich selbst das Maß bereits gesetzt haben.

Weiteres brauchte vom Erzähler über die Schicksale der beiden Frauen nicht mehr berichtet zu werden. Gewiß, die italienische Szenerie bleibt Episode, aber sie gehört schon als stilistischer Kontrast dem inneren Zusammenhang nach noch einmal in Goethes Novelle „Der Mann von funfzig Jahren" hinein. Sie zeigt in überhöhender Darstellung jenseits von Analyse und Ironie nicht nur wie in der Nacht des Schlittschuhlaufs den Durchbruch leidenschaftlich junger Liebe, sondern nunmehr die Gefährdung durch das Lyrische überhaupt, durch die Allgewalt der Sehnsucht und des Gefühls, die es durch freiwillige Entsagung, durch Einordnung in eine überpersönliche und damit episch verstandene menschliche Gemeinschaft zu überwinden gilt. Auch hier geht es um den Eros, aber nicht mehr um den des in Verwirrung geratenen Einzelmenschen, sondern um den allwaltenden, der Natur und Kunst begeisternd durchglüht. Ihn zu ertragen, ihm standzuhalten, ihm gewachsen zu sein, vor allem dort, wo er in die nunmehr für den alten Goethe verbotene Trunkenheit des rein Lyrischen hineinreißt, das verlangt vom Menschen die höchste apollinische Würde; ja, vielleicht bedarf das unermeßliche,

51

dem Menschen geschenkte Glück, wie es Natur, Liebe und Kunst zu gewähren vermögen, noch größerer Kräfte der menschlichen Formung und „Entsagung", als sie die Qual des menschlichen Leidens verlangt. In einem Brief an Zelter vom 3. November 1812 schreibt Goethe einmal: „Niemand bedenkt leicht, daß uns Vernunft und ein tapferes Wollen gegeben sind, damit wir uns nicht allein vom Bösen, sondern auch vom Uebermaaß des Guten zurückhalten."

Die Thematik der Novelle reicht jetzt über die abgesonderte Begebenheit weit hinaus und verknüpft sie, in den Roman mündend, mit der gültigen Lehre, die die „Wanderjahre" über alles menschliche Zusammenleben in den kleinsten und größten Gemeinschaften uns künden. Vollendung ist dem Menschen immer nur dort vergönnt, wo er das Schicksal seiner stets unvollendeten Endlichkeit voll auf sich zu nehmen bereit ist.

HEINRICH VON KLEIST

—

DAS ERDBEBEN IN CHILI

Heinrich von Kleists Novelle „Das Erdbeben in Chili" erschien zuerst unter dem Titel „Jeronimo und Josephe. Eine Szene aus dem Erdbeben zu Chili, vom Jahre 1647" im Stuttgarter „Morgenblatt für gebildete Stände" vom 10.—15. September 1807. Sie gehört zu den frühesten Erzählungen Kleists, wenn auch „Der Findling", vielleicht auch die in manchen Zügen verwandte, aber im Stilistischen noch nicht so ausgereifte Novelle „Die Verlobung in St. Domingo" ihr wohl in der Entstehung vorausgegangen sind. „Das Erdbeben in Chili" ist aber die erste gedruckte Novelle Kleists, die jedoch damals kaum Beachtung gefunden hat. Auch später hat die Forschung wenig von ihr Notiz genommen, abgesehen von den Bemerkungen von Hermann Pongs in „Das Bild in der Dichtung", dem „Interpretationsversuch" von Karl Otto Conrady „Kleists ‚Erdbeben in Chili'" und einigen Hinweisen von Wolfgang Kayser in seinem Aufsatz „Kleist als Erzähler". Johannes Klein betont in einer kurzen Studie vor allem die Ambivalenz des Gottesproblems. Friedrich Koch gibt in seinem Buch „Heinrich von Kleist" nur eine kurze Skizze des Inhalts und sieht wohl mit Recht in Josephe eine Vorläuferin der späteren Frauengestalten: der Marquise, Alkmene und Käthchens. In dem neuen Kleistbuch von Günter Blöcker „Heinrich von Kleist oder das absolute Ich" wird die Bedeutung dieser Erzählung darin gesehen, daß die Welt zwar ein furchtbares Rätsel bleibt, aber eines, „das den Menschen stärker macht". Walter Müller-Seidel wiederum weist in seiner Kleiststudie „Versehen und Erkennen" auf das Dunkle, Undurchdringliche der Gottesfrage hin und auf „die Struktur des Als-ob" in dieser Erzählung.

Der Grund für das im ganzen dennoch geringe Interesse, bei einer sonst ja sehr ausgedehnten Kleist-Forschung, dürfte kaum in künstlerischen Schwächen liegen, sondern in dem unbeirrbar sachlichen Stil dieser Erzählung, durch den sich der Erzähler jede

Einmischung und erst recht jede Deutung und Reflexion über das Erzählte verbietet. Das gilt zwar mehr oder weniger auch von anderen Erzählungen Kleists, aber der Erzählzusammenhang entzieht sich dort nicht so radikal einer möglichen Sinngebung. Sie fordern von sich aus stärker zur Deutung auf. So besitzen wir neben zahlreichen Kohlhaasauslegungen z. B. eine ergiebige Analyse über „Die Struktur des Widerspruches in Kleists ‚Marquise von O.‘ “, die Walter Müller-Seidel 1954 veröffentlicht hat. „Das Erdbeben von Chili“ läßt sich hingegen nicht so ohne weiteres von dieser Kategorie des Widerspruches her erfassen. Es berichtet, was geschehen ist, und weiter nichts. Der Erzähler Kleist steht hier mehr denn je — nach einer Wendung Wolfgang Kaysers — „mit dem Rücken zum Publikum und beachtet es nicht“. Ja, der Eindruck des unabänderlich so und nicht anders Geschehenen drängt sich dem Leser so stark auf, daß die Geschichte ihm vor Augen steht wie ein Stück Wirklichkeit, das, vergleichbar etwa einer Landschaft, von sich aus zu keiner deutenden Auslegung auffordert, weil die bloße Existenz des Berichteten bereits sich selbst genug zu sein scheint. Der Schöpfer eines solchen Gebildes verschwindet als Person völlig hinter dem Geschaffenen.

Aber dennoch ist das Erzählte keineswegs „neutral“. Wolfgang Kayser hat mit Nachdruck darauf hingewiesen, daß Kleist sich vielerorts und so auch hier wertend verhält, aber die Wertungen erfolgen nach Kaysers Meinung vom jeweiligen Standort der Gestalten aus und sind daher für eine Sinngebung des Ganzen nicht verwendbar. Der Erzähler stände „im Banne des Geschehenen“, ohne Überlegenheit über die Figuren wie bei Fielding und Wieland und ohne Überschau über den Ablauf dieses Ganzen. So scheint es sich in der Tat zunächst zu verhalten; denn die Erzählung drängt uns im Verlauf des knappen Tag-Nacht-Tag-Wechsels erzählter Zeit in einen jähen Umschwung des gewaltsam Vorgangshaften hinein, den wir nur hinnehmen, aber nicht eigentlich begreifen können. Ja, der Zeitablauf wirkt durch die Intensität des Vorgangshaften noch verkürzter, als er es tatsächlich ist. Kaysers Behauptung, daß das „Erdbeben von Chili“ innerhalb weniger Stunden verläuft, mag unter diesem Eindruck entstanden sein, ist aber sachlich nicht richtig, da sich das Geschehen vom Tag des Erdbebens über die Nacht bis zum Aufbruch am nächsten Nachmittag und noch darüber hinaus bis zur „Finsternis“ der neu einbrechenden, zweiten Nacht erstreckt.

Die Geschichte beginnt mit dem prägnant angegebenen Moment

einer Massenkatastrophe. Doch wird unser Interesse an dem ungeheuren Vorfall der großen Erderschütterung noch im gleichen Satz auf den besonderen, hier gerade kontrastierenden Einzelfall abgelenkt. In eben jenem Augenblick, in welchem „viele tausend Menschen ihren Untergang fanden", stand „ein junger, auf ein Verbrechen angeklagter Spanier, namens Jeronimo Rugera, an einem Pfeiler des Gefängnisses, in welches man ihn eingesperrt hatte, und wollte sich erhenken". Der gleiche Moment, der für Tausende zum Tode führt, gibt dem einen, der mit dem Leben schon innerlich abgeschlossen hat, die Freiheit und damit auch das Leben noch einmal zurück. In der Paradoxie dieses Anfangs verrät sich typisch novellistischer Stil. Die erzählte ungewöhnliche Begebenheit wird in einer doppelten Brechung gegeben: vom Allgemeinen und von einem dem Allgemeinen widerstreitenden Einzelschicksal aus. Wiegt denn das Leben dieses Einzelnen und das seiner unglücklichen Geliebten so schwer, daß es in der Waagschale des Geschicks dem der vielen entgegengesetzt werden durfte, die gerade *jetzt* zugrunde gingen? Oder ist hier nur ein unbegreiflicher Zufall am Werk mit seinem dann immerhin grotesken Spiel? Der Erzähler stellt diese Frage nicht selbst, aber er zwingt sie uns gleichsam auf. Statt dessen holt er zunächst auf etwa zwei Seiten die ganze Vorgeschichte dieses „Verbrechers" nach, ehe er wieder an seinen ersten Satz anknüpft: „Eben stand er, wie schon gesagt, an einem Wandpfeiler" usw. Der Bericht über das Vergangene erfolgt zu Beginn in distanzierendem Plusquamperfekt, geht aber dann unmerklich in die Vergangenheitsform der ganzen Erzählung über. Auf diese Weise wird das Zurückliegende im wachsenden Maße aus dem geschichtlichen Bericht in die vergegenwärtigende Erinnerung hineingeholt und gewinnt dadurch an unmittelbarer Intensität. Das nur eingeschoben Berichtete und Nachgeholte ist ebenfalls voll erregender dramatischer Spannung, wenn auch nur als Einzelschicksal zweier Liebender, die an den gesellschaftlichen Ordnungen zerschellen. Es genügt dabei nicht, mit Kayser von einer nur gelegentlich aufflackernden, persönlichen Ergriffenheit des Autors in einem sonst um Sachlichkeit, ja um Kälte bemühten Erzählen zu sprechen. Gerade dieses scheinbar rein sachliche Erzählen ist von leidenschaftlichen Affekten mitbestimmt. Die positiv wertenden Akzente werden eindeutig zugunsten des unseligen Paars, die abwertenden auf Kosten der Gesellschaft gesetzt. „Die hämische Aufmerksamkeit" des „stolzen Sohns" verrät dem alten Don das Geheimnis der Liebenden, von denen der

Erzähler liebevoll sagt, daß sie sich „in einem zärtlichen Einverständnis" befunden haben. Dies fordert jedoch die sofortige Entrüstung des Vaters heraus und führt zur Unterbringung der Tochter im Karmeliterkloster, die ja nichts anderes als eine Einsperrung ist, da sie offensichtlich, ohne daß der Erzähler das ausdrücklich zu sagen braucht, gegen den Willen der Tochter erfolgt. Dennoch gelingt es Jeronimo, „durch einen glücklichen Zufall" die Verbindung wieder anzuknüpfen und den Klostergarten „zum Schauplatz seines vollen Glückes" zu machen. Das mag zwar ganz aus der Perspektive des Jeronimo erzählt sein, aber auch der Erzähler selbst scheint den Liebenden die Stunde des Glücks zu gönnen, zumal er ja genau vorausweiß, wie teuer sie bezahlt werden muß. Schon in den nächsten Zeilen berichtet er die tragischen Folgen, die der „glückliche Zufall" sehr bald aus sich heraus entläßt. „Die unglückliche Josephe" sinkt in Mutterwehen bei der feierlichen Prozession der Nonnen und Novizen am Fronleichnamsfeste auf den Stufen der Kathedrale nieder. Das Katastrophenhafte dieses Vorgangs spiegelt sich auch formal in dem bereits erwähnten Tempuswechsel des Erzählers. Damit rückt uns das Furchtbare erschreckend nahe. Die nachfolgende Charakteristik „Die junge Sünderin" verschiebt unmerklich durch das Adjektiv „jung" die wertende Beurteilung zugunsten Josephens. Dieser zunächst noch schwache Eindruck verstärkt sich durch die Anhäufung negativer Momente auf der Gegenseite. Josephe wird „ohne Rücksicht auf ihren Zustand" sogleich in das Gefängnis gebracht, ihr wird der „geschärfteste" Prozeß gemacht, „die Zungen", erbittert über den „Skandal", fallen „so scharf" über das ganze Kloster her, daß selbst der Wunsch der Äbtissin, „welche das junge Mädchen wegen ihres sonst untadelhaften Betragens liebgewonnen hatte", die Strenge des klösterlichen Gesetzes nicht mildern konnte. Lediglich wird die Verurteilung zum Feuertod durch einen Machtspruch des Vizekönigs in eine Enthauptung abgewandelt, auch dies sogar „zur großen Entrüstung der Matronen und Jungfrauen von St. Jago". Nimmt man zu allen diesen Einzelzügen noch hinzu, daß „die frommen Töchter der Stadt" ihre Freundinnen einluden, um „dem Schauspiel", das mit dem Hinrichtungszug „der göttlichen Rache gegeben wurde, an ihrer schwesterlichen Seite beizuwohnen", so läßt sich nicht länger verkennen, daß der Erzähler die gesellschaftliche und kirchliche Ordnung im Chili des 17. Jahrhunderts keineswegs nur sachlich schildert, sondern mit verhaltener, im Erzählen nur gebändigter

Erbitterung in ihrer ganzen Unmenschlichkeit an den Pranger stellt, mag auch noch so sehr die Satzung der menschlichen Gesellschaft den Schein des göttlichen Rechtes für sich beanspruchen. Wie hätte Kleist auch ohne solche entschiedene Parteinahme — am Ausgang des Geschehens in der Szene in und vor der Kirche — die ganze Problematik dieses so anmaßend über Gott verfügenden Anspruches so erbarmungslos aufdecken können!

Hingegen auf der anderen Seite — welche ergreifende Schutz- und Wehrlosigkeit der Liebenden, die an unser tragisches Mitleid appelliert, inmitten dieser „ungeheuren Wendung der Dinge"! Kayser meint zwar: „Wenn es von Jeronimo heißt, daß er die Besinnung verlieren wollte, ‚als er diese ungeheure Wendung der Dinge erfuhr', ... so ist das weder für den Erzähler noch für uns eine ‚ungeheure' Wendung, da wir die Entwicklung der Dinge zuvor genau erfahren haben. Der Erzähler hat sich mit der Wendung ganz auf die Gestalt, von der er spricht, eingestellt, er wertet aus ihrer Perspektive, es ist ein Fall von erlebter Rede." Das will mir nur bedingt richtig erscheinen. Es charakterisiert den Kleistschen Darstellungsstil, daß dort, wo das Ich ganz aus seiner Wahrheit heraus lebt und die Wirklichkeit von hier aus erfährt, diese Wahrheit zugleich über eine nur subjektive Optik hinausgeht und etwas über das Wesen der Wirklichkeit selbst aussagt, nicht über die Wirklichkeit als Schein und Wahn, wohl aber über die Wirklichkeit als eine von Gott selbst gegebene, die nur im individuellen Bewußtsein, im „Gefühl" des Ich und sonst nirgends erfahren werden kann. „Ungeheure Wendung der Dinge", so sieht es nicht nur Jeronimo, so erfährt es auch der Erzähler Kleist selbst. Wohl kaum eignet sich diese ungewöhnliche sprachliche Prägung für eine erlebte Rede des immerhin schlichten Jeronimo, um so mehr aber ist sie bezeichnend für das Kleistsche Verhältnis zur Welt. Ist ja damit doch sehr viel mehr über das Wesen des dargestellten Vorgangs ausgesagt als mit jener anderen bösartigen Optik, innerhalb derer vom „Schauspiel" für die göttliche Rache die Rede war. Es gilt sich von dem Vorurteil zu befreien, daß Kleist seine Erzählung nur in die jeweiligen „Perspektiven" der einzelnen Personen aufgelöst habe. Vielmehr geht es ihm auch als Erzähler um die Wirklichkeit des Geschehens selbst und um den darin enthaltenen, an die Menschen herantretenden Anspruch. Eben weil ihn die Begebenheit als solche fasziniert und erst in zweiter Linie das Reagieren der Personen, wird er zum großen, bis heute noch viel zuwenig gewürdigten Novellisten.

Bezeichnenderweise erfolgt die Antwort des völlig Hilflosen auf die von ihm erlebte „ungeheure Wendung der Dinge" in religiöser Demut. Jeronimo wirft sich „vor dem Bildnisse der heiligen Mutter Gottes nieder" und betet „mit unendlicher Inbrunst zu ihr als der einzigen, von der ihm jetzt noch Rettung kommen könnte". Die Intensität, mit der sich der Erzähler hier mit seiner eigenen Figur identifiziert, ist unverkennbar.

Aber die Hilfe kommt nicht, oder richtiger gesagt, sie kommt erst, als die Lage völlig hoffnungslos geworden und die Seele des Jeronimo nur noch von Verzweiflung erfüllt ist. Die Glocken, die Josephen zum Richtplatz begleiten, ertönen bereits; der Strick für den Selbstmord, den der „Zufall" ihm ließ, ist schon befestigt — aber eben in diesem Augenblick des tötenden Unheils für die Liebenden gerät eine ganze Welt aus den Fugen, und was für Tausende Vernichtung bedeutet, scheint, zum mindesten für diese beiden, die noch einzig mögliche Rettung zu verheißen. Die Koinzidenz dieses Zusammentreffens entzieht sich dem menschlichen Begreifen. Kleist nennt zwar den vorhandenen Strick für den Selbstmord „Zufall"; ebenso spricht er von der „zufälligen Wölbung" im gegenüberstehenden, zusammenfallenden Gebäude, die „die gänzliche Zubodenstreckung" des ebenfalls einstürzenden Gefängnisses wenigstens so lange verhindert, bis Jeronimo sich retten kann. Hingegen wird das zeitliche Zusammentreffen des Erdbebens mit dem Selbstmordversuch und dem gerade *jetzt* einsetzenden Hinrichtungsgang der Josephe nur konstatiert. Der Zeitaugenblick hat etwas von dem Undurchdringlichen einer gewaltigen Sternenstunde, in der Heil und Unheil auf rätselhafte Weise gemischt sind. Die stürzenden Gebäude, die sich in ihrer Neigung noch für einen Augenblick im Gleichgewicht halten: von dem Bild geht eine symbolische Strahlkraft durch die ganze Novelle aus. Sie handelt von einem nahezu apokalyptischen Untergang, der dennoch — und sei es auch nur in einer verschwindend kleinen Zeitspanne — in der Schwebe bleibt und jene „Seligkeit" im Tale gewährt, „als ob es das Tal von Eden gewesen wäre" und eine Gemeinschaft der Menschen stiftet, innerhalb derer „der menschliche Geist selbst wie eine schöne Blume aufzugehn" schien.

Zunächst freilich wird in den neunmal anaphorisch angestauten „Hier"-Sätzen der Untergang jeder gesellschaftlichen Ordnung durch eine ungeheure Naturkatastrophe im jagenden Tempo erzählt. Jetzt handelt es sich nicht mehr um den einzelnen, sondern nur noch um das Kollektiv. Jeronimo wird von diesem Geschehen als ein bloß passiv Erleidender fortgetragen, nahezu willenlos und besinnungslos vorwärtsgetrieben, bis ihn eine der für Kleist so typischen Ohnmachten aus diesem Zustand ohne eigenen Zustand, in dem der Mensch nicht mehr mit sich selbst identisch ist, erlöst und ihm mit dem Erwachen aus der Ohnmacht das „unsägliche Wonnegefühl" des Lebens zurückgeschenkt wird.

Solche Süßigkeit des Lebens noch und gerade im Angesicht der Bedrohung durch den Tod ist ein bei Kleist wiederholt auftauchendes Motiv. Auch der Blick des Auges „nach allen Richtungen über die blühende Gegend von St. Jago" und der vom Meere kommende Westwind, das Gebet über die wunderbare Errettung und das Weinen vor Lust gehört noch mit zu diesem wiedergeschenkten lieblichen Leben und der Freude an seiner Fülle „bunter Erscheinungen".

Was später dann Josephe über ihre Rettung berichtet, zeigt den gleichen Weg durch das Chaos, wenn auch hier in der bedeutsamen Abwandlung, daß das Bewußtsein der Person rasch zurückgewonnen wird und inmitten der allgemeinen Vernichtung ihr dennoch die Rettung ihres Säuglings aus dem bereits brennenden Kloster gelingt. Diesen Vorgang steigert Kleist bis ins nahezu Legendäre, wenngleich hier keine Cherubime sichtbar erscheinen und helfen wie im „Käthchen von Heilbronn". Die prosaische Darstellung läßt das Geschehen vielmehr in der Schwebe eines mythischen Als-ob; „. . . und gleich, als ob alle Engel des Himmels sie umschirmten", trat sie mit ihrem Kinde „unbeschädigt" aus dem Portal des schon von allen Seiten zusammenfallenden Gebäudes heraus. Mit diesem Bilde hebt der Erzähler diese Gestalt nicht nur über sich selbst hinaus, er gibt auch dem Kinde der Josephe schon jetzt eine geheimnisvolle Bedeutung, die in der novellistischen Gestaltung zur symbolischen Verdichtung drängt. Der Leser wiederum kann sich kaum mehr der Frage entziehen, welche waltenden Mächte in der Turbulenz dieser Ereignisse am Werke sind. Ist das Erdbeben blindwütende Naturkatastrophe, die wahllos vernichtet und wahllos verschont? Oder steht es vielleicht noch in einem Zusammenhang mit einem geheimen, aber für die Menschen undurchschaubaren Willen Gottes? Ist es etwa noch als apokalyptisches Gericht über die Sünden dieser Gesellschaft gemeint, jedoch nicht ohne Erbarmen für die todgeweihten Liebenden? Conrady meint, „daß im Widerstreit der das Geschehen der Novelle auslösenden und forttreibenden

Mächte" schon sehr bald „die Frage nach dem Gültigen, dem Absoluten, nach Gott hervorgetrieben" wird. Auch der Dichter selbst sei hier der Fragende. Pongs behauptet in ähnlicher, aber sich mehr festlegender Weise, „daß die alles zerstörende Naturgewalt wie ein Gottesgericht erscheinen muß, um die Werte rein aufleuchten zu lassen, die allein vor Gott bestehen und die völlig verdeckt und verdunkelt waren von den Wertsetzungen der Menschen".

Aber Kleist treibt die Frage nach dem „Absoluten" nicht nur hervor, er verhüllt sie auch zugleich. Die Liebenden, die im Rahmen einer „unerhörten Begebenheit" gerettet werden, gehen dennoch im Verlauf dieser gleichen Begebenheit zugrunde. Von der Äbtissin heißt es, daß sie „auf eine schmähliche Art" von dem herabfallenden Giebel des Hauses erschlagen wurde; aber eben sie war es ja gewesen, von der wir vorher hörten, daß sie für die unglückliche Josephe helfend einzutreten versuchte. Umgekehrt bleibt die scheußlichste Figur der ganzen Novelle, der Schuhflicker Pedrillo, wenn auch verwundet, offensichtlich am Leben. Sucht man sich angesichts solcher ans Sinnlose grenzenden Anarchie dadurch zu helfen, daß man mit Pongs und Conrady im Symbol des geretteten Kindes den eigentlichen sinngebenden Schlußstein des Ganzen sieht, so darf darüber nicht einfach vergessen werden, daß jenes andere, gewiß ebenso unschuldige Kind aus der Ehe Don Fernandos und Donna Elvires statt seiner mit dem Leben zahlen muß. Wenn es die Gottheit ist, die durch die Begebenheit des Erdbebens und alle seine Folgen zu uns redet, so tut sie es jedenfalls nicht in einer entschlüsselbaren oder gar moralisch zuzurechnenden Weise. Wo die „Engel des Himmels" zu retten scheinen, verderben ihnen die Dämonen der Finsternis auch wieder das heilige Geschäft. Kleist selber fordert einmal in einem Brief, daß innerhalb des „Gewimmel von Erscheinungen" der Blick des Menschen nicht am einzelnen dauernd haften darf. Die Wirklichkeit bleibt undurchdringlich, und nichts liegt dem Autor ferner, als die Wege einer Gottheit zu deuten, von der es in dem Brief Kleists an Karl Freiherrn von Stein zum Altenstein vom 4. August 1806 hieß, daß sie zwar kein böser Geist sein könne, wohl aber eine „unbegriffene" Gottheit (die gleiche Wendung auch in dem Brief an Otto August Rühle von Lilienstern vom 31. August 1806).

Was Kleist hingegen mit dem Chaos des Erdbebens tatsächlich darstellt, ist zunächst einmal der eruptive Zerfall bisher gültiger sozialer Ordnungen. Dafür ist bezeichnenderweise das Einzelwesen Mensch unwesentlich. Die Äbtissin wird erschlagen als Repräsentantin des ganzen Klosters, gleich danach ist von der Leiche des Erzbischofs die Rede, „die man soeben zerschmettert aus dem Schutt der Kathedrale hervorgezogen hatte", dann geht es überhaupt nicht mehr um Personen, sondern um für das Kollektiv stellvertretende Gebäude, den Palast des Vizekönigs, den Gerichtshof, das väterliche Haus der Josephe, das Gefängnis des Jeronimo. Bereits in dem gehäuften Hier-Satz, in dem Jeronimos Weg durch den Tod dargestellt wurde, waren es die zusammenbrechenden, von der Flamme verzehrten anonymen Gebäude und ebenso anonyme Menschen und Kreaturen, „ein Haufen Erschlagener", schreiende „Leute" von brennenden Dächern, Menschen und Tiere in den Wellen, die, des Persönlichen ganz entkleidet, das Gesamtschicksal widerspiegelten. Selbst wo der einzelne genannt wurde: „ein mutiger Retter" oder kontrastierend ein anderer, der nur sprachlos die zitternden Hände zum Himmel streckt, stand er als möglicher Repräsentant für die vielen, die sich in ähnlicher Weise verhalten haben mochten. Auch die späteren Gespräche an der Talquelle von den vor den Augen der Männer niedergekommenen Weibern, vom Mönch mit dem Kruzifix, der das Ende der Welt verkündet, von dem seiner Macht weitgehend beraubten oder sie nur mit Brutalität aufrechterhaltenden Vizekönig, von der Hinrichtung eines Unschuldigen, den der Hausbesitzer im allgemeinen Durcheinander versehentlich für einen Dieb hielt, spiegeln noch einmal die grenzenlose Anarchie, in der alles Bisherige seine Geltung verloren hat und der Mensch zum willenlosen Spielball unberechenbarer Gewalten der Natur geworden ist.

Die stellvertretende Reihe auf Josephens Wege: Äbtissin, Erzbischof, Vizekönig, Gerichtshof, väterliches Haus, Gefängnis versinnbildlicht den chaotischen Untergang aller geistlichen und weltlichen Ordnungsgefüge, mag er nun durch einen unerforschlichen Ratschluß Gottes verhängt oder die bloße Folge eines Einbruches übermenschlicher Energien der Natur sein.

Aber die dem Menschen gegebene irdische Welt geht hier nur zugrunde, um sogleich wieder auf neue Weise zu beginnen. Wenn es zunächst in der Tat so aussah, als stände Kleist selbst ganz im Banne des Erzählten und seiner Furchtbarkeit, so wird doch im weiteren Verlauf immer deutlicher, daß der Erzähler sehr wohl eine Überschau über das Ganze hat. Das zeigt sich in der höchst kunstvollen und doch durchaus übersichtlichen Komposition, die den Erzähler leitet und seinem Erzählen das Gesetz vorschreibt. Die Struktur der Erzählung weist eine unverkennbare Dreigliedrigkeit auf: zwei Gipfel, der eine am Anfang, der andere am Ende, zwischen denen das „Tal" der Erzählung liegt. Das Ganze ist — räumlich gesehen — nach Art eines Triptychons aufgebaut. Die Nacht an der Talquelle ist das Mittelbild, das Erdbeben in der Stadt und das Chaos in der Kirche sind die beiden einrahmenden Seitenflügel. Die Erzählung beginnt mit einem kaum mehr überbietbaren Höhepunkt, mit einer schrecklichen Entladung und Freisetzung, nicht weniger furios in ihrer Art als die Eingangsszene der „Familie Schroffenstein". Auch die dramatische Vorgeschichte wurde, wie wir bereits gezeigt haben, in diesen Spannungsbogen mit hineingenommen. Dann spaltete sich das an sich einheitliche Geschehen des Erdbebens in die beiden parallel laufenden Wege Jeronimos und Josephens durch die Katastrophe hindurch bis zur Rettung, wenn auch der Weg Josephens erst im späteren Bericht, den sie selber gibt, vom Erzähler nachgeholt werden konnte. In der Mitte des Aufbaus steht dann das „Tal" der Erzählung. Vom explosiv Eruptiven her gesehen bietet es den zeitüberwindenden Augenblick der Stille und eines neuen Anfanges, zugleich war es auch der Ort für die Wiedervereinigung der Liebenden: nicht Katastrophe, sondern Idylle. Dann steigt die Erzählung nochmals zu einem ungeheuren Gipfel an, da der Erzähler die Kühnheit aufbringt, uns gleichsam noch einen zweiten Weltuntergang zu berichten. Wir werden noch genauer zu zeigen haben, worin er sich vom ersten unterscheidet. Im Anschluß daran ergibt sich wiederum ein neuer Anfang, der jedoch zugleich Abschluß des Erzählten ist. Die „Spannung" des Erzählten liegt nicht nur in diesem Umschlagen von Katastrophe zur Rettung und nochmaliger Katastrophe, sondern auch in der nahezu beispiellosen Zusammendrängung des Erzählten in eine der Kurzgeschichte sich nähernde Novellenform und in der zeitlichen Raffung aller Erzählvorgänge.

War in der Schilderung des Erdbebens als eines ebenso naturhaften wie geschichtlichen Ereignisses das Individuum gänzlich ausgelöscht worden, so wird dieses nunmehr in der schönen silberglänzenden Nacht an der Talquelle geradezu der Ursprung, von dem aus die Welt sich erneuert. Das Glück der Liebenden, die auf so wunderbare Weise, gegen jede Wahrscheinlichkeit, wieder zusammengeführt wurden, ist für Kleist weit mehr als bloßer Erguß der Empfindsamkeit. In der kleinen natürlichen Familiengruppe: Vater, Mutter, Kind lebt noch etwas nach vom Abglanz der Heiligen Familie. Dem Wiederfinden ging die verzweifelte Suche Jeronimos nach der „Tochter Asterons" voraus. Dann folgte wiederum ein ins Legendäre stilisiertes Bild: das junge Weib, das sein Kind in den Fluten reinigt, und der ahnungsvoll mit dem rührend doppeldeutigen Wort: „O Mutter Gottes, du Heilige!" herbeistürzende Jeronimo. Ist ja doch die Gottesmutter und die Mutter seines Kindes gleichzeitig damit angeredet. Den Liebenden verwandelt sich das Tal zum Paradies, zum Garten Eden. Aber nicht nur sie, auch der Dichter deutet es in diesem Sinne, wenn er die schönste Nacht herbeiruft, von der nur er, der Poet, zu träumen vermag. Kayser meint zwar, dieses Heraustreten des Erzählers aus der rein sachlichen Schilderung sei ein „Stilbruch". Aber der „Stilbruch" gewinnt seinerseits eine stilistische Funktion, wenigstens dann, wenn man das Paradiesische inmitten dieses Chaos hier ernst und nicht nur empfindsam nimmt. Denn es sind allein die Träume der Dichter, die uns die verlorenen Paradiese zurückschenken können. Daher darf sich auch der Dichter in diese Geschichte selbst einmischen, eben dort, wo das Glück des Utopischen beginnt. Mit Recht weist Conrady darauf hin, daß sich hier „inmitten bedrängender Zustände . . . ein märchenhafter Raum des Heilen" auftut. „Ist es nicht", so fügt er über das Schicksal der Liebenden hinzu, „als werde ihnen durch die Naturkatastrophe, die die Rettung bringt, von oben her geheime Einwilligung geschenkt?" Solche Einwilligung wäre dann freilich nur vorübergehend. Aber offensichtlich entzieht sich das Geschehen im Tal der Kategorie der Zeit. Liebe währt in Ewigkeit, mag ihr auch nur ein Augenblick der höchsten Erfüllung gegönnt sein.

Kleist gestaltet sein „Märchen", das dennoch nichts anderes ist als eine Insel innerhalb der Wirklichkeit selbst, sehr behutsam und zart. Er zeigt ein durchaus irdisches Liebespaar, das sich unter dem prachtvollen Granatapfelbaum beim „wollüstigen" Lied der flötenden Nachtigall zusammenfindet. Aber dennoch ist es eine andere Stunde als die jener verschwiegenen Nacht im Klostergarten. Was der Dichter ins Bild gebannt hat, ist hier die Familie als Urform der natürlichen Gemeinschaft mit dem Kind im Schoß der Mutter und den nicht ans Ende kommenden liebevollen wechselseitigen Mitteilungen der beiden, die eben erst einem sicheren Tode entronnen sind. Und dann schreibt Kleist jenen entwaffnend naiven Satz nieder, der Kaysers These von der jeweiligen, durch den Standort der Personen bestimmten Wertperspektive nunmehr doch zu bestätigen scheint: „... sie waren sehr gerührt, wenn sie dachten, wie viel Elend über die Welt kommen mußte, damit sie glücklich würden!" Das nachfolgende Geschehen widerlegt nur allzu grausam diese subjektivste aller Theodizeen. Und trotzdem behält das hier Gesagte auch seine Wahrheit. Denn dieser Augenblick reinen, völlig ungetrübten Glückes ist ja in der Tat inmitten und auf Grund des Gräßlichen wie ein Wunder entsprungen.

Eben aber um Ursprung, um völligen Neubeginn geht es hier dem Dichter Kleist. Das Vorausgegangene hat gewiß nicht als geheimes Telos das Glück der Liebenden im Sinne gehabt. Indessen: erst mit der Zerstörung einer verstellenden, vom Wahn des Gesetzes unpersönlich dirigierten Welt, in der die sich allzu menschlich Liebenden zu den ausgestoßenen Parias wurden, kann solch ein reines und schuldloses Glück neu und wie am ersten Tage beginnen. Fast ist man verführt zu sagen, wie immer man auch den Liebenden ihre Vergehen anrechnen will, angesichts des Erdbebens sind sie wie ausgelöscht und ist das unglückliche Paar von Gott selbst und damit auch vom Erzähler freigesprochen, als wäre die Erbsünde des Menschen wieder rückgängig gemacht worden. Ja, die Idylle im Tal, an der „Quelle", stiftet über diese stellvertretende Urfamilie hinaus paradiesische Gemeinschaft der Menschen. Ist es doch am nächsten Morgen so, „als ob das allgemeine Unglück alles, was ihm entronnen war, zu *einer* Familie gemacht hätte". Inmitten des Chaos gelangen neue, rührende und großartige Möglichkeiten des Menschseins zum Durchbruch. Und so ergibt sich das sonderbare Resultat, daß sich „gar nicht angeben ließ, ob die Summe des allgemeinen Wohlseins nicht von der einen Seite um ebensoviel gewachsen war, als sie von der anderen abgenommen hatte". Die Anarchie des schrecklichen Augenblickes, in der die irdischen Güter der Menschen zugrunde zu gehen „und die ganze Natur verschüttet zu werden drohte", schenkt zugleich dem menschlichen Geist jene Gunst, „wie eine schöne Blume aufzugehn". Ebendies gestattet auch die Wiederaufnahme des bisher ausgestoßenen Paares und seines Kindes in die soziale Gemeinschaft der Menschen. „Es war, als ob die Gemüter seit dem fürchterlichen Schlage, der sie durchdröhnt hatte, alle versöhnt wären."

Eine Familie, Befriedung, Versöhnung, Schönheit des menschlichen Geistes und seines Handelns, wechselseitige Menschlichkeit und helfend liebende Anteilnahme, das sind die Grundzüge, die uns der Erzähler vom Gemeinschaftsleben der Geretteten an der Talquelle berichtet. Sie kontrastieren in gewollter Deutlichkeit zur Unmenschlichkeit des ersten und vor allem des zweiten Gipfels der Erzählung. Es ist die neue, gerettete und versöhnte Menschheit, die hier wie in einem zweiten Garten Eden wiederum beginnen darf. Es läßt sich auch vorsichtiger umschreiben: Mit einer zerstörten Welt öffnet sich zugleich der Ausgang ins Freie, in ein Miteinander der Menschen, das nicht von der Herrschaft der Institutionen, sondern von den unmittelbaren Begegnungen der Menschen bestimmt ist. Ja, im Vorgang der Zerstörung selbst kommen, wie wir aus den gemeinsamen Gesprächen erfahren, eben solche erhöhten Augenblicke des Menschseins zum Durchbruch. Jede Menschenseele hat für Kleist, soweit sie in ihrer ursprünglichen Reinheit erhalten blieb, ihren unzerstörbaren Wert; und darum durfte er es auch wagen, dem Untergang der Tausenden vom Interesse des Erzählers aus das Schicksal der beiden Ausgestoßenen und das ihres Kindes mit mindestens gleichem Gewicht gegenüberzustellen und dagegen abzuwägen. Bezeichnenderweise liegt aber die Utopie des reinen Daseins bei Kleist nicht am Ende, wie so oft in den dreitaktigen klassisch-romantischen Geschichtskonstruktionen, sondern in der Mitte, eingeschlossen von einem tragischen Vorher und noch unentrinnbarer von einem tragischen Danach. Sie ist Zeit in der Zeit und doch außerhalb der Zeit. Auch räumlich wird sie als *Land* dem Bereich der *Stadt* entgegengesetzt, in dem die Novelle beginnt und zu dem sie wieder zurückkehrt. Das reine Glück des Ursprungs ist in jedem Augenblick der Gefahr der Verschüttung von neuem ausgesetzt und darf keinesfalls mit einem endgültigen, ein für alle Male erreichten Heilzustand verwechselt werden; es behält — um Müller-Seidels Formel zu gebrauchen — seine „Als-ob-Struktur".

Mit dem Abschnitt: „Inzwischen war der Nachmittag herangekommen ..." setzt eine völlig neue und unerwartete Erzählwendung ein. Denn der Besuch der Dominikanerkirche, der einzigen in der Stadt, die vom Erdbeben verschont blieb, führt zu einer zweiten Katastrophe. Jeronimo und Josephe hatten sich inzwischen mit der ihnen freundlich gesinnten Familie Don Fernandos zusammengefunden. Es ist ein kleiner Personenkreis, von denen einige jetzt zur feierlichen Messe aufbrechen, andere zurückbleiben. Die eine Schwägerin, Donna Elisabeth, wird freilich von Beklemmung und unglücklicher Ahnung zurückgehalten, und ihr heftiges und heimliches Gespräch mit der krank an den Ort gefesselten Donna Elvire, der Frau Don Fernandos, läßt der Erzähler ebenso im unaufgeklärten Zwielicht wie die noch heimlich, bereits nach dem Aufbruch, ins Ohr des Don Fernando gezischelten Worte. Indessen, der Leser errät aus dem Angedeuteten, daß es wohl eine Warnung gewesen ist, die sich auf die Anwesenheit des bisher sozial verfemten Paares in der Kirche beziehen muß und auf die Don Fernando nur mit der „Röte des Unwillens" im Gesicht und mit einem knappen: „Es wäre gut! Donna Elvire möchte sich beruhigen" reagiert. Aber dieses Wenige von unbestimmter Ahnung, andeutender Pantomime und bloßen Gesprächsfetzen genügen bereits, um in den bisherigen paradiesischen Zustand an der Talquelle leise, nervöse Dissonanzen hineinzutragen. Das kommende Unheil kündigt sich unmerklich an. Dabei ist es gerade Josephe, die es zum Dankfest treibt; denn niemals habe sie „den Drang, ihr Antlitz vor dem Schöpfer in den Staub zu legen, ... lebhafter empfunden ... als eben jetzt, wo er seine unbegreifliche und erhabene Macht so entwickle". Wiederum wird hier etwas vom Adel und von der Demut ihres Wesens sichtbar. Und beinahe wäre der Säugling Juan von Donna Elvire und Don Fernando seinem kommenden unglücklichen Schicksal entgangen, wenn er nicht selber durch sein klägliches Schreien sein weiteres Verbleiben bei der stellvertretenden Mutter Josephe durchgesetzt hätte. Der Kleistsche Darstellungsstil mit seinen genauen Angaben über Mienenspiel, Tonfall und begleitende Gebärden nimmt mit dem Geschehen immer auch die Umstände des Geschehens in sein Erzählen hinein. Der Erzähler erreicht damit eine nahezu pausenlose Bewegung im Ereignishaften, einen nach Kaysers treffender Formulierung „mit Wirkungsreihen" erfüllten Raum. Aber in der „Umständlichkeit" des Geschehens, das Wort in seinem doppelten Sinn genommen, liegt zugleich auch seine Vieldeutigkeit. Eben auf Grund dieser wechselnden Umstände sieht sich der handelnde oder erleidende Mensch stets neuen und wieder anderen Formen der Täuschung und Verwirrung ausgesetzt. Auch noch die Nebenlinien und Randfiguren des Geschehens werden in die unheilvolle Dynamik des Ganzen mit hineingerissen. Nur dort, wo die Zeit stillzustehen scheint, nämlich in der liebenden Vereinigung der Menschen, ist das unverstellte Dasein wirklich, nur hier sind Märchen und Wirklichkeit miteinander identisch. Wo Veränderung, Fortgang, in der

Zeit verlaufende Begebenheit stattfindet — und das ist bei Kleist weit häufiger der Fall —, wird der Mensch von der Wirklichkeit so oder so überwältigt, ja auch und gerade noch als Täter zum schuldlos schuldigen Opfer des Geschehens. Der Frieden der Talquelle ist die an das Utopische grenzende Ausnahme, die Aussparung eines reinen Raums jenseits der verhängnisvollen Wirkungsreihen.

Das wie ein Nachtmahr wirkende Geschehen des Ausganges schildert nicht mehr die Zerstörung der menschlichen Welt durch außermenschliche Gewalten, sondern durch den Menschen selbst. Die gleiche Katastrophe, die bei einem Teil der Überlebenden die schöne Blume des menschlichen Geistes aufgehen ließ, führt bei einem anderen Teil zur Entfesselung mörderischer Instinkte. Das Erdbeben von Chili stellt die eruptiv gesehene Wirklichkeit unter den doppelten Aspekt von Himmel und Hölle. Das sind jedoch nicht nur subjektive Blickpunkte, wie sie es zweifellos dann sind, wenn die Liebenden das Erdbeben nur als Werkzeug ihrer himmlischen Errettung auslegen, ihre Widersacher dieses aber gerade umgekehrt als himmlische Strafe für die schon zu weit fortgeschrittene Sittenverderbnis der Stadt auffassen. Darüber hinaus schafft der Erzähler selbst im Erzählvorgang dieses geheimnisvolle Zwielicht von Heil und Unheil. Der heilige Ort war der an der Talquelle, als sich Jeronimo und Josephe in das dichtere Gebüsch schlichen, „um durch das heimliche Gejauchz ihrer Seelen niemand zu betrüben". Die Kirche des Unheils hingegen ist durchaus unheiliger Ort, Ort einer sich religiös legitimiert glaubenden Ruchlosigkeit, und der eigentliche Anführer des Geschehens wird in einer eindeutig vom Erzähler wertend gebrauchten Wendung „der Fürst der satanischen Rotte" genannt, sein Gegenspieler Don Fernando hingegen „der göttliche Held". Es sind für Kleist die höllischen Mächte der Finsternis, und zwar einer, ebenso wie im „Findling", in die Seele des Menschen eingedrungenen Finsternis, die nicht nur die vor dem Gesetz der Kirche und des Staates schuldig gewordenen Liebenden, sondern auch völlig Unschuldige wahllos vernichten. Die zweite Schwägerin, Donna Constanze, spielt in der Erzählung keinerlei Rolle, nur „als sehr würdige junge Damen" sind uns beide Schwägerinnen genannt worden, aber gerade sie wird als „Klostermetze" versehentlich mit einem Keulenschlag niedergeschlagen. Ja, die von blinder Täuschung fortgerissene und von ihrem diabolischen Anführer verhetzte Menge läßt auch noch das Sinnbild der Unschuld selbst, ein gerade erst geborenes Kind, zugrunde gehen, und noch dazu das falsche aus der Ehe Don Fernandos und Elvires, das mit dem Geschehen im Klostergarten überhaupt nichts zu tun hat.

Was sich hier ereignet, ist nicht nur furchtbar wie das Erdbeben, sondern entspringt aus dem Absurden des absolut Bösen und war für Kleist nur noch in der dämonischen Groteske darstellbar. Die schauerlich verfremdete Welt, wie sie Kleist uns hier darbietet, nimmt bereits vieles von der Prosa Kafkas vorweg. Wohl mag der Geistliche, der mit „priesterlicher Beredsamkeit" die Phantasie der Zuhörer auf das göttliche Strafgericht lenkt, die Stadt mit Sodom und Gomorrha vergleicht und dabei ausdrücklich das Vergehen von Jeronimo und Josephe nennt, der sie in eben dieser priester- lichen Beredsamkeit „allen Fürsten der Hölle" übergibt und paradoxerweise tatsächlich übergeben wird, nicht entfernt die Konsequenzen ahnen, die seine Worte in einer bereits anarchisch aufgewühlten Masse haben werden. Aber das als Vorwegnahme der Apokalypse interpretierte Erdbeben läßt nunmehr die von „heiliger Ruchlosigkeit" bewegten Gemüter nach den „Schuldi- gen" suchen und greifen, die es auf der Stelle zu liquidieren gilt. Auch dieser Vorgang wird von Kleist unter Einbeziehung von retardierenden oder beschleunigenden Umständen erzählt; aber hier nützt keine Stimme der Vernunft oder der Aufklärung mehr, alles dient am Ende nur der Vergrößerung von Wahn und Ver- wirrung, bis dann schließlich „die ganze im Tempel Jesu ver- sammelte Christenheit" das: „Steinigt sie! Steinigt sie!" ausruft. So folgt denn auf jene „Seligkeit" im Tale, „als ob es das Tal von Eden gewesen wäre", nunmehr im bewegten nochmaligen Ansteigen des Erzählens die schaudervolle Groteske der Ver- wechslungen und die nur noch infernalisch zu nennende Identi- fizierung Jeronimos durch seinen eigenen Vater oder durch einen aus der Masse, der sich für diesen Vater ausgibt. Es ist bezeichnend für die Kühnheit des Erzählers, daß er die im Anfang darge- botene, vom Erdbeben ausgelöste Anarchie durch die aus dem religiösen Wahn entsprungene noch einmal zu überbieten wagt. Der mörderische Schluß des Geschehens greift bewußt nach den Stilmitteln der naturalistischen Groteske. Am Ende sehen wir sogar noch den kleinen Juan, den der schreckliche Schuhflicker in „ungesättigter Mordlust" vom Vater weggerissen, im Kreise um- hergeschwungen und an der Ecke eines Kirchpfeilers zerschmettert hat, so vor uns liegen, wie ihn im namenlosen Schmerz sein Vater erblicken muß: „mit aus dem Hirne vorquellendem Mark."

Die Menschen selbst zerstören hier die Welt, die neu aufzubauen ihnen aufgetragen ist. Auch die Wohlmeinenden vermögen nicht mehr zu helfen. Was die Herzen in solcher Grausamkeit erbeben läßt, ist schlimmer, als das Beben der Erde es war. Die Liebenden gehen darüber hoffnungslos zugrunde, ja Josephe liefert sich selbst an die blutdürstigen Tiger aus, um dem Schrecklichen ein Ende zu machen. Vielleicht hat Gott die Liebenden verschont — die Menschen tun es hier gewiß nicht. Aber sicher wäre es auch nicht richtig, die Meinung Kleists dahin auszulegen, daß die von den Liebenden begangenen „Sünden" auf diese Weise nun dennoch ihre „Sühne" finden, mag auch nachträglich das Glück an der Talquelle nunmehr im Zwielicht der tragischen Ironie stehen. Nicht Gott sprach hier, sondern das Böse im Menschen bricht mit jener vulkanischen Wildheit aus, die alle Wildheit der Natur noch überbietet. Was sich im Wirklichen ereignet, ist viel zu verflochten und undurchdringlich, als daß es sich dem Schema von Schuld und Sühne eindeutig zuordnen ließe. Wie in der „Marquise von O...", so möchte man auch hier von der zwar gebrechlichen, aber auch „großen, heiligen und unerklärlichen Einrichtung der Welt" sprechen, der sich der Mensch nur freiwillig „gefangen" geben kann. Inmitten der Trostlosigkeit des Ausgangs hält Kleist zugleich das hinreißende Bild von dem göttlichen Helden Don Fernando fest, der sich, beide Kinder in der linken und das Schwert in der rechten Hand, verzweifelt gegen die „satanische Rotte" wehrt. Kayser meint zwar, er sei „völlige Nebenfigur und der Erzähler... nur in diesem Augenblick von seinem Verhalten beeindruckt". Aber jede Nebenfigur wird bei Kleist zur Hauptfigur in Augenblicken, in denen sie mit sich selbst identisch ist und aus ihrer eigenen Wahrheit heraus lebt.

Es kommt aber noch etwas anderes hinzu. Mit Fernando und der an sich nirgends deutlich hervortretenden Elvire beginnt der neue Anfang im Zeichen des als Pflegesohn aufgenommenen kleinen Fremdlings. So kann die Erzählung mit dem geheimnisvoll bedeutenden Satz schließen: „und wenn Don Fernando Philippen mit Juan verglich, und wie er beide erworben hatte, so war ihm fast, als müßt er sich freuen." Die Interpreten Pongs und Conrady haben mit Recht auf dieses durch alle Schrecknisse unverletzlich hindurchgegangene Kind hingewiesen, das zu einem Symbol für die ganze Erzählung und für die Beziehung des Menschen zum Absoluten geworden ist. Das Kind der „Sünde" steht im Lichte des Heils. Es steht in seiner Unschuld stellvertretend für jeden dem Menschen neu geschenkten Anfang. Auch Don Fernando nimmt es wie eine Gabe Gottes hin, denn nur so, als stille und fromme Demut, ist sein: „als müßt er sich freuen" verstehbar. Es entzieht sich unserer menschlichen Ausdeutung, warum das eine Kind gerettet wird, das andere aber zugrunde gehen muß. Jedoch auch hier soll sich der Mensch, wie es durch Don Fernando geschieht, der so oder so über ihn verhängten Einrichtung der Welt „gefangen" geben. Nur so kann er vernehmen, was inmitten des täuschenden Scheins der Wirklichkeit der unbegriffene Gott von ihm will und fordert. Das gerettete und in einer neuen Familie beheimatete Kind will dem Pflegevater noch wie eine Antwort Gottes auf das Erdbeben erscheinen; denn das Überleben und Erhalten auch nur eines schuldlosen, aus der Liebe hervorgegangenen Menschenwesens rechtfertigt den Bestand der von ungeheurer Anarchie bedrohten Welt für eine, sei es kurze, sei es längere Zeitspanne weiter.

ACHIM VON ARNIM

—

DER TOLLE INVALIDE AUF DEM FORT RATONNEAU

Achim von Arnims kleine Geschichte „Der tolle Invalide auf dem Fort Ratonneau" erschien zum erstenmal im Jahre 1818. Zugrunde liegt ihr nach J. Lesowskis Feststellung ein geschichtliches Ereignis, das zuerst im „Almanach historique de Marseille pour l'année bissextile 1772" von Grosson erzählt wurde. Auf einer Reise ins südliche Frankreich im Winter 1802/03 hatte Arnim Gelegenheit, den Schauplatz kennenzulernen.

Die Novelle ist von jeher und mit Recht als ein Meisterstück deutscher Erzählkunst bewundert worden. Was erzählt wird, bietet dem Leser in Aufbau und Ablauf keine besonderen Schwierigkeiten. Es scheint sich fast wie von selbst, wie eine nur weiter ausgesponnene Anekdote zu erzählen, in der uns die ungewöhnliche Geschichte von dem mehr oder weniger wahnsinnigen, tollkühnen Invaliden berichtet wird, dem es auf seinem einsamen Fort in der Nähe von Marseille gelingt, drei Tage lang eine ganze Stadt in Furcht und Schrecken zu halten. Aber das Erzählte erzählt sich — genau besehen — keineswegs von selbst; es ist vom Dichter auf eine höchst kunstvolle Weise zum Ganzen einer Novelle organisiert, die in vieler Hinsicht geradezu stellvertretend für die Gattung Novelle überhaupt stehen kann. Auch die Naivität der Gestalten, die aus einfachen Bereichen des bürgerlichen Lebens stammen, die volkstümliche Ebene ihres Sprechens, die zupackende, unreflektierte Frische des Erzählens dürfen nicht als bloße Volkspoesie mißdeutet werden. Motive und Gegenmotive sind vom Erzähler genau ausgewogen, mit artistischer Überlegung über den schmalen Raum der Erzählung verteilt, und sie alle gewinnen im Ablauf der Handlung eine ständig wachsende, intensivere Bedeutung.

Es beginnt mit einer ausgesprochen originellen Situation; sie wirkt wie eine fast spielerisch und zufällig aufgestoßene Tür ins Geschehen hinein, aber nach und nach öffnen sich weitere, geheimere Türen, die den Blick auf einen umfassenden Welthorizont freigeben. Der erste Erzähleinsatz schlägt einen humoristisch liebenswürdigen Ton an. „Der gute alte Kommandant" von Marseille, der Chef aller Invaliden, sitzt mit seinem hölzernen Bein vor dem Kamin und verwendet es höchst brauchbar, indem er einen Vorrat grüner Olivenäste allmählich in die Flamme schiebt. „Ein solches Feuer hat großen Reiz; die knisternde Flamme ist mit dem grünen Laube wie durchflochten, halb brennend, halb grünend erscheinen die Blätter wie verliebte Herzen." Der betrachtende, nur leise andeutende Satz, eine ganz anschaulich gehaltene Reflexion über Feuer, Jugend und Liebe, verstärkt den Eindruck der liebenswürdigen, ja poetischen Stimmung am Kamin. Dann wird das Leitmotiv des Feuers erneut aufgenommen, aber nunmehr gespiegelt in der inneren Vorstellungswelt des Kommandanten, der von „den Konstruktionen jener Feuerwerke" träumt, die er in früherer Zeit für den Hof angeordnet hat und mit denen er demnächst in mannigfachen Farbenstrahlungen und Drehungen die Marseiller am Geburtstage des Königs überraschen will. In seiner Phantasie sieht er das alles bereits „strahlen, sausen, prasseln" und übersieht darüber das Feuer im Kamin, das schon auf sein hölzernes Bein übergegriffen und „ein Dritteil" davon abgebrannt hat. Die biedermeierlich behagliche Situation scheint mit einem Male in eine bedrohlich elementare umzuschlagen. Aber der Erzähler beläßt das Erzählte im Stil eines Capriccio, er stilisiert das Geschehen ins heiter Groteske; die von tausend aufsteigenden Raketen beflügelte und „entflammte" Einbildungskraft und das gleichzeitig in „besorglichen Flammen" stehende, bereits verkürzte Bein bieten einen so komischen Kontrast, daß dem Leser die wirklich hier einbrechende Gefahr gar nicht recht zum Bewußtsein kommt und auch nicht zum Bewußtsein kommen soll. Ja, der Erzähler steigert sogar noch die ungestüme Turbulenz durch eine inzwischen eingetretene fremde Frau, die mit ihrer Schürze zu löschen versucht, aber dadurch nichts anderes zuwege bringt, als daß auch diese Schürze nunmehr in Flammen steht. Höchste Zeit scheint es uns, daß Leute zu Hilfe gerufen werden, nicht zuletzt auch der bisher nebenan nur heftig schnarchende Diener. Es geschieht, aber auch die neu Hinzugekommenen nehmen die vorgefundene Situation von der komischen Seite: „der brennende Fuß, die brennende Schürze brachte alle ins Lachen." Indessen, mit dem ersten aus der Küche geholten Wassereimer ist der Schaden dann auch behoben.

Ein spielerischer Erzähleingang, voller Überraschungen und Kühnheiten! Zwar gibt er sich realistisch, aber das ist eigentlich schon eine amüsante Täuschung. Denn der geschilderte Vorfall steht genau zwischen Phantasie und Wirklichkeit, und eben darum können ihm die ebenso anmutigen wie grotesken Pointen abgewonnen werden. Das reale, wirklich ausbrechende Feuer wird in der dichterischen Schilderung gleichsam abgeschwächt und damit seiner zerstörerisch-elementaren Seite beraubt; es will uns nur wie ein unerwartetes und sehr komisches Überraschungsspiel erscheinen, ohne jeden möglichen tragischen Bezug. Das in der Phantasie vorweggenommene festliche Feuerwerk hingegen leuchtet, noch dazu als letzte Schlußpointe eines Festes, mit solchem poetischen Nachdruck, daß es für den Leser die weitaus suggestivere Ausstrahlung hat. In dieser Vertauschung der Vorzeichen wird der Vorgang gleichsam an einen dritten Ort entrückt, wo sich Phantasie und Wirklichkeit überschneiden. Da aber beide Sphären, die der Einbildungskraft und die der Realität, gleichzeitig im Bewußtsein des Lesers wachgehalten werden und beide sich noch die Waage halten dürfen, entsteht so der humoristisch groteske Effekt. Heinrich Henel hebt mit Recht hervor: ,,Nichts ist Arnim so heilig und nichts so schrecklich, daß es nicht einen Scherz vertrüge.''

Indem der Autor uns so in den weiteren Erzählverlauf einstimmt, verbietet er sich selbst bereits ein tragisches Ende seiner Erzählung. Aber dieser zunächst scheinbar nur amüsante Erzähleingang nimmt auch noch sehr viel anderes vorweg. Denn Feuer und Feuerwerk werden das Grundmotiv der ganzen Erzählung bleiben, und wenn das zerstörerisch Elementare hier noch von der Phantasie überspielt scheint, so wird die Erzählung uns später bis zu dem Punkt führen, an dem die Gefahr der dämonischen Zerstörung allein auf gnadenhafte Weise überwunden werden kann. Was so anmutig leicht beginnt, gerät immer mehr auf die Nachtseite des menschlichen Lebens; aber es macht den liebenswürdigen Reiz dieser Erzählung aus, daß dennoch in ihr das heiter Unbeschwerte am Ende triumphiert so wie bereits im Erzähleingang mit seinen lachend überwundenen Gefahren. Um aber solche künstlerischen Wirkungen zu erreichen, bedurfte es jenes seltsamen, ja sogar kuriosen Ineinanderspielens von Phantasie und Wirklichkeit, von Romantik und Realismus, von poetisch übersinnlicher und dinglich faßbarer Welt, das die ganze Novelle charakterisiert. Eben an der geistesgeschichtlichen Übergangs-

stelle von der Romantik zum Realismus konnte sich so mancher
Höhepunkt deutscher Erzählkunst entfalten wie Chamissos Geschichte von Peter Schlemihl, Tiecks Novelle „Des Lebens Über-
fluß", Eichendorffs unsterblicher Taugenichts und auch Achim
von Arnims toller Invalide oder Brentanos Erzählung vom braven
Kasperl und dem schönen Annerl.

Mit der nunmehr einsetzenden Zwiesprache zwischen Frau und
Kommandant beginnt ein zweiter Erzähleinsatz, öffnet sich eine
neue Tür in die Geschichte. Zu dem Leitmotiv Feuer und Feuerwerk gesellen sich die weiteren Motive von Teufel und Liebe, die
jedoch ihrerseits auf das Leitmotiv bezogen bleiben. Die Frau berichtet dem Kommandanten ihre Geschichte. Sie erzählt zunächst
von dem Fluch der Mutter, als diese ihre abtrünnige, dem land-
fremden französischen Sergeanten in Liebe folgende Tochter mit
„feierlicher Rede" dem Teufel übergibt. Wieder taucht hier das
Bild des Feuers auf, wenn die Frau davon berichtet, daß ihr war,
„als ob eine Flamme" aus dem Halse der Mutter brenne. Sodann,
eng mit dieser Geschichte verschlungen, erzählt die Frau von der
Besessenheit ihres Mannes, in den, nach ihrer naiv volkstümlichen
Meinung, der von der Mutter in sie hineingefluchte Teufel später
zur Hälfte übergegangen sei. Fluch und Schicksalsverhängnis, das
liegt zunächst ganz auf der Linie einer romantischen Lebensdeutung, in der der Mensch wehrlos und passiv unheimlichen,
dämonisch über ihm waltenden Mächten ausgeliefert ist. So wird
es auch durchaus von der jungen Frau erlebt; ihr war, so berichtet sie über die einstige Verfluchung, „als ob eine schwarze
Fledermaus ihre durchsichtigen Flügeldecken" über ihre Augen
legte. Die Welt war ihr damit halb verschlossen, das bisher selbstverständliche Gefühl der Identität mit sich selbst löste sich auf.
Ihr verzweifeltes Lachen konnte die böse und triumphierend fort-
gehende Mutter bereits als ein Lachen des Teufels interpretieren,
der sich ihrer Tochter bemächtigt habe. Die Mutter zieht dann
mit irgendeinem Spieler in die weite Welt hinaus; die Tochter
hingegen überläßt sich ganz ihrer Liebe zu Francœur. Aber auch
später kommt sie von dem schwarzen inneren Bild der mit
„flammenden" Augen gleichsam immer noch weiter fluchenden
Mutter nicht los und wird so in den Wahn hineingetrieben, vom
Teufel besessen zu sein, bis dann dieser sich statt ihrer mehr auf
den unglücklichen Mann wirft und sie so außerdem mit der Schuld
belastet, daß sie ihrem Mann durch die Liebe nur den Teufel gebracht habe, der ihn nunmehr plagt und seine Sinne verwirrt. Die

auffallend häufige Verwendung des Wortes „schwarz", meist in Verbindung mit den teuflisch-übernatürlichen Kräften, ist in der Leitmotivik unverkennbar. Walter Silz hat ausdrücklich darauf hingewiesen.

Aber der Erzähler schafft zugleich zum Dämonenglauben der Frau wieder eine humoristische Distanz, indem er das Wort Teufel, ähnlich wie Brentano das Wort Ehre in seiner Erzählung vom braven Kasperl und dem schönen Annerl, spielerisch hin und her wendet und ihm immer wieder neue Bedeutungsnuancen, auch im Sprechen anderer Personen, durch die ganze Novelle hindurch verleiht. Auf knapp 36 Seiten wiederholt es sich insgesamt vierzigmal. Das Wortspiel selbst wird hier leitmotivisch; der Teufel als dämonische Figur löst sich damit auf zugunsten einer launigen Arabeskenreihe der sprachlichen Phantasie. „Ungeheure, ihm vom Teufel eingegebene Sprünge" läßt der Sergeant seine Soldaten beim Exerzieren machen. „Ein Teufelskerl", so nennt ihn der Kommandant, und das ist hier ganz positiv gemeint. Oder er sagt: „Wenn doch so ein Teufel in alle unsre kommandierenden Generale führe, so hätten wir kein zweites Roßbach zu fürchten; ist Ihre Liebe *solche* Teufelsfabrik, so wünschte ich, Sie liebten unsre ganze Armee." Später geht es dann wiederum um Teufelsaustreibung, ganz ins Schwankhafte gewendet oder umgekehrt ins Legendäre, als Rosalie ihren Opfergang unternimmt. Der Invalide selbst gebraucht das Wort Teufel in seinem furchtbaren Wahnsinnszustand bis zur Identifizierung, und der Erzähler läßt keine Möglichkeit aus, wo er dem Wort eine neue Variante geben kann. Die Atmosphäre des Dämonischen soll in solchem stilistischen Umkreisen zwar nicht direkt ausgelöscht, aber doch abgeschwächt, ja sogar mit einer gewissen gutgelaunten Heiterkeit behandelt werden. Dennoch muß man sich davor hüten, zu meinen, Arnim ironisiere nur von der überlegenen Warte des gebildeten Romantikers aus den Bereich des Volksaberglaubens. Eher ist das Gegenteil der Fall. In den Vorstellungen der Frau von Fluch und Teufel lebt noch eine echte Ursprünglichkeit und sinnliche Nähe zu allem Vorgangshaften, die dem nur reflektierenden Geist für immer verlorengegangen ist, und der als Teufel handelnde Sergeant wird zur erschreckend unheimlichen Figur, die jeden Boden unter den Füßen verloren hat.

Aber was ist mit dem Soldaten Francœur eigentlich geschehen? Wir erfahren von der Kopfwunde, die er sich im Krieg zugezogen hat und deren Folgen sich in grotesken Faxen und tollkühnen

Handlungen auszuwirken scheinen. Der Kommandant hat sogleich eine besondere Sympathie für diesen Mann, als er ihn kennenlernt; ein Franzose, so meint er, habe immer den Teufel im Leibe, was eine deutsche Frau niemals richtig verstehen könne. Franceurs respektloses und extravagantes Verhalten gegen feige Generäle ist für diesen Chef der Invaliden noch ein großartiger Spaß. Vor allem aber sind die beiden in der Schwärmerei für das Feuerwerk verbunden, und so kann es dem Sergeanten nur recht sein, daß er auf ein Fort geschickt wird, wo er mit zwei anderen Soldaten „fleißig Raketen füllen, Feuerräder drehen und Frösche binden" soll, ohne daß er freilich ahnt, wie sehr diese Ablösung zu dem Fort erst durch die Absprache zwischen dem Kommandanten und seiner Frau zustande gekommen ist, um ihn vor weiteren Narreteien des Teufels zu bewahren. Von Verfluchung und Schicksalsverhängnis bleibt zunächst wenig übrig. Der Invalide, der sich am Pulverturm des Forts Ratonneau als Feuerkünstler betätigen soll, erscheint mehr unter der Perspektive eines zwar durch den Krieg und die Verwundung etwas absonderlich gewordenen, dabei wilden und tollkühnen, aber doch auch tapferen und rechtschaffenen Soldaten. Ja, das Teufelsmotiv wird ins geradezu Schwankhafte abgewandelt durch die Einmischung des Dieners Basset, der den mit sich selbst redenden Kommandanten heimlich belauscht, dadurch die ganze Geschichte erfährt und nunmehr seinem ehemaligen Regimentskameraden helfen möchte, indem er den „Teufel" durch einen Mönch austreiben lassen will. Ganz wohl ist dem Leser dabei nicht zumute. Denn kurz vorher hat er ja durch die Erzählung der Frau erfahren, daß der Invalide eine noch auf die eigene Hochzeit zurückgehende Idiosynkrasie gegen Prediger in schwarzen Kleidern nicht los werden kann, Prediger, die Unglückreden halten, ja selbst noch gegen Kirchen und heilige Bilder, denen er immer wieder fluchen muß. So halten sich das lustig Schwankhafte und die auf der Lauer liegende dämonische Gefahr bisher noch in einem unbestimmten Gleichgewicht. Müssen wir nicht doch um den unberechenbar heftigen Mann, der sich jedem Einfall überläßt und der mit „entsetzlichem Gesange seine müden Invaliden" in die Stadt führt und dann seine vom eben bestandenen Abenteuer etwas angebrannt riechende Frau mit fröhlich-zynischem Witz begrüßt, ernstlich besorgt sein? Wie wird es dem Teufelskerl oder dem vom Teufel Besessenen weiter gehen? Der Dichter steigert diese verhaltene Spannung, indem er für die Charakteristik der Frau ein kontrastierendes

Gegenmotiv einführt. Als sie dem verwundeten Mann zum erstenmal begegnete und ihn betreute, da meinte dieser, sie trage „einen Heiligenschein" um ihren Kopf. Das naiv-innige Motiv vom Heiligenschein, der aus den Augen kommt, wird zum Sinnbild der Liebe. Rosalie sagt dazu: „Ach, das Wort konnte ich gar nicht vergessen, und hätte er mein Herz nicht schon gehabt, ich hätte es ihm dafür schenken müssen." So sehr auch die kontrapunktisch entgegengesetzten Motive „Teufel" und „Heiligenschein" vom Dichter aus der volkstümlichen Perspektive heraus dargeboten werden, er verwendet sie zugleich zeichenhaft für den Widerspruch des Bösen und Guten oder für den Zwiespalt von Wahnsinn und Liebe. Wenn die Flagge des Invaliden später den Teufel im weißen Felde zeigt, so deutet auch dies noch auf die enge Nachbarschaft von dämonischen Teufels- und himmlischen Liebeskräften hin. Damit erhalten beide eine ans Allegorische grenzende Bedeutung. In aller natürlichen Kausalität des Geschehens ist für Arnim ebenso ein ins Wunderbare hineinreichender Zusammenhang des Lebens wirksam.

Schon jetzt zeichnet sich eine Motivkette ab, die die Struktur der ganzen Novelle mitbestimmt: vom Fluch der Mutter über die wenn auch immer wieder ins Spielerische aufgelöste Besessenheit durch den Teufel bis zum beginnenden, durch die Kopfwunde veranlaßten partiellen Wahnsinn des Soldaten. Das alles steht im Zwielicht zwischen romantischem Dämonenglauben und realistisch psychologischer oder sogar physiologischer Erklärung. Es deutet auf die Mächte des Unheils und des Bösen hin, denen der Mensch mehr oder weniger passiv ausgeliefert ist und deren gnadenhafte Überwindung nur durch die Macht der Liebe möglich wird. Aber der Dichter verdeckt zum mindesten im ersten Teil seiner Erzählung zunächst in voller künstlerischer Absicht diese ins Legendäre und Religiöse hinüberführende Thematik, indem er das Geschehen an vielen Stellen humoristisch auflockert, spielerisch abschwächt oder von ihm arabeskenhaft abschweift. Das Leitmotiv der ganzen Erzählung, das Feuerwerk, behält seinen fröhlichen, abenteuerlichen Glanz. Auch im Stil des Erzählens steckt noch etwas von der Freude am Strahlen, Sausen, Prasseln und in stiller Größe Leuchten, eine sorglose, unbeschwerte Heiterkeit, die im Grunde darauf vertraut, daß selbst das entfesselte Element sich immer noch rechtzeitig löschen läßt.

Auch mit dem neuen Erzähleinsatz, dem Einzug in das Fort, ändert sich daran zunächst nichts. Im Gegenteil: in der „höheren

Luftregion" plagen den Soldaten seine Grillen nicht mehr, kein Teufel scheint über ihn Macht zu haben. Bereits dem Kommandanten konnte er ja schon getrost antworten: „Man darf den Teufel nicht an die Wand malen, sonst hat man ihn im Spiegel." Die Feuerwerksarbeit erfüllt den Sergeanten ganz, zahlreiche Raketen und Leuchtkugeln sind fertig geworden. Aber dann ereignet sich in atemberaubender Schnelligkeit der Umschwung, so wie ja die Bedrohung durch das Unerwartete auch schon am Eingang der Erzählung stand. Arnim hat den Schwank der Teufelsaustreibung dazu benutzt, um eine an sich komische Situation in ihr Gegenteil, in fürchterlichen Ernst umschlagen zu lassen. Es beginnt mit dem Gespräch zwischen Francœur und dem Schwätzer Basset, durch das der Invalide von allen Abmachungen des Kommandanten mit seiner Frau und von ihren Teufelsbefürchtungen erfährt. Bereits hier setzt die sinnlose Qual der Eifersucht ein, ja schon der Haß auf Rosalie. Dann folgt die komische Beschwörung durch den Ordensgeistlichen, den Vater Philipp, die damit endet, daß der arme Mann recht gewaltsam über das Gitter des Eingangs geworfen wird. Anschließend findet das Mittagessen zwischen Francœur, Rosalie und Basset statt, bei dem der Gast Basset von der Hausfrau aus Höflichkeit immer die größeren Stücke erhält, was aber den gereizten Invaliden nun erst recht in Wut geraten läßt. Am Ende wird der zu seinen Ungunsten verteilte Eierkuchen — also eine an sich ganz harmlos spaßige Situation — zum Ausgangspunkt für die höchste dramatische Turbulenz. Der Stil der Darstellung geht hier zu sprunghafter, fliegender Eile über. Retardierende Momente werden bewußt vermieden, so wie es F. Th. Vischer in seiner „Ästhetik" später gefordert hat: „Wer Interessantes kurz erzählen will, muß das Retardierende schneller niederwerfen und auf die Katastrophe zueilen." Mit den völlig unerwarteten Worten: „Es ist nicht anders, wir sind geschieden!" verläßt Francœur seine Frau und geht zum Pulverturm, um sich dort einzuschließen. Jetzt besteht wirklich eine akute Gefahr, denn der vom Bösen Geplagte kann jeden Augenblick sich und den Turm in die Luft sprengen. Da bleibt nur die rasche Flucht noch übrig. Rosalie und ihr Kind geraten dabei, fast bewußtlos, in einen den Fluß hinabtreibenden Nachen; der Invalide wiederum zeigt sich nunmehr wirklich vom Teufel besessen oder — in säkularisierter Ausdrucksweise — vom Wahnsinn befallen. Er wirft die große französische Flagge, die auf dem Fort geweht hatte, herab, identifiziert sich mit Satanas und erklärt dem Kommandanten den Krieg. Ja, er droht, den ganzen Pulverturm und damit auch sich selbst „gen Himmel" und „vom Himmel in die Hölle" fliegen zu lassen. Vergeblich bleibt die Mahnung eines seiner Soldaten, der Autorität des Königs nicht zu widerstreben. Francœur antwortet darauf: „In mir ist der König aller Könige dieser Welt, in mir ist der Teufel, und im Namen des Teufels sage ich euch, redet kein Wort, sonst zerschmettere ich euch!"

Mit einemmal ist das Leitmotiv Feuerwerk aus einem anmutigen Spielzeug in ein Werkzeug des Todes verwandelt worden. Steht ja doch zu fürchten, daß mit dem in die Luft gesprengten Fort noch der schönste Teil der Stadt untergehen muß! Die Erzählung scheint ganz ins hoffnungslos Tragische hineinzugeraten. Aus der Nacht des Wahnsinns gibt es kein Entrinnen. Und selbst wenn das Fort noch gerettet werden kann, was soll aus seinem Sergeanten werden?

Die Kunst des Erzählers versteht es jedoch, in eben diesem Augenblick das Geschehen wieder ins anmutig Spielerische zurückzunehmen, ohne der Situation dabei ihren Ernst zu rauben. Francœur beginnt zu schießen, zum Zeichen dafür, daß kein vorbeifahrendes Schiff in der Nacht ohne seine Bewilligung fahren darf. Aber dieses Schießen wird zu einem herrlichen ästhetischen Schauspiel. „Mit hellem Lichte schoß Francœur einen Bündel Raketen aus einer Haubitze in die Luft, und einen Bündel Leuchtkugeln aus einem Mörser, denen er aus Gewehren unzählige andre nachsandte. Der Kommandant versicherte, diese Wirkung sei trefflich, er habe es nie gewagt, Feuerwerke mit Wurfgeschütz in die Luft zu treiben, aber die Kunst werde dadurch gewissermaßen zu einer meteorischen, der Francœur verdiene schon deshalb, begnadigt zu werden." An die Stelle der beängstigend nahen, elementaren, selbstmörderischen Explosion tritt also erst einmal die meteorische, auch noch vom Kommandanten bewunderte Feuerwerkskunst. Sogar im Wahnsinn produziert der Invalide ein wenn auch recht gefährliches Reich des schönen Scheins. Zwar ist der Kommandant zu seinem erklärten Todfeind geworden, aber eben dieses Feuerwerk mußte, trotz der großen Gefahr, die in jedem Augenblick in eine furchtbare Katastrophe münden konnte, sein jung gebliebenes Herz noch höher schlagen lassen. Es steht nicht gut für die beiden leidenschaftlichen Feuerwerker, und doch wünscht der Leser sich nichts mehr als einen Sieg des knabenhaften Spielens über die tödlichen Mächte des Unheils.

Aber Arnim begnügt sich nicht mit diesen Kontrasten. Mehr und mehr öffnet der Dichter die Türen seiner Geschichte ins Verborgene und Geheimnisvolle, das dem direkten Zugriff des Menschen entzogen bleibt. Das gleiche Feuerwerk, das oben auf dem Fort seine lockend-leuchtende, aber auch gefährliche Kraft ausstrahlt, führt, ohne daß es in irgendeines Menschen Absicht lag, zur Lebensrettung Rosaliens und ihres Kindes. Eingeschlummert im Boot und in qualvolle Träume von der unerlösten Mutter verstrickt, war Rosalie in der Nacht mit dem Boot den Fluß hinuntergeglitten und wäre von einem großen Schiff in den Grund gebohrt worden, wenn nicht eben dieses Feuerwerk dem Schiffer rechtzeitig zur Warnung gedient hätte. Es ist, als lenkte eine fremde und unbekannte Macht die menschlichen Geschicke; aber sie heißt jetzt nicht mehr „Teufel"; vielmehr tritt ein gnadenhafter Zug in allem Geschehen als Gegenmotiv zum Teuflischen immer deutlicher hervor. Das Feuerwerk, zunächst nur Spiel und elementare Gefahrenzone in der Hand eines seiner Vernunft beraubten Menschen, gewinnt eine segensreiche höhere Bedeutung in der jenseits aller menschlichen Zwecke und Absichten stehenden, nur fromm zu verehrenden Fügung. Bezeichnenderweise wird aber an gleicher Stelle auch die andere Motivreihe von Fluch und Teufel vom Dichter noch einmal aufgenommen. In gewollter Verschiebung der Perspektive ist jedoch nicht mehr Rosalie die vom Fluch der Mutter teuflisch Besessene, sie erscheint in Wahrheit jetzt immer mehr als eine dem Heiligen geöffnete Natur. Hingegen ist der Fluch der Mutter nun das eigentlich Böse, so daß jetzt diese als die dämonisch getriebene und vom Schicksal gejagte nicht nur im Traumbild vor Rosalie, sondern so auch vor dem Leser steht. Ja, die Frau des Invaliden, die diesen Fluch, wenn auch unwillentlich, durch ihr liebendes Handeln ausgelöst hat, wird zugleich zu der einzigen Gestalt, die ihn auch wieder aufzulösen vermöchte. Denn mit diesem Fluche hat die Mutter nur scheinbar die Tochter, in Wahrheit aber sich selbst verwünscht. Auch sie bedarf daher der Erlösung. Somit ist Rosalie nunmehr eine doppelte Errettung aufgetragen: die des Mannes, dessen Feuerwerk zur dämonischen Zerstörung zu werden droht, und die der Mutter, die ihr im Traum als „von innerlichen Flammen durchleuchtet und verzehrt" erscheint. „Mein Fluch brennt mich wie dich, und kannst du ihn nicht lösen, so bleib' ich eigen allem Bösen."

Einer ins Verderben hineinlaufenden „teuflischen" Reihe von

Verfluchung, Schuld, Verzweiflung, wilder Auflehnung und Wahnsinn läuft jene andere entgegen, die die Welt durch das Wunder von Liebe und Gnade vor der Zerrüttung bewahrt. Ja, es sieht manchmal bei Arnim fast so aus, als ob die menschliche Seele nur der Schauplatz wäre, auf dem die dunklen und hellen Mächte ihren geisterhaften Kampf führen. Wohl spricht der Dichter noch in den allegorisierenden Schlußversen vom „Fluch der Sünde" oder auch sonst an manchen Stellen von Schuld. Jedoch handelt es sich dabei mehr um ein Hineingeraten als um ein bewußtes Tun. Das gilt sowohl von den Haupt- wie von den Nebenpersonen. Der Kommandant zum Beispiel hat das Gespräch mit der Frau nicht etwa leichtsinnig ausgeplaudert, er ist nur im Selbstgespräch belauscht worden. Darin liegt eher Komisches. Der Diener Basset wiederum meinte es mit der Teufelsaustreibung, die so schlimme Folgen hatte, gewiß nicht böse, mochte er auch schwatzhaft sein und zum „Quacksalbern" besonders geneigt. Und der Invalide selbst? Wie weit kann man ihm sein Tun noch zurechnen? Der Kommandant meint zwar, kein Kriegsgericht würde auf Wahnsinn erkennen, es sei „zu viel Einsicht, Vorsicht und Klugheit in der ganzen Art", und den Teufel könne man nun einmal nicht vor Gericht ziehen. Daher müsse Francœur für ihn leiden. Am Ende der Erzählung gibt der Dichter schließlich eine sehr reale, medizinische Erklärung durch die mit ihrem Aufbrechen eiternde Kopfwunde, die ja dann in der Tat vom Wahnsinn befreit. Damit wäre der Invalide wieder weitgehend entlastet und freigesprochen. Aber ist es nicht doch das Böse, Tötende, Teuflische, das sich — gleichgültig ob in dieser oder in jener Gestalt — seiner bemächtigt hatte, wenn auch immer noch im Widerstreit zu den menschlich liebenswürdigen Zügen seines Wesens? Selbst die fluchende Mutter, die in den Flammen ihres eigenen Fluches wohnen muß, will uns mehr als ein unglückliches Opfer und weniger als eine aktiv böse Figur erscheinen, mag sie auch im übrigen einen leichtsinnigen Lebenswandel geführt haben. Wenn Arnim von Sünde spricht, so ist damit das Gnadenlose, Verfluchte, Ausgestoßene des menschlichen Daseins überhaupt gemeint. Und es ist Thema dieser Novelle, alle Verzweiflung, allen eigenwilligen Trotz, alle Auflehnung gegen göttliche Fügung einem höheren wunderbaren Zusammenhang zu integrieren, in dem der gnadenhafte Zug des Lebens sich siegreich durchsetzt.

Arnim selbst hat sich im Dezember 1819 in einem Brief an Wilhelm Grimm zu einer solchen Lebensdeutung bekannt: „Wenn

Du meine Pläne so verwickelt findest, ich kanns nicht bestreiten, warum erscheint mir so die Welt und ihr geistiges Leben...? Ich kann mich erst beruhigen, wenn ich durch die Begebenheit so weit fortgerissen bin, daß ich Gottes Barmherzigkeit anrufen möchte, um mir herauszuhelfen. Dann habe ich erst ein Gefühl, daß ich den Sinn und das Leben der Geschichte getroffen habe, und endlich findet sich doch immer ein Ausweg." Wolfdietrich Rasch hebt mit Recht hervor, daß „Befreiung im Durchgang durch Verwirrung" ein Grundthema Arnimschen Erzählens überhaupt sei.

Zunächst freilich erweist sich die Bedrohung durch das Chaotische als stärker. Zwar wird drei Tage lang jeder Abend durch ein Feuerwerk verherrlicht, und jeden Abend erinnert Rosalie den Kommandanten daran, daß er versprochen hatte, drei Vergehen ihrem Manne zu verzeihen. Aber die Lage der Stadt wird immer unerträglicher; noch sind zwar keine Soldaten verloren, aber sie verdanken ihr Leben nur der Schonung Francœurs, der seine Kugeln mit großer Geschicklichkeit rechts und links um sie hinsausen ließ, offensichtlich auch dies mehr aus spielerischem Vergnügen als aus mörderischer Absicht. Der Fluß ist durch Signalschüsse gesperrt, auf der Chaussee darf niemand fahren, aller Verkehr ist gehemmt, eine Hungersnot droht der Bevölkerung. Daher muß am dritten Abend der Sturm auf das Fort für den nächsten Tag festgesetzt werden, weil die Gefahr für die Stadt zu groß geworden ist und auch die Ehre es verbietet, noch länger einem Einzelnen eine solche gewaltige Übermacht zuzugestehen. Kein Weg scheint mehr offenzustehen, der den Invaliden retten könnte. Da aber macht die inzwischen von ihrem Mann so gehaßte Frau den entscheidenden Vorschlag. Sie selbst will sich auf den Weg machen, ohne jeden Schutz, um das Fort auf friedlichem Wege in die Gewalt des Kommandanten zurückzubringen; sie will es wagen, falls ihrem Mann seine Wahnsinnstaten dann verziehen werden. Das Unternehmen scheint völlig aussichtslos, da der offenbar immer mehr in den Irrsinn hineingeratene Mann, der bereits eine große weiße Flagge aufgesteckt hat, auf welcher der Teufel gemalt ist, einem Vorposten die absurde Botschaft zurief, er wolle das Fort übergeben, wenn er den Kopf seiner Frau dafür bekäme.

So steht der letzte Erzähleinsatz dieser Geschichte: der unbeschützte Gang der liebenden Frau zu dem mörderisch gesinnten Mann im Zeichen größter erzählerischer Spannung. Auch hier geht es um Teufelsbeschwörung und Teufelsaustreibung, aber das hat jetzt nichts Schwankhaftes mehr. „Liebe treibt den Teufel aus", so heißt es im Schlußvers, und damit ist nunmehr ein Thema von höchstem heiligen Ernst gemeint.

Nichts als Verderben und Tod scheint Rosalie bevorzustehen, und die neben ihr einschlagenden Kugeln unterstreichen das heroische Wagnis, das sie auf sich nimmt. Dann folgt ein knapper Dialog zwischen Mann und Frau: auf der einen Seite der rasende Francœur, der sich selbst mit Teufel und Tod gleichsetzt, eine einzige Inkarnation des Unheils für die Frau; mag sie auch mehr Mut als der Teufel zeigen, auch das wird ihr nichts helfen — auf der anderen die getrost voranschreitende Liebende auf ihrem beschwörenden Opfergang, die sogar Tod und Teufel nicht von ihrem Manne trennen können. Danach verlagert sich das Erzählte in die Darstellung des inneren Kampfes Francœurs: „Es war, als ob zwei Naturen in ihm rangen." Offensichtlich spielt sich der legendäre Kampf der guten und bösen Mächte jetzt auch noch in ihm selbst ab. Dann endlich geschieht der Durchbruch und die Befreiung, aber durchaus physiologisch gewaltsam wie eine Art Schock. Zunächst werden Rock und Weste von ihm aufgerissen, „um sich Luft zu machen"; dann reißt er sich wütend schwarzes Haar aus, „das verwildert in Locken starrte"; durch Schläge an den Kopf öffnet sich schließlich in der wilden Erschütterung die Wunde, Tränen und Blut löschen den brennenden Zündstrick, ein Wirbelwind wirft das Pulver von den Zündlöchern der Kanonen und die Teufelsflagge vom Turm. Alle diese knapp geschilderten Vorgänge sind durchaus natürlich, wenn auch dabei dramatisch, aber in ihrer Häufung erwecken sie dennoch den Eindruck einer wunderbaren gnadenhaften Hilfe. Sosehr wir auch am Ende der Geschichte über den Knochensplitter in der Wunde und die Eiterung aufgeklärt werden, an deren „Hinausschaffung" die gewaltige Natur Francœurs ununterbrochen gearbeitet hatte —, daß die Rettung jetzt, in dieser Situation, in der äußersten Zuspitzung, beim nahezu legendären Kampf der Mächte des Guten und Bösen geschieht, bleibt ein unbegreifliches, der bloßen Kausalität sich entziehendes Ereignis. Man mag es eiternde Kopfwunde oder den Teufel nennen, es kommt nicht so sehr darauf an; es bleibt der Phantasie des Lesers überlassen, wie weit sie das organisch Erklärbare auch wieder als Ausdruck der heiligen, sich dem Begreifen entziehenden Mächte interpretieren will. Der Dichter selbst läßt es offensichtlich in einer reizvollen poetischen Schwebe. Diese Gestaltungsform steht in der Nähe von Tiecks Novellentheorie. So spricht Tieck von einer „Art, das gewöhnlichste Leben wie ein Mährchen anzusehen, eben so kann man sich mit dem Wundervollsten, als wäre es das Alltäglichste, vertraut machen". Was unter einem bestimmten Gesichtspunkt als wunderbar erscheint, kann unter einem anderen wieder als alltäglich aufgefaßt werden. Die Ambivalenz dieses Umschlages charakterisiert besonders das novellistische Erzählen zwischen Romantik und Realismus. Das Feuerwerk als neutrales, leitmotivisches Dingsymbol dieser Erzählung deutet nicht nur einen Sachverhalt an, sondern auch stets auf das Entgegengesetzte hin. Es ist brennend und strahlend, bedrohlich und erheiternd, teuflisch vernichtend und himmlisch rettend zugleich und bei alledem auch wieder ganz dem realen Leben des Menschen zugeordnet, je nach dem Aspekt, unter dem es gesehen wird. Die Erzählung als Ganzes behandelt im Sinne Tiecks einen „isolierten Vorfall, der keine Folgen hat". Was Bernhard von Arx einmal in seinem Buch „Novellistisches Dasein" über den Vergleich der Novelle mit einer Rakete sagt, läßt sich besonders auf diese Erzählung anwenden: „Sie steigt auf, entfaltet ihr Bukett und erlischt."

Der noch halb verrückte Francœur ruft den „Schornsteinfeger" an, der sich Platz macht, der zum Schornstein hinausschreit, und gleich danach, in der voll wiedergefundenen Besinnung heißt es: „Der schwarze Bergmann hat sich durchgearbeitet, es strahlt wieder Licht in meinem Kopf, und Luft zieht hindurch, und die Liebe soll wieder ein Feuer zünden, daß uns nicht mehr friert." Auch hier ist — worauf Feise mit Recht aufmerksam macht — wie zu Beginn der Geschichte ein Brand gelöscht worden, wohingegen die Liebe das wahre, erwärmende „Feuer" anzünden soll. Schornsteinfeger, schwarzer Bergmann, Teufel, vom Knochensplitter eiternde Kopfwunde, es sind nur verschiedene Aspekte für das gottverlassene, isolierte, in den mörderischen Wahnsinn gedrängte Dasein des Menschen. Und es ist die liebende, zur Treue und Ergebenheit in Gott bereite Tat, die in Wahrheit die Erlösung aus dem Dunklen erst möglich machte, jenen ungeheuren Augenblick einer ungeheuren Befreiung. Dem Manne ist damit „ein unendliches Gefühl" seines „Daseins" zurückgeschenkt — und sei es auch nur für Augenblicke —, da er ja zunächst annehmen muß, daß seine militärische Hinrichtung als Strafe für seine Taten unmittelbar bevorsteht.

Wie sehr Arnim den ganzen Vorgang auch sinnbildlich in der

von uns bereits beschriebenen Weise versteht, zeigt die nochmalige Herausarbeitung eines lichten, gnadenvollen Gegenmotivs
zu den Mächten der Finsternis. Bei dem zurückgelassenen Kinde
hat ein vom Schloß heruntergeflattertes Taubenpaar gespielt und
es „gleichsam in seiner Verlassenheit" getröstet. „Sie waren wie
gute Engel meines Kindes Spielkameraden auf dem Fort gewesen,
sie haben es treulich aufgesucht, sie kommen sicher wieder und
werden es nicht verlassen." Dieser Satz ist offensichtlich dem
nunmehr vernünftig gewordenen Invaliden in den Mund gelegt.
Wie der Heiligenschein in den Augen der Frau, so sind hier die
Tauben, gleich „guten Engeln", die verweisenden Zeichen für
Gnade und Liebe. Ja, sie werden mit den grünen Blättern in
ihren Schnäbeln noch ein Sinnbild für den Frieden, zu dem sich
jetzt sogar der wilde ungestüme Sergeant bekennt.

Der Ausgang der Geschichte berichtet noch von dem kühnen
Triumphzug des begnadigten stolzen Bösewichts durch die Stadt
und von den Blumenkränzen für die heldenmütige Erretterin und
ihr Kind. Wichtiger jedoch ist der letzte, weit später einlaufende
Bericht über das Schicksal der Mutter. Sie hatte bereits ein volles
Jahr „unter verzehrenden Schmerzen den Fluch bereut", den
sie über ihre Tochter ausgestoßen, und sie lebte genau bis zu dem
Tag, an dem Rosalie durch die Macht der Liebe über die Dämonen
der Finsternis siegte. „An dem Tage sei sie, durch einen Strahl aus
ihrem Innern beruhigt, im gläubigen Bekenntnis des Erlösers
selig entschlafen." So wird das Geschehen noch einmal unter die
Perspektive des Wunderbaren gerückt. Denn Rosaliens todes-
bereiter Opfergang hat nicht nur das Aufbrechen der Wunde
und damit die Auflösung des über ihren Mann verhängten
„Fluches" bewirkt, sondern zugleich auch der fernen Mutter in
einer ans Magische grenzenden Weise den Frieden gebracht. Wohl
beläßt Arnim alles Erzählte durchaus im Natürlichen und Wirklichen, aber durch die Kunst des Novellisten in der sorgsamen
Verwendung der Motive und Gegenmotive wird das Geschehen
gleichnishaft. Die Motivketten gewinnen einen allegorischen, auf
das Unendliche hindeutenden Sinn.

Das Gnadenhafte in allem Geschehen verleiht diesem seine
Nähe zur Legende, mag auch ihr Träger jetzt keine Heilige oder
keine Märtyrerin mehr sein, sondern nur die schlichte, treu
liebende Frau aus dem Volk, und der Gegenspieler kein Teufel,
sondern nur ein durch den Krieg schwer hirnverletzter Soldat.
Die Nähe zum Volkstümlichen in Sprache und Denkweise von

Frau und Mann, ja noch im ganzen die Erzählung mitbestimmenden „Milieu" schließt das Wunderbare nicht aus, sondern läßt es zu einem Grundelement des Lebens selbst werden. Heiter komisch und phantasievoll war der Eingang, dann steigerte sich das Geschehen ins nahezu hoffnungslos Tragische; aber das Leichte, Liebenswürdige, Spielerische ging darüber nie ganz verloren, so daß der Ausgang wieder ohne Bruch ins Versöhnende und Verklärende einmünden konnte. So hat die Anekdote vom tollen Invaliden auf seinem Fort selbst etwas von einem „Feuerwerk", um freilich dann in der novellistischen Ausgestaltung sich nach allen Seiten zu öffnen und Zeugnis abzulegen von jenem „Feuerwerk", das nicht mehr in des Menschen Hand gegeben ist, sondern im Bösen und im Guten, im Verlust und im unendlichen Gefühl des Daseins, in Fluch und in Gnade, der unerforschlichen, aber fromm zu verehrenden Welt Gottes angehört.

ERNST THEODOR AMADEUS HOFFMANN

—

RAT KRESPEL

Die Runde der Serapionsbrüder, die sich in E. T. A. Hoffmanns
nach ihnen benannten Novellen zu Trunk und Erzählung
zusammenfindet, hat ihren Schutzheiligen in · dem Einsiedler
Serapion gefunden. Dieser war ein Wahnsinniger und ein Dichter
zugleich. Ja, sein Wahnsinn galt dem Erzähler nur als die negative
Kehrseite einer ununterbrochen dichtenden, produktiven Einbildungskraft, die sich die Welt als eine eigene erschafft und daher
auch den Zusammenhang von Raum und Zeit für eine bloße
Täuschung hält. Eben diese durch nichts mehr eingeschränkte
poetische Freiheit wird dann von den Freunden dieser fröhlichen
Tischrunde „das serapiontische Prinzip" genannt. Es würde den
Triumph der Phantasie über alle Wirklichkeit bedeuten, wenn
die schauende Einbildungskraft allein das Verhältnis des Menschen zur Welt bestimmen könnte. Indessen, der Mensch findet
sich immer schon in einer Außenwelt vor, die ihm bestimmte
Bedingungen seines Existierens vorschreibt und die erst als „Hebel"
von außen seine inneren Kräfte in Bewegung setzt. Zu seinem
Wesen gehört eine unvermeidliche „Duplizität". Die inneren Erscheinungen, die dunklen, geheimnisvollen Ahnungen stehen im
Widerspruch zum Eingeschränkten, Eingeschachteten seiner sonstigen Daseinsweise. Daher muß sich die absolute poetische Freiheit
in der grotesk-makabren Form des Wahnsinns äußern; denn sie
ist nur realisierbar, wenn die irdischen Bedingungen des menschlichen Daseins nicht mehr gesehen und daher auch nicht erkannt
werden können. Der wahnsinnige Einsiedler, der von seiner Voraus-
setzungslosigkeit aus so scharfsinnig beweist, daß er nicht der Graf
P. aus M., sondern der vor vielen hundert Jahren den Märtyrer-
tod gestorbene und trotzdem wunderbar gerettete Serapion ist,
vergißt über seiner von ihm selbst produzierten und eben darin
sogar wahren Traumwelt nur das eine: auch *sein* Geist ist in
einen Körper gebannt, auch seine Funktionen der Wahrnehmung

unterliegen der Willkür und damit dem Zwang der Außenwelt. Aber indem er es vergißt, ja sogar nicht einmal eigentlich weiß, erfährt er ein überirdisches Glück, eine Heiterkeit und Ruhe, wie sie nur der verzückten Existenz des Sehers vergönnt ist, der dichtend die Wunder eines höheren idealischen Reiches schaut und verkündet.

Die poetische Welt Hoffmanns bewegt sich zwischen diesen beiden extremen Polen: auf der einen Seite die Geistesfürsten, die Schauenden, die Eingeweihten, die echten Dichter oder Musiker, die das Stoffliche mehr oder weniger hinter sich gelassen haben, und seien sie für die Welt auch Wahnsinnige oder bloße Narren — auf der anderen Seite die nur philiströsen Naturen, die mit ihrem aufgeklärten Bewußtsein ein geregeltes, banales Dasein in der Welt führen und nicht nur des höheren Aufschwungs überhaupt nicht fähig sind, sondern noch nicht einmal von den Zeichen des geheimen Wunderreiches angerührt, geschweige denn verwandelt werden. Zwischen diesen beiden Polen liegt jedoch eine äußerst mannigfaltige Skala von Figuren, die — und das ist Hoffmanns eigentliches Thema — die Widersprüche der „Duplizität", vor allem den von Ideal und Banalität, auf mehr oder weniger närrische, erleidende oder auch schmachvolle Weise erleben müssen und die daher alle, wenn auch in verschiedenen Graden, der „Erlösung" bedürftig sind. So stehen sie denn fast alle mehr oder weniger innerhalb einer Gefahrenzone, in der der Konflikt der göttlichen und der dämonischen Kräfte ausgetragen wird, aber „der erfochtene Sieg" innerhalb dieses Konfliktes erzeugt nach Hoffmanns Auffassung „den Begriff des überirdischen Lebens". Dieser Zusammenstoß des inneren, unendlichen Daseins mit dem bedingten endlichen ist bei Hoffmann nur selten tragisch, meist auch nicht eigentlich komisch, wohl aber in zahlreichen Fällen grotesk. Denn die beiden Sphären sind ihrem Wesen nach ja untrennbar geschieden, im Grunde gar nicht aufeinander beziehbar, so daß ihre Gleichzeitigkeit in einer Situation oder in einem Menschen befremdend und bestürzend mit jener sich dem Sinn entziehenden Unheimlichkeit auf uns wirken muß, die wir nach Wolfgang Kaysers Forschungen mit dem Phänomen des Grotesken verbinden. Auch wo sich Hoffmann dem Tragischen annähert, ist es bei ihm immer noch der Farce benachbart.

Von einer solch grotesken Figur handelt auch die Erzählung „Rat Krespel", manchmal auch „Antonie" genannt, die in dem Novellenband „Die Serapionsbrüder" der vom Einsiedler Serapion folgt und die nach der Ankündigung des Erzählers Theodor den Übergang vom Wahnsinn (Serapion) zum vollkommenen „Spleen", zum „tollen Humor" zeigen soll, von dem es dann kein so weiter Schritt mehr zur völlig gesunden Vernunft bleibe. Hoffmann hat diese novellistische Skizze am 22. September 1816 an seinen Freund Fouqué geschickt, der sie im Frauentaschenbuch für 1818 abdruckte. 1819 wurde sie dann, in etwas abgewandelter Form, in den ersten Teil des Sammelwerks „Die Serapionsbrüder" aufgenommen. Die Figur des Rats hat ihr historisches Vorbild in Goethes Jugendfreund, dem Fürstlichen Thurn und Taxisschen Rat und Archivarius Bernhard Crespel (1747—1813), der im zweiten Teil von „Dichtung und Wahrheit" (6. Buch) die Damen auffordert, ihre Verehrer auf acht Tage durch das Los zu wählen. Nach Goethes Schilderung zeigte Crespel ein etwas eckiges, zurückhaltendes Betragen, aber verbunden mit einem ausgesprochenen Humor und wunderlichen Einfällen. Hoffmann ist wohl durch Clemens Brentano noch näher über Crespel unterrichtet worden, denn seine Erzählung benutzt unverkennbar einige Tatsachen über diesen, die in einem Brief von Goethes Mutter an ihren Sohn vom Sommer 1796 erwähnt sind und die Brentano bei seiner und seiner Schwester naher Verbindung mit der Frau Rat sicher bekannt waren. „Crespel" — so heißt es in diesem Brief — „ist ein Bauer geworden, hat in Laubach Güter gekauft das heißt etliche Baumstücke — baut auf dieselbe ein Hauß nach eigner Invenstion hat aber in dem kickelsort weder Maurer noch Zimmerleute, weder Schreiner — noch Glaßer — das ist er nun alles selbst — es wird ein Hauß werden — wie seine Hoßen, die er auch selbst Fabricirt — Muster leihe mir deine Form!!" Hoffmanns Erzählung setzt nun mit eben jenem seltsamen Hausbau ein, und auch das sonderbare, von Krespel selbst nach bestimmten eigenen Prinzipien angefertigte Kleid vergißt er nicht zu erwähnen. Wie weit noch andere Züge des geschichtlichen Vorbildes ihm durch Brentano übermittelt wurden, läßt sich kaum entscheiden.

Der Dichter macht jedoch aus seinem Rat eine völlig neue, im Ganzen sehr viel unheimlichere Gestalt, als sie sich von der Vorlage her anbot. Ja, es mag auch manches Autobiographische, wie z. B. Hoffmanns eigenes Grimassenschneiden, mit in ihn eingegangen sein. Die Erzählung wird so stark von der Figur Krespels beherrscht, daß man sie zunächst nur für eine ausgebaute Charakterstudie halten möchte. Herman Meyer, der die Geschichte vom Rat Krespel wohl mit Recht für „die Höchstleistung des Dichters Hoffmann" hält, hat die Gestalt vom „Typus des Sonderlings" her aufgefaßt. Erscheinung und Wesen, Maske und Gesicht sind getrennt. Was vordergründig der Welt als harmlose Schrulle erscheint, ist in Wahrheit in seiner Skurrilität der Ausdruck des Hoffmannschen Dualismus, für den der Mensch ein Fremdling und Gefangener auf Erden ist und, so in das Joch des Irdischen eingespannt, immer wieder gegen den Stachel löcken muß.

Diese Thematik erhält jedoch eine novellistische Perspektive, da wir den Rat einmal mit den Augen des, wie wir später erfahren, voreingenommenen und daher in einer falschen Meinung befangenen Icherzählers sehen, zum andern aber auch, wenn auch erst durch solche verzerrende Spiegelung hindurch, mit den Augen des Autors, der die Geschichte dem Icherzähler ja nur in den Mund gelegt hat. Das allein würde freilich noch keine Novelle ausmachen, und wir geraten sogar in einige Verlegenheit, wenn wir Auskunft geben sollen, *welche* Begebenheit uns nun eigentlich hier erzählt wird. Die Geschichte scheint in mehrere Einzelgeschichten zu zerfallen, sei es in die von Krespels Hausbau, sei es in die vom Professor erzählte von Antoniens Gesang oder in die von Krespels seltsamen Violinen, sei es in die vom Tod der Antonie oder in die erst nachträglich berichtete, enthüllende Vorgeschichte von Krespels Ehe und ihren Folgen. Das alles verrät eine ausgesprochene Begabung zum Anekdotischen, würde aber damit wiederum nur auf den merkwürdigen Mann hindeuten, der nun einmal in seiner Verkauztheit besonders geeignet scheint, im Mittelpunkt kurioser Ereignisse zu stehen. Jedoch darf man Hoffmanns dem Anscheine nach so lockeres und unverbindliches Erzählen nicht unterschätzen. Wohl ist es so, als hörte man die mündliche Ansprache des Erzählers immer noch mit. Aber eben in dieser Nähe zur mündlichen Rede steckt bereits die Begabung zum novellistischen Erzählen, zumal dann, wenn sich in Wahrheit eine straffe und gut gegliederte Erzählstruktur des Autors dahinter verborgen hält. Das ist bei Hoffmann weit öfter der Fall, als man meistens annimmt, zum mindesten in seinen Meisternovellen wie „Das Majorat" oder „Das Fräulein von Scuderi". Wir werden sehen, das gleiche gilt auch für „Rat Krespel".

Die Geschichte vom Rat Krespel hat — als Begebenheit aufgefaßt — nicht in ihm, wohl aber in Antonie und ihrem Schicksal ihr Zentrum, obwohl wir das meiste über sie nur indirekt erfahren und sie in der Geschichte selbst kaum hervortritt. Ja, als der Icherzähler bis in das Haus des seltsamen und seine Phantasie beschäftigenden Rates vorgedrungen ist und uns erst jetzt Antonie persönlich vorgestellt wird, da bleibt das Bild ihrer Person erstaunlich farblos, sehr viel weniger nuanciert als das Krespels. Nur von den „blauen Augen", „den holden Rosenlippen der ungemein zarten lieblichen Gestalt" ist die Rede. „Sie war sehr blaß, aber wurde etwas Geistreiches und Heiteres gesagt, so flog in süßem Lächeln ein feuriges Inkarnat über den Wangen hin, das jedoch bald im rötlichen Schimmer erblaßte". Solche sprachlich matten Wendungen sind dem Klischeehaften und Empfindsamen gefährlich nahe. Antonie scheint nur eines jener liebenswürdigen jungen Frauenzimmer zu sein, die in ihrer Blässe und Süße zur Verklärung ins Idealische besonders geeignet sind. Aber — und eben damit stoßen wir auf die eigentliche Struktur dieser Novelle — Antoniens Gestalt ist vom Geheimnis umgeben. Die Erzählung baut sich so auf, daß dieses Geheimnisvolle so lange wie möglich erhalten, ja vom Erzähler geradezu verschleiert wird, um erst gegen Ende des Erzählten von ihm zwar nicht eigentlich erklärt, aber doch verständlicher gemacht zu werden. Der Reiz der Geschichte liegt in dem Undurchsichtigen, das nicht nur den Icherzähler, sondern auch den Leser in seinen Bann zieht. Dadurch behält sie in ihrer Struktur wie viele Erzählungen Hoffmanns, vor allem „Das Fräulein von Scuderi", die Nähe zur Detektivgeschichte, eine Gattung, die in Deutschland in Hoffmann ihren Ahnherren hat. Es geht um die Enträtselung einer geheimnisvollen Begebenheit, mag sich auch in diesem Falle herausstellen, daß die kriminalistische Auslegung, zu der der Icherzähler neigt, auf einem Irrtum beruhte. Im Gegensatz zu vielen anderen Erzählungen Hoffmanns ist es keine Spuk- und Geistergeschichte, und der Anteil des Übernatürlichen ist nur gering; aber die suggestive Atmosphäre des Seltsamen und Unheimlichen ist hier trotzdem besonders eindringlich, und zwar eben darum, weil der Dichter auf rein stoffliche Effekte weitgehend verzichtet und es allein die künstlerischen Mittel sind, mit denen er die beabsichtigte Wirkung erzielt. „Rat Krespel" ist ein Höhepunkt der Hoffmannschen Erzählkunst, und es will uns fast unbegreiflich erscheinen, daß diese Novelle bisher noch keine eigene Interpretation gefunden hat.

Nicht nur Antoniens Verhältnis zum Rat bleibt lange Zeit im Dunklen, auch ihre fast völlig abgeriegelte Existenz im Hause des Rats wird zum Rätsel sowohl für den mißverstehenden Icherzähler, der meint, hier läge ein herrliches Mädchen in den

Banden eines wahnsinnigen und tyrannischen Zauberers, wie auch für den dem Rat befreundeten Professor, der, ohne daß er dafür eine verständliche Erklärung hat, das arme Mädchen auf gehässige Weise tyrannisiert glaubt und ebenso bewacht, wie es der Doktor Bartolo im „Barbier von Sevilla" mit seinem Mündel durchführt. Hoffmann rückt jedoch die für ihn leitmotivische Begebenheit zunächst keineswegs ins Zentrum der Novelle, ja, sie liegt sogar vor der eigentlichen Erzählung und wird dem Icherzähler vom Professor fast beiläufig berichtet. Und doch ist eben sie die schmale, zunächst verschlossene Eingangspforte zu einem verschnörkelten Ganzen, zu dem der Leser nach und nach den vom Autor versteckten Schlüssel finden soll. Gleicht ja auch die Erzählung selbst ein wenig dem kuriosen Haus, das der Rat ohne Grundriß aufrichtet und das von der Außenseite den tollsten Anblick bietet, kein Fenster dem anderen gleich, in seiner inneren Einrichtung „aber eine ganz eigene Wohlbehaglichkeit erregte". Dabei ist es eine zwar ungewöhnliche, aber keineswegs schauder-volle oder gar ins Übersinnliche hinüberspielende Begebenheit, von der wir durch den Professor hören. Als der Rat noch nicht in seinem neu errichteten, vielmehr in einem „finstern Hause" lebte, da spielte sich nach der Rückkehr von einer Reise nachts hinter den mehr als sonst erleuchteten Fenstern ein seltsames „Schauspiel" ab. Man hörte „die ganz wunderherrliche Stimme eines Frauenzimmers", von einem „Pianoforte" begleitet. Dann traten die Töne der Violine des Rates hinzu, die „in regem feurigen Kampfe mit der Stimme" stritten. Das Entscheidende für unsere Geschichte ist jedoch der Gesang, von dem wir alsbald erfahren, daß es der der Antonie war. Der Dichter schildert ihn als das Äußerste an Schönheit, lang ausgehaltene Töne, ein einziges „Nachtigallwirbeln", ein Auf- und Abwogen, ansteigend bis zur Stärke des Orgellautes, sinkend bis zum leisesten Hauch. Aber der paradiesische Zauber, der damals alle Zuhörenden in seinen Bann schlug, endete mit jäher Dissonanz. Offensichtlich war ein Streit zwischen den drei Personen ausgebrochen. Dann wieder wurde es totenstill, „bis plötzlich es die Treppe herab-polterte, und ein junger Mensch schluchzend herausstürzte", der mit einer nahe stehenden Postkutsche rasch davonfuhr. Was hier vorgefallen war, blieb lange unaufgeklärt. Wohl wurde vermutet, daß der junge Mann der Bräutigam Antoniens gewesen sei, aber um so zweideutiger mußte das Verhalten des Rates erscheinen, der ihn anscheinend zur Abreise gezwungen hatte. Krespel selbst war offensichtlich davon nur wenig mitgenommen. Denn am nächsten Morgen begegnete er jedermann so „heiter", daß niemand den Mut hatte, „ihn nach der Begebenheit der vorigen Nacht zu fragen". Noch seltsamer, ja erst eigentlich rätselhaft wird das Geschehen jedoch dadurch, daß dieser Gesang nur einmal und nie wieder gehört wurde. Aber in der Erinnerung des Publikums der Stadt lebte er weiter als die „Phantasie und Gemüt aufregende Sage von einem herrlichen Wunder", sogar für die, die Antonie damals nicht gehört hatten. Welche Erklärung mochte es dafür geben, daß es der Rat von nun an offensichtlich darauf anlegte, Antonie von allen Kontakten fernzuhalten, soweit sie sie zum Gesang verführen könnten?

Das Erzählte ist das Geheimnis, in das der „auf solche phantastischen Dinge" ganz versessene Icherzähler eindringen möchte. Krespels Haus wird ihm zur „Zauberburg", innerhalb derer es „die Königin des Gesangs aus schmachvollen Banden zu befreien" gilt. Nun läge eine solche phantastische Überhöhung an sich durchaus in Hoffmanns Stil. Kann nicht auch Krespel ein dämonischer Unhold sein, der mit zauberischen Kräften eine Märchenprinzessin gefangen hält, und dies um so mehr, als ja die Sphäre der Musik für Hoffmann immer wieder eine stellvertretende Bedeutung für das Höchste und Heilige hat? Auch der Leser sieht sich zunehmend verlockt, in das Wesen dieses merkwürdigen Mannes näher einzudringen. Manches hat er schon vorher über ihn erfahren, aber der Gesamteindruck ist verwirrend und zwiespältig. Bringt man ihn auf eine begriffliche Formel, so wird man am ehesten sagen dürfen, daß Krespel eine *groteske* Figur ist. Als Gelehrter, gewandter Jurist, tüchtiger Diplomat und überdies — wie sich erst allmählich herausstellt — erfolgreicher Violinenbauer scheint er durchaus innerhalb normaler sozialer Ordnungen zu stehen, aber er bewegt sich in ihnen, als ob er in keiner Weise in sie hineingehöre. Das Groteske liegt in dem Beziehungslosen seines Wesens zu der ihn umgebenden Welt. Beides scheint sich nicht nur zu widersprechen — das könnte, je nach den Vorzeichen, komisch oder tragisch sein —, sondern überhaupt nicht zusammenzupassen. Das Haus, das er sich in seinem Garten auf Kosten eines von ihm erfolgreich beratenen Fürsten baut, ist ein Produkt reiner selbstischer Willkür. Skurriler Humor dürfte eine Haupteigenschaft seines Wesens sein bis in das wilde Einweihungsfest hinein, das ihm den Ruf eines Volksfreundes einträgt. Ebenso verwunderlich ist sein Betragen in der Gesellschaft, der Kontrast der steifen ungelenken Bewegungen zu einer beunruhigenden Schnelle und Neugierde, die wunderlichen Irrgänge in den Gesprächen und der Widerspruch von Sinn und Ton in seiner Rede, die bald rauh und heftig schreiend, bald leise gedehnt und singend ist, aber niemals zu dem paßt, was er gerade sagt. Sein Gesicht verzerrt sich oft zur fratzenhaften Maske, von der man nicht recht weiß, ob ein bittrer, grimmiger oder gar ein teuflischer Humor dahintersteckt. Aber dem Widrigen seiner Erscheinung widerspricht wiederum etwas Weiches und Gutmütiges in seinem Wesen, die Augenblicke der Rührung und der Tränen, auch seine warmherzigen Beziehungen zu den Kindern, die ihm freundlich, aber auch mit „scheuer Ehrfurcht" begegnen. Drechselt er doch gleich nach der Mahlzeit aus den übriggebliebenen Knochen des Hasenbratens und den Hasenpfoten mit einer kleinen stählernen Drehbank — und zwar unglaublich schnell und geschickt — kleine Döschen, Büchschen und Kügelchen für die jubelnden Kinder des Gastfreundes. Noch merkwürdiger wird uns der seltsame Sonderling durch sein Einkaufen und Zerlegen von Violinen, deren innere Struktur er untersucht, wobei dann die Trümmer, wenn sie keinen weiteren Aufschluß gebracht haben, alsbald in einen großen Kasten hinüberwandern. Aber Krespel zerlegt ja nicht nur Violinen, er vermag auch die herrlichsten herzustellen, spielt aber dann höchstens ein oder zwei Stunden darauf und hängt sie danach zu seinen übrigen, ohne sie je wieder zu berühren. Sobald jedoch der Icherzähler in Krespels Hause das Gespräch auf Musik bringt, schweift er ins abgeschmackt Langweilige ab und fällt ihm „mit seinem diabolisch lächelnden Gesicht und seinem widrig singenden Ton" in die Rede.

Ein Sonderling, ein Narr oder gar ein Wahnsinniger, vielleicht auch ein boshafter Bösewicht, was von alledem mag sich hinter seinem maskenreichen Wesen verbergen? Der Icherzähler will in Krespels Haus dahinterkommen; ja, er will die verzauberte, dort gefangengehaltene Prinzessin erlösen, aber es kommt anders. Wohl lernt er die Violine der Violinen kennen, das Stück eines unbekannten Meisters aus alten Zeiten. Ihrer Struktur spürt Krespel nicht mehr zerlegend nach, weil sie ihm nicht mehr als totes Ding erscheint, sondern aus sich selbst zu ihm auf wundersame Weise spricht, als wäre Krespel „nur der Magnetiseur, der die Somnambule zu erregen vermag, daß sie selbsttätig ihre innere Anschauung in Worten verkündet". Die dingsymbolische Bedeutung dieser Violine wird erst gegen Ende der Erzählung voll deutlich, als ihre mystische Identität mit der Zauberstimme der Antonie enthüllt wird. Zunächst jedoch findet der Besucher im Hause des Rats kaum etwas Geheimnisvoll-Mysteriöses. Auch der Zugang zu Antonie ergibt sich ungezwungen und wie von selbst. Aber mehr denn je verlangt es ihn nach ihrem, von ihm bereits geträumten wunderbaren Gesang, so sehr auch der Rat mit seinen seltsamen Sprüngen und Faxen den Weg dahin zu versperren sucht. Was es mit diesem Gesang auf sich haben möge, bleibt die verrätselte, novellistisch zugespitzte Grundfrage der ganzen Erzählung.

Aber das Vorhaben des Icherzählers gelingt nicht, ja es endet mit einem jähen Abbruch. Wohl ist er nahe daran, Antonie zu einem herrlichen seelenvollen Lied zu begeistern, aber da greift der Rat mit entschiedenem Nachdruck ein. Mit verschnörkelten, krausen Sätzen, deren höfliche Form und deren leise singender Tonfall zur Grobheit ihres Inhalts widrig kontrastieren, wirft er den Studiosus ohne weiteres für immer aus seinem Haus heraus. Dem bleibt nichts anderes übrig, als sich zu fügen, zumal er sich auf die Rolle eines schmachtenden, zum Fenster heraufblickenden verliebten Abenteurers keinesfalls einlassen will. Dazu war ihm Antonie „zu wert", ja, „zu heilig". „Im Innersten zerrissen" verläßt er den Ort, uneingeweiht in das Geheimnis dieses Gesanges, mochte auch das nie Gehörte zuweilen noch in sein tiefstes Gemüt „wie ein sanfter, tröstender Rosenschimmer" hineinleuchten.

Der Icherzähler überspringt dann eine Zeitspanne von zwei für diese Geschichte belanglosen Jahren, um erst mit dem Bericht über seine Rückkehr in das südliche Deutschland erneut einzusetzen. Der Einschnitt innerhalb der Erzählung ist unverkennbar, zumal er ungefähr in der Mitte des Ganzen liegt. Dennoch wirkt die erste Hälfte mit ihren Vordeutungen und Verrätselungen inhaltsreicher und damit länger als die zweite, da dort uns nur das Begräbnis der Antonie und die nachträglich in die Erzählung hineingeholte Lebensgeschichte des Rats berichtet werden. Es gehört in den Bereich des novellistischen Zufalls, daß der Icherzähler in eben dem Augenblick zurückkehrt, als Antonie, wie er schon ahnt, auf dem Kirchhof begraben wird. Aber nach wie vor bleibt ihr Geheimnis unenthüllt. Statt dessen fällt ein nahezu grelles Licht auf die Figur Krespels, der jetzt nicht nur bizarr, sondern fast wahnsinnig wirkt. Mit seltsamen Sprüngen sucht er den zwei ihn geleitenden Trauermännern zu entrinnen; höchst befremdend will uns seine phantastische Kleidung anmuten, der Violinbogen in einem Degengehenk, den er später dann in seiner Wohnung zerbricht; das laute Lachen, das Absingen von Liedern mit schauerlich-lustiger Melodie, das Herumspringen auf einem Fuß und das Herumstreichen mit dem Trauerflor auf seinem Hute um die aufgehängten Violinen. Und selbst, wenn er dem Studiosus versichert, es seien nur Ausbrüche des Schmerzes, der ihn mit Todesmartern zerreiße, nicht der Wahnsinn, der ihn ergriffen habe, so gerät seine Rede dabei ins sinnlos Abstruse: „... aber es geschieht nur alles deshalb, weil ich mir vor einiger Zeit einen Schlafrock anfertigte, in dem ich aussehen wollte wie das Schicksal oder wie Gott." Und doch wird der aufmerksame Leser in alledem nicht wie der Icherzähler eine nunmehr endgültig ausgebrochene Geisteskrankheit sehen, sondern weit eher einen makabren fürchterlichen Humor, der gleichsam die andere Seite jener schrulligen Laune ist, wie sie ein glücklicherer Krespel bei seinem Hausbau gezeigt hat.

Überdies gibt uns der Autor jetzt selbst zwar nicht für die seltsame Begebenheit des nur einmal gehörten Gesanges, wohl aber für diesen Charakter den Schlüssel an die Hand, indem er ihm durch den professoralen Freund die einzig adäquate Deutung zuteil werden läßt. „Es gibt Menschen," — so meint dieser — „denen die Natur oder ein besonderes Verhängnis die Decke wegzog, unter der wir andern unser tolles Wesen unbemerkter treiben. Sie gleichen dünngehäuteten Insekten, die im regen, sichtbaren Muskelspiel mißgestaltet erscheinen, ungeachtet sich alles bald wieder in die gehörige Form fügt. Was bei uns Gedanke bleibt, wird dem Krespel alles zur Tat. — Den bittern Hohn, wie der in das irdische Tun und Treiben eingeschachtete Geist ihn wohl oft bei der Hand hat, führt Krespel aus in tollen Gebärden und geschickten Hasensprüngen. Das ist aber sein Blitzablciter. Was aus der Erde steigt, gibt er wieder der Erde, aber das Göttliche weiß er zu bewahren; und so steht es mit seinem innern Bewußtsein recht gut, glaub' ich, unerachtet der scheinbaren, nach außen herausspringenden Tollheit ..." Das groteske Verhalten ist hiernach die zwar paradoxe, im Grunde aber einzig angemessene Form, um auf eine als Irrenhaus erlebte irdische Welt zu reagieren. Darin ist Krespel — nach Hoffmanns später in den „Serapionsbrüdern" gegebenen Definition — eine wahrhaft romantische Gestalt, in der sich „das Komische mit dem Tragischen so gefügig" mischt, „daß beides zum Totaleffekt in eins verschmilzt und das Gemüt des Zuhörers auf eine eigne, wunderbare Weise ergreift". Krespel selbst erklärt bald danach dem Icherzähler, daß er es ihm nicht verübeln wolle, wenn er ihn für wahnsinnig halte. Denn — so argumentiert er weiter — wir sind „beide in demselben Irrenhause eingesperrt", und der eine schilt den andern nur deshalb darüber, daß er „Gott der Vater zu sein wähne", weil er sich selbst „für Gott den Sohn" hält. Jedoch trägt es Krespel dem Icherzähler mit Recht nach, daß er in ein fremdes Leben und seine geheimen Fäden eindringen will, zumal das ja aus dem Wahn heraus geschieht, er habe in Krespel nicht nur einen Irren, sondern eine Art dämonischen Verbrecher vor sich. Tollheit hingegen — so dürfen wir mit Krespel argumentieren — ist nur ein Zustand, der uns durch eine absurde Wirklichkeit nahezu unvermeidlich abgenötigt wird. Aber das allein genügt noch nicht. Das groteske Verhalten wird den höheren Naturen dann abgefordert, wenn sie das Göttliche auf dieser zum Gefängnis oder zum Irrenhaus gewordenen Erde noch bewahren und vor der Befleckung rein erhalten wollen. So sieht sich Krespel — als eben keineswegs oder nur scheinbar Wahnsinniger — durchaus vor jene „Duplizität" gestellt, die Serapion allein dadurch vernichten konnte, daß er sich in den Wahnsinn flüchtete.

Das Groteske, wie es sich in Fratzen, Sprüngen und skurrilen Taten äußert, ist eine Art „Blitzableiter" für die in das Irdische eingeschachtete Existenz. Auch Krespel hat etwas von einem *Doppelgänger,* der den Riß im Weltgebäude nur durch eine solche Spaltung von innerem und äußerem Dasein austragen kann. Hoffmann läßt einmal durch den deutschen Maler Franz Reinhold in der „Prinzessin Brambilla" den Humor definieren als „die wunderbare, aus der tiefsten Anschauung der Natur geborene Kraft des Gedankens, seinen eignen ironischen Doppelgänger zu machen, an dessen seltsamlichen Faxen er die seinigen und — ich will das freche Wort beibehalten — die Faxen des ganzen Seins hinieden erkennt und sich daran ergötzt". Solches humoristische Nachempfinden der „Faxen des Seins" — es erinnert noch an Sterne und Jean Paul — d. h. der Widersprüche des sowohl subjektiven wie objektiven Daseins ist auch für Rat Krespel charakteristisch. Wunderliches und Wunderbares, grelle Verzweiflung und himmlische Lust gehen bei ihm unmittelbar ineinander über. Denn der Schmerz über das Dasein in seiner Nichtigkeit und die grotesken Faxen und seltsamen Späße, in denen dieser Schmerz sich subjektiv äußert, bedeuten in solcher Entlarvung des Sinnlosen zugleich die Sicherung eines unantastbaren heiligen Innenraums, der in Krespels Leben durch sein Violinspiel und durch den Gesang der Antonie symbolisiert wird. So toll, fatal und widrig dieser gewiß nicht anmutige, wohl aber „barocke" Mann mit seiner übeltönenden Sprechweise und seinem übeltönenden Namen uns auch vorkommen mag, ebenso fremdartig unter den Menschen wie der Kapellmeister Kreisler in Hoffmanns Roman „Kater Murr", — er gehört gleich diesem noch „einem höheren Sein" an, das er mit einer nie befriedigten Sehnsucht sucht und in Antonie sogar vorübergehend finden darf. Damit verkörpert auch er das „serapiontische Prinzip", wenn auch nicht in jenem phantastischen Aufschwung zur dichtenden Existenz des Sehers, sondern in der qualvollen Einschränkung des in das Irrenhaus dieser Welt eingesperrten, seiner Narrheit aber bewußten Menschen, dem aufgetragen ist, in eben diesem Irrenhaus noch das Heilige zu hüten. Ist ja doch auch Krespel eine im Kern seines Wesens sogar kindliche Künstlernatur, aber bereits mit jener Verzerrung ins Fratzenhafte, ins absurd Groteske, wie sie später Grillparzers armer Spielmann zeigt und wie sie dann in Franz Kafkas parabolischen und für das Leiden des Menschen stellvertretenden Künstlerfiguren gipfelt.

Jedoch, Hoffmann kannte nicht nur das in vielen Fällen bis in die dämonische Selbstzerstörung hineinführende Künstlertum — davon übrigens weiß sich Krespel durch den „Blitzableiter" seines wilden Humors noch durchaus freizuhalten —, er verherrlichte die Kunst auch als die reine, unantastbare Sphäre des Idealischen, die, im Kerne unverletzbar, selbst durch das dunkle Bewußtsein des Irdischen nicht mehr getrübt werden konnte. Damit setzt jene phantastische Verklärung ein, innerhalb derer Hoffmann jederzeit bereit ist, seine scharfsinnige, präzise und unbarmherzige Beobachtung der Wirklichkeit aufzugeben zugunsten jenes Traumlandes, das im Märchen vom goldnen Topf „Atlantis" heißt. Daher konnte in unserer Erzählung Antonie zur lichten Gegengestalt des anfangs nun doch in vieler Hinsicht fatalen Krespel werden, ohne daß diesmal ein Widerstreit himmlisch erlösender und dämonisch verstrickender Mächte damit angebahnt wurde. Ja, die Erzählung enthüllt uns eher das Gegenteil: Krespel ist es, der den schmalen Lebensraum des zur Schönheit bestimmten Mädchens abschirmt und vor der völligen Zerstörung bewahrt. Nicht als böser Zauberer, als Tyrann oder als alternder Liebhaber hat Krespel, wie wir gegen Ende der Erzählung erfahren, an Antonie gehandelt, sondern als liebevoller Vater.

Die Vorgeschichte Krespels, wie er sie selbst freiwillig dem Icherzähler — allerdings erst nach dem Tod seiner Tochter — berichtet, zeigt nichts von einer abzubüßenden Schuld, nichts auch von jener Fatalität eines schon vorgeburtlich angelegten dämonischen Verbrechertums, wie sie den nach außen so rechtschaffenen Goldschmied Cardillac in Hoffmanns Novelle „Das Fräulein von Scuderi" charakterisiert. Der Bericht über Krespels Ehe mit der berühmten italienischen Sängerin, Signora Angela, gerät eher ins Amüsante, wenngleich auch das Schmerzliche dabei unüberhörbar ist. Der Autor teilt uns das Vergangene nicht direkt durch Krespel, sondern durch den Icherzähler mit, der jetzt freilich aus echter Teilnahme, ja sogar mit Rührung erzählt. Das Erzählte wird dennoch so sachlich wie möglich nach Art einer knapp gefaßten Lebenschronik berichtet, gelegentlich aber durch unmittelbares Sprechen Krespels oder Antoniens aufgelockert. Der Autor möchte den Eindruck einer wirklich erlebten Begebenheit erwecken, damit der ins Phantastische hinüberspielende Abschluß um so kontrastreicher sich dagegen abhebt. Versichert ja der Icherzähler selbst seinen Freunden, er habe keine fingierte, nach der Kunst geformte Erzählung vortragen wollen; aber gerade, „was sich wirklich begibt", sei „beinahe immer das Unwahrscheinlichste". Eben dies verlockt zur novellistischen Darstellungsform, die die Wirklichkeit des Erzählten und das Unwahrscheinliche, Phantastische des Zufalls im Bericht über den einmaligen besonderen Fall zum schwebenden Ausgleich zu bringen sucht.

Krespels Lebensgeschichte ist ebenso komisch wie herzzerreißend traurig. Die aus dem Fenster ihres eigenen Lusthauses etwas unsanft von Krespel an die frische Luft beförderte Signora, die damit eine Kur durchmacht, welche man so mancher Primadonna mit Starallüren wünschen möchte, — das ist eine vom Autor mit Wohlbehagen ausgekostete, diemal heiter komische Situation, wie sie wohl gerade solchen Naturen wie Krespel zustoßen mag. Aber seine Ehe ist damit endgültig zerstört, und der Leser versteht es recht gut, daß Krespel auch zu der sanft gewordenen Gattin sich nicht zurückzukehren traut; denn es geht nicht gut an, die eigene Frau gegebenenfalls noch ein zweites Mal aus dem Fenster zu werfen. So liebenswürdig, in leichter Tonart dies alles erzählt wird, es bleibt Vorgeschichte innerhalb der Vorgeschichte. Worauf es eigentlich ankommt, ist die aus dieser Ehe stammende Tochter Antonie, die Krespel zunächst nie zu Gesicht bekommen hat, derer er sich aber nach dem späteren, unerwarteten Tode seiner Frau anzunehmen bereit ist. Sie verspricht wie die Mutter und noch über die Mutter hinaus zu einer Sängerin von höchstem Range aufzublühen; der Klang ihrer Stimme „war ganz eigentümlich und seltsam, oft dem Hauch der Äolsharfe, oft dem Schmettern der Nachtigall gleichend"; aber ihre liebenswürdige Anmut ist von den zweideutigen Kapricen ihrer Mutter durchaus frei. Jedoch — und dies ist nun der Schlüssel zum Rätsel der ganzen Erzählung — ihr Gesang bedeutet zugleich Bedrohung durch den Tod, ja die Natur selbst hat ihrer Stimme diese wundervolle Kraft nur um den Preis des organischen Fehlers in der Brust gegeben, der ihr frühes Ende zur Folge haben muß, wenn sie nicht für immer auf das Singen verzichtet. Das novellistische Motiv, in der Verrätselung einer Begebenheit erzählt, reicht bis in jene so oft besungene Tristansphäre, in der die höchste Schönheit dem unentrinnbaren Tod benachbart, ja noch auf eine geheime Weise mit ihm identisch ist. Für Hoffmann hat die Schönheit immer dieses Doppelgesicht, sie gehört einer heiligen und einer dämonischen Sphäre zugleich an. Antoniens Entscheidung für das Leben bedeutet den Verzicht nicht nur auf den Gesang, sondern auch auf den Bräutigam, der als junger, erfolgreicher Komponist wohl kaum der Versuchung hätte widerstehen können, seine von ihm selbst komponierten Arien durch eine solche, fast noch über die Sphäre des menschlichen Gesanges hinausgehende Stimme zu hören. Nun erst, ganz gegen Ende der Erzählung, erfährt der Leser, was sich in jener seltsamen Nacht des Konzertes im Hause des Rats wirklich begeben hat. Wir hören von dem gegen die Abrede zu Antonie zurückgekehrten Bräutigam, von der Tochter, die sich vom Vater abzuwenden scheint, nur für den Geliebten singen und dann sterben will, und von der furchtbaren Lustigkeit Krespels, der sein Leben auf die äußerste Spitze stellt, wenn er sich nunmehr vom eigenen Herzen gewaltsam losreißt und geradezu will, „daß das Entsetzliche geschehe". Aus solchen hochdramatischen inneren Spannungen erwuchs jener widerstreitende Dreiklang höchster Schönheit, jenes „wundervolle Konzert", von dem der Professor dem Icherzähler als einer vergangenen Begebenheit erzählt hat. Antonie — so sah es wenigstens zunächst aus — drohte schon damals ein Opfer des Todes zu werden. Nur allzu verständlich war der grimmige Zorn Krespels, der in einer barock verschnörkelten Rede mit makabren Scherzen, zu der man sich ein greulich fratzenhaftes Aussehen sehr wohl dazuzudenken vermag, den unglücklichen Kapellmeister recht unsanft aus dem Hause hinauswarf. Solche mehr oder weniger gewalttätigen Verabschiedungen lagen ja von jeher in seiner zur tollen Laune neigenden Lebensart.

Aber der Autor begnügt sich nicht mit der Auflösung einer zunächst phantastisch anmutenden Begebenheit ins psychologisch Verstehbare und menschlich Ergreifende. Am Ende seines Erzählens spielt er das Ganze noch einmal ins Wunderbare hinüber. Das geschieht bereits durch die schon erwähnte Identität des Klanges jener Meistergeige mit Antoniens Stimme; ja, diese Geige kann stellvertretend für die Stimme stehen und damit Antonie auch nach jenem Vorfall Ruhe und Heiterkeit in ihrem Leben zurückgeben. Als der Vater diese Geige spielt — eine „unbekannte Macht" hat in gleichsam genötigt, sie unaufgeschnitten zu lassen —, da ruft Antonie freudig aus: „Ach, das bin ich ja — ich singe ja wieder." Eben von jener Geige hieß es früher, „daß sie selbsttätig ihre innere Anschauung in Worten verkündet", und als Antonie stirbt, da zerbricht — ohne äußere Einwirkung — der Stimmstock in der Geige, und der Resonanzboden wird auseinandergerissen. Die Geige konnte nur mit Antonie, in Antonie leben und folgt ihr daher auch ins Grab, während anstelle der Geige von jetzt an ein Zypressenkranz im Zimmer aufgehängt ist. Krespel aber hat dem Violinenbau und dem Violinenspiel für immer entsagt.

Die geheimnisvolle Übertragung des Wunders einer Stimme auf das beseelte Ding, das nicht so sehr durch den Menschen, sondern bereits aus sich selbst zu spielen scheint, ferner die Selbstzerstörung des Dinges im Augenblick des Todes der Antonie, das alles hat nichts mit Hoffmanns an anderen Stellen seiner Dichtung hervortretender Neigung zu einer dämonischen Verselbständigung des Automatenhaften zu tun. Vielmehr deutet die Duplizität von Geige und Stimme, die dennoch identisch sind, hier auf die mysteriöse Sphäre des Heiligen und Schönen hin, die sich der Menschen und der Dinge nur bedient, um in zeichenhafter Weise im Irdischen sich anzukündigen, die zugleich aber auch eben hier immer wieder der Gefahr einer dämonischen Zerstörung ausgesetzt ist. Antoniens Stimme und der Klang der Geige sind nur scheinbar von den Voraussetzungen der Wirklichkeit aus zu begreifen. In Wahrheit gehört beides einem zwar noch sinnlichen Bereich an, der aber doch schon auf übersinnliche Erscheinungen hindeutet. Die Phantasie des Autors will im Spiel mit solchen

Zeichen sich der Wunder eines höheren Reiches bemächtigen. Das Dargestellte wird ihm zum Gleichnis für das „serapiontische Prinzip", und daß Krespel mit beidem, mit Antoniens Stimme und der Geige, in so inniger Verbindung stand, läßt auch diesen in das irdische Tun und Treiben so „eingeschachteten Geist" am Göttlichen, jenseits der irdischen Gefangenschaft, teilnehmen.

Das wird noch einmal in der Todesstunde der Antonie ganz deutlich. In der Nacht dieses Todes hat der Rat eine Traumvision, die ihn ebenso mit entsetzlicher Angst wie mit nie gefühlter Wonne erfüllt. Er hört im Nebenzimmer den verschollenen Bräutigam auf dem Pianoforte und dann, erst leise hingehaucht, aber bald zum schmetternden Fortissimo ansteigend, das von Antonie gesungene, vom Bräutigam „im frommen Stil der alten Meister" einst komponierte Lied. Am Ende sieht er in blendender Klarheit das sich umschlungen haltende Paar, hört aber zugleich noch geisterhaft die Töne des Liedes und des Klaviers weiterklingen, ohne menschlich erkennbare Mitwirkung. Nach dem Erwachen eilt er in fürchterlicher Angst in Antoniens Zimmer und findet sie dort tot, aber zugleich so, als schliefe sie nur „und träume von Himmelswonne und Freudigkeit".

Antonie stirbt also nicht, wie der Leser eigentlich erwartete, indem sie durch erneuten Gesang ihr Schicksal ein zweites Mal herausfordert. Der Autor verzichtet auf eine solche plumpe Wiederholung. Und dennoch wiederholt er, aber unter ganz anderen Vorzeichen. Es geschieht nicht nur auf eine viel zartere, es geschieht auf eine viel rätselhaftere, nicht mehr entschlüsselbare Weise. Denn für *dieses* Rätsel sollte es keine erklärende Auflösung mehr geben. Die Wiederkehr der Situation vollzieht sich geisterhaft-unwirklich im Zwischenreich von Schlaf und Traum. Aber auch dies genügt schon, um den über Antonie unerbittlich verhängten frühen Tod herbeizuführen. Krespel wird hier zu einer Art Medium, sein visionäres Hören, Sehen und dann immer noch übersinnliches Weiterhören erfährt genau das — so dürfen wir wohl interpretieren —, was sich bei der schlafenden Antonie in ihrem Unterbewußtsein als höchstes Glück des Gesanges und der Liebe abspielt, mag ihr bewußter Wille auch längst einem solchen Glück entsagt haben. Die so genau beschriebenen Phänomene lassen sich alle noch parapsychologisch verstehen, aber sie gehören dennoch für Hoffmann zu den Wundern eines höheren idealischen Reiches. Das Innerste der Antonie ist für den visionär schauenden Krespel vernehmbar und sichtbar geworden; damit hat es eine

Gegenständlichkeit und Objektivität besonderer Art gewonnen; es ist nicht nur unwirklich, sondern auch überwirklich. Das Geträumte übersteigt hier gleichsam die Realität und gewinnt dadurch eine eigene unheimliche Existenz, ebenso beänstigend wie beglückend, ebenso dämonisch wie himmlisch. Antonie liebt und singt so vollendet wie noch nie, und sei es auch nur in traumhafter Weise, und eben darum muß sie sterben. Was sie im Innern und nicht mehr nach außen gewandt verwirklicht, verwirklicht, ohne es zu wollen, genügt, um die schmale Basis ihrer Vitalität endgültig zu zerstören. Es verrät hohe novellistische Kunst, daß eine so artistisch auf Enträtselung einer ungewöhnlichen Begebenheit aufgebaute Erzählung, die sich zunächst wie eine Kriminalgeschichte liest, ihrerseits noch in ein neues Rätsel zu münden vermochte. Aber dieses Rätsel entzog sich den ausdeutenden Kategorien, weil es für den Romantiker Hoffmann nicht eigentlich ein Rätsel, sondern weit mehr ein Mysterium bedeutete. Der geschlossene Kreis eines bei aller Phantastik doch vorwiegend realistisch beobachtenden und in die Seele eindringenden Erzählens öffnet sich am Ende und gibt den Blick frei für die nur als Geheimnis aussagbaren höchsten Einweihungen und Zerstörungen des Menschen.

GEORG BÜCHNER

———

LENZ

Georg Büchners Erzählung „Lenz", im Anfang des Jahres 1836
entstanden, wird meist als ein realistisches Prosafragment
aufgefaßt, das sich im Tatsächlichen noch sehr genau an seine
Quelle anschließt, den Bericht des Pfarrers Oberlin in Waldbach
über Lenzens Ankunft, Aufenthalt, Wahnsinnstaten und gewalt-
same Wegschaffung in den winterlichen Wochen des Jahres 1778.
Man hat wiederholt die genaue Beobachtungsgabe bewundert,
mit der hier die verschiedenen Phasen, ja noch das klinische
Erscheinungsbild der Schizophrenie bis ins einzelne geschildert
werden. Zunächst sieht es so aus, als habe Büchner die überlieferten, auf Tatsachen beruhenden Anekdoten über Lenzens Wahnsinn in eine Erzählform hineinverwoben, die sich über weite
Strecken wie ein poetisch stilisierter Krankenbericht liest. Neben
der psychologisch-psychiatrischen Darstellungskunst stände freilich
dann noch die Großartigkeit der Naturdarstellung, die man als
frühen Durchbruch zu einer realistischen Stilgebung gewürdigt
hat. Die jüngste Auslegung dieser Erzählung durch Gerhart
Baumann sieht das Entscheidende der Büchnerschen Leistung in
der Fähigkeit, „Wirklichkeit und Wahn zu vereinigen, ihnen
gleichermaßen gerecht zu werden, der Wahn gewinnt die volle
Intensität der Wirklichkeit, bildet eine Welt in der Welt". Denn
Wahn und Landschaft seien bei Büchner zusammengesehen;
„das Menschliche verfremdet sich zur Geisterlandschaft, und die
Landschaft wird zum Reflex der dämonischen und exzentrischen
Übermächte".

Gewiß ist es richtig, wenn man die unaufhebbare Spannung
zwischen Wahn und Wirklichkeit in dieser Dichtung betont und
den Wahnsinn hier als ein Phänomen auffaßt, das nicht als
symbolisch oder phantastisch, sondern als wirklich dargestellt
wird. Aber die künstlerische Gestaltung der Lenzerzählung ist
damit ebensowenig gesehen und erfaßt wie bei ihrer Auslegung

als eines bloß psychologischen Krankheitsprotokolls, das mit poetischen Naturschilderungen untermalt ist. Auf eben diese künstlerische Struktur soll es uns hier aber in erster Linie ankommen. Es mag zunächst überraschen, daß wir dieses Prosastück in eine Reihe von Novelleninterpretationen mit aufgenommen haben. Denn eine Novelle im üblichen Sinne mit einer klar umrissenen Begebenheit und einem ihr zugeordneten, aus gegensätzlichen Kräften entspringenden Konflikt ist diese Erzählung gewiß nicht. Alle Handlung und Rede spiegelt die inneren Vorgänge einer vom Wahnsinn beherrschten seelischen Entwicklung. Ja, man könnte geradezu annehmen, hier sei nur eine Folge von Stimmungsaugenblicken dargestellt, in jäher exzentrischer Kurve des Auf und Ab, im krassen Gegensatz des Ekstatischen und des Entleerten, des Gegenständlichen und des Traumhaften, der jagenden Erregung und der nahezu gespenstischen Ruhe, beschrieben mit der souveränen Genauigkeit eines Erzählers, dem es gar nicht so sehr auf einen Erzählzusammenhang, wohl aber auf die um ihrer selbst willen präzise festgehaltenen, jeweiligen Einzelsituationen ankommt. Eine solche Deutung verwechselt jedoch die Charakteristik der sprunghaften seelischen Abläufe mit dem künstlerischen Aufbau der Erzählung als Ganzem.

Aber ist sie überhaupt ein Ganzes? Ist sie nicht vielmehr Fragment geblieben? Wir werden zu zeigen haben: Büchners „Lenz" hat einen sorgfältig durchkomponierten Aufbau, eine bis ins Symbolische hineinreichende Formensprache und Leitmotivik und eben jene profilierte und konzentrierte Erzählweise in der Spannweite zwischen objektiver Realität und subjektiver Gestaltung, die typisches Merkmal eines novellistischen Stiles ist. Die vage Kennzeichnung „Realismus" sagt dafür sowohl zuviel wie zuwenig aus; zuviel, weil damit der Anteil rein artistischer Formung unterschätzt wird; zuwenig, weil die Büchnersche „Wirklichkeit" bis ins Unheimliche und Groteske hineinreicht und ihre Vielschichtigkeit mit dem farblosen Prädikat „real" auch nicht annähernd getroffen wird. Allerdings wird hier auch nicht, wie es der Gattung Novelle gemäß wäre, eine besonders herausgehobene Begebenheit dargestellt, sondern der äußere Vorgang verwandelt sich in einen inneren Prozeß. Das gilt nicht nur von der Beschreibung des Wahnsinns, sondern auch von der eng damit verschmolzenen Beschreibung der Natur. Das Eine wie das Andere verliert seine fest umrissenen Konturen, ist nicht mehr erzählte Begebenheit oder bloße Situation, sondern nimmt statt dessen die ständig sich verändernden Züge eines durch verschiedene Stufen hindurchgeführten Prozesses an.

Damit hängt auch die fragmentarische Form dieser Dichtung zusammen. Innerhalb unserer überlieferten Dichtungsgeschichte gibt es jedoch zufällige und notwendige Fragmente. Zufällige nennen wir solche, die aus rein äußeren Gründen nicht zu Ende gebracht wurden, z. B. durch einen frühzeitigen Tod des Dichters wie etwa Schillers „Demetrius". Notwendige Fragmente hingegen sind solche, in denen das Fragmentarische unabdinglich und gleichsam organisch ist, zur dichterischen Form selber gehört. Nur in diesem zweiten Sinne ist Büchners „Lenz" ein Fragment. In dem Augenblick, als der in Phasen dargestellte Wahnsinn in die absolute Leere führt, hört er auf, Gegenstand der dichterischen Phantasie zu sein. Hier brauchte und wollte der Dichter nicht mehr weiter erzählen. Die gleiche Meinung hat auch Horst Oppel in seiner Büchner-Studie vertreten. „So lebte er hin...", mit diesem Schlußsatz ist alles Zukünftige noch mitgesagt. Die Geschichte hat keinen eigentlichen poetischen Abschluß und kann ihn auch gar nicht haben, weil jeder Abschluß bereits eine sinngebende und sei es auch tragisch sinngebende Abrundung bedeutet, hier aber das Geschehen in eine radikale Auflösung und Aufhebung jeden Sinnes hineinläuft. Das war nur so lange darstellbar, als dieser unentrinnbare, aber dem Ich dennoch bewußte Prozeß des Wahnsinns noch in der Schwebe und nicht endgültig entschieden war. Was danach noch kommt und offensteht, ist von Büchners Blickpunkt aus nur das bloße Dahinleben, dessen leere kontinuierliche Dauer bis zum Tode gleichsam stationär und damit beliebig lang geworden ist. Die Zeit als seelische Qualität des Erlebens verliert für das Ich jetzt ihre Bedeutung; und damit ist auch der seelische Prozeß, der immer nur als ein zeitlich sich abspielender erlebt werden kann, zum bloß Tatsächlichen dieses Dahinlebens erstarrt. Dieser offene Schluß geht — wir werden es im einzelnen noch zeigen — aus der Anlage der ganzen Erzählung hervor, die eben nicht eine Begebenheit berichtet, sondern uns in einen sprunghaften seelischen Ablauf hineinführt, der in seiner endgültigen Konsequenz in ein unverstehbares Nichts mündet.

Es gehört jedoch zur Komposition dieser Erzählung, daß sie den Prozeß wiederum in zwei deutlich gegliederten, ihrem Wesen nach ganz verschiedenen Phasen dargestellt hat. Das konnte sie aber nur, indem der Autor noch eine weitere Sphäre in die Erzählung mit einbezog, die genügend Selbständigkeit besaß, um gleichsam zwischen die beiden Phasen treten zu können und sie damit gegeneinander abzugrenzen. Diese Sphäre liegt ziemlich genau in der Mitte der Dichtung; in ihr wird nicht etwa ein überraschendes, novellistisch profiliertes Ereignis beschrieben, sondern sie bringt statt dessen ein Gespräch über die Kunst. Es ist der eigentliche Ruhepunkt im Erzählen, der in den ununterbrochen sich verändernden Prozeß der seelischen Vorgänge nicht unmittelbar mit hineingehört, aber von dem aus noch auf alles vorher und nachher Erzählte ein besonderes Licht fällt. Dieser kompositorische Kunstgriff machte es dem Erzähler möglich, den an sich pausenlos abrollenden Prozeß der seelischen Erkrankung unter zwei, wie wir noch sehen werden, sehr verschiedene Vorzeichen zu stellen. Im Kunstgespräch, so knapp es auch gehalten ist, verdichten sich alle positiven, lebensgläubigen Aussagen dieser Dichtung. Es repräsentiert eine in sich heile Welt und ihre mögliche Darstellung durch die Kunst. Was der Dichter Lenz im Disput mit Kaufmann entwickelt, bleibt vom Prozeß der Zerstörung völlig verschont. Die Meinung Albrecht Schönes, daß der Wahnsinn hier noch einen besonderen Zugang zur Kunst eröffne, vermag ich nicht zu teilen. Es ist Büchner selbst, der seine eigene Poetik und Lehre vom Schönen durch einen ihm wahlverwandten Dichter aus der Genieepoche des Sturm und Dranges darstellen läßt. Es ist die einzige Stelle, an der Büchner etwas nicht im distanzierenden Modus der Vergangenheit vorträgt, sondern seine Kunstanschauung als einen von der Gestalt Lenzens nahezu abgelösten Monolog über weite Partien hin im Modus der Gegenwart entwickelt. Der verschönernde, verklärende, rhetorisch überhöhende „Idealismus" wird mit Nachdruck abgelehnt; denn in Wahrheit geht dieser nicht über die Natur hinaus, sondern bleibt als erbärmliche Karikatur hinter ihr zurück. Mit Natur ist aber auch nicht etwa eine entzauberte („naturalistische") Wirklichkeit gemeint, sondern die vollkommene Welt Gottes. Ihr ein wenig nachzuschaffen, ist die Aufgabe aller echten Kunst. „Der liebe Gott hat die Welt wohl gemacht, wie sie sein soll, und wir können wohl nicht was Besseres klecksen." Das Wesen dieser wirklichen, von Gott gemachten Welt ist „Leben", so wie es von der „Gefühlsader" des Menschen und von den Sinnen als ihren Organen wahrgenommen wird. „Leben, Möglichkeit des Daseins", das ist das einzige Kriterium für Kunst, nicht etwa die Kategorien „schön" und „häßlich". Man findet es keineswegs häufig in Kunstwerken verwirklicht, wohl bei Shakespeare, in den Volksliedern und manchmal bei Goethe; „alles übrige kann man ins Feuer werfen". Für die bildende Kunst werden die schönsten, innigsten Bilder der altdeutschen Schule genannt und die Genrebilder der holländischen Maler.

Drei gedankliche Grundmotive treten uns in dieser knappsten aller Ästhetiken deutlich entgegen. Das erste ist das der *lebendigen Nachahmung*, des Hineinlebens in ein Erscheinungsbild und seinen unmittelbaren Ausdruckswert. Dabei gibt es keine Gradunterschiede von hoch und niedrig. Vielmehr kommt es gerade auf „das Leben des Geringsten" noch an, das vom Künstler wiedergegeben wird „in den Zuckungen, den Andeutungen, dem ganzen feinen, kaum bemerkten Mienenspiel". Zwei Mädchen auf einem Steine, die eine die Haare aufbindend, die andere ihr dabei helfend; „und das goldne Haar hing herab, und ein ernstes bleiches Gesicht, und doch so jung, und die schwarze Tracht, und die andre so sorgsam bemüht" — das genügt bereits, um das Leben als Möglichkeit von Dasein im anschaubaren Augenblick sichtbar zu machen.

Das zweite Grundmotiv ist das der *Schönheit*, nicht der klassisch-idealistischen, die in einem Gegensatz zum Häßlichen steht, sondern der dynamisch-wechselnden, organischen und morphologischen Schönheit, jener „unendlichen Schönheit, die aus einer Form in die andre tritt, ewig aufgeblättert, verändert". Solche Schönheit kann nur am lebendigen Naturgebilde gefühlt werden; aber so augenblickshaft sie auch ist, sie deutet zugleich auf eine noch in allen Formen wirkende geheime Harmonie des Lebens hin.

Das dritte Grundmotiv zielt auf die *ethische Aufgabe der Kunst*. Sie besteht in einer umfassenden Liebe zu allem Menschlichen. „Man muß die Menschheit lieben, um in das eigentümliche Wesen jedes einzudringen; es darf einem keiner zu gering, keiner zu häßlich sein, erst dann kann man sie verstehen." Der Gegensatz von schön und häßlich löst sich demnach in der verstehenden, jeder Eigentümlichkeit nachspürenden und sie mitempfindenden Liebe auf. Noch „das unbedeutendste Gesicht" kann daher einen tieferen Eindruck als die bloße Empfindung des Schönen machen. Erst im liebenden Verhalten zu den Menschen wird ihre verborgene, sonst nicht wahrgenommene Schönheit sichtbar. Nur dort kann der Künstler wie ein empfindlicher Seismograph von „dem eigentümlichen Leben jeder Form berührt ... werden", nur dort kann er nachschaffend in das Geheimnis dieser wechselnden Formen eindringen, wo er im liebenden Einverständnis mit ihnen steht. Das Kunstgespräch entwickelt also die Position einer weltaufgeschlossenen, bejahenden Haltung, die den Lebenszusammenhang von Gott, Natur, mitmenschlichem Dasein und Kunst aus der verstehenden Liebe herleitet, die in die unendliche Schönheit aller Formen eindringt. Der Künstler ist beauftragt, darin „Gott ... ein wenig nachzuschaffen".

Was hat das aber mit unserer novellistischen Erzählung zu tun, die ja eher umgekehrt in die absolute Zerstörung, in den als Wahnsinn endgültig gewordenen Nihilismus hineinführt? Es wäre sehr verkehrt, das Gespräch nur für eine unverbindliche historische Einlage zu halten, in der die Lenzschen Kunsttheorien beiläufig gestreift werden sollten. Vielmehr ist es eben jene verstehende Liebe und ihr psychisch-physiognomisches Sich-Einleben in den andern, ja noch in alles Gegenständliche, die Büchner selbst nicht nur seinem Lenz, sondern ebenso allen Vorgängen in der Natur entgegenbringt. Das Sein als Ganzes, als Natur, als lebendige Wirklichkeit behält seinen unantastbaren, nur der „Gefühlsader" sich erschließenden Wert. Auch der Stil der Darstellung zeigt bei aller Strenge und Genauigkeit in der Beschreibung eine manchmal sogar der Romantik verwandte Aufgeschlossenheit für die unendliche Schönheit aller Lebensformen, und zwar selbst noch in ihrer niedrigsten und depraviertesten Gestalt. Denn alles Menschliche und Natürliche bedeutet zugleich Möglichkeit von Dasein, und damit gehört es zwar nicht in einen musealen Bildersaal, wohl aber in die sich ständig neu verwandelnde und immer wieder auflösende Bilderfülle einer von Gott selbst durchdrungenen Welt.

Aber die Lenzerzählung bringt zugleich als kontrapunktisches Gegenmotiv die Zerstörung dieser unmittelbaren Weltfülle, wie sie sich in einer einzelnen Seele ereignet, wenn sie vom Prozeß des Wahnsinns überwältigt wird. Dafür wird das Kunstgespräch zur gliedernden Mitte. Denn alles, was *vor* diesem Gespräch geschieht, zeigt, trotz der immer mächtiger anschwellenden Bedrohung, auch noch den dionysischen Jubel des Daseins, das Wesenhafte und Unzerstörbare aller Wirklichkeit, während erst *nach* dem Gespräch die fallende Bewegung ins Zertrümmernde, Entgleitende und Wesenlose unabwendbar wird. Büchner stellt also den Prozeß einer in die Seele eindringenden Zerstörung dar, erst in der Ambivalenz zu den sinngebenden und sinntragenden, lebendigen Mächten des Daseins, dann im unaufhaltsamen Hineingeraten ins Negative schlechthin. Aber die Darstellung begnügt sich nicht mit der Beschreibung der innerseelischen Vorgänge. Büchner verwendet darüber hinaus leitmotivische Sinnbilder, die zwar nirgends den Bereich der Wirklichkeit überschreiten, aber dennoch eine eigene Symbolkraft ausstrahlen und vom Dichter bewußt in künstlerischer Absicht verwandt werden. Jedoch ist seine Darstellung dabei niemals symbolisierend; er vermeidet jedes unterstreichende Hindeuten oder gar reflektierende Betrachten, er beläßt das Symbolische durchaus in seiner natürlichen Wirklichkeitssphäre, und nur in der Durchgestaltung der Komposition der Erzählung selbst hat es seine zeichenhafte Funktion, die im weiteren Verlauf mehr und mehr zum Bedeutungshaften gesteigert wird. Wir sprechen daher besser zunächst nur von Leitmotiven, die eng miteinander verflochten sind und die erst im Verlauf des Erzählens ihren eigentlichen Symbolgehalt gewinnen. Diese Leitmotive gehören ganz verschiedenen Bereichen der Wirklichkeit an. Teilweise sind sie aus der Sphäre des Menschlichen genommen wie die nur von der Phantasie vorgestellten Gestalten der Mutter und der einstigen Geliebten Friederike. Dieser Bereich des Leitmotivischen steht dem seelisch Vorgangshaften noch am nächsten und ist von der Symbolsphäre am weitesten entfernt. Leitmotivisch in der Erzählung ist aber auch der Bereich der Gottheit, nicht etwa als einer transzendentalen Macht jenseits der Natur — derartiges gibt es bei Büchner nirgends — sondern als einer in der Natur unmittelbar und lebenserhaltend wirkenden Macht, deren Verlust auch den endgültigen Verlust der Welt bedeutet. Sowenig auch hier die Verknüpfung mit dem seelischen Geschehen Lenzens aufgegeben wird, sosehr deutet wiederum das Leitmotivische in diesem Falle bereits über das rein Psychologische hinaus auf einen nur im Symbol anschaubaren Weltzusammenhang. Dieser erhält dann seine eigentliche und eindringlichste Darstellung in jenen Leitmotiven, die aus der Sphäre der Natur genommen sind und die den künstlerischen Aufbau der Erzählung entscheidend mitbestimmen. Wir werden im einzelnen noch sehr genau zu zeigen haben, wie die Symbolik von Licht und Finsternis, von Sonne und Mond sowohl dem seelischen Krankheitsprozeß wie der Natur als einem Ganzen zugeordnet ist und uns damit erst zum geheimen Mittelpunkt dieser ganzen Geschichte führt.

Die Erzählung beginnt mit kurzen, knappen Sätzen: Lenz wandert allein durch das Gebirge. Der realistisch dingnahen Naturbeschreibung wird sogleich die Schilderung der inneren

Vorgänge zugeordnet. Bereits im Erzähleingang bricht das Unheimliche, Unverstehbare des Wahnsinns in einer vom Erzähler
nur sachlich mitgeteilten, nicht aber von ihm kommentierten
Weise unmotiviert plötzlich ein: „... nur war es ihm manchmal
unangenehm, daß er nicht auf dem Kopf gehn konnte." Alles
Räumliche verengt sich im vorstellenden Bewußtsein. „Es war
ihm alles so klein, so nahe, so naß; er hätte die Erde hinter den
Ofen setzen mögen"; alles Zeitliche dehnt sich hingegen unerträglich lang aus. Was von der verzerrten Raumperspektive aus
in ein paar Schritten hätte bewältigt werden können, erfordert
dann doch vom Wanderer eine ihm ungewöhnlich lang erscheinen-
de Zeit. Nach diesem in äußerster Verdichtung vorgetragenen
Eingang folgt das an- und abschwellende Crescendo einer langen,
absichtlich überdehnten Satzperiode. Sie bringt in einem weit
gespannten Wenn- und Oder-Wenn-Satz zunächst die Beschreibung von Naturvorgängen und dann als eigentlichen Hauptsatz
die Spiegelung des Erlebten in der Seele des wandernden Lenz.

Dynamisch, sich ins Vorgangshafte auflösend, ist die eine wie
die andere Schilderung. Aber dennoch stellt Büchner die Landschaft keineswegs aus der exzentrischen Perspektive des beginnenden Wahnsinns dar. Ebensowenig freilich darf man diese Darstellung des landschaftlichen Raumes nur für eine sich selbst
genügende Beschreibung prächtiger Naturbilder halten. Die Natur
ist eine gewaltige, schon von sich aus poetische Wirklichkeit,
so daß Büchner es sich leisten kann, ihre elementare Größe durch
dichterische Metaphorik noch zu überhöhen. Doch trotz der
romantischen Stimmungselemente bleibt seine Darstellung durchaus an die Wirklichkeit gebunden. Büchner nimmt die Natur in
erster Linie vom Optischen und vom Akustischen her wahr. Sie ist
andrängende, überwältigende Fülle von Welt. Das hat für sich
allein genommen mit der Thematik des Wahnsinns nichts zu tun,
und daher wäre auch nichts verkehrter, als die Erzählung „Lenz"
wie einen verkappten inneren Monolog aufzufassen, der auch die
Natur noch in das Dämonische des Wahnsinns hineinzieht. Der
Erzähler bewahrt sich vielmehr durchaus die überlegene Distanz
sowohl zu seinem Helden wie zu den geschilderten Naturvorgängen,
mag auch seine anteilnehmende Liebe stets dabei mitschwingen.
Er bezieht eine Position außerhalb der beiden Bereiche und
gewinnt von hier aus die unerhörte Plastik und Präzision seines
Darstellungsstiles. Er läßt sich nicht selber in das Dargestellte
hineinziehen, und eben dadurch macht er es um so sichtbarer.

Die Natur umgreift für ihn alle Menschen, auch noch ihn selbst, den Dichter. Und wenn er sie schildert, so geschieht das nicht mit den Augen Lenzens, sondern mit der sinnenhaft aufnehmenden Phantasie Georg Büchners. Indessen, er bleibt dabei nicht stehen; er spiegelt und reflektiert die gleiche Natur ebenso in den Erschütterungen des Lenzschen Geistes; ja, die Natur wird nur darum für diese Erzählung bedeutsam, weil sie den entscheidenden Kontrast zu dem innerseelischen Prozeß bildet, der sich des armen unglücklichen Lenz bemächtigt hat. Die Natur wird dynamisch vorgangshaft im positiven Sinne dargestellt, während die gleiche Dynamik bei Lenz im inneren Erlebnis in die Zerstörung umzuschlagen droht.

Heraufdampfendes Gewölk, Sturm, Töne, „als wollten sie in ihrem wilden Jubel die Erde besingen", die Wolken „wie wilde, wiehernde Rosse", das blitzende Schwert des Sonnenscheins an den Schneeflächen, helles blendendes Licht — das ist die eine Reihe von ein- und andrängenden Naturvorgängen; abwärts im Sturm treibendes Gewölk mit einem hineingerissenen „lichtblauen See", verhallender Wind, der aus den Wipfeln der Tannen „wie ein Wiegenlied und Glockengeläute" heraufsummt, ein leises Rot am tiefen Blau, kleine Wölkchen auf silbernen Flügeln, glänzende und blitzende Berggipfel, das ist die zweite, davon abgesetzte Reihe, die das akustisch und optisch gewaltig Einwirkende in einer vorwiegend verbalen Darstellungsform mehr ins Leise, Zärtliche, Farbigere hinüberleitet, aber auch dieses durchaus als unmittelbaren Lebensvorgang darstellt. Die eine Reihe zeigt eine heraufdringende Tonbewegung bis zum „wilden Jubel", die andere eine sich herabsenkende bis zum „Wiegenlied und Glockengeläute". Die sinnliche Vergegenwärtigung, die gerade durch die Darstellung in der Vergangenheitsform erreicht wird, ist von höchster Eindringlichkeit, von strahlender und farbiger Lebensintensität, sie spiegelt unmittelbar jene unendliche Schönheit wechselnder Formen wider, von der später im Kunstgespräch die Rede ist. Das Licht der Sonne und seine Helligkeit haben in der ganzen Erzählung diese positive, noch auf das Licht Gottes hindeutende Symbolkraft.

Das antwortende Ich erlebt das alles zunächst als beseligende Fülle, als schmerzhafte Lust. Lenz möchte alles in sich ziehen, sich in das ganze All hineinwühlen, aber gleich danach setzt auch schon die Abspaltung ein, die psychische Abkapselung. Das Gegenständliche rückt weit ab, die Erde wird zum fernen, kleinen, wandelnden Stern, taucht unter in einen brausenden Strom, „der seine klare Flut unter ihm zog". Auch dieser Augenblick hat noch etwas von den Geschenken der Schöpfung. Jedoch, auch er geht vorüber, und nun bleibt nur noch die namenlose Angst vor dem Nichts, vor dem Dasein im Leeren übrig, und damit die Angst vor dem unfaßbar Entsetzlichen, vor dem Wahnsinn. Alles übrige, zuerst Erlebte ist wie ein „Schattenspiel" vorübergezogen; das Ich, nahezu ohne Welt, steht jetzt nur noch in der völligen Einsamkeit. Das ist bereits die Überwältigung durch den Wahnsinn, denn Wahnsinn bedeutet ja den endgültigen Verlust der Welt, die Entwesung der Welt in das Nichts hinein. Wenn zunächst das Symphonische des Lichtes die höchste Steigerung des Allbewußtseins mit sich brachte, so entspricht nunmehr der einbrechenden Finsternis die vor das Leere gestellte Angst. Auch im weiteren Verlauf der Erzählung behält das Licht, vor allem das der Sonne, seine rettende, sinngebende Kraft. Erst nach dem Kunstgespräch wird die bisher vorherrschende Sonnensymbolik ganz durch die des Mondes abgelöst.

Der Erzähleingang führte uns direkt, ohne jeden Umweg, in die jähe Ambivalenz von Fülle und Leere hinein. Der Wahnsinn ist hier schon in seiner ganzen Präsenz vorweggenommen. Aber dann weicht der Erzähler der radikalen Konsequenz zunächst wieder aus. „Lichter" und „Stimmen" in der Nähe von Waldbach bedeuten erneute Bergung für Lenz, denn auch die liebende Anteilnahme am Mitmenschlichen, „ruhige, stille Gesichter" führen in den tragenden und erhaltenden Zusammenhang des Lebens wieder hinein. Besonders in Oberlins Pfarrhaus findet Lenz inmitten liebevoller Menschen und im erzählenden Sich-Besinnen auf die eigene Vergangenheit („vergessene Gesichter" und „alte Lieder") einen beruhigenden Halt. Aber sogleich setzt auch wieder die Gegenbewegung ein. Alles verwandelt sich ins Schatten- und Grauenhafte, die Wirklichkeit entgleitet, das Ich wird sich in der immer mehr folternden Angst zum bloßen Traum und versucht, mehr oder weniger vergeblich, durch physischen Schmerz das Bewußtsein seiner selbst zurückzugewinnen. Weltverlust und Existenzverlust sind einander parallel zugeordnete Vorgänge.

Dieses Auf und Ab ereignet sich im jähen exzentrischen Wechsel prozeßhaft zu wiederholten Malen. Am nächsten Tage, auf der Wanderung zu Pferde mit Oberlin, schützt zunächst die in der dichterischen Schilderung des Erzählers mit epischer Ruhe festgehaltene Landschaft vor den Dämonen des hinter Lenz wie

„auf Rossen" jagenden Wahnsinns. Wiederum gipfelt die Schilderung im Triumph des Lichtes, aber jetzt nicht mehr im Zusammenklang mit der akustischen Dynamik wild jubelnder oder
einwiegend beruhigender Töne, sondern inmitten einer bewegungs-
losen Stille, fast ohne jeden Laut. Die „gewaltigen Lichtmassen" —
beschrieben als „goldner Strom" aus den Tälern, als sich herab-
senkendes, in der Sonne blitzendes Gewölk „wie ein fliegendes,
silbernes Gespenst" — vermitteln bereits durch die leitmotivische
Wiederholung des Lichtmotivs zugleich den symbolischen Eindruck
des Wesenhaften und Überdauernden einer von göttlichen Kräften
getragenen Schöpfung. Zu dieser Lichtwelt des Tages gehört auch
noch das mitmenschliche, in Zutrauen, Rat und Trost praktisch
verwaltete Dasein.

Jedoch mit dem Erlöschen des Lichtes beginnt von neuem für
Lenz der Zustand der sonderbaren, gegenstandslosen Angst. Alles
zerrinnt ihm erneut ins Traumartige und wird ihm eben dadurch
zuwider. Verzweifelt klammert er sich an die Gegenstände, um
überhaupt noch Gegenständlichkeit zu haben, und fühlt dennoch
nichts anderes dabei als ein inneres Erkalten.

Noch einmal gelingt die rettende Gegenbewegung. Erst jetzt
wird das religiöse Motiv im engeren Sinne aufgenommen. In der
Lektüre des Neuen Testaments, aber auch im Zeichnen und
im Unterstützen Oberlins, also in tätiger Arbeit, findet Lenz vorübergehend Ruhe. Das „Sein in Gott", das vertrauensvolle Festhalten an Gott ist dabei für Büchner wie für Lenz identisch mit dem
Sein in der Natur. Auch den Menschen der Bibel, so erkennt Lenz,
begegnete diese Natur, wenn auch noch vertraut und „in himmlischen Mysterien". Die nachfolgende Schilderung eines Schnee-
morgens, — die Landschaft liegt halb im Nebel, aber auf dem
Tal glänzt „heller Sonnenschein" — intensiviert diese Andacht zur
Schöpfung. Wiederum herrscht eine fast regungslose Stille. Sonne
und Schnee geben gemeinsam ein hohes Maß an Helligkeit.
Von Lenz heißt es dann: „Es wurde ihm heimlich nach und
nach." Flächen und Linien reden ihn wie „mit gewaltigen Tönen"
an, und inmitten dieser still versöhnenden Bergung taucht hier
zum ersten Male in der Erzählung das Motiv der Mutter auf,
eng verschmolzen mit dem vom Wahnsinn weit entfernten Glücks-
gefühl einer heimlichen Weihnacht. „Er meinte manchmal, seine
Mutter müsse hinter einem Baume hervortreten, groß, und ihm
sagen, sie hätte ihm dies alles beschert." Schneemorgen im hellen
Sonnenschein, Weihnachtsbescherung durch die Mutter und dann

weiterhin geisterhaft-unsichtbare Berührung und Ansprache durch „das Wesen" — nirgends ist der lichte, unzerstörte, reine Weltzusammenhang so eindringlich ins Bild- und Stimmungshafte gebannt wie an dieser Stelle der Erzählung.

Fast möchte man meinen, es wäre vielleicht doch noch Heilung für Lenz möglich. Denn das Erfahrene wirkt weiter nach im Prediger Lenz, der sich mit der Gemeinschaft dieses Dorfes verbunden weiß und damit vom Mitmenschlichen getragen wird. Auch der nachfolgende Sonntagmorgen mit dem Gang in die Kirche wird vom Dichter wiederum von der Licht- und Klangsymbolik aus charakterisiert und erhält damit eine sinngebende positive Bedeutung. „Ein Sonnenblick lag manchmal über dem Tal, die laue Luft regte sich langsam, die Landschaft schwamm in Duft, fernes Geläute — es war, als löste sich alles in eine harmonische Welle auf." Zu dieser Harmonie gehört zunächst auch noch das liebende Mit- und Füreinander der Menschen. Aber das hat auch seine andere, rein kreatürliche Seite, die von Lenz weit stärker erlebt wird, und zwar als Schmerz über den erlösungsbedürftigen Menschen, ja noch als Schmerz über die ganze, der Erlösung harrende Welt. Lenz predigt einfach zu einfachen Leuten; es sind die mit ihm Leidenden, auch sie gequälte Herzen, die er zum Himmel leiten möchte. In dieser Hingabe an den Schmerz liegt zugleich eine unendliche Süße. Dennoch wird eben sie in der Übersteigerung gefährlich und ein erneutes Tor für den Wahnsinn. Je mehr sich Lenz dem Schmerz überläßt und sogar „das All" noch „in Wunden" erlebt und dabei nahezu so, als ob es seine eigenen Wunden wären; je mehr die Musik des Gottesdienstes ihn überflutet, um so mehr wird er auch gleich danach, im einsamen Zimmer, sich allein überlassen, in Mitleid mit sich selbst bis zum verzweifelt wollüstigen Wunsch nach völliger Selbstauflösung hineingetrieben.

Diesem traumhaften Zwischenzustand, in dem das Bewußtsein einer bergenden Wirklichkeit entgleitet, wird nunmehr, sei es aus künstlerischem Instinkt, sei es aus bewußt artistischer Absicht, der Vollmond am Himmel zugeordnet: „... so lag er nun da allein, und alles war ruhig und still und kalt, und der Mond schien die ganze Nacht und stand über den Bergen." Im weiteren Verlauf gewinnt das der Sonne entgegengesetzte Symbolmotiv des Mondes immer mehr seine traum- und geisterhafte Ausstrahlung. Bereits an dieser Stelle erhält es dadurch eine erhöhte Bedeutung, daß Büchner das Motiv der Mutter erneut aufnimmt und es nunmehr nicht wie bisher mit der Helligkeit von Schnee und Sonne, sondern mit dieser Vollmondnacht verknüpft. Darum geht von der Mutter jetzt nicht ein heimliches Weihnachtsgefühl aus, sondern in der Nacht, in der der Mond über den Bergen steht, tritt die Erscheinung der Mutter „in einem weißen Kleid aus der dunkeln Kirchhofmauer" hervor mit einer weißen und einer roten Rose an der Brust. Die Mutter sinkt dann in Lenzens visionärem Traum in der Ecke zusammen, und die Rosen wachsen langsam über sie. Die symbolische, ans Volkslied anklingende Reihe — Mond, Mutter, Tod — ist unverkennbar. Die gestorbene, von ihm gegangene Mutter gibt ihm jedoch nicht mehr Bergung, sondern kündigt umgekehrt den Verlust der Bergung, ein unaufhaltsames Fortschreiten des seelischen Prozesses in den Bereich des mondhaft Nächtlichen, des Irrealen, dem Tode Benachbarten an. Alles Vergangene rückt damit mehr und mehr unter den Aspekt des unwiederbringlich Verlorenen.

Auch das anschließende Gespräch mit Oberlin über den elementarischen Sinn, über das eigentümliche Leben jeder Form, die Beseelung von Gesteinen, Metallen, Wasser und Pflanzen bewegt sich im verschwimmenden Zwischenreich zwischen Leben und Tod. Wohl schenkt ein solcher beseelter, traumhafter Naturpantheismus, in dem die Dinge unmittelbar gefühlt und in ihrem „eigentümlichen Sein" empfunden werden, — so wie etwa die Blumen mit dem Zu- und Abnehmen des Mondes die Luft aufnehmen —, noch eine traumartige, unaussprechliche Harmonie und Seligkeit; aber er verstrickt auch bereits in die dem Monde unterstellte Welt des halb Bewußtlosen mit seiner Auflösung aller gegenständlichen Konturen. Die freigelassene Phantasie Lenzens, die sich in Formen, Töne und Farben als sichtbare Zeichen des Übersinnlichen versenkt und in Gedanken darüber gleichsam einspinnt, gerät in „ängstliche Träume".

Blicken wir von hier aus zurück — denn nunmehr folgt die Ruhepause des Kunstgespräches, von dem wir ausgegangen sind —, so ist unverkennbar, daß sich die negative Bewegung in den Wahnsinn und die positive in die Natur, in die mitmenschliche Welt und in das Sein Gottes noch unentschieden die Waage hielten, wenn auch in der leitmotivischen Verwendung der Bilder vom Licht der Sonne und vom Glanz des Mondes und in dem zweimal abgewandelten Bild der Mutter die sinnerfüllte, Leben, Bewegung und Stille spendende Tagwelt allmählich zurückgedrängt wurde. Im Kunstgespräch tritt auf rein gedanklicher Ebene zum letztenmal die reine ungetrübte Schönheit des Lebens und der Poesie in voller Deutlichkeit hervor. Aber gleich danach fällt das Wort Lenzens von der „verhunzten" Welt; und nunmehr setzt die furchtbare Gegenbewegung ein, in der alle noch im ersten Teil der Erzählung sichtbar gewordenen Werte unentrinnbar für dieses eine Ich, den in den Wahnsinn gedrängten Dichter Lenz, vernichtet werden. Zunächst gibt Büchner eine erneute Schilderung des Zustandes der unbestimmten Angst und der Versuche, sie zu überwinden. Vergeblich will sich Lenz „an alles" klammern; in einzelnen Augenblicken muß ihn dennoch dabei die Einsicht überfallen, daß „er sich alles nur zurechtmache". Zum Krankheitsprozeß gehört dann ferner das Mit-sich-Umgehen wie mit einem kranken Kinde, das noch an das empfindsame Verhalten von Goethes Werther erinnert. Rettung vor dem drohenden Realitätsverlust wird schließlich durch die Flucht in die Vergangenheit gesucht, und hier gewinnt nun die Gestalt der einstmals von ihm und auch von Goethe geliebten Friederike Brion, wenn sie hier auch noch nicht mit Namen genannt wird, eine leitmotivische Bedeutung, die im ganzen zweiten Teil dieser Erzählung nicht mehr verloren geht.

Erneut erleben wir jetzt Lenz als einsamen Wanderer, der das Gebirge in verschiedenen Richtungen durchstreift. Abermals hat sich das Bild der Landschaft geändert. Es fehlt jetzt völlig das Lichtmotiv, alles wird traumhafter und wegeloser. „Breite Flächen zogen sich in die Täler herab, wenig Wald, nichts als gewaltige Linien und weiter hinaus die weite, rauchende Ebne; in der Luft ein gewaltiges Wehen, nirgends eine Spur von Menschen, als hie und da eine verlassene Hütte, wo die Hirten den Sommer zubrachten, an den Abhängen gelehnt." Dem ausgedehnt Linienhaften und Unbestimmten der Landschaft antwortet ein träumerisches, stilles Verhalten der Seele: „es verschmolz ihm alles in eine Linie, wie eine steigende und sinkende Welle, zwischen Himmel und Erde; es war ihm, als läge er an einem unendlichen Meer, das leise auf und ab wogte." Die nachfolgende, durch Vermittlung von Ludwig Tiecks „Aufruhr in den Cevennen" angeregte Erzählung von dem Besuch in der Hütte bei seltsamen Menschen beginnt am „finstren Abend" und führt dann noch stärker in jene unwirkliche, traumhafte Zwischenexistenz, die bereits mit dem Verschmelzen der Naturerscheinungen eingesetzt hat. Dazu gehört die nur fast einen Punkt erhellende Lampe, deren Licht auf das bleiche Gesicht des kranken Mädchens fällt, ferner das im Dunkeln sitzende alte Weib, das „mit schnarrender Stimme" aus einem Gesangbuch singt, vor allem aber dann der zurückkehrende, natursichtige Mann „mit unruhigem, verwirrtem Gesicht", der von einem heiligen Halbwahnsinn geschlagen scheint und ja auch als eine Art Magier und Heiliger von den Leuten der Gegend verehrt wird, der Mann, der Stimmen hört, vom „Es" angefaßt wird, mit dem ringt, wie einst Jakob es tat, und der in dem Ruf steht, das Wasser unter der Erde sehen und Geister beschwören zu können. Die nächtliche Hüttenszene mit den somnambulen und ekstatischen Erscheinungen eines religiösen Schwärmertums konstrastiert zu Lenzens von religiösen Quälereien mehr und mehr bedrücktem Wahnsinn.

Wiederum wird die Szenerie des Ganzen vom Bild des Mondes beherrscht; diesmal ist es „der bald helle, bald verhüllte Mond", der sein wechselndes Licht traumartig in die Stube wirft. Dieses Wechseln und Sinken des Lichtes bis zum unheimlich geisterhaften Abglanz in den Zügen des schwerkranken Mädchens wird noch traumhafter, ja irrealer, durch die unbestimmten Töne und Stimmen: die pickende Uhr, das leise Singen des Mädchens, das Sausen des Windes, das Schnarren der Alten, dann wieder das Lauterwerden der Töne im deutlichen und bestimmten Sprechen. Das alles gibt dieser Stube auch vom Akustischen her einen alogischen, suggestiven Zauber. Aber es bleibt der Zauber des Unheimlichen. Es ist so, als ob in dieser vom Dichter bildhaft beschworenen Situation nicht nur Lenz, sondern auch der Leser überall von einem geheimnisvollen, unfaßbaren „Es" angerührt würde. Etwas vom Stil des Volksliedes und der Volksballade schwingt in dieser so atmosphärischen Darstellungsform noch mit. Daneben freilich zeigt sie auch schon jene Zuwendung zum vereinzelten, pointierten Eindruck, jenes Erzählen von Moment zu Moment, innerhalb dessen der Erzähler sich weitgehend mit dem Erzählten identifiziert. Darin ist Büchners Darstellung erstaunlich „modern" und nimmt Stilfiguren vorweg, die erst in der Prosa der Jahrhundertwende zur vollen Entfaltung gelangen. Manchmal nähert er sich bereits dem monologue intérieur.

Für Lenz freilich hat dieser „gewaltige Eindruck" eine weitere Progression seines Wahnsinns zur Folge. Wohl wird auch im Mondhaften noch etwas von der Helligkeit der Welt bewahrt, aber weit scheinhafter, weit unwirklicher als im Strahlen der Sonne. Bei Lenz setzt nunmehr „ein Regen und Wimmeln nach einem Abgrund" ein, „zu dem ihn eine unerbittliche Gewalt hinriß". Zwar zeichnet sich in diesem In-sich-selbst-Wühlen noch eine seelische Intensität ab, aber sie schlägt in Kälte und Gleichgültigkeit um, in absurdes Lachen. „Je höher er sich aufriß, desto tiefer stürzte er hinunter. Alles strömte wieder zusammen. Ahnungen von seinem alten Zustande durchzuckten ihn und warfen Streiflichter in das wüste Chaos seines Geistes." Immer unerbittlicher zwingt der Dichter dem Leser die Erkenntnis auf, daß Lenz nie mehr von diesem einbrechenden Chaos zum Kosmos einer in Gott gründenden Welt zurückfinden wird. Auch die eingestreuten, der Überlieferung nacherzählten Geschichten: der Versuch der Auferweckung eines toten Kindes, die nachgeahmte Christustat, jedoch ohne Christuskraft, die masochistischen und religiösen Quälereien und anderes dienen, vom künstlerischen Aufbau aus gesehen, nur der ständigen Intensivierung eines Prozesses, der jetzt nirgends mehr in den positiven Aufschwung, sondern nur noch in das zerstörerisch Negative hinabführt. Der Vorgang wird von Lenz selbst mit einem quälenden subjektiven Schuldbewußtsein erlebt, er interpretiert sich dabei als den Abtrünnigen und Abgefallenen, als den verdammten Ewigen Juden. Aber dennoch kann kein Zweifel sein, daß Lenz objektiv diesen Einbruch des Chaos in sein Ichbewußtsein völlig schuldlos als ein ihm auferlegtes Schicksal erfährt. Wahnsinn ist für den Naturwissenschaftler Büchner zwar eine äußerst leidvolle Geisteskrankheit; aber es liegt ihm dabei gänzlich ferne, aus ihr ein romantischpoetisches Gleichnis zu machen, sei es für die Folgen sittlicher und geistiger Verfehlungen, sei es für einen dämonischen Weltzusammenhang überhaupt. Ebensowenig hat der Wahnsinn hier die dichterische Funktion, Erfahrungen höheren Grades oder gar Einweihungen besonderer Art zu symbolisieren. Die dämonische Seite des Wahnsinns tritt eben deshalb so ergreifend in Erscheinung, weil sie nicht ins Poetische umgedeutet wurde, sondern als eine in der Welt vorhandene Wirklichkeit der Seele erscheint.

Hatte in der ersten Hälfte der Erzählung die Figur der Mutter eine leitmotivische Bedeutung, so tritt in der zweiten die Erinnerung an Friederike Brion an ihre Stelle. Sie war zunächst die „Gestalt, die ihm immer vor Augen schwebte" und in die er sich im Zustand der Angst hinüberrettete. Dann taucht sie noch einmal in den Gesprächen mit Madame Oberlin auf als das „Frauenzimmer", dessen Schicksal ihm „zentnerschwer auf dem Herzen liegt". Er möchte fortgehen und zu ihr eilen, aber auch das ist unmöglich; er kann es nicht, er darf es nicht. In der Erinnerung verkörpert Friederike Glückseligkeit, Musik und Ruhe; und „das engste Plätzchen im ganzen Haus", auf dem sie wie ein Kind saß, der kleine Punkt, der für ihre Seligkeit genügte, als wäre ihr die Welt zu weit, kontrastiert mit Nachdruck zu jener anderen erstickenden Enge, in die Lenz immer stärker hineingerät und innerhalb derer ihm zumute ist, als stieße er „mit den Händen an den Himmel". Soviel Beschwörendes sich auch miteinmischt, im herbeigerufenen Bild der Friederike liegt zunächst noch beruhigender Trost. Jedoch die Einbildungskraft erlahmt, das Bild läuft ihm gleichsam fort, und eben dadurch fühlt er sich gemartert. Friederike wird aus einem Erinnerungsbild mehr und mehr zu einer fixen Idee. An sie ist ja auch noch die Geschichte von dem gestorbenen Kinde angeknüpft; es genügte bereits, daß das Kind den gleichen Namen hatte. Schon wird es in die Assoziationen des Wahnsinns aufgenommen, und wir sehen daraufhin Lenz als den Büßenden, der, in einen alten Sack gewickelt und mit Asche beschmiert, zu dem toten Kinde wandert, weil er es beschwörend zum Leben erwecken will. Der immer mehr vorherrschende religiöse Schuldkomplex entwickelt sich in erster Linie aus der Erinnerung an die einst Geliebte, deren Bild ihm ins Nebelhafte zwischen Sein und Nichtsein zu entgleiten droht. „Ach, ist sie tot? Lebt sie noch? Der Engel! Sie liebte mich — ich liebte sie, sie war's würdig — o der Engel! Verfluchte Eifersucht, ich habe sie aufgeopfert — sie liebte noch einen andern — ich liebte sie, sie war's würdig — o gute Mutter, auch die liebte mich — ich bin euer Mörder!" Hier verschmilzt das Bild Friederikens mit dem der Mutter, beide erscheinen als von ihm „aufgeopfert" und damit als gemordet. Die Vorstellung, ein „Mörder" zu sein, gehört auch weiterhin zu dem ganzen Wahnkomplex, der sich seiner bemächtigt. In den kontinuitätslosen Vorstellungen des immer mächtiger einbrechenden Wahnsinns entgleitet alle Bergung im Vergangenen. Es ist ein unaufhaltsamer Vorgang, der wie von außen in das Ich einbricht, den es sich aber dennoch als eigenes Versagen und als Schuld seiner Existenz anrechnet. Der bloße Name Friederike hat jetzt keine tröstende Kraft mehr, ihm haftet statt dessen etwas vergeblich Beschwörendes an; er wird mit „äußerster Schnelle, Verwirrung und Verzweiflung" gerufen, vor dem Sprung in den Brunnentrog, aber auch das bringt keine Erleichterung mehr. Noch ein letztes Mal taucht Friederike leitmotivisch auf. Nunmehr ist sie im Lenzschen Wahn endgültig die Gestorbene, die nicht mehr in die vorstellende Kraft des Bewußtseins zurückgeholt werden kann. „Hieroglyphen, Hieroglyphen!" und dann nochmals mit Blick zum Himmel: „Ja, gestorben — Hieroglyphen!" — das sind die ins schon kaum mehr Verstehbare führenden, auch in Büchners Quelle überlieferten Worte, mit denen Lenz sein angebliches Wissen um den Tod Friederikes dem Pfarrer Oberlin mitzuteilen sucht. Das Sein hat sich ihm in unverständliche Schriftzeichen aufgelöst, aus denen er dann den Tod Friederikes herausliest; es mutet wie eine ins Negative gewandte Symbolik und Allegorik des leer gewordenen Lebens an

Steht Friederike stellvertretend für den Verlust der Vergangenheit und damit für den des Zeitzusammenhanges überhaupt, so ereignet sich in dem gleichen seelischen Prozeß auch noch der Zusammenbruch der mitmenschlichen Beziehungen. Die freundlich und tröstend einwirkenden Worte der nächsten Umwelt erreichen ihn nicht mehr, und ebenso wird er auch für seine Umgebung eine unheimlich monologische, besessene, sich der verstehenden Einfühlung immer stärker entziehende Gestalt, die die „Nacht" nicht mehr flieht, sondern diese sogar noch sucht. Da hilft auch die christliche Nächstenliebe nichts mehr, die ihm hier von Anfang an entgegengebracht wurde. Alle müssen es als eine Erleichterung empfinden, als er schließlich nach Straßburg fortgebracht wird.

So ergibt sich in der Darstellung Büchners ein fortschreitender Zerstörungsprozeß, eine qualvolle Beziehungslosigkeit Lenzens zu allen Vorgängen um ihn herum, eine langsame, unaufhaltsame Versteinerung des Ich und damit auch die Auflösung des Glaubens an die Natur und an eine ihr immanente göttliche Ordnung. An die Stelle der im Kunstgespräch verherrlichten, von Gott wahr, schön und wirklich geschaffenen Welt treten der Atheismus und die, wenn auch vergebliche und als Existenzschuld erlebte, Auflehnung gegen Gott. Bezeichnenderweise setzt das kurz nach jenem Augenblick ein, in dem Lenz selbst bei dem toten Mädchen die Rolle des Erlösers spielen wollte. Wiederum gibt Büchner dazu eine nächtliche, landschaftliche Szenerie. Die Wolken ziehen rasch über den Mond: „bald alles im Finstern, bald zeigten sie die nebelhaft verschwindende Landschaft im Mondschein". „Das ungewisse Licht" über der Höhe des Gebirges deutet nur noch auf eine entgleitende Welt hin. „Der Himmel war ein dummes blaues Aug, und der Mond stand ganz lächerlich drin, einfältig." Das ist nun allerdings bereits eine vom Lenzschen Wahnsinn aus gesehene, verfratzte Landschaft. War bisher im Mondsymbol

121

trotz aller Todesnähe und allen Wirklichkeitsverlustes auch noch
das Traumartige des Daseins, seine eigentümliche Beseeltheit als
positiver Wert spürbar, so erfahren wir nunmehr weit stärker an
ihm das grotesk Gespenstische einer entleerten Natur. Die Landschaft gewinnt ihre einander widerstreitenden Züge aus dem
Exzentrischen der Lenzschen Seele. Gleichzeitig tobt aber auch
in dieser Seele selbst eine wilde, völlig enthemmte Dynamik und
stürzt sie in den Abgrund des Negativen. „In seiner Brust war
ein Triumphgesang der Hölle. Der Wind klang wie ein Titanen-
lied. Es war ihm, als könnte er eine ungeheure Faust hinauf in
den Himmel ballen und Gott herbeireißen und zwischen seinen
Wolken schleifen; als könnte er die Welt mit den Zähnen zer-
malmen und sie dem Schöpfer ins Gesicht speien; er schwur, er
lästerte." Diese groteske Verfremdung der Welt erreicht ihren
Höhepunkt im unmotivierten Lachen über die Welt; denn mit
und in eben diesem Lachen schlägt die religiöse Sinngebung des
Leidens in den Atheismus als negative Religion um. Damit
wandelt sich aber zugleich die Turbulenz der Affekte ins kalt
Apathische; „leer", „hohl", „kalt", das ist der gleichsam aus-
gebrannte Zustand, in dem Lenz „durch das unheimliche Dunkel" aus dem Gebirge zurückwandert.

Es gehört zum Furchtbaren dieses seelischen Prozesses, daß das
Ich, ehe die Nacht endgültig in sein Leben einbricht, den Prozeß
der Zerstörung selbst reflektiert und die eigene Qual durch diesen
Zwang zur Bewußtseinserhellung noch vergrößert. „Er stand nun
am Abgrund, wo eine wahnsinnige Lust ihn trieb, immer wieder
hineinzuschauen und sich diese Qual zu wiederholen. Dann
steigerte sich seine Angst, die Sünde wider den Heiligen Geist
stand vor ihm." Die im Wahnsinn erfahrene Abspaltung wird von
dem Leidenden zugleich als ein Abgefallensein von der göttlichen
Schöpfung erlitten. Aber auch und gerade noch diesem von
unendlichen Leiden gezeichneten Menschen konnte Büchner einen
seiner ergreifendsten Sätze in den Mund legen: „Aber ich, wär
ich allmächtig, sehen Sie, wenn ich so wäre, ich könnte das Leiden
nicht ertragen, ich würde retten, retten." Das Erlösungsbedürftige
der menschlichen Existenz wird kaum je so sichtbar wie an dieser
von Büchner dargestellten Grenzscheide zwischen dem als Schuld
erfahrenen Bewußtsein der Existenz und einem dennoch un-
verschuldeten Wahnsinn. Da aber dem Menschen die Erlösung
vom Leid versagt bleibt, nicht zuletzt gerade dort, wo er mit dem
Wahnsinn geschlagen ist, kann die Tatsache dieses unentrinn-

baren Leides zum mächtigsten, wenn auch emotionalen Argument Büchners gegen die Existenz der Gottheit werden.

Der Wahnsinn lauert als solcher bereits latent in der Angst vor dem Wahnsinn. Angst beherrscht Lenz von Anfang an. Es ist nicht etwa die Furcht vor etwas Bestimmtem, das so oder so eintreten kann. Die Angst geht vielmehr gerade auf das Unbestimmte, auf das „Es", das in unvorstellbarer Weise in die menschliche Existenz von irgendwoher einbricht und sie zerstört. Denn was Wahnsinn eigentlich sei, läßt sich auch in der Angst vor ihm nicht faßbar vorstellen. Mit der Entleerung, Entwirklichung und Entwesung, die sich in diesem Prozeß vollzieht, setzt zugleich noch ein weiterer Zustand ein, der eine stellvertretende Bedeutung für die ganze Büchner-Generation des „Weltschmerzes" hat: der Zustand der *Langeweile*. „Ja, Herr Pfarrer, sehen Sie, die Langeweile! die Langeweile! o, so langweilig! Ich weiß gar nicht mehr, was ich sagen soll; ich habe schon allerlei Figuren an die Wand gezeichnet." „... Ja, wenn ich so glücklich wäre wie Sie, einen so behaglichen Zeitvertreib aufzufinden" — Oberlin hatte ihm geraten, er möge sich an Gott wenden — „ja man könnte sich die Zeit schon so ausfüllen. Alles aus Müßiggang. Denn die meisten beten aus Langeweile, die andern verlieben sich aus Langeweile, die dritten sind tugendhaft, die vierten lasterhaft, und ich gar nichts, gar nichts, ich mag mich nicht einmal umbringen: es ist zu langweilig!" Die Sätze erinnern an Worte Dantons oder Leonces in Büchners Dramen, ja noch an Selbstbekenntnisse aus seinen Briefen. Langeweile ist die Krankheit des Existenzverlustes. Inmitten einer sich selbst entwertenden oder als wertlos erlebten Welt, in der der Mensch dennoch faktisch weiterlebt, bleibt ihm als Dauerzustand nur die Langeweile. Langeweile ist das negative Bewußtsein der qualitativ nicht mehr ausgefüllten Zeit. Innerhalb des Wahnsinnsprozesses hat sie jedoch noch eine präzisere Bedeutung. Sie spiegelt im Bewußtsein jene schreckliche und unerträgliche Leere, in der alle Affekte, Haß, Liebe und Hoffnung, absterben und in der dennoch der Mensch von der Unruhe gefoltert wird, diesen leer gewordenen Raum mit irgend etwas ausfüllen zu müssen. Langeweile kann hier nicht mehr spielerisch genossen oder witzig reflektiert werden. Sie ist identisch mit dem Alleinsein in einer nicht mehr kosmischen, sondern chaotischen Welt; sie ist der Ausdruck für das Nichts, soweit dieses überhaupt vom Bewußtsein erlebt werden kann. Die Welt hat nunmehr „einen ungeheuern Riß" bekommen.

Damit löst sich alles Gegenständliche ins Beliebige und Auswechselbare auf. Es verliert gleichsam seine realen Qualitäten. Die Grenzen zwischen Sein und Schein verwischen sich. Das Bewußtsein erfährt sich nicht mehr als durch die Wirklichkeit gebunden, sondern operiert auf ungeordnet willkürliche Weise mit allen Gegenständen. Das Wissen um die eigene Identität geht verloren, ja das Hinüberwechseln in andere Gestalten wird geradezu krampfhaft gesucht, um überhaupt noch ein Existenzgefühl zu spüren. Dazu gehört nicht nur das Sichverwandeln in fremde Personen, sondern auch die Verdoppelung der eigenen Person: „Es war, als sei er doppelt, und der eine Teil suche den andern zu retten und riefe sich selbst zu." Das alles sind jedoch nur die letzten, bereits völlig verzweifelten Versuche, den Prozeß des Wahnsinns aufzuhalten und zum Lebensgrund eines bereits verlorenen Ich zurückzufinden. Aber sie verwirren sich mehr und mehr ins Fratzenhafte und Groteske. Alles wird „traumartig" und „kalt". Lenz amüsiert sich, die Häuser auf die Dächer zu stellen, die Menschen an- und auszukleiden, die wahnwitzigsten Possen auszusinnen. Beispielhaft dafür steht die erschreckende Anekdote von der Katze. Das vom Blick des fast Irren nahezu hypnotisierte Tier auf der einen Seite, der zur Katze gewordene Lenz auf der andern, die vom Menschen auf die Katze übertragene „Angst", dann das beiderseitige Aufeinanderstürzen „in Verzweiflung" — es mutet uns in der Büchnerschen Schilderung wie ein Höllengemälde an. Eine ins Groteske entstellte Welt tritt uns hier entgegen, grotesk in dem Sinne, wie es Wolfgang Kayser in seinem Buch über das Groteske beschrieben hat: „Die groteske Welt ist unsere Welt — und ist es nicht. Das mit dem Lachen gemischte Grauen hat seinen Grund eben in der Erfahrung, daß unsere vertraute und scheinbar in fester Ordnung ruhende Welt sich unter dem Einbruch abgründiger Mächte verfremdet hat, aus Fugen und Formen gerät und sich in ihren Ordnungen auflöst." Das Groteske erwächst nicht aus Todesfurcht, sondern aus einer Lebensangst, in der „die Kategorien unserer Weltorientierung versagen", und eben darum gehört die Begegnung mit dem Wahnsinn zu den Urerfahrungen des Grotesken. Büchner hat durchaus konsequent dieses Stilelement des Grotesken in seine Erzählung von dem wahnsinnig werdenden Lenz mit aufgenommen.

Der endgültige Wahnsinn mündet in den endgültigen Weltverlust. Jedoch das mit sich allein gelassene Ich muß darüber auch sich selbst verlieren. Sehr genau beschreibt Büchner Lenzens

Zustand. Es war ihm, „als existiere er allein, als bestünde die Welt nur in seiner Einbildung, als sei nichts als er; er sei das ewig Verdammte, der Satan, allein mit seinen folternden Vorstellungen. Er jagte mit rasender Schnelligkeit sein Leben durch, und dann sagte er: ‚Konsequent, konsequent‘; wenn jemand was sprach: ‚Inkonsequent, inkonsequent‘; — es war die Kluft unrettbaren Wahnsinns, eines Wahnsinns durch die Ewigkeit."

Nichts vermag ihn jetzt mehr zu bewahren oder zu retten. Auch gewaltsam herbeigeführte physische Schmerzen, halbe Versuche zur Selbstentleibung geben die verlorene Gegenständlichkeit der Welt nicht mehr zurück. Die Abspaltung des Ich von der Natur hat etwas Endgültiges. Alles wird darüber schwer, unendlich schwer. Selbst noch am leichtesten Element, an der Luft, wird „die ungeheure Schwere" erfahren. Schon zu Beginn der Schilderung des ganzen inneren Prozesses berichtete der Erzähler im Eingang von der Verengung des Raumgefühls. Nun heißt es noch sehr viel schärfer: „Die Landschaft beängstigte ihn, sie war so eng, daß er an alles zu stoßen fürchtete." Zweimal hatte im ersten Teil der Erzählung die Stille der Natur der Seele den Frieden geschenkt. In der grotesken Verfremdung des Wahnsinns kehrt auch das sich in sein Gegenteil um: „Hören Sie denn nichts? hören Sie denn nicht die entsetzliche Stimme, die um den ganzen Horizont schreit und die man gewöhnlich die Stille heißt?"

Der Schluß der Erzählung überspringt den Bericht der Quelle über Lenzens letzten vergeblichen Selbstmordversuch und die sich daran anschließenden Vorgänge. Ich halte das nicht für eine Lücke, sondern für eine absichtliche Einsparung. Nur von dem im Hof sich ereignenden Aufplatzen mit starkem Schall und der zitternd und todblaß herbeikommenden Kindsmagd wird noch kurz erzählt. Die Thematik brauchte nicht weiter variiert zu werden, denn wir kennen derartiges schon aus den früheren Berichten. Dem Dichter genügt jetzt der knappe Schluß über die Fortbringung Lenzens nach Straßburg. Von Lenz selbst ist hier kaum mehr die Rede. „Mit kalter Resignation" sitzt er im Wagen, „vollkommen gleichgültig". Aber noch einmal wird die Szenerie der Natur gegeben. Es ist die Stunde des Abendrotes und des allmählichen Überganges zur Finsternis. Der Dichter Büchner schildert sie mit suggestiver Eindringlichkeit: „Hoher Vollmond, alle fernen Gegenstände dunkel, nur der Berg neben bildete eine scharfe Linie; die Erde war wie ein goldner Pokal, über den schäumend die Goldwellen des Mondes liefen." Aber diese sich mehr und mehr in die Finsternis verlierende Welt, hier zum letztenmal im Zwischenreich des Mondes wie traumhaft gespiegelt, — sie erreicht den nunmehr ganz vom Wahnsinn eingeholten Lenz kaum noch. Die Spaltung ist endgültig geworden. Ruhig starrt er hinaus, „keine Ahnung, kein Drang". Nur noch eine dumpfe Angst wächst in ihm an, „je mehr die Gegenstände sich in die Finsternis verloren". Aber dann ist auch das vorüber. Weitere Versuche zum Selbstmord bleiben bei der scharfen Bewachung vergeblich. Am nächsten, regnerischen Tage in Straßburg sieht es so aus, als ob er mit den Leuten „ganz vernünftig" spräche. Aber diese Angleichung an das Leben der andern ist eben nur ein Schein, sie hat nichts mehr von echter Teilnahme am mitmenschlichen Leben. Der Prozeß des Wahnsinns endet in dem leeren Bewußtsein des Nichts; „er fühlte keine Angst mehr, kein Verlangen, sein Dasein war ihm eine notwendige Last. — So lebte er hin ..." Diese Schlußsätze lassen zum erstenmal in der ganzen Erzählung die sonst überall unheimlich lauernde Angst erlöschen. Es war die Angst vor dem Nichts, vor der Zerstörung nicht nur der Welt, sondern auch der eigenen Existenz; zugleich aber bedeutete diese Angst auch noch ein verzweifeltes und immer wieder neu einsetzendes Sichwehren gegen das dumpf gespürte und im Bewußtsein überdies qualvoll reflektierte Verhängnis. Jetzt ist es vorbei. Der Prozeß, der in den Wahnsinn hineinführte und in dem das Ich die Welt Gottes und damit auch sich selbst verlor, ist endgültig und unwiderruflich entschieden.

ADALBERT STIFTER

—

ABDIAS

Stifters wohl berühmteste Novelle „Abdias", die zuerst 1843 in dem von Andreas Schumacher herausgegebenen österreichischen Novellenalmanach erschien, dann 1845 noch einmal umgearbeitet und erweitert und so in den 4. Band der „Studien" aufgenommen wurde, nimmt innerhalb seines Gesamtwerkes eine merkwürdig isolierte Stellung ein. Wohl kaum läßt sich jenes viel zitierte „sanfte Gesetz", das Stifter in der Vorrede zu den „Bunten Steinen" verherrlicht und von dem aus gesehen sich das scheinbar Große als klein, das scheinbar Kleine aber als wahrhaft groß erweist, mit jenem im Eingang des „Abdias" genannten antiken Fatum, noch nicht einmal mit dem milderen modernen Begriff des Schicksals in Einklang bringen. Eher schon könnte die im Anschluß an Fatum und Schicksal erwähnte „heitre Blumenkette", die sich durch die „Unendlichkeit des Alls" hindurchzieht und die „ihren Schimmer in die Herzen" sendet, in Analogie zu jenem überindividuellen Zusammenhang verstanden werden, der sich nicht im explosiv Einseitigen äußert, sondern in der Beschränkung aller Einzelkräfte zugunsten eines universalen, ebenso schöpferischen wie vernünftigen Gesetzes.

Was uns jedoch im „Abdias" erzählt wird, hat mit einer solchen „heitren Blumenkette", wenigstens für unser menschliches Wahrnehmen, nicht das geringste zu tun. Vielmehr zieht das Geschehen nur „wie ein heiliges Rätsel an uns vorbei", und die theologische Frage, ob der von Abdias' Menschenherz erlittene „Schmerz" selbst noch „eine Blume" in jener über das Menschliche hinausreichenden Kette ist, kann und will durch den Dichter selbst nicht mehr direkt beantwortet werden. So müssen wir es zunächst hinnehmen, daß zwischen dem sinngebenden und alles durchwaltenden „sanften Gesetz" und dem Schauder, der uns beim unbegreiflichen, bald holden, bald entsetzlichen Wirken der „Naturgesetze" ergreift, eine unüberbrückbare Kluft zu bestehen scheint. Sieht es nicht fast so aus, als ob Stifter, besonders in seinen großen Romanen, die Welt das eine Mal noch im Sinne eines aufgeklärt christlichen Idealismus verstanden habe, das andere Mal aber, und wohl am nachdrücklichsten im „Abdias", von den Voraussetzungen einer im Universum selbst angelegten Tragik aus? Ganz in diesem Sinne ist denn auch die Novelle „Abdias" von Hermann Pongs in seinem Buch „Das Bild in der Dichtung" verstanden worden: Abdias sei ein Beispiel des Abstandes zwischen Mensch und Universum; das sinnvoll bewegte Sein des Menschen stünde hier gegen die sinnfremde Fügung, und das Verhältnis von zeitlich und ewig, von endlich und unendlich sei „die letzte tragische Formel für das Weltverhältnis des Menschen". In ähnlicher Weise hat auch Werner Kohlschmidt in seinem Aufsatz „Leben und Tod in Stifters ‚Studien'" Stifter mit Nachdruck gegen eine christliche Interpretation abgesetzt, weil der Mensch hier unfrei der Daseinszerstörung ausgesetzt sei, das irdische Lebens- und Glücksverlangen vorherrsche und der Tod als unabänderlich hingenommen werde. Walter Silz wiederum hat in seinem Buch „Realism and Reality" die unbezwingliche, ja dämonische Vitalität des Abdias mit der von Goethes Faust verglichen. Dem steht freilich entgegen, daß Abdias am Ende seines Lebens in seinem Schicksal dennoch den stärkeren Gegenspieler gefunden hat.

Auch noch in anderer Hinsicht lassen sich Unterschiede im Vergleich des „Abdias" zu Stifters sonstigen Werken beobachten. Die ins Allgemeine stilisierte Herausarbeitung paradigmatisch vorbildlicher menschlicher Haltungen, wie sie im „Nachsommer" zu finden ist oder auch im „Witiko", wird der Leser hier vergeblich suchen. Und wenn von Stifters Prosa immer wieder mit Recht gesagt wurde, daß sie sich vom romantischen Pathos der Leidenschaften abkehre, weil sie in der Leidenschaft „das Anmaßendste" sieht, „was es auf Erden gibt", so muß vom „Abdias" eher umgekehrt behauptet werden, daß er, wenn auch in episch distanzierender Gelassenheit, sich auf höchst intensive und doch wohl keineswegs nur abwertende Weise in das Thema der menschlichen Leidenschaften eingelassen hat. Ja, ist Abdias nicht eine Gestalt, die in mancher Hinsicht von Leidenschaften geradezu besessen ist, der Sucht nach Gold, nach Genuß, nach Ruhm oder dem Durst nach Rache, ohne daß er etwa an diesen Leidenschaften zugrunde ginge? Zeigt nicht auch das Feurige seines Wesens, noch durchaus von der Wüstenlandschaft geprägt, so viel Adel, daß die entwertende Stiftersche Formel vom Anmaßenden der Leidenschaft uns hier nicht recht einleuchten will? Offensichtlich entzieht sich Abdias der einfachen Alternative von Leidenschaft, die in die Irre geht, auf der einen Seite und gelassener, ruhiger Erkenntnis, die den richtigen Weg einschlägt, auf der anderen. Seltsam und unbegreiflich wie sein Schicksal bleibt auch sein Herz. So lassen sich denn die sonst bei Stifter so scharf profilierten Grundvorstellungen von Schuld und Sühne, von unreinem oder reinem Wandel dem Göttlichen gegenüber ebensowenig auf ihn anwenden wie die dem Dichter so vertraute Idee von einer dem Alter geschenkten Weisheit und Aussöhnung mit dem Leben. Wohl wird Abdias uralt; vielleicht ist er dabei wahnsinnig, weise ist er gewiß nicht geworden.

Aber auch im rein Formalen bietet sich uns ein anderes Bild. Wiederholt hat man Stifter vorgeworfen, es fehle ihm die Gabe des spannenden Erzählens. Das beruht freilich auf einer Verkennung; denn Stifter mußte eben darum auf eine aus der Handlung erwachsende „Spannung" verzichten, weil er eine Spannung ganz anderer Art erstrebte, die weit mehr intellektueller als sinnlich-phantastischer Natur ist. Immer wieder bemüht sich seine Prosa um ein Aufzeigen und Klären, um ein deutendes Hinweisen auf einen bereits vorausgegebenen Ordnungszusammenhang des Reinen und Gültigen, der in seiner sowohl sittlichen wie künstlerischen Bedeutung plastische Gestalt annehmen soll. Daß Stifter jedoch auch jene andere Art von Spannung zu meistern wußte, die aus den unerwarteten, jähen Umbrüchen und den stofflich erregenden Ereignissen erwächst, beweist die Erzählung „Abdias". Aber eben damit gibt sie uns erneut die Frage auf, wie der Erzähler sich selbst zum Erzählten verhält. Ist jenes deutend-verweisende Aufzeigen von Stifter hier aufgegeben zugunsten einer nicht nur den Abdias, sondern auch den Dichter überwältigenden Dynamik des irrational gewordenen Lebens oder hat auch in dieser Novelle der Erzähler in seiner epischen Gelassenheit einen Standort jenseits des Erzählten, der ihm die vollständige Überschau und damit auch die sinngemäße Einordnung des Berichteten in eine vom Erzähler geglaubte vernünftig göttliche Weltschöpfung ermöglicht? Sprengt „Abdias" jenes „Reich des Reinen Einfachen Schönen", das Stifter nach seinem eigenen Bekenntnis in seinen Schriften auszubreiten versuchte, oder gehört auch er noch dazu, wenn auch auf eine besondere und dann freilich näher zu beschreibende Weise?

Der Interpret will seine Karten offen auf den Tisch legen. Er ist der Meinung, daß auch der Sonderfall „Abdias" nicht aus dem Ganzen der Stifterschen Welt herausfällt. Daher möchte er das Erzählte auch nicht im Sinne einer universalen Seinstragik auslegen; denn diese liegt, trotz allem Wissen Stifters um das Dunkle und Gefährdete des Menschenherzens und trotz aller Fragwürdigkeit seines vernünftig christlichen Idealismus, nicht auf seiner Linie. Vielmehr muß das Geschehen des „Abdias" als ein solches hingenommen werden, das zwar schaudervoll unbegreiflich diesen einen Menschen überfällt, dessen „letzter Grund" sich jedoch nur unserer menschlichen Einsicht verschließt. Hierin finde ich mich durchaus in Übereinstimmung mit Joachim Müller „Adalbert Stifter, Weltbild und Dichtung", der in seiner ausführlichen Abdias-Analyse mit Nachdruck betont, daß „Schuld" und „Schicksal", „Personales" und „Transpersonales" hier in der Schwebe bleiben und eben darin das leidvolle, aber keineswegs sinnlose „Stigma des Menschseins" besteht. Der Erzähler verzichtet sehr bald in seiner Einleitung auf weiteres „düsteres Grübeln"; er will nur „schlechthin ... erzählen", er mischt sich auch nicht mit abwertenden Urteilen oder spontanen Sympathiekundgebungen ein; selbst wo er gelegentlich, aber nur selten, reflektiert, bleibt er im streng Objektiven. Ausdrücklich fordert er in einer bewußt gewollten dichterischen Fiktion und mit Vordeutung auf das Ende der Geschichte diejenigen, die von Abdias gehört oder gar die neunzigjährige gebückte Gestalt einst in ihrem Häuschen haben sitzen sehen, dazu auf, „ihm kein bitteres Gefühl" nachzusenden; habe er doch Fluch und Segen in seinem Leben schon reichlich geerntet. Der Erzähler versichert uns mit Nachdruck, daß er nur „sein Wesen einfach aufzustellen versucht" habe, und darum soll auch der mit Abdias bisher nicht bekannte Leser über diesen Mann so urteilen, „wie es ihm sein Herz nur immer eingibt".

Die suggestive Kraft, die von der Geschichte bis heute ausgeht, liegt denn in der Tat in diesem reinen, unvoreingenommenen Erzählen. Das Erzählte schlägt uns so in seinen Bann, daß wir es in seiner Wirklichkeit nur einfach hinnehmen können. Die vom Dichter erfundene Gestalt, ihr Leben und ihre Schicksale haben den fiktiven Charakter nahezu ganz verloren. Will es uns nicht so scheinen, als ob wir diesem Mann tatsächlich begegnet seien, als ob er uns Rätsel über Rätsel aufgäbe, die aufzulösen weder dem Dichter noch dem Leser vergönnt ist? Dieser Eindruck des

unabweisbar Wirklichen wird jedoch mit bestimmten künstlerischen Mitteln erreicht: durch die ruhige, zuweilen sogar feierliche
Gelassenheit des Tones, mit dem von ihm erzählt wird, durch den
Verzicht auf jede Ironie in der Darstellung, die das Dargestellte
als bloß vorgestellten Schein enthüllen könnte, vor allem aber
durch die sorgfältig genaue Herausarbeitung der konkret dinglichen Welt, in der sich Abdias bewegt und in der ihn seine Ver-
hängnisse ereilen. Die rhetorisch vom Autor angedeutete Frage,
ob der Leser diesen Juden bewundert oder verabscheut, bemit-
leidet oder verurteilt, wie immer es ihm „sein Herz" eingeben
möge, wird gleichgültig angesichts des Übermaßes an Glück und
noch mehr an Schmerz, das dieser — ein ebenso Geschlagener wie
Auserwählter — erfahren hat. *Was* ihm zugestoßen ist, warum es
ihm gerade zugestoßen ist, diese und nur diese Frage wird zum
mächtigen Motor des Erzählens von einem Mann, über den der
Autor im reflektierenden Eingang bemerken darf, daß es ungewiß
ist, „ob sein Schicksal ein seltsameres Ding sei oder sein Herz".
Abdias hat etwas von einer zeitlos mythischen Figur, er läßt sich
nicht aus der uns vertrauten Atmosphäre des Alten Testamentes
herauslösen. Stifter hat hier unmittelbare Anregungen von Herders
„Blättern der Vorzeit" mit aufgenommen, und die offensichtlich
beabsichtigte Parallele zu Hiob, dem geschlagenen und vom
Glückswechsel bedrohten Dulder, ist unverkennbar. Aber auch
noch Ahasver, der ewige, vom Fluch des Wanderns verfolgte Jude,
hat das Bild des Abdias, wenn auch weniger deutlich, mitbestimmt.

Der Erzähler berichtet aus der Distanz; er nimmt sich Zeit.
Nichts wird überstürzt. So leidenschaftlich erregt das Vorgangshafte auch sein mag, der Erzähler selbst identifiziert sich damit in
keiner Weise; ja, er strebt nach der Ruhe in der Bewegung, und
dies um so mehr, je stärker der stoffliche Reiz mit seinen extremen
Widersprüchen den Leser zu überwältigen droht. Bei der Um-
arbeitung der ersten Fassung suchte Stifter noch alles zu tilgen,
was diese um Distanz zum Stoff und damit um Ruhe in der
Bewegung bemühte Erzählhaltung einzuschränken drohte. Die
subjektiven Wertungen werden radikal ausgemerzt. Zwar berichtet uns die Novelle von ruhelos erlebten Leidenschaften und
von leidenschaftlich erlebten Begebenheiten, aber der Erzähler
läßt sich keineswegs psychologisierend oder auch nur individuali-
sierend auf sie ein. Er bezieht sie stets auf einen allgemeinen, über-
greifenden Zusammenhang: den des Milieus, der Landschaft, der
Sitten und Gebräuche usw. Selbst in der Darstellung innerer

Vorgänge ist er äußerst sparsam; er verdeutlicht sie mehr indirekt durch knappe und kurze Gespräche an entscheidenden Wendepunkten oder auch durch das Tun und Unterlassen seiner Menschen. Hingegen nimmt die rein beschreibende Schilderung den weitesten Erzählraum ein, und hier entfaltet sich die Darstellung viel freier und üppiger bis in die überhöhende, poetisierende Metapher hinein. So darf es z. B. heißen: „Auf jener ganzen Reise, die noch weit herum ging, schwebte schon ein trauriger dunkler Engel über ihm" oder im Kontrast dazu: „Es hatte sie ein schönes Glück geleitet, gleichsam als zöge ein glänzender Engel über ihren Häuptern mit." Solche Personifikationen mochte Stifter von Herder oder Jean Paul übernommen haben; die Wirklichkeit des Erzählten sollte damit jedoch nicht etwa ins Phantastische umgeschmolzen werden, sie gewinnt so nur einen geheimnisvollen, auf das Schicksalhafte hindeutenden dunklen Glanz. Aber nicht nur hier, auch in der Landschaftsschilderung Stifters läßt sich die Neigung zu poetischen Bildvergleichen beobachten, auf die näher einzugehen wir uns freilich versagen müssen. Sehr deutlich wird sie dann noch einmal in der späteren Darstellung der blinden und dann doch wieder sehend gewordenen Ditha, von der es heißt, daß sie wie „eine redende Blume" vor den Menschen stände. Jedoch die in diesem Zusammenhang angehäuften synästhetisierenden Vorstellungen von „violetten Klängen", von dem Flachsfeld, das auf den Spitzen seiner grünen, stehenden Fäden den Himmel erklingen läßt, oder die Vermischung von Tag- und Traumleben, vor allem die Gestalt des seltsamen Mädchens selbst — das alles dient nicht etwa einer um ihrer selbst willen genossenen poetisch-phantastischen Verklärung der Welt. Vielmehr geht es Stifter auch hier um die besonderen Bedingungen dieses merkwürdigen Einzelfalles und seiner genau beobachteten Wirklichkeit. Die Situation des blinden Kindes, das dann sehend wird, soll präzise aus den physiologischen Voraussetzungen geschildert werden, jedoch so, daß die Poesie darüber nicht verlorengeht. Eben darin liegt der eigentümliche Reiz der Stifterschen Prosa. Selbst die spezifisch poetischen, sich dem Lyrischen nähernden Ausdrucksgehalte sind noch ein Element der Wirklichkeit selbst, das der Dichter nicht etwa in sie hineinträgt, sondern aus ihr herausholt. In Grenzfällen kann das bis zur Identität von Wirklichkeit und Märchen führen. Nicht als ob die Wirklichkeit sich in ein Märchen auflöst wie bei Novalis; sie läßt Märchenhaftes gleichsam nur zu und spielt sich dann auf einer vergleichsweise irrealen Ebene ab, ohne daß die überall geltenden Naturgesetze damit aufgehoben wären. Das gilt vor allem vom Leben des Abdias mit seiner Tochter in jener einsamen Talsenke in Österreich.

Die Erzählung gewinnt ihr Spannungsmoment aus dem Prinzip des Glückswechsels. Ein auf Sicherung, auf Beständigkeit des Daseins bedachter Charakter muß das genaue Gegenteil erfahren; daß nämlich alles und jedes dem Wechsel des Geschicks unterliegt. Die Lebenskreise, die Abdias durchschreitet, sind streng gegeneinander abgesetzt. Es beginnt mit der Kindheit und dem merkwürdig getarnten Dasein der Juden in einer zerstörten römischen Wüstenstadt. Abdias scheint zunächst noch ganz und nur zu seinem Geschlecht zu gehören, auch er dazu bestimmt, „die schimmernde Straße des Reichtums immer näher gegen die Wüste" zu ziehen, mochte auch sein Vater Aron gelegentlich gedacht haben, er könne den Knaben „eines Tages auf ein Kameel setzen und ihn nach Kahira zu einem Arzte bringen, daß er weise würde, wie es die alten Propheten und Führer seines Geschlechtes gewesen". Eben diese Möglichkeit bleibt Abdias durchaus versagt, höchstens als „flatternde Gedanken" inmitten eines ebenso geizigen wie verschwenderischen Tatdaseins streift ihn die Sehnsucht nach dem feuchten Weltteil Europa, um dort zu wissen, was die Weisen wissen, und zu leben, wie dort die Edlen leben.

Das eigentlich bindende und verbindende Element des jüdischen Daseins in der Wüste ist das Leben in und mit der Familie, von der man ausgeht und zu der man immer wieder zurückkehrt. Die jüdische Familie hat ihre von alters her feststehenden Sitten und Gebräuche und ihre hierarchische Gliederung mit dem Vater an der Spitze, der in die Sklavenrolle hineingedrängten Frau und den zum Gehorsam bereiten Kindern. Mit dem Zerbrechen dieser traditionellen und auch von Abdias zunächst als durchaus selbstverständlich hingenommenen Grundlage des Existierens setzt die Einsamkeit und das Abgesonderte seines Schicksals ein. Das beginnt bereits mit dem Tod der Eltern. Wohl häufen sich das Glück und der Reichtum zunächst nur noch mehr, und durch die Eheschließung mit Deborah scheint wiederum ein bergender Grund in der Familie gefunden. Aber das erweist sich als ein Trug. Abdias gerät in die völlige Isolierung. Daß der in der Welt herumjagende und zu jeder Entbehrung bereite, ja oft zum „Ding" erniedrigte Abdias nur auf Haß stößt, mochte noch zu seinem Stammesschicksal gehören. Aber er steht auch in der

Gemeinschaft seines Volkes allein da, obgleich er den Tieren, den Sklaven und den Nachbarn nur Gutes tut. Paradoxerweise erntet er dafür nur Haß. Seine Ehe wiederum bleibt lange kinderlos; ja, er verliert die Liebe seiner Frau, als er sich in Odessa die Pocken geholt hat und ungestalt und häßlich zurückkehrt. Dieser plötzliche Glückswechsel wird vom Erzähler ganz kurz, in wenigen Zeilen berichtet. Nur eine knappe, reflektierende Bemerkung über Deborah fügt er noch hinzu: „Sie hatte nur leibliche Augen empfangen, um die Schönheit des Körpers zu sehen, nicht geistige, die des Herzens." Und auch von Abdias gilt zumindest anfangs Ähnliches.

Die Motive der „Augen" und des „Herzens" behalten für die ganze Novelle leitmotivische Bedeutung. Wiederholt wird das sanfte Blau der Augen Dithas genannt, denen das Blau der fernen Berge in Europa noch geheimnisvoll zu antworten scheint, während die gleichfalls schönen, aber feurig düster strahlenden, tiefschwarzen Augen, die Wüstenaugen des Vaters, dazu kontrastieren. Die Augen des Vaters sind sehend, die der Tochter lange Zeit blind. Aber in der dichterischen Symbolik kehrt sich das Verhältnis geradezu um. Denn die schönen Augen des Abdias haben nur das äußere, nicht das innere Sehen gelernt. Die energische Konzentration auf Erwerb und Reichtum, das praktisch reale Verhalten in der Welt, die Expansion im Kampf und in einem nach außen gerichteten glanz- und machtvollen Leben lassen früh jene Seligkeiten verkümmern, die nur im „Herzen" zu finden sind. Das Kontrastmotiv begegnet uns bei der blinden Tochter, die, auch als ihr das Augenlicht geschenkt wurde, ganz und gar von der Innerlichkeit des Herzens aus lebt und darin weit sehender ist als ihr — metaphorisch ausgedrückt — immer wieder mit Blindheit geschlagener Vater.

Gibt es nicht auch ein Sehen des Herzens? Als der Glückswechsel Abdias alles zu rauben droht, die ganze Geborgenheit in der äußerlich so ärmlichen, im Innern jedoch prunkhafte Höhle in der Wüste, als er nur noch ein Bettler zu sein scheint, auf eine animalische Daseinsstufe zurückgeworfen, da wird ihm gleichzeitig mit diesem Schicksalsschlag, den ein dunkler Engel für ihn bereithielt, das „größte Glück auf Erden" geschenkt. Denn seine Frau hat ihm in der Unglücksnacht eine Tochter geboren, und wenn „er den kleinen wimmernden Wurm mit den Händen berührte, so wurde ihm in seinem Herzen, als fühle er drinnen bereits den Anfang des Heiles, das nie gekommen war, und von dem er nie gewußt hatte, wo er es denn suchen sollte". Jetzt erst kann er seiner Frau erneut „schön" erscheinen, weil sie ihn erst jetzt mit den Augen des Herzens, mit den Augen der Liebe zu sehen vermag, aber auch deswegen, weil ihm selbst etwas „wie dichte Schuppendecken" von den Augen gefallen war und er nun in einem tieferen Sinne sehend geworden ist. Das Motiv der „Schönheit" wird später bei Ditha erneut aufgenommen, wenn es von ihr heißt, daß nicht nur ihr Antlitz „schön" war, sondern daß die sehend Gewordene das „Schönste" zeigte, was der Mensch vermag, „nämlich das Herz". Und das Herz ist es, von dem aus sie den Abdias, der ihr nach ihrer Meinung die ganze äußere Welt zurückgegeben hat, zu „sehen" vermag, nicht etwa die bloße Wahrnehmung durch die Augen, die selbst ihr nur das Bild eines alten häßlichen Mannes hätten zeigen können.

Jedoch das unbegreifliche Schicksal, vielleicht auch der verborgene Wille Gottes, gibt und nimmt, wie es ihm gefällt, und oft noch fast zur gleichen Stunde. Abdias gewinnt die Liebe seiner Frau zurück — hat sie nicht jetzt erst begonnen? —, aber Deborah muß sterben, als das Glück ihrer Ehe gerade angefangen hat. Es ist, als ob selbst das Beste und Schönste, das nicht nur äußere, sondern auch innere Gelingen diesem Manne immer wieder zum Unheil gerät, als ob auch der ihm geschenkte Segen schon mit dem Fluche eines bösen Engels vergiftet sei. Ja, er wird sogar stets zum Schuldigen gestempelt, selbst dort, wo es mehr die widrigen Umstände sind als sein eigenes Verhalten, die das Unheil herbeigeführt haben. Die Zerstörung seiner Heimat wird zu seinen Lasten gebucht, weil er durch verbotene Prunksucht und Verschwendung die feindlichen Araber auf die richtige Fährte gebracht hat. Selbst noch den Tod Deborahs, die hilflos und allein verbluten mußte, während Abdias nach den flüchtigen Dienerinnen suchte, rechnen ihm die Nachbarn als eine Art Mord an. Sogar das blinde Kind schrieb später seine europäische Umwelt „dem gerechten Urteile Gottes zu, der den maßlosen Geiz des Vaters strafen wollte". Jedoch der Leser weiß, daß eben dieser Geiz nur aus einer grenzenlosen Fürsorge für das Kind erwachsen ist. Am Ende wird von den vielen, die Abdias hassen, sogar noch Dithas Tod ein „Strafgericht" genannt.

Aber Abdias verliert seine ihm jeweils zugehörige Welt meist nur, um sie aus der formenden Kraft seines Wesens neu aufzubauen. Nach der Zerstörung seiner Heimat und seiner Ehe bleibt ihm das Kind, für das er, jenseits der Wüstenstadt, mit einer nahezu dämonischen Energie eine neue Geborgenheit und Sicherheit zu schaffen sucht. Das ist der dritte Schicksalskreis, innerhalb dessen sich Abdias bewegt, nach dem ersten von Vater und Mutter und dem zweiten seiner Ehe. Jedesmal ist es, als ob er in ein elektrisches Spannungsfeld hineingeriete, das erst durch seine Person sich auf unheimliche, meist zerstörerische Weise entlädt. Dieses Elektrische seines Wesens gestaltet der Dichter in einem leitmotivischen Sinnbild, wenn er von Abdias erzählt, daß in den Augenblicken höchster Erregung ein unnatürlicher Schein um sein Haupt schwebt, von dem dann die Haare einzeln und gerade emporstehen „wie feine Spieße". Ist es nicht, als ob der spannungsgeladene Mann die Blitze des Schicksals gleichsam herbeizieht, so wie die gewitterfreudige Tochter dann ihrerseits den unmittelbaren, auch im „Schein" über dem Haupt sichtbar gewordenen Bezug zum Elementaren der Natur hat? Heißt es doch ganz ähnlich später von Ditha, daß in solchen Augenblicken „alle Spitzen von Bändchen und Haaren an ihr aufwärtsstehen"! So verwandt auch das sinnliche Phänomen bei Vater und Tochter ist, über die Verschiedenheit der beiden Naturen darf das nicht hinwegtäuschen. Wir werden später darauf noch eingehen.

Abdias verläßt die Wüste nur, um sie gleichsam nach Europa zu verpflanzen. Erst hier begegnet ihm das höchste Ausmaß an Segen und Fluch, wiederum in unbegreiflicher Verkoppelung. Ein Blitzstrahl gibt seinem blinden Kinde das Augenlicht, aber ein Blitzstrahl ist es auch, der der zur Jungfrau Erblühten das Leben nimmt. Erst jetzt ist Abdias' Kraft endgültig gebrochen, und es bleibt nur ein sinnverwirrter und erloschener alter Mann zurück.

Was es nun mit dem ständigen Glückswechsel für eine, und sei es auch verborgene, Bewandtnis habe, diese Frage läßt den Leser während des Erzählten nicht los. Denn der Wechsel des Glücks führt den Menschen hier nicht etwa zur Erkenntnis oder auch nur zu einer aus der Erfahrung der Wirklichkeit hervorgegangenen Wandlung. Abdias zeigt sich im ganzen Geschehen im Grunde immer als der gleiche. So schuldig er in den Augen seiner Mitwelt erscheint, weit über jedes zurechenbare Maß hinaus, er selbst bleibt planend, jede Umwelt umformend, stets von neuem zum Aufbruch bereit, ohne daß die Dämonen von Reue und Schuld an ihn herankommen. Aber auch die Demut liegt seinem Wesen völlig fern. Darin unterscheidet er sich durchaus von dem Dulder Hiob, daß er die Schläge des Schicksals keineswegs als den unbegreiflichen, ihm bestimmten Willen Gottes hinnimmt. Wenn Abdias „geduldig" zu sein vermag, so nicht in frommer Demut, sondern in einer Zähigkeit des Ertragens, die aus den widrigen Situationen stets noch gehärteter, noch energiegeladener hervorgeht. Bezeichnenderweise kommt es ihm gar nicht in den Sinn, „Jehova" in der Stunde des Leidens anzubeten. Erst als er entdeckt, daß die Feinde den eigentlichen, mit großer Schlauheit versteckten Reichtum nicht gefunden haben, sinkt er zum Gebet auf die Knie und ist zum Lob des großen, ihn schützenden Gottes bereit. Abdias braucht die Rolle des Bettlers nur zu spielen, während er in Wahrheit in dieser Hinsicht verschont blieb. Aber sei es nun Fatum, Schicksal oder Gott — das Ungeheure, das ihm widerfährt, zeigt sich am Ende dennoch stärker als dieser so ungebrochen weiterlebende Mann, und fast möchte man vermuten, daß gerade diese Ungebrochenheit inmitten eines elektrischen Spannungsfeldes die zuschlagenden Mächte aus ihrer Verborgenheit herauslockt, nicht etwa, um ihn zu strafen — dazu sind sie viel zu entrückt —, wohl aber, um ein Gleichgewicht wiederherzustellen, das durch einen solchen mächtigen Eigenwillen bedroht ist. Die bloße Zurechnung von Schuld und Sühne reicht jedenfalls nicht aus, um die verborgene Kausalität oder Finalität dieses Schicksals zu begreifen. Der Erzähler zwingt uns keinerlei Zuordnung auf, am wenigsten die haßerfüllte vom Schuldgericht, die Abdias' Umwelt so eilfertig für ihn bereit hat; er weiß um die dem Betrachter unzugänglichen Lücken in dieser Kette des Geschicks. Gerade in der novellistischen Gestaltung sollte und mußte vieles als „Zufall" oder als bloßes „Unglück" erscheinen, das eigentliche Geschehen aber als ein „heiliges Rätsel", dessen unsichtbare, gottgewollte Verknüpfung vom Dichter zwar ahnungsweise vermutet wird, aber keinesfalls bewiesen oder lehrhaft demonstriert werden konnte.

Dennoch hat der einmalige Fall für ihn exemplarische Bedeutung. Die von Stifter geglaubte und verehrte vernünftige Ordnung allen von Gott geschaffenen Seins scheint hier zwar durch das tragische Einzelschicksal radikal in Frage gestellt, aber eben in der Dissonanz von sich selbst überfordernder Einzelseele und unbegreiflicher Antwort des Schicksals deutet Stifter auf das Erlösungsbedürftige des Menschen hin und auf ein wiederherstellendes Gesetz allen Lebens, das erst jenseits unserer menschlichen Kategorien wirksam ist. Ward dem Abdias doch ein überreiches Menschenlos vom Geschick zugewogen! So mag denn selbst von diesem Mann des Unheils gelten, daß er nicht nur den Fluch in allem Segen, sondern auch noch den Segen mitten im Fluch erfahren durfte. Erst dieses Gezeichnetsein, dieses ununterbrochene Empfangen des für ihn Gesendeten macht ihn zur mythischen Person. Denn eine mythische Person ist der Mensch nicht so sehr durch sich selbst, sondern weit mehr durch das, was er erfährt und womit er vom Geschehen beladen wird.

Dennoch ist Abdias zu seinem seltsamen Schicksal auch durch das Seltsame seines Herzens disponiert. Abdias, an sich weder gut noch böse, ist dennoch ein starker, gewaltig fühlender, leidenschaftlicher Mensch, der alle seine Empfindungen in Tatimpulse umsetzt. Er ist keineswegs ein Mann ohne Eigenschaften, aber ebensowenig eine durch sich selbst interessante oder gar komplizierte Individualität. Sein Wesen ist durch den ständigen Widerspruch von einer nach außen gerichteten Klugheit, die aber „blind" gegen das Innere ist, zu jener auch ihm geschenkten Erfahrung charakterisiert, daß „das Herz" das höchste Gut des Menschen ist, durch das er erst eigentlich zum Menschen wird, ja noch über das Allzumenschliche hinauswächst. Das Widerspruchsvolle dieses Wesens, in ein elektrisches Kraftfeld hineingestellt, fordert den Widerspruch des Schicksals heraus, nicht um ihn zu belehren — denn belehrbar ist Abdias nicht —, aber um ihn zu widerlegen, weil nicht der Widerspruch nach Stifters Glauben das eigentliche Wesen der Welt ist, sondern jenes „Reich des Reinen Einfachen Schönen", aus dem Abdias herauszufallen droht und in das er doch wieder zurückgeholt wird, indem es ihm in der Liebe geschenkt wird. Aber er darf nicht darin verweilen; es wird ihm nicht nur gegeben, sondern auch genommen, und eben darin besteht die widrige Verkettung seines Schicksals, daß die Vorzeichen von Nehmen und Geben im Walten des Geschicks für ihn immer wieder wie vertauscht anmuten.

So reiht denn der Erzähler keineswegs nur die zufälligen Stationen eines langen, abenteuerlichen Lebens aneinander, sondern er intensiviert in wachsendem Maße den gleichsam symbolischen Stil dieses Lebens, das Gleichnishafte daran, durch den es in die Nähe des Parabolischen gerückt wird. An einer Stelle gibt der Autor selbst uns den Schlüssel dafür in die Hand, mag er ihn durch die anekdotische Darstellungsform zugleich auch wieder verstecken. Es handelt sich um den nur beiläufig gegebenen Bericht über den treuen Hund und seinen Tod, der unmittelbar vor den geheimnisvollen Ditha-Ereignissen erzählt wird. Dieser

Hund Asu scheint die Tollwut zu haben, während er in Wahrheit, wie sich erst zu spät herausstellt, durch sein absonderliches Verhalten seinen Herrn nur auf einen vergessenen Geldbeutel aufmerksam machen und dorthin zurückführen wollte. Der Erzähler kommentiert gleich am Anfang das Geschehen mit dem Satz: „Mit diesem Hunde hatte Abdias ein Unglück, als wenn es mit dem Manne immer hätte so sein müssen, daß sich die Dinge zu den seltensten Widrigkeiten verketten." So vorsichtig und schwebend das auch gesagt wird, der symbolische Sinn des Schicksalsgeschehens wird damit trotzdem angedeutet; denn die „seltensten Widrigkeiten" meinen ja nicht etwa, daß Abdias bloß ein Pechvogel ist, dem immer wieder etwas Fatales zustößt. Vielmehr zielen sie doch wohl auf jene sonderbare Mischung von Heil und Unheil, die sich in allem ereignet, was Abdias, sei es mit, sei es ohne sein Zutun, erfahren muß. So wie hier Abdias die ihm dargebrachte Liebe verkennt und ihre Zeichen mißdeutet, so geschieht es auch mit dem ihm so treu ergebenen Knaben Uram, den er vor der Abreise, ohne jedes aufklärende Wort, zurückläßt und der ihm dennoch allein in die Wüste zu folgen wagt. Wohl wird der Knabe aus den Gefahren dieses waghalsig unternommenen Aufbruches noch in letzter Stunde gerettet; aber am Ende muß er im fremden Erdteil sterben, weil er ohne die Wüste, die seine Heimat war, nicht zu leben vermochte.

Auch hier wieder verliert Abdias ein ihm grenzenlos ergebenes Wesen, gegen dessen Treue er bis ans Ende „blind" bleibt. Abdias' „Blindheit" für den Weg nach innen, sei es bei Deborah, sei es bei dem Knaben, sei es bei dem von ihm erschossenen Hunde, kontrastiert jedoch durchaus zu der ordnenden, vernünftigen Kraft seines Wesens, die ihn sogar in der größten Bedrängnis die richtigen rettenden Wege finden läßt, keineswegs nur für sich allein, sondern auch für alle anderen, die zu seiner näheren Umwelt gehören. Wenn am Eingang der Erzählung die Vernunft, das Auge der Seele, die schönste jener Blumen genannt wird, mit deren Hilfe der Mensch sich selbst mit der heiteren Blumenkette, die durch das Ganze des Universums hindurchgeht, verknüpfen kann, so heißt das nicht etwa, ein Mensch wie Abdias sei ohne diese Vernunft und habe sich sein Unglück nur darum zugezogen, weil es ihm an Einsicht fehlte. Das erlittene Unglück bleibt inkommensurabel, weder durch Schuld noch durch Leidenschaft noch durch mangelnde Vernunft begründbar, aber dennoch suggeriert uns der Erzähler ununterbrochen, daß gerade *diesem*

Mann *diese* Schicksale notwendig widerfahren mußten. Es ist so, als ob die widrige Verkettung der Dinge nur die Antwort sei auf den Widerspruch dieses Herzens, das blind und sehend zugleich war, von Leidenschaften in die Welt fortgerissen und dennoch mit dem Auge der Seele, mit Vernunft begabt.

Die extremste Form des Widerspruches aber, der dieses seltsame Herz charakterisiert, ist das unvermittelte Nebeneinander von Lieblosigkeit und Liebe. Der nur auf den Reichtum dieser Welt bedachte Abdias begegnet uns zuweilen wie eine Gestalt ganz ohne Herz. Und dennoch ist eben dieser Mann der höchsten Liebe fähig, wie sie vor allem in seinem Verhältnis zu seiner Tochter sichtbar wird, obwohl er auch hier noch einen nahezu brutalen, nach außen gewandten Egoismus entfaltet, aber nicht um seiner selbst, sondern nur um der geliebten Ditha willen. Da aber Abdias nun so ist, wie er ist, und auch der Erzähler ihn keineswegs zu belehren oder zu ändern trachtet, muß er die mythische Abrechnung erfahren, die ihm die höheren, unbekannten Mächte zugedacht haben und die durch das Übermaß an Leid, aber auch an Segen, seine eigene Person noch ins Mythische zu steigern vermag.

Nach unserer bisherigen Analyse könnte es so aussehen, als ob die Stiftersche Novelle ganz von der Dramatik des Ereignishaften her bestimmt sei wie etwa Kleists „Michael Kohlhaas". Das ist aber nun keineswegs der Fall. So deutlich auch die Wendepunkte im Geschehen akzentuiert sind, innerhalb des Erzählens nehmen sie den geringsten Raum ein; ja, sie werden oft so knapp zusammengefaßt, daß die Novelle weit kürzer sein müßte, als sie es ist, wenn es Stifter lediglich um die spannende Linie der Handlung und die darin enthaltene, von uns bereits charakterisierte Lebenssymbolik zu tun gewesen wäre. Das Interesse des Erzählers richtet sich jedoch weit mehr auf das Typische und Allgemeine des menschlichen Geschehens und nicht so sehr auf das einmalig Unverwechselbare dieses besonderen Falles. Oder, um es noch genauer zu sagen: die Einmaligkeit dieses Falles erhält erst von der episch ausgebreiteten Zuständlichkeit aus ihre exemplarische Bedeutung. Dazu gehört bereits zu Beginn das sorgfältig beschriebene „Milieu" der verborgenen Wohnungen in der zerstörten römischen Wüstenstadt, die skurrile Mischung von Armut und Reichtum dort, die ausführliche Darstellung von Abdias' Familienempfang nach seiner ersten großen Erprobungsreise, die volle 15 Jahre gedauert hat, ja auch noch die genaue Lokalisierung der häuslichen Gewölbe unter dem hochgetürmten Schutt hinter dem römischen Triumphbogen und den zwei Stämmen der verdorrten Palmen. Der Mensch ist von vornherein in eine ihn tragende Umwelt eingebettet, und sein Wesen ist ohne diese Bedingungen seiner Existenz überhaupt nicht verstehbar, auch dort nicht, wo es — wie im Falle des Abdias — später zu einer radikalen Ablösung von dieser von Geburt her mitgegebenen Umwelt kommt. Daher mußte auch der weite Raum der Wüste, aus dem die Beduinengedanken des menschlichen Herzens hervorkeimen, in seiner unermeßlichen Öde und Einsamkeit, seiner majestätisch furchtbaren Sonnenglut, seinen funkelnden Nachtsternen und seinen so seltenen, Segen spendenden Regenfluten nicht nur beiläufig, sondern in gelassenem epischen Verweilen geschildert und ins Poetische erhöht werden. Erst das Typische, das ewig Wiederkehrende dieser Landschaft macht eine so unverwechselbare Gestalt wie Abdias nicht nur möglich, sondern auch wirklich. Nicht von einer analytischen Psychologie aus wird er in seinem Wesen aufgebaut, sondern von dem Raum, in den er gestellt ist und der ihm nun wieder ganz bestimmte, unerbittlich zu erfüllende Aufgaben aufzwingt.

Der Erzähler beschreibt eine für den Gang der Handlung nur unwichtige Kampfszene in der Wüste ausführlich wie ein malerisches Schlachtengemälde, während er wiederum an einem entscheidenden Brennpunkt des Geschehens die nochmalige Zerstörung der bereits zerstörten Wüstenstadt fast nur als bereits vollzogene Tatsache, nicht aber als unmittelbar vor unseren Augen sich abspielendes Ereignis berichtet. Der künstlerische Grund dafür dürfte darin liegen, daß es ihm in seiner Beschreibung der Kampfszene durchaus auf das Typische und darin Gleichnishafte in Abdias' Wüstendasein ankommt, während der einmalige Schicksalsschlag nur ganz kurz und grell — wie ein Blitz aus einer dunklen Wolke — aufzuleuchten brauchte. Ist er doch in den auf das Verhängnis vordeutenden Zeichen vom Dichter bereits vorbereitet worden!

Ebenso verweilt der Erzähler nur kurz bei der Geburt des Kindes und beim Tod der Deborah; wohl aber werden äußerst genau die ins Alltägliche hineinreichenden Vorgänge beschrieben, die uns deutlich machen sollen, wie Abdias an die zerstörte Vergangenheit trotzdem anzuknüpfen versteht und zugleich damit eine neue Grundlage der so schwer erschütterten realen Basis seines Weiterlebens schafft, sei es in den Beziehungen zu den bösartig gesinnten Nachbarn, sei es zu Untergebenen, sei es im Herbeischaffen der nötigsten Nahrung und der unentbehrlichen Tiere. Die innerseelischen Vorgänge werden durch die unabweisbare Forderung des Tages gleichsam zurückgedrängt. Der Erzähler verschweigt sie entweder ganz oder gibt sie nur mit betonter Sparsamkeit wie etwa in dem gerade in seiner Kürze so ergreifenden Gespräch zwischen Abdias und Deborah nach der Geburt des Kindes, während der traditionell bedeutsame Vorgang der Leichenwache mit den klagenden Totenweibern weit mehr Erzählraum einnimmt. Auf die nur selten und auch dann nie ausführlich eingestreuten allgemeinen Betrachtungen haben wir schon hingewiesen. Einzig am Beginn der Geschichte setzt der Autor mit einer längeren grundsätzlichen Erörterung ein, ehe er dem Erzähler gleichsam das Wort überläßt. Auf diese Weise sollte das Parabolisch-Gleichnishafte des anschließend Erzählten grundsätzlich unterstrichen werden.

Nach dem Tode der Deborah konzentriert sich die Novelle ganz auf das Kind Ditha und seine weiteren Schicksale. Aber es dauert erstaunlich lange, ehe wir das erregende Spannungsmoment, die Blindheit des Kindes, erfahren. Der Dichter spart es bewußt auf. Offensichtlich sind ihm Abdias' Fortgehen aus seiner Heimat und alle die gründlichen Vorbereitungen dafür zunächst weit wichtiger, mag diese Reise auch noch so undramatisch verlaufen, da ja keine der gefürchteten Gefahren eintritt. Bezeichnenderweise wird das einzige mehr dynamische Ereignis dieser Wüstenreise, die Begebenheit von dem treu gefolgten und in nahezu tödliche Gefahren verstrickten Knaben Uram, mehr als hinzugefügte Anekdote gegeben, während der Hauptakzent auf den typischen Vorgängen des Vorbereitens, Planens und Durchführens liegt oder auch auf den allgemeinen Begleiterscheinungen der Wüste — Regenzeit und Sonnenglut —, in die die Geschichte von dem Knaben so eingebaut ist, daß ihr Eigengewicht darüber nahezu verlorengeht. Das Individuelle und Interessante nicht nur des Menschen, sondern auch der Begebenheit soll nach dem Willen des Dichters zurücktreten zugunsten der immer wieder möglichen Situationen, denen sich ein konkretes menschliches Handeln gegenübersieht und die der Mensch mit seinen jeweiligen Mitteln zu bewältigen hat. Wird ja auch von dem späteren Tod des an dem fremden Klima verschmachteten Knaben ebenso nebenbei berichtet wie von der in der weißen Stadt am Meer zurückgebliebenen, unfreundlich gesinnten Magd. Ganz anders jedoch verhält sich Stifter, wenn er eine malerische Bildsituation gestaltet wie den inmitten eines von Menschen wimmelnden Erdteils einsam mit dem Knaben, dem kleinen Kind und der halb verhungerten Eselin sich einschiffenden alten Juden. Hier kommt es ihm in erster Linie auf die symbolische Prägnanz dieses Bildes an, auf den leeren Raum, der immer noch um Abdias herum zu sein scheint, auf das Grau der Wüste und der Ferne, das in eine fremde, ganz andere Welt hinübergetragen wird.

Romantische Abenteuer auf dieser Schiffsreise wiederum, mochten sie nun stattgefunden haben oder nicht, sind für den Erzähler ohne Interesse. Dafür schildert er in vorwegnehmender Weise und wiederum mit behutsamer Genauigkeit, wie der neue landschaftliche Raum aussieht, den Abdias für sich und sein Kind vorgesehen hat, und später dann das emsige Wirken des Abdias in dieser fälschlich für unfruchtbar gehaltenen „Talwiege": den Hausbau und die aufgerichtete Mauer, die merkwürdige afrikanische Inneneinrichtung, den Garten und seine Bäume und, nach einer weiteren Zeitspanne, die für Ditha angelegten Felder. Die aus ihren dinglichen Elementen aufgebaute Welt hat zeichenhafte Bedeutung für das Dasein des Menschen in der Welt überhaupt, und es kommt wesentlich darauf an, daß dieser eine feste und dauernde Beziehung zu den ihn umgebenden oder von ihm erst geschaffenen Dingen herstellt, wenn er sich auf sinnvolle, und das heißt immer zugleich typische Weise in den Zusammenhang allen Lebens einordnen will. Auch wo er dem Ungewöhnlichen gegenübersteht, wie Abdias der Blindheit seiner Tochter, muß er das vom Normalen abweichende Phänomen in seine planende Lebensbewältigung mit hineinnehmen. Wenn der neue Lebensraum des Abdias trotzdem auf den Leser so befremdend, ja märchenhaft wirkt, so liegt das an der fast hermetischen Abgeschlossenheit von Vater und Tochter, die nur noch allein auf der Welt zu sein scheinen. Von anderen Menschen ist nur ganz am Rande, geradezu schemenhaft die Rede, so daß der flüchtige Eindruck von weiterer menschlicher Umgebung für den Leser bald zerrinnt. Ja, die Landschaft hat durch diese Menschenferne einen so urtümlichen Charakter, daß sich die Vorstellung des Paradiesischen uns wie von selbst aufdrängt.

Das Kontinuierliche, Ausgefüllte, Typische der in der Zeit ablaufenden Vorgänge kann stellvertretend an einem Tage oder mehreren Tagen veranschaulicht werden, während oft ganze Jahre vom Erzähler völlig übersprungen werden. Er ersetzt die fehlenden

Zeitspannen dann oft durch stereotype Wendungen wie: „So verging die Zeit" oder: „und die Zeit schleifte so hin" oder: „So verging gemach eine Zeit nach der andern" oder: „und wie die ersten zwei Tage gewesen waren, waren alle folgenden". Das in der Zeit Geschehene wird damit zuständlich und einförmig; es kommt dem Erzähler — so will es der Dichter — nicht auf einen leidenschaftlich und unruhig vom Menschen erlebten Zeitablauf an, sondern auf das objektive Gesetz der Zeit, auf die Ruhe in aller Bewegung. Das Dasein in der Zeit gewinnt damit etwas Abgeschirmtes, Gesichertes, zu dem das jähe Abbrechen der Kontinuität höchst eindrucksvoll kontrastiert. Es ist, als ob die Zeit durch die typischen Wiederholungen und die in und mit den Dingen erfahrene räumliche Bewegung zum Stillstand gebracht werden sollte. Wenn dies ganz gelänge, bliebe nur das im menschlichen Bewußtsein bewahrte, reine, aber zugleich umfassend und konkret verstandene Sein übrig, jenseits aller menschlichen Willkür und Leidenschaft. Indessen, die sinnvolle Kontinuität bleibt nie dauernd erhalten. Die in „gelassener Unschuld" wirkenden „Naturgesetze" greifen wie „ein unsichtbarer Arm aus der Wolke" in den Zeitablauf ein und zerstören ihn jäh, so daß Abdias wieder neu, unter jeweils anderen Voraussetzungen, beginnen muß. Eben dieser Gegensatz von zuständlich gewordener Zeit, die nur in der epischen Breite dargestellt werden konnte, und von dramatischem Zeitaugenblick, der alles von oben her wieder auflöst, wird vom Erzähler genau herausgearbeitet und gibt dem Erzählten das novellistische Profil. Denn vom Menschen aus gesehen muß ein solcher Einbruch in eine bereits sinnvoll geordnete Zeit wie ein schaudervoller „Zufall" erfahren werden, und der „Zufall" ist es, der stets von neuem in der Novelle regiert.

Dennoch könnte man den „Abdias" zunächst mehr für einen verkürzten Roman als eine Novelle halten, da er ja eine ganze Lebensgeschichte von der Geburt bis zum Tode berichtet. Jedoch ist er alles andere eher als etwa eine geschichtliche Chronik. Manche Phasen des Ablaufs bleiben unerwähnt. Die Erzählung verdichtet sich statt dessen an jenen Wendepunkten, in denen nicht nur der Glückswechsel, sondern auch die von uns geschilderte untrennbare Verflechtung von Heil und Unheil am sichtbarsten in Erscheinung tritt. Sie hat aber darüber hinaus eine novellistische Kernzone, die in diesem Falle zugleich die Gipfelung des Erzählten bedeutet, in jenem dritten Schicksalskreis des Abdias, in dem die blinde Ditha wie durch ein Wunder völlig unerwartet sehend wird, allerdings nur, um wenige Jahre später durch ein analoges Naturgeschehen ihr Leben zu verlieren. Hier liegt die eigentliche, um Goethes Formel über die Novelle zu gebrauchen, „unerhörte Begebenheit". Sie unterscheidet sich insofern von dem Vorausgegangenen, als sich jetzt ein Geschehen abspielt, auf das Abdias in keiner Weise einwirken kann, das also nur noch über ihn verhängt ist und das daher eigentlich weder mit seinem seltsamen Herzen noch mit irgendeiner menschlichen Schuld in Verbindung gebracht werden darf. Aber das vorher Erzählte bleibt der tragende Grund, von dem auch diese Ereignisse sich nicht ablösen lassen. Denn die Vorgeschichte erzeugt die zwingende Suggestion, daß selbst das scheinbar ganz und nur von außen Kommende noch zum symbolischen inneren Stil dieses ebenso verfluchten wie gesegneten Daseins gehört. Erfährt doch Abdias mit der durch ein Gewitter sehend gewordenen Tochter ein höchstes Glück, wie er es weder erwarten noch von sich aus hätte erlangen können, ein Geschenk des Lebens, wie es durch kein anderes zu überbieten wäre. Aber ebenso mußte dann der unbegreiflich frühe Verlust der Tochter das größte, nicht mehr zu meisternde Unglück sein, das ihn überhaupt treffen konnte.

Wohl bleiben ihm in der ganzen Erzählung Geld und Gut, aber eben sie sind nur ein Scheinglück, das ihm am Ende zu nichts mehr von Nutzen ist. So liegt über dem Erzählten die Schwermut des Vergänglichen und das Wissen um den Schmerz des Daseins. Und dies um so mehr, als Ditha in der Erzählung wie eine Märchenprinzessin dasteht, ein elementares Naturwesen an der Grenze von Traum und Wirklichkeit, zugleich aber auch von jener sittlichen Schönheit des Herzens ist, die ganz frei von der Sünde des Menschen zu sein scheint. Mag auch sie im elektrischen Spannungsfelde stehen, ihr Wesen selbst hat nichts Elektrisches. Als „redende Blume" wirkt sie wie ein von der Natur nur vorübergehend zugelassenes Wunder, das eigentlich in den Bereich der Menschenwelt kaum mehr hineingehört und dessen früher Tod den Leser zwar mit Wehmut, keineswegs aber mit tragischem Entsetzen erfüllt. Grauenvoll ist das Ereignis für den Vater, nicht jedoch für Ditha selbst und auch nicht für den Erzähler und seine Zuhörer. Wohl aber haben die Begebenheiten, die ihr zustoßen, etwas von dem „Schaudernden", von dem am Eingang der ganzen Erzählung die Rede ist.

Der Novellist schildert mit höchster Kunst den „furchtbar

herrlichen Sturm" ihres ersten Sehens und dann das Zurückgewinnen der Welt, die zunächst nur „wie ein totgeborener Riese"
auf ihren schönen blauen, doch toten Augen lag. Das aber führt
zugleich zum Erwachen der Seele, dabei ganz geleitet und geschützt von der fürsorgenden Liebe des Vaters. Farben und Klänge
sind für Ditha wunderlich gemischt, auch später noch, als sie
allmählich dazu gelangt, die ungeheure Menge der Gegenstände
zu unterscheiden und sich anzueignen. Ja, auch die sehende
und zur Jungfrau aufblühende Ditha bleibt ein herausgehobenes,
seltsames Menschenkind, einmal durch ihre Gewitterfreudigkeit
und den schwachen, blassen Lichtschein um ihr Haupt, der sie
eben dann wie ein geheimnisvolles Zeichen umgibt, wenn die
Natur elektrisch geladen ist, zum andern durch die Vermischung
von Außen- und Innenwelt, innerhalb derer Tag und Nacht,
Sehen und Blindheit wie ineinandergewoben scheinen. Ihre nahe
Beziehung zu den Dingen ist anderer Art als die ihres Vaters,
weit weniger vom Handeln bestimmt als vom Fühlen. Abdias,
und so liegt es nun einmal in seinem Wesen, sucht auch jetzt
vorsorgend eine Welt im Kleinen für sie zu errichten, einen
einzigen Schutzwall gegen alles Zukünftige. Aber wie so oft ist
ebenso diesmal alles vergeblich. Die wenigen Jahre des reinen,
ihm gegönnten Glückes zeichnet der Dichter mehr bild- als
ereignishaft: das nach Europa hinübergetragene Afrika, Ditha,
wie „der schlanke Schaft einer Wüstenaloe" inmitten von Erlen,
Wacholder und anderem Gesträuch, neben ihr im weiten Talar
der alte Jude mit funkelnden Augen, weißem Haupt und Bart,
der ihr in arabischer Sprache Wüstenmärchen erzählt, südliche
Bilder für sie dichtet und Beduinengedanken „wie ein Geier des
Atlasses an ihr Herz" wirft. Die Zeit scheint stillezustehen. Das
Glück dieser paradiesischen Abgeschiedenheit ist vollkommen
und bleibt in nichts hinter einem holden Märchenzauber zurück.
Abdias will es festhalten, er „tat sich absichtlich einen Schmerz
an, oder er opferte etwas Liebes, damit nicht das Schicksal ein
Größeres begehre".

Aber das Schicksal läßt sich nicht überlisten, und so endet das
eigentliche Geschehen mit Dithas unvoraussehbarem Gewittertod
mitten im Sommer und in der Zeit der Ernte. Das wird vom
Erzähler noch einmal sehr genau, bis in alle Einzelheiten hinein
geschildert, aber dabei keineswegs heftig, sondern still und sanft,
mit einer leise mitschwingenden, völlig unsentimentalen, leidvollen Süße, wie sie zu eben jener Ditha gehört, in deren Wesen

146

sich jetzt eine „Art Spannung" zeigt: freudig, heiter und kühn wie bisher, aber auch schon „ein Ausdruck des süßen Leidens über sie ausgegossen".

Das Naturphänomen des herannahenden und doch nicht ausbrechenden Gewitters, das Regungslose der Flur mit dem fernen, tiefen Donner und der hoch in der Luft singenden Lerche wird mit Stifterscher Bild- und Sprachkraft vor uns ausgebreitet, einmündend in jenes Idyll des Vater-Tochter-Verstecks in dem von Ditha so geliebten Flachsfeld. Und dann folgt jenes letzte, unvergeßliche Gespräch zwischen Vater und Tochter, das von den Pflanzen und vom Tod handelt, in dem jede gewollt symbolische Unterstreichung vermieden ist und das eben dadurch die intensivste Symbolkraft ausstrahlt. Es ist in der Hauptsache Ditha, deren Stimme jetzt noch einmal zu uns dringt und deren Worte die Stiftersche Metapher von der „redenden Blume" so sinnfällig machen. Sie spricht von der Flachspflanze, die den Menschen liebhat, von dem Leben und dem Tod dieser Pflanze und von dem, was sie mit ihren „weichen silbergrauen Fasern" dem Menschen als Gabe hinterläßt „von der Wiege bis zum Grabe". Am Ende aber sind diese traumhaften und doch ganz realen Vorstellungen noch einmal ineinander verwoben: das Linnen, in das man die kleinen Kinder legt, das Linnen für die Braut als Brautgabe und als letztes die weißen Tücher, in die wir eingehüllt werden, wenn wir tot sind. Wird hier nicht ein ganzer Lebenskreis „von der Wiege bis zum Grabe" am Leitmotiv des aus dem Flachs gewonnenen Linnens wie in einer unbewußten Vorwegnahme durchschritten? Dieses Erzählen der „redenden Pflanze" für ihren sonst nur in der ökonomischen Welt beheimateten Vater von dem Geheimnis der Naturdinge, der Flachspflanzen und ihrer „einhüllenden", Liebe spendenden Bedeutung für unser menschliches Dasein mag noch so sehr von wirklichen Dingen handeln; es hört sich an, als ob es ein Märchen wäre.

Als jedoch Ditha zu erzählen beginnt, ist es auch schon zu Ende, obwohl das Erzählen in nur wenigen Worten von der Geburt bis zum Grabe reichte. Das Erzählte geht unmittelbar in ihren eigenen Tod über, wie wenn auch er noch dazu gehörte. Nur ein lodernder sanfter Schein, ein kurzes heiseres Krachen, und alles ist vorüber. Ditha, gegen eine Garbe zurückgelehnt, ist tot, und der vereinsamte Greis kann und will nicht begreifen, daß das zurückgebliebene „Ding" seine Tochter sein könne. Noch einmal wird dann die Blumenmetapher vom Erzähler variiert, wenn es von Ditha heißt, daß „Brüder" aus dem Volk des Abdias „die Lilie" in die Erde gelegt haben.

Das Gewitter aber, das Ditha „mit seiner weichen Flamme das Leben von dem Haupte geküßt hatte", sieht der Dichter eher als guten Engel denn als bösen Dämon. Reichen Segen schüttet es später noch auf die Menschen herab, und wie „jenes, das ihr das Augenlicht gegeben", schließt es „mit einem schönen Regenbogen im weiten Morgen". Jedoch die zärtliche und sanfte Wehmut, die in der poetischen Schilderung in diese Naturlegende von Dithas Tod hineingelegt ist, kontrastiert durchaus zu der völligen inneren Zerstörung des Abdias, der jetzt jedes Bewußtsein der Zeit verliert und doch noch dreißig Jahre leben muß. Nur ein letztes Aufflackern seiner ungeheuren Lebensintensität ist es, wenn er noch einmal aus diesem Dämmerzustand erwacht und an seinem alten türkischen Feind Melek Rache nehmen will. Aber die Zeit ist endgültig vorbei, die Abdias für sein tätiges Wirken in der Welt so heil- und unheilvoll zugleich vergönnt war.

Die novellistische Begebenheit „Ditha" mit dem ihr zugeordneten elektrischen Spannungsfeld würde, für sich allein erzählt, nur auf jene unerkennbare Sphäre hindeuten, in der das Schicksal wahllos nimmt und gibt und kein waltender Gott, kein dem Menschen gesetztes Ziel mehr erkennbar ist. Indem der Erzähler jedoch sie zum letzten Glied einer Kette macht und zugleich dabei eine Steigerung noch über alles bisher Erzählte hinaus erreicht, gibt er ihr einen verweisenden Charakter, der auf den undurchschaubaren Zusammenhang allen Lebens und seinen geheimen, unaussprechlichen Sinn hindeutet. Mußte nicht doch *diesem* Mann eben *dieses* geschehen und ist nicht auch und gerade noch Ditha eine „Blume" in jener Schicksalskette der „Blumen", so wenig es dem menschlichen Geist auch gelingen mag, diesen unermeßlichen Reichtum, der da war, ist und kommt, in seinen Gaben und unwiederbringlichen Verlusten zu deuten und die Glieder einer solchen Kette streng aneinanderzureihen? Der Novellist Stifter hat den parabolischen Einzelfall des Abdias und seines Lebensschicksals als ein solches „heiliges Rätsel" eindringlich verdichtet und zugleich in seinem Geheimnis belassen.

GOTTFRIED KELLER

—

DER LANDVOGT VON GREIFENSEE

Gottfried Kellers Erzählung „Der Landvogt von Greifensee"
ist eine Rahmennovelle, die in den Zyklus der „Züricher
Novellen" hineingehört. Der Dichter hat für die ersten drei
Erzählungen „Hadlaub", „Der Narr auf Manegg" und „Der
Landvogt von Greifensee" nochmals eine Umrahmung gegeben
in der Geschichte eines jungen Zürichers, Jacques, der um jeden
Preis „Original" sein will. Diese ersten drei Geschichten belehren
ihn gleichsam darüber, was wirkliche menschliche Originalität
im positiven Sinne bedeutet und was nur eine verzerrte Karikatur
der Originalität ist, so daß er darüber freiwillig und endgültig
verzichtet, „ein Originalgenie zu werden". Der Landvogt von
Greifensee, dessen Lebensgeschichte Keller nicht etwa erfunden
hat, sondern zu der er eifrig bestimmte Quellen benutzte, — vor
allem die Biographie von David Heß: Salomon Landolt, ein
Charakterbild nach dem Leben ausgemalt, Zürich 1820, und,
besonders für die Figura-Erzählung, das Buch von Josephine
Zehnder, geb. Stadlin: Pestalozzi, Idee und Macht der menschlichen Entwicklung, Gotha 1875, — ist als unverehelichter Junggeselle ein Sonderling; aber, wie Herman Meyer in seinem Buch
„Der Typus des Sonderlings in der deutschen Literatur" mit
Recht bemerkt, ein „Original ohne jede Originalitätssucht", ein
Mann der vorurteilslosen Freiheit, der gelassenen Besonnenheit
und milden Weisheit, also ein Sonderling im höchsten und verklärenden Sinne des Wortes. Die ersten drei Erzählungen der
„Züricher Novellen" erschienen im November 1876 bis April 1877
in der „Deutschen Rundschau"; 1877/78 kam dann die Buch-
ausgabe der „Züricher Novellen" heraus, zu der noch weiterhin
„Das Fähnlein der sieben Aufrechten" und „Ursula" gehören.

Obschon Kellers „Landvogt" eine seiner schönsten, wenn nicht
seine schönste Novelle ist, hat bisher niemand den Versuch einer
Interpretation gemacht. Nur die gründliche und ergiebige Züricher

Dissertation von Max Nußberger „Der Landvogt von Greifensee und seine Quellen" unterrichtet uns genau über Kellers Vorlagen und bringt einen wertvollen vergleichenden Anhang, in dem Teile des Textes der Novelle und Teile der Quellen direkt einander gegenübergestellt werden. Damit ist eine unschätzbare Vorarbeit geleistet, ohne die eine Interpretation im Grunde gar nicht durchführbar ist. Uns kommt es jedoch nicht mehr auf die Genese der Kellerschen Dichtung und ihre biographischen Vorlagen an, wie sie Nußberger überzeugend herausgearbeitet hat, sondern auf eine Würdigung und Analyse der novellistischen Gestaltungsform. Dafür fehlen nun allerdings, abgesehen von nur ganz kurzen Bemerkungen in allgemeinen Darstellungen über Keller, alle Vorarbeiten.

Beim ersten Hinhören scheint Keller nur eine heitere, gutgelaunte Geschichte zu erzählen, die uns von den fünf „Körben" berichtet, die der wackere und nunmehr zweiundvierzigjährige Hagestolz Salomon Landolt, Obrist und Landvogt der Herrschaft Greifensee, einst von seinen fünf schönen und liebenswürdigen „Flammen" erhalten hat. Zunächst hatte Keller sogar an die Zahl sieben gedacht. Fünf Körbe freilich sind, wie seine Haushälterin, die seltsame Käuzin Frau Marianne meint, eigentlich „eine ... lächerliche Geschichte", mochte sie der Landvogt auch durch einen großartigen Spaß, den er sich schließlich mit seinen Schönen erlaubt, zu einem erbaulichen und zierlichen Ende geführt haben. Es fehlt dem Erzählten selbst keineswegs an schwankhaften Zügen, an Verspottungen aller Art, an liebenswürdiger Lustigkeit, und der Erzähler ist durchaus darauf bedacht, daß ihm der Ton nicht unversehens allzusehr ins Dunkle oder Schwere gerät. Ja, sieht es nicht in der Komposition der Novelle zunächst so aus, als ob lediglich ein mehr beiläufiger und für diesen Zweck eigens von Keller erfundener Rahmen die fünf anekdotisch erzählten Einzelgeschichten lose zusammenhielte, die alle von versagter Liebe handeln und die dennoch alle weit eher in den Bereich der komischen als der tragischen Muse hineingehören?

Aber dieser erste Eindruck ist durchaus trügerisch; und wer sich aufmerksamer in das Erzählte versenkt, der wird bald beobachten können, wie hier ein hoher Kunstverstand am Werke ist, der jedoch seine Mittel — ähnlich wie in der Novelle „Romeo und Julia auf dem Dorfe", die im Gegensatz zum „Landvogt" eine ganze Kette von Interpretationen gefunden hat — so behutsam zu verbergen weiß, daß der täuschende Eindruck eines ununterbrochen frei fließenden, geradezu improvisierten Erzählens entsteht. Aber auch mit der Lustigkeit hat es noch seine besondere Bewandtnis. Das schwankhaft Komische der Erzählung ist nur ein Vordergrund, hinter dem die Lichter einer feinen Ironie spielen; ja darüber hinaus ist die ganze Novelle von jenem umfassenden Geist des Humors beseelt, der sich liebend mit der Welt, auch noch mit ihrer dunklen Traurigkeit, eingelassen hat. So wird das Erzählte zum Welt- und Zeitenspiegel und der Erzähler zum verborgenen, unbestechlichen Richter alles menschlichen Tuns und Lassens, der gewiß nicht als ein pedantisch moralischer Schulmeister Zensuren erteilt, wohl aber aus einer Souveränität des Erzählens heraus Spiel und Ernst in einem unnachahmlichen Gleichgewicht hält. Der Erzähler ist an allem, was geschieht, innerlich beteiligt, und sein Erzählen ist keineswegs „neutral"; aber er behält zugleich die wertende Distanz zum Dargestellten, die nur aus der Überschau über das Ganze möglich ist und aus einem Standort jenseits der handelnden Personen. Er braucht diesen seinen pädagogischen Ort nirgends reflektierend mitzuteilen, er behält ihn sich stillschweigend vor. Oft genügt ihm bereits eine Nuance in der Verlagerung des Tons, um seine Überlegenheit, seine zur Verantwortung bereite Klarheit in der Führung der Handlung zu wahren; und so fällt dann jeweils ein anderes Licht und ein anderer Schatten auf seine Figuren, und das um so mehr, als sie sich alle noch wechselseitig spiegeln und selbst da noch kunstvoll aufeinander bezogen sind, wo vom Kausalnexus des Erzählens her keinerlei Verknüpfung gegeben ist.

Die fünf scheinbar nur lose aneinandergereihten Geschichten bilden eine Art „magisches Pentagramm" in jenem fünffachen „Spiegel der Erinnerung", der „von keinem Hauche der rauhen Wirklichkeit getrübt" wird, und sie laufen daher alle, wie die Speichen eines Rades, in einem Mittelpunkt zusammen, und zwar in dem Mann, der diese verschiedenen Liebesabenteuer, von der die Geschichten handeln, an sich selbst erfahren hat und der das einst Geschehene klug und launig in einem heiter-hintergründigen Spiel ausklingen zu lassen wagt. So gewinnt der Rahmen, der die Einzelgeschichten umfaßt, eine sinngebende Bedeutung, da er aufgestellt ist wie ein großer Spiegel, in dem das sich wechselseitig Spiegelnde nochmals als Ganzes erblickt wird und damit eine in die Tiefe des Lebens selbst hineinführende Deutung erfährt. Nicht so sehr in den Erzählungen, wohl aber im Rahmen spielt sich die im engeren Sinne novellistische Handlung mit ihrer von Keller frei erfundenen Pointe ab; aber von der fünffachen Perspektive in die Vergangenheit hinein erhält das im Rahmen Erzählte eine Farbskala wie ein Regenbogen, in dem alles Licht prismatisch gebrochen wird.

Es ist eine mehr wunderliche, ja nahezu skurrile Begebenheit, die sich im Rahmen ereignet, nicht etwa eine „unerhörte", es sei denn, wir nehmen das Adjektiv „unerhört" in dem wohl auch von Goethe gemeinten Wortsinn von „noch nicht gehört". Salomon Landolt, dem am Tage der Vorführung des von ihm gegründeten Korps der Züricher Scharfschützen, „am 13. Heumonat 1783", unvermutet die erste seiner früheren Lieben begegnet, kommt auf den lustigen Keller-Einfall, alle fünf zu sich einzuladen, wozu er denn auch seine Haushälterin, die seltsame Käuzin Marianne, auf listigen Umwegen überredet. Dann erst werden die Geschichten erzählt, nach des Autors Willen ordentlich eingeteilt, abgerundet und für unser Verständnis eingerichtet, und im Anschluß daran knüpft der Erzähler an den Rahmenvorgang wieder an, indem er berichtet, wie das Fest dieser Bewirtung ausgefallen ist und welche heiteren und ernsten Scherze der immer noch so lustige und phantastische Landvogt mit seinen alten „Flammen" dabei getrieben hat. Die Novelle von den fünf allerliebsten Schönen, die den einstigen Freier, jede aus anderen Gründen, abgewiesen haben und die nun alle — zwei sind inzwischen verheiratet, zwei sind ledig geblieben, eine ist verwitwet — wie auf einer Bühne bei ihm versammelt sind, nimmt jene fünf Erzählungen in sich auf, von denen uns jede wieder wie eine Novellenskizze oder gar selbst wie eine ausgeführte Novelle anmutet und die doch alle erst gemeinsam jene Lebenslehre anschaulich machen, die am Ausgang im bildhaften „Rebus" verkündet wird, daß die Zeit Rosen, wenn auch Rosen der Entsagung bringt.

Der Landvogt des Rahmens und der der Erzählungen ist derselbe und doch ein anderer. Im Rahmen steht er in der Mitte des Lebens, ein erfolgreicher, tätiger, höchst umsichtig und gerecht wirkender Mann; aber noch immer sitzt ihm der Schalk im Nacken, noch immer hat er etwas vom Phantastischen des Künstlers. In den Erzählungen hingegen tritt das unentschieden Offene, ja sogar Illusionistische und Gefährdete seiner Jugendjahre deutlicher hervor, aber neben dem Verspielten seines Wesens nicht weniger das Liebenswürdige und Liebenswerte und auch schon alle jene Züge, die ihn später ein „väterliches" Verhältnis zu seinen Soldaten finden lassen und ihn zu jenem „salomonischen"

Richter machen, wie ihn die fünf Frauen erleben, als sie dann seine erzieherischen Entscheidungen bei den vorgeführten, geschichtlich beglaubigten Ehefällen miterleben dürfen. Salomon Landolt ist nicht wie Kellers Grüner Heinrich eine autobiographische Figur. Der Dichter ist in vielen Zügen seiner Hauptquelle, der Biographie von David Heß, gefolgt, und schon hier zeigt Landolt die Züge des Originals und eine erstaunliche Vielseitigkeit als Landvogt und Richter, als Bürger, Soldat und Künstler, als Landwirt, Schütze, Jäger, Reiter und Gesellschafter. Salomon Landolt sollte gewiß keine Idealfigur sein, sondern ein lebendiger Mensch, nicht ohne Mängel und Widersprüche; aber er verkörpert für den Dichter dennoch ein gültiges Maß echter und bewährter Männlichkeit und damit auch des Schweizer Bürgersinns und seiner dem Gemeinwesen zugewandten sittlichen Kräfte. Ja, er hat sein Leben in einer so beispielhaften Weise gemeistert, daß er selbst nun wieder zum väterlichen Vorbild für alle die zu werden vermag, die ihm untergeben sind. Vor allem aber ist er der höchsten männlichen Tugend, der Gerechtigkeit, fähig, und so besitzt er die pädagogische Gabe, verirrte Lebensläufe wieder ins Geleise zu bringen und zum liebevoll strengen Richter für solche zu werden, die in die Irre gingen. Um so verwunderlicher will es uns anmuten, daß einem solchen auch physiognomisch nach der Biographie von Heß charaktervoll und anziehend beschriebenen rechtschaffenen Mann, der noch dazu Laune, Witz und Phantasie besitzt, fünf Körbe von den allerschönsten Frauenzimmern zuteil geworden sind.

Die fünf Geschichten über diese Körbe werden in chronologischer Reihenfolge erzählt: die erste vom „Distelfink" fällt in Salomons 25. Lebensjahr, die zweite undatierte vom „Hanswurstel" dürfte nicht viel später liegen. Die dritte hingegen vom „Kapitän" ereignet sich erst nach dem Ablauf weiterer sieben Jahre, die ohne Liebesereignisse waren, wohingegen die beiden letzten von „Grasmücke" und „Amsel" noch in das gleiche Jahr fallen, in dem die vorausgehende ihr Ende gefunden hat. Offensichtlich haben die einzelnen Episoden ein sehr verschiedenes Gewicht. Die zuletzt erzählten werden vom Autor bereits im Eingang des Kapitels ironisiert; er behandelt sie mehr als zwei geringfügige Abenteuer und betrachtet sie daher als „Zwillinge", die „in die gleiche Windel gewickelt werden können". Indem „Grasmücke" und „Amsel", so verschieden sie im einzelnen sind und sowenig sie auch als Personen miteinander zu tun haben, durch das „Und" des Erzählers verknüpft und insofern gemeinsam abgehandelt werden, wird ihnen bereits sehr viel vom Einmaligen der Liebesbegegnung genommen; zum mindesten erhalten die beiden Zwillingsabenteuer hierduch einen mehr typischen als individuellen Charakter.

Die chronologische, dem Lebenslauf Landolts nachgehende Folge verbirgt jedoch mit Absicht, wie der Erzähler die verschiedenen Frauengestalten noch wechselseitig aufeinander bezogen und nach dem überzeitlichen Prinzip der *Konfiguration* gestaltet hat. Nehmen wir sie als Gruppe, so sind sie alle schön, reizvoll, anmutig und jung. Ihre Kose- oder Spottnamen, mit denen Landolt sie belegt hat, läßt sie im ganzen wie zwitschernde Vögel erscheinen, von denen die resolute Frau Marianne zunächst nicht weiß, ob sie sie demnächst auf Stänglein oder auf Stühle setzen oder gar wie die Dohlen in einen Turm einsperren soll, um sie erst hungern zu lassen. Als sie später beisammen sind und gemeinsam lachen, da klingt es für Landolt wie das Glockenspiel eines Cäcilienkirchleins; aber seine verschiedenen „Glocken" haben einen jeweils besonderen Ton: Wendelgard, der „Kapitän", den schönen Alt, Aglaja, die „Amsel", den Klang eines „Sturmglöcklein, wie wenn das Herz brennte"; Salome, der zuerst von Salomon angebetete „Distelfink", der sein Herz „angepickt" hat, wie ein freundliches mittleres Vesperglöckchen; Barbara, die „Grasmücke", bimmelt als silbernes Betglöcklein im purpurnen Glockenstübchen, und Figura Leu, das „Hanswurstel", läutet den goldnen Feierabend ein. Der Leser, der die verschiedenen Liebesepisoden bereits kennt, soll aus dem liebenswürdig geistvollen Kompliment Salomons an seine ehemaligen Schätze, die er jetzt als „Glocken" anredet, noch einmal heraushören, was jede einzelne von ihnen für ihn in seinem Leben bedeutet hat. So wird es denn durchaus deutlich, daß keine dieser Begebenheiten unter einer rein entwertenden Perspektive gesehen werden darf, auch nicht die beiden letzten, die geringfügiger erschienen. Denn die Zeit hat dem Landvogt Rosen gebracht, und Rosen sind es, die der als „Rebus" verkleidete Affe Cocco jeder der Damen überreicht.

Wie aber steht es mit der konfigurativen Anordnung dieser fünf Gestalten, wenn man dieses Ensemble nicht als die bloß aneinandergereihte Perlenschnur des Lebenslaufes, sondern als wechselseitigen Bezug, als eine vom Erzähler aufeinander abgestimmte künstlerische Einheit auffaßt, so wie sie ja auch mit dem Bild des Glockenspiels sich anschaulich darbietet? Den eigentlichen Mittelpunkt bildet Figura Leu, von der es später heißen darf, daß sie „ganz schuldlos" und dem Landvogt „die liebste" war. Als Kontrastfiguren sind Salome und Wendelgard einander zugeordnet, während Barbara und Aglaja zwar vom Erzähler „in die gleiche Windel gewickelt werden", aber dennoch auch ihrerseits zwei entgegengesetzte Pole verkörpern. Figura wiederum kann eigentlich noch zu jeder der anderen Gestalten als Kontrast aufgefaßt werden. Als der Landvogt am Ende der Erzählung seinen „Flammen" vorgaukelt, sie müßten entscheiden, ob er die etwas rauhe und räuchrige, aber brave und tugendhafte Haushälterin oder die junge, sanfte und wohlgeartete Magd, die ja in Wahrheit nur ein verkleideter Knabe ist, heiraten soll, da ergibt sich im Pro und Kontra der Entscheidungen erneut eine Konfiguration. Darauf hat Keller selbst entscheidenden Wert gelegt. In seinem Brief an Adolf Exner vom 27. August 1875 heißt es über Landolts „Erinnerungsvergnügen" nach den vorübergegangenen Liebesstürmen: „So kommen sie zusammen, ohne es zu wissen. Jede glaubt seine besondere gute Freundin zu sein, und jede will ihn besonders bemuttern und bevormunden, und nun knüpft er ihnen die Haare ineinander, daß es eine Hauptlustbarkeit absetzt, d. h. wenn ich's machen kann; denn gerade diese Partie muß ich noch schreiben, das ist eben der Teufel! Sechs oder sieben Mädel, die alle artig und liebenswürdig sind, keine der anderen gleicht und auch jede etwas Komisches hat. Da kommt's nun wahrscheinlich auf eine recht deutliche und bündige Exposition aller einzelnen an, eine nach der andern, daß ihre Rollen am Tage des Gerichts schon von selbst gegeben und vorgeschrieben sind." Salome und Aglaja wollen die Entscheidung zunächst verzögern und dem Landvogt lieber selber eine Braut suchen, die inzwischen verwitwete Aglaja vielleicht sogar mit dem Hintergedanken, den nunmehr so stattlich gewordenen Mann am Ende noch für sich selbst zu nehmen. Barbara, die Grasmücke, tritt am entschiedensten und hartnäckigsten für die Alte ein. Bei der Abstimmung geben sie und, wenn auch weit unsicherer, Aglaja, die Stimme für die Alte ab, die anderen drei für die Junge. In diese Entscheidungen legt der Dichter noch ein unausgesprochenes strenges Urteil hinein. Die Rollen am Tage des Gerichts sind in der Tat von der Vorgeschichte her schon vorausgegeben. Barbara und Aglaja haben den Landvogt nie wirklich geliebt, während Salome und Wendelgard, weitaus am meisten aber Figura, ungeachtet ihrer „Körbe", ihm mehr als bloß freundschaftlich zugetan waren. So ist es denn durchaus folgerichtig, daß sie dem noch so rüstigen Mann nicht die verwitterte Landfahrerin, wohl aber das schöne und junge Mädchen als Ehepartnerin wünschen, wenn auch nur Figura angesichts dieses Spieles, das sie für Ernst halten muß, einen wirklichen echten Schmerz empfindet. Die etwas beschränkte Barbara hingegen möchte dem Landvogt am liebsten eine Art Gouvernante und eben darum die Haushälterin zur Gattin geben; in Aglajas Entscheidung wiederum mögen noch selbstsüchtige Gefühle, vielleicht sogar Eifersucht hineinspielen. Die Stimme der Figura gibt aber dann in dem Frauengericht den Ausschlag.

Aber es ist an der Zeit, daß wir die so getrennt erzählten und doch insgeheim verschlungenen Liebesepisoden nun ihrerseits näher betrachten. Wir gehen dabei nicht, wie es in den Erzählungen selbst geschieht, chronologisch vor. Denn von einer kontinuierlich romanhaften Lebensgeschichte, bei der das eine aus dem andern entspringt, kann hier keine Rede sein. Wir verdeutlichen das Erzählte darum an der wechselseitigen, dem Prinzip der Konfiguration folgenden Überkreuzung. Die eigentliche, zu einer längeren Erzählung ausgebaute innere Mitte, die Geschichte von dem Hanswurstel, wird von uns als letzte und damit als der eigentliche Höhepunkt erörtert werden.

Salome, die Namensschwester und noch dazu dem Salomon entfernt verwandt, stammt aus einem sogenannten guten Hause. Man könnte meinen, in ihrer Solidität und Lebensklugheit, ihrer Herkunft aus einer freien protestantischen Welt und ihrer Bildung im französischen Geist sei die anmutige „Mademoiselle" die vom Leben bereits vorbestimmte Partnerin für den Landvogt. Sie ist eine große, prächtige, erdhafte Natur, wie später Aglaja und Wendelgard aus ländlichem Boden entsprossen. Aber der Erzähler hüllt die ganze Begebenheit in sublime, wohlwollende Ironie. Von der offenen und ehrlichen Salome aus ist es zunächst nur eine „gelinde Liebelei", und wäre die gemeinsam gepflanzte zierliche Kirschenallee nicht gewesen, so wäre ihr Blut wohl kaum in wärmere Wallung geraten, das „Licht ihrer Lebensklugheit" wohl kaum vorübergehend verfinstert worden „wie die Sonne bei einem Monddurchgang". So aber kommt es zu jener treuherzigen beiderseitigen Verliebtheit, die sich so leicht mit Liebe verwechseln läßt. Vielleicht hätte Salome ihrem Salomon niemals einen Korb gegeben, trotz der Bedenken der Eltern über die damals noch ganz unsicheren Verhältnisse des jungen Mannes, wenn dieser nicht jenen mystifizierenden Brief über seine eigenen Ahnen und seine Aussichten geschrieben hätte, mit dem er, vielleicht von einem unbewußten Instinkt geleitet, vielleicht auch nur aus „Vorwitz", „die Festigkeit ihrer Neigung auf die Probe" stellen wollte. In dem Bericht über Salomons Vorfahren, so sehr er auch als krause Kellersche Erfindung anmutet, folgt der Dichter seiner Quelle, hingegen ist der Brief als solcher von ihm frei erfunden. Dieser Brief zeigt — von Landolt aus gesehen — ein Stück Eulenspiegelei in seinem Wesen, etwas von seiner Lust am verwegenen, phantastischen Spielen, verbunden mit bizarrer Selbstironie, die die eigene, im Grunde solide Wesensart noch unter den Aspekt des abenteuerlich Vagen und Bedenklichen zu rücken wagt. Aber der Brief, den der Dichter nicht direkt, sondern als epischen Bericht mitteilt, hat noch eine andere Funktion. Er ist ja nicht so sehr freies Spiel von Salomons Phantasie, sondern deutet auf tatsächlich vorhandene gefährliche und unheimliche Hintergründe seiner Herkunft hin. Der Dichter räumt hier, wenn auch von seiner Quelle geleitet, wie auch noch an anderen Stellen seiner Novelle dem Dunklen, Absurden und Grotesken im menschlichen Dasein ein erstaunlich großes Feld ein, mag er das Unheimliche durch den Humor seiner Darstellung auch noch einmal überspielen. Die wilde und ungeordnete „Zentaurenfamilie" mit dem symbolisch aufgefaßten Wolf statt des Kettenhundes am Hoftor, aus der Anna Margareta, Salomons Mutter, stammt, ist gewiß nicht unbedenklich, wenn auch die Mutter selbst inmitten dieses wilden Wesens sich mit hellem Verstand und heiterer Laune bei guten Sitten erhielt und den eigenen Kindern später eine warmherzige und treue Freundin wurde. Aber das Motiv der Warnung vor dem mütterlichen Charaktererbe — halb scherzhaft, halb ernsthaft vorgetragen —, einer Warnung, die Landolt dann den „Korb" seiner Angebeten einträgt, gewinnt durch das Prinzip der verdeckten künstlerischen Spiegelung einen weit bedrohlicheren Sinn. Ist es doch später Figura Leu, deren Großmutter und Mutter im Irrsinn starben und die aus einer durchaus berechtigten Angst und noch dazu aus einem der Mutter gegebenen Versprechen heraus *jede* Eheschließung und daher auch die mit dem von ihr geliebten Salomon verweigern muß! Wenn ihm die gute Salome mehr oder weniger nur darum ihren Korb erteilt, weil ihrer im Kern philiströsen Natur „ein sorgenvolles oder gar unglückliches Leben undenkbar war" und ihr daher Landolts wilde mütterliche Familie — wer will es entscheiden? — unter Umständen nur zum Vorwand ihrer Absage dient, zumal auch die äußeren Aussichten des, wenn auch allgemein beliebten, jungen Mannes reichlich unsicher erschienen, so deutet Figuras „Korb" in der erneuten, aber nunmehr auf die Frau bezogenen Wiederholung des gleichen Motivs vom mütterlichen Erbe auf eine ganz andere, im Grunde tragische Entscheidung hin, die um so ergreifender sein muß, als Figura, darin durchaus Kontrastfigur zu Salome, ein leicht bewegliches, zur Liebe geborenes Elementarwesen ist, aber vom Dichter vor jenen dunklen Hintergrund gestellt wird, der zwar, wie sich im Laufe ihres Lebens herausstellt, keine Macht über diese heiter spielende und von innen gesehen glückhafte Gestalt gewinnt, der aber ihrem Leben unerbittlich das Gesetz der Entsagung aufzwingt.

Was nun Landolts mütterliche Familie betrifft, so ist es zwar um die Mutter nicht allzu schlimm bestellt; aber der Dichter gibt, seiner Quelle folgend, einen kurzen Lebensabriß vom Leben ihrer Brüder, der nahezu schon an die Bilder eines Höllen-Breughel herankommt. Für den Erzählzusammenhang seiner Geschichte bleibt das zwar bedeutungslos. Wohl aber ist dieses Hineinnehmen eines „wilden" Humors in seine Novelle von der Gesamtkomposition aus wichtig. Die Erzählung über die Zeit, die Rosen bringt, sollte auch immer wieder hindeuten auf jene ganz andere Zeit, in der das menschliche Leben sich selbst zerstört, in der es verdirbt und absurd zugrunde geht, weil jene „Entsagung" nicht geleistet wurde, aus der das schöne und anmutige Gelingen entspringt. Die Brüder, die von ihren Hofmalern sich alle die Untergangsszenen und Untaten, die sie begingen, an die Wände malen lassen, ja noch ihren eigenen Abschied von Haus und Hof im abstrusen Bild festhalten, unter dem dann mit verkehrter Schrift das Wort „Amen" steht, sind nicht komisch, sondern grotesk. Was hier tatsächlich geschehen ist, hätte ebensogut ein Kellerscher Einfall sein können. Denn diese Brüder stehen in ihrer bizarren Phantastik, aber auch in ihrer rücksichtslosen bösen Wildheit stellvertretend für eine „verkehrte", ihres Lebenssinnes beraubte Welt, wie sie etwa auch in Kellers Novelle „Die drei gerechten Kammacher" von ihm dargestellt wurde. Wohl mag auch Salomon etwas von seinen drei unheimlichen Oheimen ererbt haben. Aber „wilder Humor" ist es gewiß nicht, sondern eher jener satirisch lustige Zug in seinem Wesen, der jedoch niemals einen anderen Menschen verletzen würde. Oder soll man — seiner Selbstanklage folgend — ihm seine von Jugend an bestehende Neigung zur Last legen, die Wände mit Malereien zu „beklecksen" und noch dazu in seiner Knabenzeit mit hundert Kriegerfiguren? Das Motiv dieser von ihm gemalten Bilder wird ja im Kapitel „Grasmücke" erneut aufgenommen und führt eben dort zur Trennung. Hier jedoch, in der Parallele zu den Oheimen, wird das Fratzenhafte damit ins Humoristische gewandt, und ein klügeres Mädchen als Salome hätte eben daraus sehen müssen, wie wenig ihr Salomon in Wahrheit von dem tollen Unwesen seiner Vorfahren bedroht ist. Der Dichter hingegen weiß genau, wie groß die Kluft ist, die zwischen dem grundgütigen Neffen und seinen bösen Anverwandten besteht, und darum wechselt er auch im Ton vom Grotesken ins Humorvolle hinüber, sobald von Salomon selbst die Rede ist. Wohl mochte ein so welt-aufgeschlossener Erzähler wie Keller sogar noch mit den wilden Späßen und Klecksereien der drei Brüder sympathisieren, mit ihren Gewalttaten tat er es gewiß nicht.

So wie Keller das Böse und Schauerliche in seine im Gesamtton so anmutig plaudernde Geschichte noch hineinnimmt und ihm den Stilwert des Grotesken verleiht, so ist auf der anderen Seite auch im fröhlich Spaßhaften sehr viel mehr Unglück verborgen, als es zunächst aussehen mag. Ganz humorvoll, ja fast schwank-haft steht Landolts Haushälterin, die Frau Marianne, vor uns — auch sie und ihre Schicksale sind weitgehend in der Quelle schon vorgezeichnet —; und die Anekdote, wie sie einst als junges Mädchen mit einem scharfen Küchenmesser auf einen eifer-süchtigen Offizier, der sie mit übler Nachrede verfolgte, los-gegangen ist und ihn entwaffnet hat, liest sich auf die lustigste Weise. Aber eben das ist Kellers Art. Wo er nur zu scherzen und sich und den Leser zu amüsieren scheint, ist mitunter von den traurigsten Dingen die Rede, denen nur die dichterische Meister-schaft jenen Glanz abgewinnt, der „von keinem Hauche der rauhen Wirklichkeit" mehr getrübt wird. Das Leben der Frau Marianne ist — vom rein Tatsächlichen aus gesehen — keineswegs lustig. Sie heiratet zwar den von ihr geliebten schönen Studenten; ja, sie folgt ihm noch als Marketenderin auf den verschiedenen Feldzügen, an denen er später als Soldat teilnimmt. Doch die neun Kinder, die sie ihm geboren und die sie nach Kellers freier Erfindung leidenschaftlich geliebt hat, sterben ihr alle hinweg. Der Mann aber, für den sie alles getan, ja dem sie seine ganze Existenz und „ein bequemes Leben" erst ermöglicht hat, verachtet sie am Ende und verläßt sie, als bei der Frau Marianne „Jugend und Schönheit entflohen" waren. Jedoch berichtet der Erzähler, daß der Tod ihrer Kinder „ihr jedesmal fast das Herz brach, das jedoch stärker war als alle Schicksale". Und eben dieses leidenschaftliche Herz ist es, das auch noch in der fünfundvierzigjährigen Haushälterin schlägt, mochte sie auch wie ein preußischer Wachtmeister fluchen und mehr einem alten Husaren als einer Wirtschaftsdame gleichen. Wenn Keller dann über die Quelle hinaus ihrem Bild auch sentimentale Züge gibt wie ihre Freude an Liebes- und Jägerliedern oder ihren Kult mit ihren neun kleinen Englein, so gerät das nie ins kitschig Rührende, weil der Humorist stets das Gleichgewicht zwischen rauher Außenschale und dem tiefen Gemüt des Innern zu halten versteht und sich immer die liebenswürdige Ironie vorbehält, die eben diesem Kontrast gilt und für die der Mensch stets ein bedingtes, aber meist in aller Bedingtheit noch liebenswertes Geschöpf bleibt. Auch hier gilt, daß im Spiegel der Erinnerung das Leben seine legitime Verklärung erhalten darf.

Dennoch versteht es der Dichter, mit feinem, überlegenem Spott seine jeweiligen Akzente zu setzen. Die so verliebte Salome weiß sich recht rasch zu trösten, bereits wenige Wochen später verlobt sie sich mit einem reichen Mann; und auch von Landolt heißt es, daß er nur einen halben Tag lang etwas bekümmert war, dann aber „heiteren Angesichts" glauben konnte, „er sei einer Gefahr entronnen". Die erzählte Liebesepisode wird damit nicht entwertet, aber relativiert. In diesem Relativen liegt ihre Komik, wenn auch noch umspielt von den düster-unheimlichen Lichtern jener Geschichte von Landolts Mutter und ihren drei Brüdern.

Jedoch auch hier wird der verborgene Sinn des Erzählten erst durch die Spiegelung im entgegengesetzten Extrem voll erkennbar. Denn in jener anderen Episode mit Wendelgard, dem „Kapitän", dem „Leichtsinnsphänomen", das sich in Schulden verstrickt hat, handelt es sich nicht mehr um die Tochter aus gutem bürgerlichen Haus mit allen dazugehörenden soliden Vorurteilen, sondern um ein Mädchen mit einem sehr fragwürdigen Vater, einem Raufer und Renommisten, dem das Wohl seiner Tochter ziemlich gleichgültig ist. Die Faszination durch blendende Schönheit, vielleicht aber noch mehr Mitleid und Phantasie sind hier die Landolt zur Liebe verführenden Triebkräfte, „wie wenn die Sünderin statt im Fegefeuer ihrer Not in einem blühenden Rosengarten säße, der mit goldenem Gitter verschlossen wäre".

Oder sollten diese beiden füreinander geschaffen sein, da ja Wendelgards unordentliche Familienverhältnisse und ihr bisher recht unstetes und planloses Vagabundieren in mancher Hinsicht in Landolts Lebensumständen Parallelen zu haben scheinen? Weist er nicht selber — und nunmehr schon zum zweitenmal — mit rückhaltloser Offenheit auf derartiges hin, wenn auch mit der Absicht, nunmehr für die Schönheit und die Liebe etwas zu tun, was er bisher für sich nicht habe tun mögen! Und hat nicht der betörte Liebhaber, ohne daß das Mädchen dies freilich weiß, bereits ihre verworrenen Verhältnisse von sich aus geordnet? Aber die schöne Wendelgard mit einem Mund „wie von einem fragenden Ernste", der von leiser Sorge zu reden scheint, „wenn auch nicht gerade von geistigen Dingen herrührend", ist keine verspielte Bohèmenatur, wie es zunächst aussehen könnte. Im Glockenspiel wird ihr später der schöne Alt zuerkannt. Der Dichter entlarvt sie, wenn auch auf liebenswürdige Weise, indem er den Bruder der Figura Leu die Komödiantenrolle des reichen französischen Herren spielen läßt, der eine protestantische Schweizerin, und sei es auch eine ohne Mitgift, heiraten will. Ausnahmsweise läßt Keller hier Gestalten der einen Liebesepisode auch in einer anderen, wenn auch nur als Nebenfiguren, noch einmal mithandeln. Allzu ernsthaft war es jedoch um Wendelgards Neigung nicht bestellt, und die Aussicht auf eine halbe Million Einkünfte scheint ihr verlockender als ein Bräutigam, der sich der gleichen unsteten Lebensführung anklagt, die sie selber bisher geführt hat. Und so schreibt auch sie voreilig ihren Abschiedsbrief. Im Grunde wiederholt sich zwischen Salomon und Wendelgard nur dieselbe Komödie der Irrungen wie bereits zwischen ihm und Salome, mag auch die allzu Leichtsinnige ein wenig dümmer, aber auch ein wenig schöner und unglücklicher sein als die brave Salome. Ja, Figura Leu scheint zunächst mit ihrem Zweifel, ob dieses Mädchen überhaupt eine eigentliche Seele besitze, recht zu behalten. Das kurze Gespräch zwischen Figura und Wendelgard ist ein dichterisches Kabinettstück für sich: Wendelgard, vom Handkuß mit Seufzer betört von einem Manne, dessen Namen sie noch nicht einmal weiß, der aber — und nur darauf kommt es ihr im Grunde an — über eine halbe Million Einkünfte verfügen soll, zeigt hier unverkennbar die Züge einer törichten Jungfrau; und die listig warnende, auch wohl ein wenig eifersüchtige Figura mit ihrem zweimaligen ironischen Satz: „Das ändert freilich die Sache" geht mit ihr wie mit einem Spielzeug um. Aber der Dichter weiß die schöne, leichtsinnig Unbeständige durch eine humoristische Pointe wiederum zu heben. Eben jener Martin, der den Komödianten spielte, um die Stärke ihrer Liebe zu Landolt zu erproben, verliebt sich am Ende selbst in die Getäuschte und Verlassene — die unglückliche Wendelgard wirkt nun einmal verführerisch auf die Phantasie der Männer! Das Rad der Fortuna dreht sich, und an der Seite Martins wird das ehemalige „Leichtsinnsphänomen" eine „ganz ordentlich geschulte und gewitzigte Dame", doch wohl nicht ganz so dumm, wie sie sich früher gestellt hat. Salomon aber hat über der ganzen Geschichte endgültig die Lust an seinem Heiratsplan verloren.

Das Erzählte ist heiter, in der Episode mit Martin sogar schwankhaft. Der düstere Hintergrund des Salome-Kapitels fehlt hier ganz. Die Figur des späteren Landvogts wird jedoch in den Wirbel des Komischen kaum hineingezogen. Wohl spielt ihm auch hier einmal wieder seine allzu lebhafte Phantasie einen Streich; aber der ritterliche Helfer in der Not ist dabei keineswegs ein Don Quixote, sondern jener rechtschaffene und gütige Mann, der nicht nur diesmal, sondern auch in vielen anderen Fällen zur tätigen Hilfe bereit ist. Eben dieser „Korb", der ihn, abgesehen vom noch zu berichtenden Fall seiner „Amsel", am stärksten mit dem Fluch der Lächerlichkeit hätte treffen können, zumal das schelmische Spiel seiner ihm wohlgesinnten Freunde noch mit hineinwirkt, bedeutet für ihn auch eine Kur, die ihn von seiner Liebestorheit heilt. Dennoch gehört auch Wendelgard — schön und liebenswert, wie sie ist — zu den Rosen, die ihm die Zeit gebracht hat.

Aber der einseitige Anbeter der Schönheit ist nunmehr, nach einer solchen Enttäuschung, erst recht um jeden Halt gebracht, allen Eindrücken preisgegeben und von den flatternden und lärmenden „Liebesgöttern" umringt, als ob sie Schwalben seien, die im Herbst abziehen wollen. Die Zwillingsabenteuer „Grasmücke" und „Amsel", beide noch im gleichen Jahr, zeigen erst recht die Liebe als bloße Bezauberung und damit als Illusion. Die zarte Grasmücke Barbara, die mit ihrer Mädchenstimme so schön einen Psalm zu singen versteht, lebt in einer muscalen Welt, nicht nur der ihres Vaters, des Proselytenschreibers und ehemaligen Pfarrherrn, Elias Thumeysen, der sich seine Vögel zusammenklebt und dann Schnabel und Füße noch dazumalt, sondern auch in ihrer eigenen von kuriosen Bildnissen: Gesicht

und Hände sind gemalt, alles übrige wird aus künstlich zusammen-
gesetzten „Zeugflickchen von Seide oder Wolle oder anderen
natürlichen Stoffen" hergestellt. Dieses Museum voller Kunstfiguren, mit unverdrossenem Fleiß aufgeführt, voller Standes- und
Militärpersonen aller Art mit Perücken aus den Haaren eines
weißen Kätzleins oder mit Schuhen aus glänzenden Saffian-
schnipfelchen oder mit silbernen Schnallen aus Staniol — es
mutet uns wie eine liebenswürdig verhexte, heiter groteske Spiel-
welt an mitsamt der bunten Vogelwelt ihres Vaters und der
Jungfer Barbara selbst, die zart und von ebenmäßiger Gestalt,
„wie aus Elfenbein gedrechselt", sich in diesem wunderlichen
Kreis bewegt.

Der Wunsch, ihre Kunstfiguren auch noch auf Pferde auszu-
dehnen, und die Bereitschaft Landolts, wieder einmal zu unterrichten und zu helfen, führt zu jener beiderseitigen Annäherung
zwischen dem sanften Lehrer und der anmutigen Schülerin, die
„so zutraulich wie ein gezähmtes Vögelchen" bald die Hälfte
des hingestellten spanischen Brötleins aus der Hand aß, ja sogar
„den Schnabel" in den Malagakelch tunkte. Die Identifizierung
der Mädchengestalt mit ihrem Vogelkosenamen „Grasmücke" ist
hier am weitesten getrieben. Das entspricht genau jener Vernied-
lichung, die bereits das ganze „Museum" charakterisiert.

Wie sehr jedoch das Museum der Grasmücke, dieser kleine
stille Hafen der Ruhe, in den Salomons Lebensschiff einzulaufen
droht, nicht nur seine liebenswürdig kauzige, verspielte Seite hat,
sondern auch ein Zeichen von geistiger Beschränktheit und Enge,
ja von völlig fehlendem Kunstverständnis ist, das wird deutlich,
als nun Barbara ihrerseits Salomon Landolts „Malkapelle" besucht
und ihr schaudernd entflieht. Diese wechselseitige Kontrast-
spiegelung von verniedlichter Pseudokunst und, trotz allem Dilettantismus, durchaus ernst zu nehmender Malerei, keck und
frisch, „con amore" hervorgebracht, ist das eigentliche Thema
der Barbara-Erzählung. Von hier aus erhält sie ihre ins Geistige
hinüberreichende Bedeutung, während sie als Liebesabenteuer nur
flüchtig und geringfügig ist. Wird ja doch vom Dichter auf diese
Weise die unerbittliche Trennungswand aufgerichtet, die zwischen
einer durch und durch geistlosen, mimikryhaften Nachahmung
und der echten Hingabe an die Kunst besteht. Warum vermag
Barbara die bewegten Landschaftsbilder und die auf ihnen
dramatisch dargestellten Menschenszenen so gar nicht zu begreifen? Diese gemalte Welt, in der es Schlachtszenen mit still

an der Erde verblutenden Menschen, von Blitzen zerrissene Wolkenhimmel, regengepeitschte Wellenschäume gibt, ja noch eine weibliche Lästerzunge, die als Nachthexe ihre Füße in einem Moortümpel abwäscht, oder wiederum friedlich realistisch den Maler selbst, der über eine Anhöhe weg dem Abendrot entgegenreitet und ruhig ein Pfeiflein raucht — diese bewegte, aus dem eigenen Sehen und Erfahren erwachsene Welt muß ihr darum so fremd und unverständlich bleiben, weil ihr jedes Verständnis für den Unterschied von Kunst und Wirklichkeit abgeht. Hier nutzt keine Erklärung, daß dies alles nur ein „Spiel" sei. Während Landolt noch den Übergang der Farben auf dem Wasser erklärt und über das Bild bemerkt, daß es in dieser Landschaft noch am gleichen Tage regnen wird, stehen Barbaras Augen vor lauter Schreck und Verzweiflung „schon voll Wasser", ein köstlicher dichterischer Kontrast für das Mißverhältnis von künstlerischer Illusion und purer Wirklichkeit. Barbara, bereits durch die vorher bei Landolt gesehenen Tierskelette und eine Gliederpuppe in der Tracht eines roten Husaren erschreckt, möchte alles Unheimliche, Todesbezogene aus dem menschlichen Dasein ausklammern; und sie vermag es erst recht nicht zu ertragen, wo es ihr als gemaltes Sinnbild entgegentritt. Als Salomon ihr noch den Effekt von Tönen auf die Mischung delikater Farbtöne, also den künstlerischen Zusammenklang von Farbe und Tongebilde auseinandersetzt und ihn an der Maultrommel demonstriert, da hat sie sich längst aus diesem ihr feindlichen Element innerlich geflüchtet, ohne auch nur die Spur eines Verständnisses aufzubringen. Wie sehr unterscheidet sich doch das Unmusische, Pseudoidyllische dieses sonst so liebenswürdigen Singvogels, dessen museales Kunstgewerbe bestenfalls zum Mosaik-Papagei reicht, der — so könnte es wenigstens scheinen — von einem zusammengeklebten, Flöte spielenden eleganten Herrn im Gesang unterrichtet wird, von der tänzerischen Selbstverwirklichung der Figura, die mit dem Dichter Salomon Geßner jene anmutige Szene aufführte, wie ein blöder Schäfer von einer Schäferin im Tanz unterrichtet wird. Gewiß, Figuras Spiel geschieht aus dem Zeitgeist des Rokoko heraus, so wie in Landolts Malereien, die aus einem ebenso kühnen wie still harmonischen Geist entsprungen sind, sich bereits ein neues, vorromantisches Naturverständnis ankündigen mochte. Das Grasmückesche Museum hingegen bleibt, jenseits der künstlerischen Zeitstile, eine Art kleinbürgerliches Panoptikum!

Den Abzug des zarten, kleinen, aber leider so beschränkten

Fräuleins aus der Landoltschen „Malkapelle" hat der Dichter denn auch mit unverkennbarer Ironie erzählt: die rasch bestellte Sänfte, die hineingepackte erschrockene Tochter mitsamt den besorgten Eltern, der vorgezogene Vorhang und das Davoneilen der kleinen Karawane, „so schnell die Sänftenträger laufen mochten". Ist es nicht wie eine Flucht aus dem erregenden Reich der Kunst und seiner Wahrheit in die wohlbehütete Lüge der Idylle? Die Forderung an Landolt aber, dem „Bilderwesen" für immer zu entsagen, konnte und durfte er nicht erfüllen. Seine „Geistesgegenwart" durchschaute denn auch alsbald, „daß hier im Gewande unschuldiger Beschränktheit eine Form der Unbescheidenheit auftrete", von der er für einen künftigen Hausfrieden nur wenig Gutes erwarten durfte. Das „silberne Betglöcklein" Barbara — so durfte sie im verklärenden Spiegel der Erinnerung heißen — ließ er doch besser allein in ihrem „purpurnen Glockenstübchen" bimmeln! Der „Korb", den sie ihm erteilte, führte — genau gesehen — weit eher zu einer Besinnung Salomons auf sich selbst und zu einer Entscheidung, die er auch von sich aus hätte treffen müssen.

Das Abenteuer mit der Amsel, die dann von Salomon unter Verwechslung des Namens der einen der drei Grazien mit der Pflanze Agley zusätzlich noch Aglaja getauft wurde, sieht wiederum anders aus. Aber es ist eben darin ein Zwilling, daß auch hier Salomon das Opfer einer eindeutigen Selbsttäuschung wird, während es in den Begegnungen mit Salome und Wendelgard sich mehr um jene liebenswürdige wechselseitige Verliebtheit handelte, die die Erprobung der eigentlichen Liebe nicht durchzuhalten vermochte. Diesmal fällt auf Landolt selbst das — wenn auch immer noch freundlich gemeinte — Zwielicht der dichterischen Ironie. Zwar glaubt er sich von geheimnisvoller höherer Einwirkung geführt, wenn seine phantasievollen Vorstellungen um das Mädchen unter dem Amselbaum und die verspätet blühende Blume kreisen und beides in eins verschmelzen; und als sie ihm noch dazu freundlich entgegenzukommen scheint, da meint er endgültig vor die rechte Schmiede gekommen zu sein, kleidet sich sorgfältiger als gewöhnlich, „fast wie ein Lacedämonier, der in die Schlacht geht", und kostet die banale Weisheit von Sprichwörtern aus wie: „Wer zuletzt lacht, lacht am besten" und „Ende gut, alles gut!" Aber der künftige Landvogt ist hier in seiner knabenhaften Liebesillusion leider nur eine komische Figur; hat ja doch das Mädchen in ihm bloß den teilnehmenden Freund gesucht, dem sie die Wirrnisse ihrer eigenen Liebesgeschichte anvertrauen kann und von dem sie sich in kluger Berechnung im stillen Hilfe erhofft. Die Entzauberung läßt denn auch nicht lange auf sich warten. Der Dichter entgiftet jedoch diesen Vorgang, indem er ihn lustig, noch mit dem Akzent Salomonscher Selbstironie erzählt. Welche peinliche Überraschung mußte es für den Liebhaber, der sich bereits am Ziel angekommen glaubt, bedeuten, als er nunmehr im Bildnis die schwarzen Junoaugen des von Aglaja geliebten Geistlichen — also noch dazu „ein Pfaff" — bewundern muß und sie seinen bitteren Gefühlen nur wie die Augen einer Kuh vorkommen! Als dann aber das Mädchen das ihr so teure Bildnis wieder an ihrem weißen Busen versenkt, da will es ihm nunmehr scheinen, als ob er *sie* jetzt leise kichern hörte: „Wer zuletzt lacht, lacht am besten!" Dieser „Korb" verwundet am meisten, weil er völlig unerwartet kommt.

Aber Landolt kann es sich leisten, auch selbst einmal im erbarmungslosen Licht des Komischen zu stehen. Der Dichter gibt seiner Gestalt jedoch sogleich wieder die volle Würde zurück, indem er ihn zu seiner eigentlichen Aufgabe führt, nämlich nun wirklich zum Freund und Helfer seiner Aglaja zu werden. Freilich bleibt die Auflösung von Aglajas Liebeskalamitäten fragwürdig; und auch sie und ihr schwärmerischer Freund mit den bestrickenden Jesus-von-Nazareth-Augen werden in der dichterischen Ironie erheblich relativiert. Wohl ist sie der bittersüßen Leidenschaft fähig, in ihrer Art ein „tiefgründiger Charakter", das „helle Sturmglöcklein", dem das Herz brennt; aber „tiefgründig" meint vielleicht auch überspannt, entspringt doch ihre Liebe zu sehr aus überreicher Phantasie; und eben darum muß sie die grausame Abrechnung mit der Wirklichkeit erfahren. So humorvoll Keller die Aglaja-Episode schildert, Aglaja selbst ist gänzlich ohne Humor, und ihr zielbewußter Egoismus kontrastiert zum Schwärmerischen ihres Wesens. Allzu unkritisch hatte sich die leidenschaftliche Aglaja von den verzückten Reden und dem tiefen Glanz der Augen des jungen Kanzelredners betören lassen. Später stellt sich dann bald heraus, daß ihr Mann, zu dem Landolt ihr hilfreich den Weg geebnet hat, mehr vom verzehrenden Ehrgeiz als von echter Begeisterung besessen ist, unaufhörlich um Beförderung und besseres Aus- und Einkommen bemüht. Kellers Spott, der mit Vorliebe gerade der Geistlichkeit gilt, ist unverkennbar. Und auch um die vom Dichter wiederholt genannten großen, dunklen Augen dieses Mannes ist es schlimm bestellt; war ihr

besonderer Glanz doch ebenso Folge einer hektischen Leibes-
beschaffenheit, so daß er frühzeitig dahingerafft wurde. Nun muß
neben dem Landvogt und Figura auch Aglaja die Forderung der
Entsagung auf sich nehmen, und es gelingt ihr — zu ihrem Lobe
sei es gesagt — nach dem Tode ihres Mannes gefaßt und ergeben
ihre Tage zu verbringen. Von der bürgerlich glücklichen Behäbig-
keit einer Salome, der Sorgen und Leid ebenso undenkbar
erscheinen wie der kleinen Grasmücke, und von dem noch
rechtzeitig ins Solide einbiegenden Weg einer Wendelgard ist
sie weit entfernt. Indem aber so ihre Gestalt, weil sie den dämonischen Mächten offener gegenüberstand und der Schatten des
Tragischen auf ihr Leben fiel, einen Wert anderer Art gewinnt,
als es bei den übrigen „Flammen" Salomons der Fall ist, will uns
auch diese Liebesnarretei des verblendeten Landolt nicht mehr
ganz so töricht erscheinen. Auch Aglaja gehört zu jenen Rosen,
die ihm die Zeit gebracht hat, während die beschränkte, aber
vielleicht eben darum besonders schutzbedürftige Barbara wohl
nur im verklärenden Spiegel der Erinnerung zu jenen Gaben des
Lebens hinzugezählt werden konnte. Ein pedantisches Abwägen
wäre jedoch hier gewiß nicht nach dem Sinn des Landvogtes oder
gar des Dichters selbst gewesen. Sind doch alle diese Frauen, jede
in ihrer Art, schön und anmutig und schon darum auch liebenswert, zumal keinerlei Spuren des Niedrigen oder gar Bösen in
ihrem Wesen anzutreffen sind.

Die unsichtbare Krone jedoch gebührt Figura Leu, dem Hanswurstel, die bereits durch diesen Doppelnamen vom Dichter in
eine zweifache Beleuchtung gesetzt ist: einmal durch den altertümlichen Taufnamen Figura und als elternlose Nichte des geistreichen Rats- und Reformationsherrn Leu in die des Vornehmen
und Stilvollen, nicht ohne repräsentative Grandezza; andererseits
durch den Spott- und Kosenamen „Hanswurstel", den Salomon
für sie erfand, in die des Närrischen und Ausgelassenen — ein
Elementargeist inmitten der diesmal vom Dichter liebevoll ausgemalten Umwelt der auf ihrem Höhepunkt angelangten Aufklärung und des noch nachklingenden Rokoko. Wie sehr Figura
die zentrale Stimme in diesem Glockenspiel ist, wie sehr nur ihre
zu einer eigenen Novelle ausgebaute Geschichte von der Liebe
und nur von der Liebe, ohne jeden Vorbehalt, handelt, das wird
besonders in dem poetischen Glanz deutlich, den der Dichter
ihr immer wieder verleiht, so daß seine ironische Charakteri-
sierungskunst diesmal mehr zu Lasten der sie umgebenden

Gestalten geht. Bereits im Anfang wird die stets zum Tanzen und Springen, vor allem aber zum geistreichen Scherzen bereite Figura in einem dichterischen Bild von ungewöhnlicher Schönheit festgehalten: „Nur um die Zeit des Neumondes war sie etwas stiller; ihre Augen, in denen die Witze auf dem Grunde lagen, glichen dann einem bläulichen Wasser, in welchem die Silberfischchen unsichtbar sich unten halten und höchstens einmal emporschnellen, wenn etwa eine Mücke zu nahe an den Spiegel streift." Den unsichtbaren „Silberfischchen" darf man gewiß auch noch ihr „silbernes" Gelächter zuordnen. Bei Tisch erscheint sie dann im vollen äußeren Glanz, anmutsvoll im straffen Seidenkleid mit schönen Spitzen und einem mit blitzenden Steinen besetzten Halsband; und diese Bildsituation hat noch ihre besondere Pikanterie, weil sie ja damit gegen die strengen Sittengesetze der Stadt verstößt und sich zu den beiden Sündern, ihrem Bruder und Landolt, freiwillig gesellen will, die von dem würdigen Herrn Oheim wegen allzu großer Genußsucht abgekanzelt werden sollen. Diese kleine Predigt fällt freilich dann milde genug aus. Aber der spielende Humor des Dichters vermag seine wohlgewählte Pointe noch zu überbieten. Über den witzigen Gesprächen des Mittagsmahles versäumt sogar der Reformationsherr selbst die Stunde des Gottesdienstes; und der Verehrer Voltaires wird damit seinerseits zum „Übeltäter", der sich mit den andern zusammen „geduckt halten" muß, „bis die Zeit erfüllet ist". Das biblische Zitat wird durch die souveräne Kunst des Erzählers humorvoll in die Rede des Oheims eingeschmolzen, ohne dadurch blasphemisch entwertet zu werden.

Wenn aber Figura ihr geschliffenes Gläschen mit dem bernsteinfarbigen Wein lächelnd zum Anstoßen auf die gemeinsamen Übeltäter erhebt und „ein Strahl der Nachmittagssonne nicht nur das Gläschen und die Ringe an der Hand, sondern auch das Goldhaar, die zarten Rosen der Wangen, den Purpur des Mundes und die Steine am Halsbande einen Augenblick beglänzte", dann gibt der Dichter diesem so liebevoll ausgemalten Bild nochmals eine metaphorische Steigerung. Denn — so heißt es weiter — sie stand „wie in einer Glorie und sah einem Engel des Himmels gleich, der ein Mysterium feiert". Solche schimmernde Gestalt konnte und mußte den jungen Salomon unwiderstehlich anziehen.

Trotz aller Engelsmetaphorik hütet sich der Dichter jedoch vor schwärmerischer Empfindsamkeit. Seine Figura bleibt das lustige Fräulein, scherzhaft auch noch in ihrer Grandezza, ein verspielter und beredter Kobold. Gehört ja doch auch die witzige Klugheit zu ihr, mit der sie die Bittsteller, die zu ihrem Vater kommen, sogleich durchschaut und eigenwillig in Gruppen einteilt, die mit den nur zum Vorwand genommenen Gründen dieser Bittsteller nicht das geringste zu tun haben. Ihr spielender Witz, ihre improvisierende Schlagfertigkeit und ihre gesellige Begabung stehen noch stellvertretend für den hellen und wachen Geist des aufgeklärten Zeitalters.

Darum wird gerade in dieser Erzählung das Zeitkolorit so wichtig, das in den anderen Geschichten weitgehend zurücktritt. Wohl hat Keller überall zierlich und mit guter Laune, ja mit Anmut erzählt; aber erst hier und nur hier spiegelt ein solcher Erzählstil auch noch den Geist einer bereits vergangenen Epoche, so wie sie in der Schweiz ihre besondere Ausprägung erfahren hat. Wo aber Keller „Geschichte" gestaltet, da geschieht es nicht aus der romantischen Sehnsucht nach der Vergangenheit, sondern aus dem Bewußtsein ihres lebendigen Hineinreichens in die Gegenwart. In einem Brief an Auerbach schreibt er am 25. Juni 1860: „. . . dagegen halte ich es für Pflicht eines Poeten, nicht nur das Vergangene zu verklären, sondern das Gegenwärtige, die Keime der Zukunft so weit zu verstärken und zu verschönern, daß die Leute noch glauben können, ja, so seien sie und so gehe es zu! Tut man dies mit einiger wohlwollenden Ironie, die dem Zeuge das falsche Pathos nimmt, so glaube ich, daß das Volk das, was es sich gutmütig einbildet zu sein und der innerlichen Anlage nach auch schon ist, zuletzt in der Tat und auch äußerlich wird." Die erzählte Begebenheit soll im Erinnerungsrahmen bei Keller nicht in die Ferne entrückt werden wie etwa — wenn auch jeweils aus anderen Gründen — bei Meyer und Storm; sie soll vielmehr umgekehrt im Tatsächlichen beglaubigt und noch in ihrem unmittelbaren Zusammenhang mit dem volkstümlich öffentlichen Schweizer Leben des eigenen Zeitalters verstanden werden.

Literarische Gestalten des aufgeklärten Zürich wie Johann Jakob Bodmer und Salomon Geßner werden im beiderseitigen wirkungsvollen Kontrast in das Erzählte mit hineingenommen; und auch die Züricher Verhältnisse des geistlichen und weltlichen Regiments und einer bereits rebellierenden jüngeren Generation treten uns in der Vereinigung jüngerer Männer und Jünglinge, die sich „Gesellschaft für vaterländische Geschichte" nannte, sehr anschaulich entgegen. Solches Kulturbild wird jedoch mit Kellerscher Ironie gewürzt. Sowohl die finsteren, willensstrengen Asketen wie auch die leichtlebigeren Toleranten werden Objekte seines freundlichen Spottes, die ersten freilich mehr als die zweiten. Aber so „moralisch" und grundsätzlich belehrend sich dieses 18. Jahrhundert auch gebärdet, — die frohgemute Lebensfreude, die Lust am Dasein, an Spiel und Geselligkeit sind unverkennbar, und das Kellersche Porträt dieser Epoche enthält weit mehr Huldigung als Kritik. Zwar muß sich der „edle Bodmer", der sich immer noch über seine abgefallenen seraphischen Jünglinge Klopstock und Wieland beklagt und damit über die menschliche Narrheit, die auch dem Weisesten leider noch innewohnt, so manche Verspottung gefallen lassen, um so mehr, als seine ichbezogene Eitelkeit und sein moralisches Pathos die Spottlust geradezu herausfordern; dafür fällt jedoch auf den spielenden Künstler Salomon Geßner und seine zierliche Porzellanfabrik mit den kleineren und größeren Bildwerken ein um so freundlicheres Licht.

Das alles bleibt jedoch nur Hintergrund, um Figura Leu in ihren mutwilligen und stets geistvollen Hanswurstiaden desto eindringlicher hervortreten zu lassen. Jeder Szenenwechsel im Zeitbild bringt zugleich eine neue Phase in den Beziehungen zwischen ihr und Salomon. Bereits die jeweils von Figura oder von Landolt angeführten Mädchen- oder Männergruppen, die sich beim Spazierengehen auf den Alleen stets von neuem — so richten die Voranschreitenden es listig ein — mit großen Zeremonien, Hüteschwenken und ungeheurem Knicksen begegnen und damit den würdig redenden Altmeister Bodmer aus dem Konzept seiner belehrenden Rede zu bringen drohen, sind für den Leser von bezwingender fröhlicher Komik. Das gipfelt aber erst in der von Figura mit dem ahnungslosen Landolt aufgeführten Tanzpantomime, die noch als eine, sei es gewollte, sei es ungewollte Parodie der Bodmerschen Selbstbespiegelung aufgefaßt werden konnte. Da hat doch das närrische Mädchen, stets zu losen Streichen bereit, einen kleinen Taschenspiegel unbemerkt an Landolts Haarbeutel befestigt und führt nun, leicht und zierlich hinter ihm herschreitend, ein allerliebstes Spiel auf, „indem sie sich fortwährend in dem Spiegel auf Landolts Rücken" und in einem gleichfalls mitgebrachten Handspiegel „abwechselnd beschaute und zuweilen den Handspiegel und ihren Oberkörper, immer tanzend, so wendete, daß man sah, sie bespiegele sich von allen Seiten zugleich". Der alte Bodmer ist klug genug, um die vermutlich parodistische Absicht zu durchschauen, und der geselligen Atmosphäre droht eine ernsthafte Störung. Aber die reuige Figura lenkt den ganzen Scherz auf Landolt ab, der nun seinerseits als der Gefoppte erschiene, wenn nicht Geßner mit seinem liebenswürdig geistreichen Einfall eingesprungen wäre, das Fräulein habe nur die „Wahrheit" im Gefolge der „Tugend" darstellen wollen. Wahrheit könne aber weder von Tugend noch von Laster abhängig sein. Und sogleich sucht er das anschaulich zu zeigen, indem er nun selbst mit dem Spiegel in der Hand und mit dem Schleiertuch einer Dame drapiert, „als ob er antikisch unbekleidet wäre", in verrenkter Körperhaltung und mit süßlichem Mienenspiel die Bildsäule einer zopfigen Veritas recht drollig darzustellen versteht. Glückliches 18. Jahrhundert!

Inmitten einer solchen heiter-beschwingten, witzig geselligen Welt scheinen der zum männlichen Gelingen geborene Landolt und die schöne, kluge und doch so närrische Figura durchaus füreinander bestimmt; und der Dichter läßt auch nicht den leisesten Zweifel an dem Glück und an der Beständigkeit dieser Liebe aufkommen. Aber zum Festlichen und schon vom Jahrhundert her Optimistischen dieser humorvoll festgehaltenen Gestimmtheit kontrastiert die Schwermut, die wie ein „Nachtgespenst" hinter dem bezaubernden Mädchen steht, die ständige Angst, wie ihre mütterlichen Vorfahren ein unseliges, dem Dämon des Wahnsinns verfallenes Wesen zu werden. Hier bricht mitten in die verklärte Heiterkeit des Erzählten die mögliche Bedrohung durch das Tragische ein. Der „Korb", den Figura ihrem Salomon erteilen muß, liegt jenseits aller Komik. Er bedeutet Verzicht nicht nur für ihn, sondern auch für sie. Dreißig Jahre bewahrt sie noch sorgfältig den Kirschenzweig auf, den ihr Salomon in der Stunde des Liebesabschieds geschenkt hat, und sieben mußten vergehen, ehe dieser wieder in die neue, von uns bereits geschilderte Geschichte mit Wendelgard, dem Kapitän, hineingerät. Figura Leu bleibt jedoch auch später seine liebste und beste Freundin und ebenso er ihr liebster und bester Freund. Welch ein zarter Zug, daß sie es ist, der er nach dem großen Erinnerungsfest den artigen Knaben, der die junge Magd gespielt hat, „zur guten Begleitung" mitgibt! Figura wurde für den Landvogt die schönste und herrlichste der Glocken, die mit dem goldenen Feierabend läutet. Eben hier wird der „elegische Duft der Resignation", der über der ganzen Novelle schwebt und von dem Keller in einem Brief an Wilhelm Petersen schreibt, am eindringlichsten spürbar.

Die wiederholt vom Erzähler angegebenen Zeitspannen deuten bereits darauf hin, daß das Erzählte selbst es in besonderer Weise mit der Zeit zu tun hat und mit dem, was ihr Ablauf für den Menschen bedeutet. Das wird jedoch erst an zwei dichterischen Sinnbildern ganz deutlich, die, wiederum kontrastierend, in das Geschehen verwoben sind, wenn sie auch für den pragmatischen Erzählzusammenhang ohne Bedeutung bleiben. Das eine Sinnbild wird nahezu beiläufig eingeführt und erst am Schluß noch einmal erwähnt. Es ist jener zierliche Tod, „das Tödlein" genannt, der sich im Hausrat von Landolts Großmutter befindet, „aus Elfenbein kunstreich und fein gearbeitet, ein vier Zoll hohes Skelettchen mit einer silbernen Sense". Die ihrem eigenen Geschlecht nicht eben wohlgesinnte und vom Dichter mit Nachdruck ironisierte Großmutter, an die sich Landolt gewandt hat, um Wendelgards Schulden bezahlen zu können — und zwar unter dem Vorwand, er selbst sei in finanzielle Schwierigkeiten geraten und müsse rasch eine gute Partie eingehen, wenn er seine Schulden nicht bezahlen könne —, nimmt das Tödlein in ihre zitternde Hand, klingelt und klappert ein wenig mit dem feinen Elfenbein und bemerkt dazu: „Sieh her, so sehen Mann und Frau aus, wenn der Spaß vorbei ist! Wer wird denn lieben und heiraten wollen!" Das Dingsymbol des Tödlein deutet auf die Unwiederbringlichkeit und auf die schnelle Flucht der Zeit hin. Von der Großmutter aus gesehen bedeutet das die Entwertung von Liebe und Ehe, weil doch nur die Entzauberung durch den Tod zurückbleibt. Für Landolt hingegen ist es ein Grund mehr, seine schöne Wendelgard zu gewinnen, weil das Leben viel zu rasch vorübergeht und man nichts versäumen darf. So hat es nun freilich die Großmutter durchaus nicht gemeint, als sie die angeblichen Schulden des Enkels bezahlt.

Wenn der Tod hier in verkleinerter und zierlicher, in diminutiver Weise in einer Kunstgestalt vorgeführt wird, als „Tödlein", so heißt das nicht, daß er verniedlicht wäre und keine Macht mehr besäße. Fällt doch sein Schatten wiederholt in die Erzählung hinein, z. B. beim Ende der wilden Brüder oder in Landolts Malereien oder in jenem furchtbaren Blutgericht, von dem der Landvogt später den Frauen erzählt. Auch noch Figuras Bedrohung durch den Wahnsinn oder das frühe Sterben von Aglajas Liebsten gehören in diesen Zusammenhang hinein. Aber „das Tödlein" sollte in dieser Novelle mehr als Warnung denn als Menetekel gelten. Notwendig ist es, die Furcht vor dem Tod zu verlieren, ja ihn als noch selbst zum Leben gehörend zu begreifen. Bezeichnenderweise ist es Figura, die sich das feine Bildwerk vom Landvogt später ausleiht und bis zu ihrem eigenen Tode behält, „da es ihr Spaß machte, wie sie sich ausdrückte". Dem Tod scheint hier seine Schwere genommen, als zierliche Kunstfigur wird er zum „Spaß" für eine solche allen Scherzen offenstehende und doch gerade vom Dämonischen bedrohte Natur. Landolt selbst stirbt sehr viel später als sie, erst 1818 im siebenundsiebzigsten Lebensjahr; und noch einmal wird die kleine Kunstfigur erwähnt, als er sein Ende kommen sah. ,,‚Der Schütze dort hat gut gezielt!' sagte er, auf das elfenbeinerne Tödlein zeigend, das er von der Großmutter geerbt hatte." Sei es früher, sei es später, die Zeit bringt nicht nur Rosen, sie bringt auch den Tod.

Aber damit sind wir bereits beim zweiten Sinnbild, das hier — ähnlich wie in Kellers Roman „Das Sinngedicht" — in einem als Allegorie verkleideten Sinnspruch mitgeteilt wird. Der zierliche Affe Cocco, als eisgraues Mütterchen ausstaffiert mit einem mächtigen Haubenband, auf dem die Inschrift steht: „Ich bin die Zeit", begrüßt die ankommenden Damen und überreicht jeder von ihnen einen großen duftigen Strauß Rosen. Denn die Zeit bringt Rosen. Damit ist der melancholischen Sinngebung durch das Tödlein eine genau entgegengesetzte gegenübergestellt. Aber beides gehört auch wiederum für den Dichter zusammen, weil beides „Entsagung" fordert. Daß der Tod nur um diesen Preis das Zerstörerische verlieren und sogar noch zum zierlichen Ding verklärt werden kann, bedarf kaum einer weiteren Begründung. Das Geschenk des Lebens setzt zugleich seine Vergänglichkeit und die Anerkennung dieser Vergänglichkeit durch den Menschen voraus. Aber eben dort, wo der Mensch dies zu leisten vermag, wie es in unserem Falle der Landvogt tut, können ihm auch noch die „Körbe" der Frauen zu Gaben des Lebens werden. Es ist der „Spiegel der Erinnerung", in dem die „Rosen der Entsagung" ewig jung und herrlich bewahrt bleiben, so wie in der großen Schlußrunde die fünf Frauen nach Landolts Worten unvermindert an Schönheit und Jugend vor ihm stehen. Das mag nur ein liebenswürdiges Kompliment für die versammelten Schätze sein; denn auch das Tödlein ist in der Zeit ja leider am Werke, und Jugend und Schönheit schwinden mit der Zeit dahin. Aber vom Spiegel der Erinnerung aus gesehen bleibt das Wort dennoch gültig, und eben darin besteht die zeitüberwindende oder — richtiger gesagt — die die Zeit sich positiv aneignende, geistige Kraft des Landvogtes, daß er die Frauen so in der liebenden Erinnerung zu sehen vermag, „von keinem Hauche der rauhen Wirklichkeit getrübt". Sieht er sie nicht in gleicher Weise, wie sie uns Keller seinerseits als Erzähler geschildert hat? Denn so wirklichkeitsnah seine Prosa auch ist, ebenso unverkennbar ist die liebende Verklärung, wie sie gerade den großen Humoristen auszeichnet. Und wie der Erzähler selbst, so behält auch der Landvogt wiederum seinen überlegenen Spott, wenn er nunmehr jenen großartigen Spaß inszeniert, auf den sie alle hereinfallen.

„Rosen der Entsagung", darin schwingt noch etwas anderes mit. Die Entsagung ist hier nicht so sehr schmerzlicher Verzicht — das war sie ja im Grunde nur in der Trennung von Figura —, sie ist zugleich auch die Bedingung für die eigentlichen, die herrlichsten und dauerhaftesten Rosen. Dieser Landvogt mit seinen lächerlichen fünf Körben wußte solche Geschichten nicht nur zu einem „zierlichen" und „erbaulichen" Ende zu führen, indem er in der festlichen Stunde seines Mannesalters seine fünf „Glocken" zusammen erklingen läßt, er hat das Gelebte auch „zierlich" und „erbaulich" in seinem Herzen bewahrt, so wie es im Spiegel der Erzählung aufgefangen wird.

Der Ausklang des Erzählten zeigt dann nochmals die geheime Verschlingung von Spiel und Ernst, von Schalkheit und gültiger Lebensdeutung in dieser Geschichte vom Landvogt von Greifensee und seinen „Flammen". Wohl überwiegt die humoristische Pointe mit dem nur zum Schein versammelten Frauengericht, dessen Entscheidung, sie mag so oder so ausfallen, lediglich dem Spaß dient, da das Mädchen ja gar kein Mädchen, sondern ein Knabe ist und die alte Haushälterin gar nicht daran denkt, den Landvogt etwa noch für sich zu bekommen. Vielmehr hat sich Landolt freiwillig und für immer zur Ehelosigkeit entschlossen. Aber die lustig phantastische Überlistung, noch in „ungewöhnlich ernstem Tone" vorgetragen, mit der der männliche Geist schließlich über alle die triumphiert, die ihm die „Körbe" gegeben haben, hat ihr Gegenstück in dem echten „Rosengericht" des Landvogtes, das er in Anwesenheit der Frauen durchführt und in dem nun mit höchstem Ernst und klarer Vernunft zumeist über Liebes- und Ehehändel verantwortlich entschieden wird. Eben dieser Junggeselle ist es, der sich so vorzüglich auf die Ehesachen versteht; und wir gehen wohl nicht fehl, wenn wir hinzufügen, daß er auch dies noch der in seinem Leben gewonnenen Kenntnis des weiblichen Herzens verdankt. Das gerechte Gericht und sein pädagogischer Lebensernst hat aber nicht nur seinen Kontrast in den weiblich-allzuweiblichen Urteilsprüchen der fünf Frauen, die, allein gelassen, auf ihren Stühlen „gleich fünf Staatsräten" sitzen, über das Eheschicksal des Herrn Landvogts „Gericht" abhalten sollen und die doch nur gefoppt werden, sondern auch in jener düsteren, grauenvollen Kriegsgemeinde von 1444, von der Landolt vorher berichtete, in dem harten Bluturteil über die sechzig Männer, die im zerfleischenden Bürgerkrieg als die Besiegten einst zugrunde gingen. Hier hat die Zeit keine Rosen, sondern einen nur unbarmherzig von Schweizern über Schweizer verhängten Tod gebracht. Es gehört zur Kunst des Erzählers, daß er auch dies noch — und sei es bloß im Rückblick — in eine Erzählung hineinnehmen kann, in der die Freude am Scherz und an der wohlwollenden Ironie so durchaus vorherrschend ist. Sollte ja auch das Ganze dieser Erzählung noch die Welt eines staatspolitisch erprobten Bürgertums spiegeln, das, auf dunklem Grund erst erwachsen, im Verlauf langer Zeiträume jene vaterländische Freiheit und demokratische Ordnung erreichte, für die der Obrist Salomon Landolt, Landvogt der Herrschaft Greifensee, bereits im Eingang des Erzählten stellvertretend stand. Läßt sich nicht auch von diesem Schweizer Gemeinwesen sagen, daß die Zeit ihm Rosen gebracht hat, und sei es auch um den Preis so mancher Entsagung!

CONRAD FERDINAND MEYER

—

DIE HOCHZEIT DES MÖNCHS

Conrad Ferdinand Meyers Novelle „Die Hochzeit des Mönchs",
in der Zeit von 1880—1884 entstanden, gehört zu seinen
reifsten und geformtesten Schöpfungen. Bereits der paradoxe
Titel dieser Erzählung nimmt — wie auch sonst zuweilen bei
Meyer — die pointierende und kontrastierende novellistische
Formgebung vorweg. Die kunstvolle Komposition ist vom Autor
bis ins einzelne durchdacht, die Verknüpfung von Rahmen- und
Binnengeschichte auf geistvolle Weise durchgeführt; die Gestalten sind in deutlich erkennbarer Zuordnung aufeinander bezogen, die Handlung selbst wird in fast pausenloser Spannung
erzählt, schon zu Beginn tragisch überschattet und dann unentrinnbar dem schrecklichen Ende zueilend. Denn „Liebe"
— so heißt es in einem von Dante, dem Erzähler, zitierten modi-
schen Märenbuch — „ist selten und nimmt meistens ein schlim-
mes Ende". Wieviel mehr mußte das noch der Fall sein, sobald
es sich um die Geschichte eines früheren Mönchs handelte, der
das Kloster ja nicht freiwillig, sondern unter dem Zwang besonderer Umstände verließ und der nun die Weisheit dieses
Spruches im guten und bösen Sinn an sich erfahren sollte!
    Die erzählerische Fähigkeit Kellers, solche kunstvolle Anord-
nung wiederum zu verbergen und sich scheinbar nur dem Fluß
des Vortrags zu überlassen, besitzt Meyer jedoch nicht. Eher gilt
hier das Gegenteil. Das spezifisch Artistische der Novellenform
soll dem Leser so suggestiv wie möglich eingeprägt werden. Die
Novelle zeigt einen Höhepunkt des Meyerschen Stils. Das Erzählen erhebt keinerlei Anspruch, noch naiv zu berichten. Der
Autor seinerseits hat die Rolle des Erzählers an den großen
Dante abgegeben. Er selbst mischt sich kaum mehr ein, weder
direkt noch indirekt; ja, er scheint nahezu unbeteiligt, wenn
er sich hinter dem Pathos der historischen Distanz verschanzt
hat. Dennoch gibt es natürlich auch den Erzähler Meyer. Aber

der tritt nur als der ästhetische Gestalter und Schilderer hervor, der seine sublime Komposition aufbaut, der die Figuren immer wieder statuarisch erstarren läßt, der die Handlungsstränge nach dem bewußt gewählten Prinzip des Zufalls verknüpft, aber zugleich dabei die Frage aufwirft, ob nicht auch dieser Zufall, wie der Tyrann Ezzelin meint, eine besonders merkwürdige Spielart des Schicksals sei. Meyer läßt sich nicht wie Keller liebend oder spöttisch mit den Menschen und ihren Lebenserfahrungen ein. Er hat eine höfliche und vornehme Reserve zu ihnen. Der weltzugewandte Humor ist ihm ganz fremd, und nur gelegentlich kennt auch er eine Ironie des Erzählens, die blitzartig wie ein Schlaglicht auf das Dargestellte fällt. Davon sei noch die Rede. Im ganzen freilich ist die Ironie immer der Todfeind des Pathos, und der gehobene, auf das Außerordentliche der Geschichte eingestellte Tonfall, ihr schwermütiger Ernst ist unverkennbar, zumal es eine repräsentativ-stilvolle, eine durchaus aristokratische Gesellschaft ist, innerhalb derer und für die diese Geschichte erzählt wird, auch diese, als Zeitalter Dantes, noch im Respekt gebietenden Abstand zur eigenen bürgerlichen Epoche Meyers.

Rahmennovellen begegnen uns bei Meyer wiederholt; sie werden durch den Typus der geschichtlichen Novelle nahegelegt, weil eben hier eine besondere Distanz zum Erzählten verlangt wird, die gerade der Rahmen zu bieten vermag. Hinzu kommt, daß mit der Einführung des Rahmens oft auch ein eigener Erzähler gegeben ist, hinter dem der Dichter sich selbst verstecken kann, so daß er nicht eigens hervorzutreten braucht. Dennoch bleibt der von ihm eingeführte Erzähler mit eingewoben in den Teppich, den der Autor vor uns ausbreitet. Der Rückblick in eine längst versunkene Historie zwingt einem so psychologisch orientierten Dichter wie Meyer dieses perspektivische Verfahren geradezu auf. Dabei vermag die Verteilung der Erzählperspektive auf zwei Erzählende ihm eine besondere Hilfe zu bieten, und Meyer bezeichnet selbst den „Rahmen mit Dante" als „de toute nécessité, um den Leser in den richtigen Gesichtspunkt zu stellen". Besonders deutlich wird das auch in Meyers Novelle „Der Heilige", weil hier der erzählende Armbruster den großen Gestalten, über deren Schicksal er berichtet, in keiner Weise gewachsen ist und durch die unfreiwillige Ironie seines Berichtes indirekt noch sichtbar macht, was über die Person des Erzählenden und dessen geistiges Fassungsvermögen weit hinausgeht. Meyer setzt den

Armbruster und das von ihm Berichtete in eine solche Beleuchtung, daß wir weit mehr erfahren, als uns dieser freundlich beschränkte Mann von sich aus mitteilt. Der Dichter erreicht damit, daß eine so vieldeutige und ambivalente Figur wie Thomas Becket von vornherein in mehrfacher Brechung vor uns steht.

Die Situation des Erzählers ist eine andere, je nachdem, ob er etwas Gegenwärtiges erzählt oder etwas längst Vergangenes in die Erinnerung hineinzuholen sucht. In Kellers „Landvogt von Greifensee" ist der Abstand des Dichters zur Epoche der Aufklärung nur gering; es kam ihm weit mehr darauf an, die noch bis zur Gegenwart reichende, hier spezifisch schweizerische Kontinuität zu zeigen, als etwa den Kontrast von Einst und Jetzt herauszuarbeiten. Darum ist seine Erzählung kaum als geschichtliche Novelle aufzufassen. Das Geschichtliche gibt hier nur Patina und Atmosphäre, ließ sich dabei aber ganz in den charakteristischen Gottfried-Keller-Ton einschmelzen. Für Meyer sollte umgekehrt das Vergangene immer mehr in die Tiefe der Zeit zurücktreten, damit es als „Vergangenes" erinnert werden konnte. Das gilt nicht nur von der eigentlichen Erzählung, sondern auch vom „Rahmen"; dient doch gerade er als Gefäß, um geschichtliche Vergangenheit in sich aufzunehmen. Der sei es kürzere, sei es längere Zeitabstand zwischen Rahmenvorgang und Novellenhandlung öffnet in solcher Verdoppelung den Blick in eine geradezu gegliederte Tiefe der Geschichte. Die Distanz zum Leser von heute, das heißt zu dem des Meyerschen Zeitalters, läßt er in jedem der beiden Fälle bestehen. Und wo im Rahmen ein zweiter Erzähler eingeführt wird, ist eben dieser nicht, wie der Autor selbst, eine „ästhetische", sondern in erster Linie eine „geschichtliche" Person. Dafür bieten „Das Amulett", „Plautus im Nonnenkloster", „Die Leiden eines Knaben", „Die Hochzeit des Mönchs", „Der Heilige" zahlreiche Beispiele.

In mancher Hinsicht ist jedoch das Verhältnis von Rahmen und Erzählung in der Novelle „Die Hochzeit des Mönchs" besonders eigentümlich. Schon dadurch ergibt sich zu allen sonstigen Prosawerken Meyers ein wichtiger Unterschied, daß nur hier ein Dichter selbst, nämlich *Dante*, erzählt, also eine Gestalt, die — genau umgekehrt wie beim Armbruster des „Heiligen" — an Rang und Tiefe alle übrigen Personen, sei es in der Erzählung oder im Rahmen, bei weitem übertrifft. Der Dichter übergibt hier einem anderen Dichter das Wort, und zwar einem von weltgeschichtlichem Rang, wenn auch aus einer ganz anderen Epoche, damit er gleichsam statt seiner erzähle. Das könnte zunächst als ein vermessenes Wagnis erscheinen. Denn Meyer mußte wissen und hat es sicher auch gewußt, daß der Dichter Dante seinem eigenen Dichtertum weit überlegen war. Trotzdem macht ihn Meyer zum Erzähler in einer von ihm erfundenen Geschichte und damit zu seinem eigenen Geschöpf. Aber der hier dargestellte Dante ist nach Meyers eigenen Aussagen „nicht von ferne der große Dichter, welchen ich in Ehrfurcht unberührt lasse, sondern eine typische Figur", die für das Mittelalter schlechthin stehe und den Leser „in medias res eines befremdenden Zeitalters" führte. Dante will also als Exponent einer historisch verstandenen Epoche gesehen werden, und er ist hier tatsächlich in erster Linie *geschichtliche* Person, der große Verbannte, der an einem frostigen Novemberabend zu der um ein Herdfeuer im Kreis versammelten Gesellschaft des Fürsten Cangrande herabsteigt, weil die nachlässige Dienerschaft verabsäumt hat, in der hochgelegenen Kammer des Gastes das Feuer anzuzünden. Mit seinen großen Zügen und langen Gewändern kommt er wie eine Gestalt aus einer anderen Welt. Sein Schattenbild an der hohen Decke des hellen Gemachs gleicht einem Riesenweib „mit langgebogener Nase und hangender Lippe, einer Parze oder dergleichen". Der Dichter führt ihn uns also wie ein schon nahezu mythisches Wesen vor, zugleich aber auch als den strengen und unbestechlichen Richter der Sünden einer bereits zynisch gewordenen Gesellschaft, als den Ermahner und Erzieher auch noch der unumschränkten fürstlichen Souveränität, und selbst dort, wo vom Autor der „Göttlichen Komödie" die Rede ist, geht es nicht so sehr um sein Dichtertum, wohl aber um die moralisch-politischen Urteile und Entscheidungen Dantes über Kaiser Friedrich, über Petrus de Vinea und seinen Verrat, über Florenz und seine Bürger. Vor allem aber ist Dante der Heimatlose, der seine dahinschwindenden Tage im Bilde des Schneesturms „unter der Gestalt dieser bleichen Jagd und Flucht durch eine unstete Röte" erlebt. Ihm aber, dem großen Unbehausten, durfte ein Fürst „von großer Gesinnung" den eigenen Platz am Feuer anbieten, weil er ihm, Dante, gebühre; und es wird zum Zeichen seines geschichtlichen Ranges, daß der Dichter dies ohne Widerspruch anzunehmen bereit ist.

Das alles gehört zum Rahmen und ermöglicht dem Dichter Meyer das Pathos der Distanz. Das Erzählen Dantes wird — von hier aus gesehen — zu einer Herablassung. Geht es doch nur um

„das Spielzeug eines kurzweiligen Geschichtchens", um Unterhaltung einer sich bereits Geschichten erzählenden Gesellschaft, mit der Dante seinen „Platz am Feuer bezahlt". So steht denn dieses Erzählen von vornherein in einem weiten Abstand zu jenen gewaltigen Terzinen, die der Wanderer durch die Hölle gedichtet hat und die hier nur zum Porträt seiner geschichtlichen Figur gehören.

Aber dennoch bleibt es ein unmittelbares, sich gleichsam vor unseren Augen ereignendes Erzählen. Meyer benutzt es in einer sehr reizvollen Weise, indem er Dante nicht nur die eigene, in Wahrheit ja von Meyer komponierte Novelle in den Mund legt, sondern indem er zugleich zeigt, wie diese Novelle entsteht. So wird Dantes Geschichte zum paradigmatischen Fall für Erzählen überhaupt. Dadurch gewinnt der Rahmen eine Bedeutung weit über das in ihm Eingeschlossene hinaus. Der Rahmen ist keine bloß dekorative Zutat, sondern er gestattet durch die Einführung Dantes als Erzähler, den Vorgang des Erzählens selbst zum Gegenstand einer Novelle zu machen. Gewiß, man könnte einwenden, das Stoffliche der ja nur gelegentlich unterbrochenen Erzählung nähme zu viel Raum ein, als daß ein solches Gewicht auf den Erzählenden selbst gelegt werden dürfte. Aber es kommt hier weit mehr darauf an, *wie* Dante erzählt, als *was* er erzählt. Er greift die Figuren, die er für seine Geschichte braucht, zu einem großen Teil aus dem „sinnlichen und mutwilligen Kreis" heraus, der hier gesellig versammelt ist. Ja, er gibt den Figuren noch die Namen der Anwesenden, will aber das Innere „unangetastet" lassen, weil er nicht darin lesen kann. So scheint die ihn umgebende Wirklichkeit — auch diese ist ja bereits eine dichterische Fiktion Meyers — nur ein unverbindlicher Anlaß zu sein, um eine Geschichte in Gang zu bringen. Das Novellenerzählen wird zum gemeinsamen Spiel, dessen Spielregeln erst einmal geklärt werden müssen. Zunächst wird nach dem *Thema* gefragt. Das ist durch das vorausgegangene Erzählen innerhalb der Gesellschaft schon vorgegeben und wird als „plötzlicher Berufswechsel" „mit gutem oder schlechtem oder lächerlichem Ausgange" bezeichnet. Aber damit ist noch nicht das Einmalige, das Unerhörte eines novellistischen Falles geleistet. Erst Dante gibt dem bisher strukturlos verlaufenden Erzählen diese Wendung, indem er von dem entkutteten Mönch berichten will, der nicht aus eigenem Triebe, sondern einem Anderen zuliebe, unter dem Druck eines fremden Willens, sich selbst untreu wird „und eine Kutte abwirft, die ihm auf dem Leibe saß und nicht drückte". Dante erzählt im Gegensatz zu seinen Vorgängern nicht von tatsächlichen Geschehnissen, sondern „erfindet", wie Meyer im Brief an seine Schwester vom 10. Dezember 1883 schreibt, das Unwahrscheinliche und erhebt dieses dadurch zum Rang wirklicher Dichtung.

Mit dem so auf die Bedingungen eines besonderen, ungewöhnlichen Falles eingeschränkten Thema ist auch der *Ausgang* schon vorgezeichnet. Denn dort, wo der Mensch nicht mehr aus der Überzeugung und Wahrheit seiner Natur handelt, also gegen sich selbst verstößt, muß das Geschehen ins Tragische hineinführen. Thema und vorgeschriebener Ablauf des zu Erzählenden sind damit bereits vor dem Erzählen selbst festgelegt. Als Drittes tritt dann der *Ausgangspunkt* hinzu, von dem aus die Phantasie des Erzählenden die Geschichte entwickeln wird. Dieser braucht in der Erzählung selbst keineswegs vorzukommen und kommt ja auch tatsächlich, wie wir noch sehen werden, nur in abgewandelter Weise darin vor. Denn mit Ausgangspunkt meinen wir nicht etwa den Erzähleinsatz, sondern den sinnlichen Anlaß, der dem Erzählen seine Richtung vorschreibt. Das kann zum Beispiel eine wirkliche Begebenheit, es kann aber auch ein Dokument, eine überlieferte Sage oder eine freie Erfindung der Phantasie sein. In Dantes Fall ist es eine kurze, tatsächlich vorhandene Grabschrift, aus der er seine Geschichte „entwickeln" will: „Hier schlummert der Mönch Astorre neben seiner Gattin Antiope. Beide begrub Ezzelin." Die Erzählung über den einmaligen Fall und seinen tragischen Ausgang hat damit eine bestimmte Figuren-Konstellation bereits vorgezeichnet. Es wird — so dürfen wir vermuten — eine in den Tod führende Liebesgeschichte sein; aber der Hinweis auf die geschichtliche Gestalt des Tyrannen, der den beiden — so deutet Dante den aus dem Lateinischen ins Deutsche übersetzten Grabspruch — ein Begräbnis gab, weist auf einen merkwürdigen Hintergrund hin, um so mehr, als ja hier offensichtlich nicht aus politischer Grausamkeit ein liebendes Paar vernichtet wurde, sondern das uneingeschränkte Prinzip der Macht sogar in einem seltsamen Einverständnis mit dem für immer schlummernden Paar zu stehen schien. Fällt ja doch damit auch auf die Figur Ezzelins ein bezeichnendes Zwielicht! Dante hatte die gebietende Gestalt mit dem gesträubten schwarzen Stirnhaar in seine Hölle verwiesen. Aber es ist Cangrande, der nach Dantes eigenen Worten hier als Modell gedient hat, und dieser fühlt sich durch eine solche freie dichterische

Übertragung nur „geschmeichelt". Überdies ist nicht von dem späteren grausamen Ezzelin die Rede, sondern nur von jenem, bei dem zwar die kommende Grausamkeit sich erst leise in einem Zug um den Mund andeutet, der aber vom Erzähler noch vorwiegend als der *gerechte* Herrscher gezeichnet wird. So sollte nach dem Willen Dantes Ezzelin für den groß gesinnten Cangrande zugleich als Warnung dienen, über der einen hohen Kraft der Menschenseele, der Gerechtigkeit, nicht die andere, entgegengesetzte, die Barmherzigkeit, ganz zu verlieren und am Ende den Versuchungen einer uneingeschränkten Macht zu erliegen.

Hat der Erzähler Dante wirklich nur das Äußere, die Mienen von den Anwesenden entlehnt, läßt er ihr Inneres, das ihm verschlossen bleibt, tatsächlich „unangetastet"? Kann man überhaupt zwischen äußerer sinnlicher Erscheinung und innerem Wesen eine so klare Grenzlinie ziehen? Dagegen spricht schon das leidenschaftlich wertende Interesse, mit dem die beiden Frauen Cangrandes für ihre Spiegelbilder in der Erzählung Partei ergreifen. Sind sie nicht ebenso in das Undurchsichtige und Fragwürdige einer Konstellation zu dritt verstrickt wie Diana, die Verlobte des Mönchs, und Antiope, die Geliebte? Wird nicht die Skepsis des vornehmen jungen Klerikers mit bewußter Absicht vom Erzähler in dem Mönch Serapion gegeißelt, der schließlich aus Weltgier seiner Zelle entspringt und sich im Schlamm der Gosse wälzt? Überträgt Dante nicht seine Abneigung gegen den eklen, alten, zahnlosen und vernaschten Narren Gocciola auf die Figur gleichen Namens in seiner Erzählung? Und ähnliches begibt sich ja mit dem Hausmeister Burcardo, der sich überdies — pedantisch, wie er ist — als einziger über die ihm in der Geschichte zuerteilte Rolle entrüstet. Umgekehrt wiederum heißt es von den so lichtvoll dargestellten Jünglingen Ascanio und dem gepanzerten Krieger Germano, daß Dantes Blick „mit sichtlichem Wohlgefallen" bei ihren Urbildern verweilte. Aber dennoch wäre es falsch, die in der Erzählung dargestellten Personen nur als Abbilder jener anderen am Herdfeuer aufzufassen. Wirklichkeit und Dichtung sollen in einem schwebenden Gleichgewicht bleiben. Die Menschen dieses Hofes *können* sich in den Gestalten der Erzählung wiedererkennen, aber sie *brauchen* es nicht. Sie sind es und sind es auch wiederum nicht. Sie haben zunächst nur das Äußere der Erscheinung miteinander gemeinsam und den Namen; dann aber werden die Personen der Erzählung zu eigenen handelnden Wesen mit ihrem eigenen Schwerpunkt; sie unterliegen nicht mehr den Gesetzen der Wirklichkeit, sondern denen der Kunst. Ist es also nur die freie, sich selbst überlassene Phantasie, aus der heraus Dante erzählt? Gibt die vorgegebene wirkliche Erscheinung lediglich die Tonart an, mit deren Hilfe der Erzähler auf seine Art musiziert? Aber eine solche Auffassung würde den enthüllenden Ernst der Kunst verkennen. Der dichtende Erzähler deutet noch auf eine verborgene „innere" Wahrheit seiner zwischen Schein und Wirklichkeit stehenden Personen und ihren Doppelgängern hin, nicht, indem er kopierend wiederholt, auch nicht bloß in einer moralischen Nutzanwendung für die Menschen am Feuer, deren Schicksale ja ganz andere sein mögen, sondern mit Hilfe gegenseitiger Spiegelungen, die gerade in der freien dichterischen Schöpfung das ihr gemäße Organ finden. Die Wirklichkeit um den Erzähler herum ist nur Anlaß und wird auch keineswegs überall gebraucht, der Mönch selbst ist ja ganz ohne Modells aber das Erzählte will und soll den Hörenden auch noch etwa; vom Glanz und Elend ihrer eigenen Existenzen aufschließen. Nicht nur der Einzelne, sondern das gesamte gesellschaftliche, staatliche und religiöse Gefüge dieser Epoche erhält in Dantes Erzählung eine ebenso enthüllende wie verhüllende Deutung, wie sie nur durch die Gestaltungsformen der Kunst, d. h. in diesem Falle durch die des novellistischen Erzählens, erreicht werden konnte.

Doch eben hier ist noch etwas von der künstlerischen Ironie des sonst so pathetischen Erzählers Meyer zu spüren. Sie gilt nicht den Personen und ihren Schicksalen, wohl aber dem Erzählen selbst. Weiß er doch, daß auch Dante und seine Zuhörer hier selber Dichtung sind, d. h. Erfindungen seiner Meyerschen Phantasie, die zwar von der geschichtlichen Überlieferung den „Stoff" entlehnt hat, aber mit dem Entlehnten dann genauso freischaffend umgeht wie Dante mit den Personen seiner Umwelt. So gibt Meyer dem bereits von ihm selbst Gedichteten mit Hilfe des Rahmens den Schein der Wirklichkeit und sucht das, was nur als wirklich ausgegeben wird, aber bereits erzählerische Fiktion ist, nochmals zu spiegeln, indem er es gleichsam über sich selbst hinaushebt und durch den Erzähler Dante in die Sphäre reiner Erzählkunst transzendiert. Ja, er läßt in der Dichtung die Dichtung selbst entstehen, gibt mit der Novelle zugleich ihre Genese und prägt uns im Erzählen ein, warum diese Geschichte vom entkutteten Mönch so und nicht anders erzählt werden mußte. Das konnte ihm in dieser Weise, ohne theoretische

Reflexion, nur dadurch gelingen, daß uns Meyer dazu überredet, eine bereits fiktive Welt für die wirkliche zu nehmen, wohingegen die erst gedichtete einem Erzähler vom höchsten geschichtlichen Rang anvertraut wurde, der uns über diesem Erzähler Dante gleichsam den eigentlichen Erzähler Meyer vergessen lassen sollte. Dennoch bleibt auch Dante als Erzähler eine Schöpfung Meyers, selber eine erzählte Figur, und die Kunst, mit der hier ein Dante erzählt, ist ja in Wahrheit die des Autors, der ihn in seine eigene dichterische Komposition mit hineingenommen hat. In eben dieser doppelten Brechung aber, der des frühen Renaissancehofes von Verona im Spiegel des Danteschen Erzählens und der Dantes im Spiegel der Novellenkunst Meyers, wird die „Härte der Fabel" gemildert und das geschichtliche Geschehen ins Symbolische erhoben. Die Kunst triumphiert über die Geschichte, indem sie das Vergangene von Einst in die artistische Zeichensprache der Novelle von Heute umzuschmelzen wagt.

Die Binnenerzählung selbst gewinnt ihre Spannung mehr aus der Verknüpfung der Begebenheiten als aus den Charakteren. Diese werden meist nur im Al-fresco-Stil umrissen. Das Malerische oder auch Statuarische ihrer Erscheinungen deutet auf prägnante, ihnen zugeordnete Eigenschaften hin. Ezzelin, der Tyrann mit dem mehrfach erwähnten struppigen Barte, immer gefaßt und seiner Umgebung schon durch die Allgewalt seines Amtes überlegen, scheint zum Lenker der verschiedenen Geschicke geboren und muß dennoch erfahren, daß nicht er der Lenkende ist, sondern eine dunkle Macht, mag sie nun Zufall, Fatum oder Schicksal heißen. Seine Figur, die noch unentschieden zwischen Gerechtigkeit und Grausamkeit gestellt ist, flankiert von den beiden ihm treu ergebenen Jünglingen, dem liebenswürdig leichtsinnigen und epikureisch gesinnten Ascanio und dem schwerblütigeren, etwas trocken und pedantisch geratenen, soldatischeren Germano, hat mehr die Größe des Betrachtenden als des Handelnden. Mitten hineingestellt in den Argwohn und Verrat der Welt, ist er nicht ohne dämonisches Vergnügen am Treiben dieser Welt, aber ihm auch wieder entrückt durch einen affektfreien Fatalismus, der alles Geschehen als verhängt hinnimmt. Trotz seiner unerbittlichen Strenge in allen staatspolitischen Dingen behält er doch eine Lässigkeit dem Privaten gegenüber, verbunden freilich mit einer psychologischen Neugier, die sich auf das menschliche Verhalten überhaupt richtet. Sein persönliches Schicksal ist mehr oder weniger an den großen, von Kirche und Papst so gehaßten

Kaiser Friedrich gekettet; und so teilt er mit diesem auch die Gleichgültigkeit den religiös-kirchlichen Fragen gegenüber. Eher neigt er, wie Abu Mohammed — der weißbärtige, die Straßen und das Innere der Häuser überwachende Greis in seinen Diensten — einer heidnischen Philosophie des Verhängnisses zu. Freilich besitzt er nicht jene heitere Milde, die selbst das Tragische noch leichtzunehmen weiß, sondern weit eher eine zuschauende Kälte, die dann später — jedoch jenseits des Erzählten — sogar eine Lust darin finden wird, menschliche Leiber zu martern.

Bereits der dramatische Erzähleingang wirft ein grelles Licht auf diese Figur: der mächtige Reiter, der seinen großen Hengst bändigt, auf der einen Uferseite, ihm gegenüber die überfüllte Barke mit den Hochzeitsgästen, die sich untertänig grüßend ihm zuwenden, darüber aber die Barke aus dem Gleichgewicht bringen und selber in die Wirbel des Stromes hineingezogen werden. So ist Ezzelin „der unschuldige Urheber des Verderbens", der zufällige Ausgangspunkt einer Schicksalskette, die dann nicht mehr abreißen wird. Wohl bemüht auch er sich bei der Katastrophe um Hilfe, aber ohne jedes Mitleid. Als Diana, die Neuvermählte, die ihren Bräutigam und die drei blühenden Kinder seines ersten Bettes verloren hat, von dem um Rettung bemühten Mönch wie eine Tote aus der Strömung gezogen wird, da betrachtet Ezzelin „das entseelte Haupt, das einen Ausdruck von Trotz und Unglück trug, mit einer Art von Wohlgefallen, sei es an den großen Zügen desselben, sei es an der Ruhe des Todes". Hat er doch eine besondere Vorliebe dafür, den Toten die Augen zuzudrücken, so wie es am Ende auch bei Antiope und Astorre geschieht, als der Erzähler zunächst lakonisch berichtete: „Ezzelin betrachtete den Tod." Die besondere Anziehungskraft, die der Tod auf den Tyrannen ausübt, mochte ebenso als zuschauende Erkenntnis des Unabänderlichen gemeint sein wie mit jenem leise sich abzeichnenden Zug zur Grausamkeit bereits zusammenhängen.

In mancher Hinsicht ist die Gestalt des Mönchs der Ezzelins polar entgegengesetzt. Wenn dieser von der Gefahr bedroht ist, über der Gerechtigkeit die Milde und Barmherzigkeit völlig zu verlieren, so jener von der, über der Barmherzigkeit jedes Maß der Gerechtigkeit einzubüßen. Was der eine an Kenntnis der Welt und damit auch des Bösen fast zuviel besitzt, hat der andere zuwenig. Und wenn Ezzelin sich niemals in ein Geschehen hineinziehen läßt, sondern immer nur der betrachtende oder auch verurteilende Zuschauer bleibt, so wird der Mönch zunehmend von seiner Phantasie und seinen Affekten überwältigt, nahezu willenlos vom Strome seines Verhängnisses fortgetragen. Solche kontrapunktische Entgegensetzung ist vom Erzähler durchaus beabsichtigt. Sie tritt denn auch fast überdeutlich im Kontrast der beiden Frauen hervor. Auf der einen Seite steht die stolze, selbst in ihrer Demut noch herrische Diana, geradezu vorherbestimmt, ungeliebt zu bleiben, die dem Mönch, der sie nach dem Willen seines Vaters heiraten soll, mit bündiger Rede und harter Wahrheitsliebe entgegentritt, eine Gestalt ohne Schleier, bedingungslos treu, aber furchtbar im beleidigten Stolz und in erlittener Schmach; auf der anderen Seite die liebliche und weiche Antiope, ein zur Liebe geborenes Wesen, als Mißhandelte rührend und Rührung erweckend, aber ohne jede sittliche Stärke der Seele, ohne geprägtes Selbstbewußtsein, wenn auch wiederum zur höchsten, äußersten Hingabe fähig und darin den zarten Frauenerscheinungen der Legende verwandt.

Es sind mehr typische als individuelle Umrisse, die hier gegeben werden, so wie auch Ezzelin und der Mönch beispielhaft für bestimmte menschliche Verhaltungsweisen stehen. Ernst Feise, der von dieser Novelle Meyers in dem Buch „Xenion" eine „Formanalyse" gegeben hat, hebt mit Recht hervor, daß es Meyer immer auf die „passio dominans" ankommt: „Der treue Krieger, der weltkluge Höfling, die lüsterne Zofe, der genäschige Narr, der pedantische Zeremonienmeister, die kühle Herrin, die hingebende Geliebte treten auf und handeln als Rollenfiguren aus stehenden Eigenschaften." Dieses Abstrahieren einer Haupteigenschaft geht so weit, daß in vielen Fällen die Gestalten schon mit der Namengebung charakterisiert sind. Die Figuren haben, für sich allein betrachtet, etwas merkwürdig Starres. Meyer weicht denn auch mit Vorliebe in die geballte, von der Spannung des Ereignisses getragene Situation aus, in die er seine Menschen mit großen Gesten und in dramatischer Attitüde hineinzustellen versteht, ohne daß er die innerseelischen Vorgänge näher zu differenzieren braucht. Er selbst spricht davon, daß seine Fabel „eine explosive Luft" verlange und plante ja anfangs, diesen Stoff, der sich „dramatisch, unabänderlich dramatisch" gestaltete, als „dramatisierte Novelle" zu veröffentlichen. Alles wird ihm zum szenisch bewegten Bild, innerhalb dessen auch der Einzelmensch wie für die Situation zugeschnitten erscheint. So tritt etwa der alte Vater des Mönchs, der reiche und lediglich um die Erhaltung seines vom Aussterben bedrohten Stammes besorgte Vicedomini, eigentlich nur um der hochdramatischen Sterbeszene willen auf, in der er mit seiner raffinierten Schlauheit den allzu barmherzigen Sohn überlistet und ihm den gottlos und fluchend in den Tod gehenden Vater bloß vorgaukelt, damit der Mönch sein Gelübde wieder zurücknimmt.

Das ist nicht ein Einzelfall, sondern charakteristisch für Meyers in der Szene verdichtenden Stil. Denn genau so verhält es sich ja bei der sinnverwirrten Mutter der Antiope, Madonna Olympia Canossa, der in erster Linie die Gelegenheit zum großen Auftritt im Hause des ehemaligen Mönches gegeben werden sollte. Und nicht nur das! Denn eben dieser explosive Ausbruch der grauen Mänade bietet dem Erzähler noch die zweite Chance, einen Charakter wie Diana aus dem Statuarischen zu befreien und ihm die volle Wucht einer szenischen Entladung zu gönnen. Die schwer Beleidigte schlägt zu; und, um die Verwirrung des Skandals noch zu vergrößern, sie trifft nicht etwa die Mutter, sondern die völlig unschuldige Tochter. Die einzelnen Charaktere werden für den Erzähler und auch für den Leser erst dort interessant, wo sie nicht als bloß daseiende in ihren leicht übersehbaren Grundzügen beschrieben werden, sondern ihr Wesen sich in die Aktion umsetzt und sie dabei leidenschaftlich aufeinanderprallen. Dafür diene uns Madonna Olympia noch einmal als Beispiel. Für sich allein genommen ist sie nur eine alt gewordene Törin, deren schweres Geschick sie hart an die Grenze der Geisteskrankheit gebracht hat. In den jeweiligen Situationen lassen sich jedoch gerade aus einer solchen Anlage, selbst bei einer Nebenfigur, besonders viele erregende Spannungsmomente oder auch nur atmosphärische Wirkungen herausholen, wie sie eine durchschnittliche Existenz niemals hergeben würde. Die mehr oder weniger verbotene Vermählung Astorres mit Antiope bekommt durch ihre Mitwirkung, und sei es auch nur als Horcherin am Schlüsselloch des Gewölbes, etwas Gespenstisches; der Dichter spiegelt die unten sich abspielende, unerlaubt zweideutige Szene im verzerrten und entsetzten Gesicht der Lauscherin. Ja, das allein genügt ihm nicht. Die mehr und mehr ihres Verstandes Beraubte, die sinnlos für ihr eigenes Leben fürchtet, flieht mit dem Ruf: „Hilfe! Mörder!", ruft gleichzeitig nach Maultier und Sänfte und jagt als flüchtige Törin, eine wilde, unheimliche Erscheinung, mit dem aufgestachelten Tier ins Dunkel davon. Dieser Auftritt dient natürlich auch der Verknüpfung, weil so Ascanio von der sündigen Vermählung des Mönches erfährt; alles Weitere schließt sich daran an. Wichtiger jedoch ist für den Erzähler die Anhäufung des Schauderbaren und Unheimlichen um die Situation dieser Trauung, damit sie von vornherein wie von allen Zeichen des Verhängnisses umwittert wirkt.

Ähnliches gilt natürlich erst recht von den Hauptgestalten. Ezzelin freilich ist immer nur die verkörperte Ruhe, wie hinter einer Maske verschanzt. Aber eben das kontrastiert höchst einprägsam zum stets Bewegten des Handlungsablaufes. Bei Astorre wiederum ist es dem Erzähler in erster Linie darum zu tun, seine natürliche Anlage zum Mitleid noch zu übersteigern und ihr die entsprechenden Situationen zuzuspielen: das erste Mal bereits in der Szene der väterlichen Sterbestunde, dann — noch ehe Antiope persönlich auftritt — durch das wie aus einem Traum erinnerte Bild von dem kleinen Mädchen, das, gleichgültig aus welchen Motiven, kindlich und rührend Kopf und Nacken neben die des zum Tode durch den Block verurteilten Vaters legt, schließlich in dem überquellenden Gefühl für die durch die eigene Braut Geschlagene und Erniedrigte. Besonders das Kindheitserlebnis der Antiope, dem der Mönch einst beigewohnt hat, ist hier höchst charakteristisch. Theodor Storm hat das Rührende dieser Situation künstlerisch genossen, obwohl er „Die Hochzeit des Mönchs", „diese zusammengekramte Geschichte", bis dahin als seelenlos und langweilig abgelehnt hat. Aber Meyer ist es ja gar nicht so sehr um Rührung zu tun. Der Erzähler erfindet die extreme, zum Mitleid geradezu herausfordernde Situation, damit er einen auf eben diese Eigenschaft festgelegten Charakter am wirkungsvollsten, und sei es auch nur in der Überwältigung durch die Phantasie, als Mitleidigen sichtbar machen kann. Dem Interpreten will es so scheinen, als ob bei Meyer das Pathos der Situation eigens dafür erfunden würde. Die Situationen haben den künstlerischen Vorrang vor den Charakteren, wohingegen in Kellers Erzählungen sich beides in einem genau abgewogenen Gleichgewicht zu halten weiß. Bezeichnend für das Pathos der Situation ist auch der tragische Ausgang der ganzen Erzählung. Bereits der nur zum Vorwand genommene, aber auch schon dramatische Auftritt, daß eine reuige und demütige Antiope der stolzen Diana den Brautring vom Finger ziehen soll, wird ins Grausame gesteigert. Dann aber sehen wir Diana ganz als die strafende jungfräuliche Göttin, wenn auch nur im allegorischen Maskenkostüm, die unerbittlich mit dem Pfeil aus ihrem Köcher zu töten weiß, sobald sie in ihrer Ehre beleidigt ist. Darf man nicht vermuten, daß diese düster gerechte Handlung, diese Entladung ohne Erbarmen dem Dichter schon zu Beginn seiner Konzeption vor Augen schwebte, so daß er den Charakter der Diana mit wählendem und vereinfachendem Geist den besonderen Bedingungen seiner so ereignisreichen Fabel anpassen mußte? Aber beweisen läßt sich ein solches ästhetisches Vorher oder Nachher natürlich nicht.

Die Situationen selbst gewinnen dann ihre Farbe aus den Gebärden und dem Erscheinungsbild der Menschen. Sie sind nicht nur explosiv dramatisch, sondern zugleich bildhaft, ja sie können — mitten in der Bewegung — im Bildhaften geradezu erstarren. Meyers großes, dem Dramatischen verwandtes Talent ist die Gabe versagt, das Spannungsfeld in Rede und Gegenrede aufzubauen. Gewiß, es gibt kunstvolle Gespräche in seinen Novellen, aber sie sind dann mehr geistreich betrachtender und zeitgeschichtlich illustrierender Art, nicht jedoch die eigentlichen Motore eines vorwärts treibenden Geschehens. Wie sehr kann dies aber durch die bloße Bildwirkung geschehen! So steht z. B. Astorre sprachlos vor Antiope, die geöffnete Hand vor sich hingestreckt und die linke in der Höhe des Herzens, als der Ring des Zufalls zu ihr hinübergerollt ist, und eben diese Gebärde wird von der Mutter dann als liebende Werbung gedeutet. Das mochte, vom Unbewußten des Astorre aus gesehen, noch nicht einmal so falsch sein. Antiope wird auch in ihrem Hause, wo sich der werbende Germano und der ihn begleitende, bereits eifersüchtige Astorre nach dem vorausgegangenen skandalösen Auftritt einfinden, ganz vom Erscheinungsbild her dargestellt, wie es in der Phantasie des Mönches sich spiegelt: die von der Abendglorie beleuchtete liebreizende Gestalt mit der zerzausten Haarkrone, die den Spitzen eines Dornenkranzes ähnelt, und den schmachtenden Lippen, die den Himmel schlürfen. Am tiefsten Erbarmen entzündet sich die tiefste Liebe. Aber Barmherzigkeit erweist sich als Verhängnis in einer Welt, die kaum die Güte zu ertragen weiß.

Die Beispiele ließen sich vermehren. Die Situation erstarrt zum Bild, das Bild wiederum wird in dramatische Aktion umgesetzt. Der Novellist Meyer läßt alles Innere nach außen treten und gibt ihm damit das Pathos des großen Auftrittes. Dazwischen freilich schiebt sich das zeitgeschichtliche Kolorit wie etwa in den Gesprächen, die Astorre, Ascanio und Germano miteinander führen und zu denen dann Ezzelin hinzukommt. Aber auch hier wird auf den jeweiligen „Auftritt" nicht verzichtet. „Ezzelin, mein Fürst, werde mir nicht grausam!" läßt der Erzähler den von seinem Gefühl überwältigten Ascanio ausrufen, und in eben diesem und keinem anderen Moment muß der gerade Angerufene unbemerkt hinzutreten. Das Absichtsvolle solcher Erzählpointen könnte verstimmen, wenn nicht wiederum der jeweils erzielte Effekt so zwingend hervorträte. „Realismus" jedoch ist das gewiß nicht, wohl aber eine bis zum Äußersten getriebene Artistik in der Darstellung, die vielleicht in keiner anderen Darbietungsform so weitgehend erlaubt ist wie in der Novelle. Zwar versteht man Meyers unglückliche Liebe zum Drama, aber ebenso sind wir überzeugt, daß er der geborene Novellendichter war.

Die kunstvollsten Wirkungen erreicht der Erzähler in der Verknüpfung der Vorgänge. Denn erst dadurch erhalten diese eine spezifisch zeichenhafte Bedeutung für ein tragisches Geschehen überhaupt. Das Schiffsunglück auf der Brenta führt fast direkt dazu, daß der seines Stammes nahezu gänzlich beraubte Vicedomini die niederträchtig listige Szene mit dem Sohn aufführt, um ihn seinem Gelübde untreu werden zu lassen. Das entlastende Breve hat er sich schon vorher rechtzeitig für schweres Geld vom Papst besorgt. Aber der Entschluß muß beim Sohn „aus freiem Willen" erfolgen. Ezzelin sieht bemerkenswert klar, daß Astorre zum Mönch, nicht aber zum Weltkind geboren ist, und sucht ihn in diesem Sinne klug zu beraten und zu lenken. Auch vom politischen Blickpunkt aus will ihm dies als die bessere Entscheidung einleuchten. Aber die Komödie des Vaters hat die stärkere Wirkung. Mag der Sohn hier wiederum vom Mitleid verführt sein, seine Einwilligung bedeutet dennoch einen Abfall von sich selbst und damit den unentrinnbaren Weg in die Verwilderung. Indem er einer Anlage seiner Natur, dem Mitleid, allzu bereitwillig folgt, verstößt er zugleich gegen die ihm auferlegte Bestimmung, die nur außerhalb der Welt, nicht aber in ihr, das ihm anvertraute Amt der Barmherzigkeit hätte verwalten dürfen. Im Grunde ist nur das seine „Schuld", sogar diese noch verzeihbar, weil sie aus allzu großer Pietät entstand. Alles Kommende entfaltet sich dann als die schlimme Blume seines Schicksals. Bereits nach dem vorschnell gegebenen Versprechen ist seine Brust von „Reue" erfüllt, zugleich aber von dem Argwohn, ja der Gewißheit, „daß ein Sterbender seinen guten Glauben betrogen und seine Barmherzigkeit mißbraucht habe". Aber der Rückweg ist ihm versperrt. Die der Kirche gebrochene Treue müßte jetzt eigentlich zur unverbrüchlichen Treue gegen die zwar ungeliebte, aber noch wie ein Auftrag Gottes ihm anvertraute Braut des Bruders, die nunmehr die seine geworden ist, verpflichten. Jedoch das Gegenteil geschieht. Wo der Anspruch der Treue einmal zurückgewiesen ist, wird der Treulosigkeit der Weg auch für die Zukunft freigegeben. Wer aus seiner ihm vorgezeichneten Bahn getreten ist, sieht sich bald aus jeder Bahn herausgeschleudert. Fast möchte es so scheinen, als ob das Schicksal selbst nunmehr alle Register zöge, um zu verhindern, daß Astorre wieder in eine Bahn hineinkommt.

Das Schicksal? Oder ist es nur ein unheimliches Spiel des Zufalls? Der Dichter läßt das kunstvoll in der Schwebe, drängt aber sein Geschehen auf so wenige Tage zusammen, daß es schon dadurch etwas Schicksalhaftes bekommt. Seit dem Unglück auf der Brenta und dem Sterbeauftritt des hartnäckigen Greises ist nur eine kurze Trauerwoche vergangen, ehe der Handlungsablauf mit dem verhängnisvollen Ringkauf Astorres neu einsetzt. Alles Weitere ist in wenige Tage zusammengedrängt: die Begegnung mit Antiope, der skandalöse Auftritt beim Verlobungsfest mit Diana, die mißglückte Werbung des Germano, die geheime Trauung des Mönches mit der ebenso frevelhaft wie überschwenglich Geliebten, das makabre Hochzeitsfest und der Tod der Liebenden. Von dem so hart und ätzend geschilderten Florentiner Goldschmied heißt es in zeitlich vorgreifender Weise, er meldete sich seiner Bezahlung wegen im Palast Astorres, heute, morgen und übermorgen. Die zwei ersten Male richtete er nichts aus, weil in der Behausung des Mönches alles drunter und drüber ging, „das dritte Mal fand er die Siegel des Tyrannen an das verschlossene Tor geheftet". Zwei volle Tage mit ihrem Spiel von Zufällen und Verhängnissen genügen, um Astorres Unglücksweg für immer abzuschließen.

Die kurze Zwischenpause nach dem dramatischen Eingangstag bleibt im Ereignishaften unausgefüllt. Der entkuttete Mönch hat sich bisher noch kaum in das Treiben der Welt hineingefunden. Der Erzähler verweilt hier weit ausführlicher bei den Nebenfiguren, Ascanio und Germano oder auch noch bei Ezzelin. Er gestattet sich dabei Unterbrechungen, die das Erzählte noch einmal vom Rahmen aus beleuchten, während das pausenlos abrollende Schlußgeschehen der letzten zwei Tage solche Intervalle immer weniger zuläßt, je mehr es sich dem überstürzenden Ausgang nähert. Es ist, als ob der Erzähler noch einmal vorher den Atem anhielte. Die Epoche selbst, in ihrer gefährlichen Großartigkeit, ist hier sein Gegenstand; und so gehört denn auch noch die Debatte zwischen Cangrande und Dante über so repräsentative Gestalten wie Friedrich und Petrus de Vinea durchaus in den Erzählzusammenhang mit hinein, ebenso wie bereits vorher der satirische, von Dante geführte Seitenhieb auf die Narren des Fürsten, den dieser ihm später mit dem Vorwurf des unedlen Verhaltens zur eigenen Vaterstadt so bitter heimzuzahlen weiß. Der Dichter will auf diese Weise nicht nur ein kulturhistorisches Gesamtbild ausbreiten; er holt vielmehr das Vergangene in die ja nur fiktiv bestehende Gegenwart seines Rahmens hinein; er erinnert, indem er vergegenwärtigt, und er vergegenwärtigt, indem er erinnert. Eben darin besteht die Meisterschaft solcher geschichtlichen Novellistik.

Danach freilich tritt das Lebensschicksal des Mönches wieder ganz in den Vordergrund. Meyer erzählt, indem er das Geschehen an Zeichen bindet. Die Ringe, die hin- und herrollen und das Geschick begleiten und akzentuieren, sind keine eigentlichen Bildsymbole. Sie sind Eheringe und weiter nichts, durch ihre Funktion Sinnbilder der ehelichen Treue. Im Erzählzusammenhang jedoch werden sie zu Zeichen eines Verhängnisses, das gerade aus der nicht gehaltenen Treue entspringt. Der Goldschmied, der die zwei Goldringe anbietet, einen größeren und einen kleineren, nimmt damit bereits eine Situation zynisch vorweg, die noch gar nicht eingetreten ist, aber für die die Ringe sozusagen in Bereitschaft stehen: „Für die zwei Liebchen der Herrlichkeit." Dann greift das Spiel des Zufalls ein. Der über diese lose Rede ungehaltene Mönch wird von der germanischen Leibwache des Vogtes, die gerade schmetternd vorüberzieht, gestreift. Zwar hat er den größeren Ring noch rasch in seinem Gewand geborgen; aber der kleinere rollt davon, er rollt — von der eigenen Bewegung getrieben — bis zu jener Stelle hin, wo die Zofe Isotta steht, die ihn als „Glücksring" der jungen Herrin Antiope jubelnd an den Finger steckt. Wohl hätte dieses Mißverständnis noch aufgeklärt werden können. Aber ehe der in der Gebärde erstarrte Astorre wieder zu sich kommt, hat ihn bereits mit gutmütigem Gelächter der an der Spitze der Kohorte reitende Germano, ganz ohne jede böse Absicht, auf sein Pferd gezogen. Auch dies ist nur ein Zufall, aber zugleich ein weiterer Motor des Verhängnisses.

Die zeichenhafte Verwendung der Ringe für das Geschehen geht durch die ganze Novelle hindurch. Der große Ring wird Diana gegeben und soll ihr am Ende von einer reuigen Antiope vom Finger abgezogen werden; Astorre erhält wiederum von Diana einen dritten, den er noch nach der Trauung mit Antiope am Finger hat, dann aber, an seinen Treubruch gemahnt, von sich schleudert, so daß er auf der Straße in einer Spalte zwischen zwei Quadern verlorengeht. Antiope ihrerseits trägt ahnungslos beim Verlobungsfest des Mönches mit Diana jenen ihr vom Zufall zugerollten Ring, und eben dies wird zum Anlaß für die ganze verworrene und skandalöse Szene, die die Mutter in Gang bringt. Aber der Erzähler benutzt nicht nur die Ringe zur unheilvollen Verkettung der Vorgänge. Zufällig blieb ja auch der Vorbei- marsch der Palastwache in eben dem Augenblick des Ring- kaufes, zufällig ist später die Anwesenheit des Priesters im häus- lichen Heiligtum der Gräfin; aber nur dadurch war die sofortige, überstürzte Eheschließung mit Antiope erreichbar. Erst das Spiel dieser Zufälle macht das rasche Hinüberwechseln von einer Braut zur anderen möglich. Es ist so, als ob die Umstände Astorre in sein Schicksal geradezu hineintreiben sollten. Auch daß Ezzelin „gegen Voraussicht und Willen" nicht rechtzeitig zum Hochzeitsfest zurückkehren kann, gehört in diese Fatalität des Ablaufs mit hinein; hätte doch der souveräne Herrscher, der durchaus be- gierig war, die vor Diana sich demütigende Antiope zu „betrach- ten", den mörderischen Ausgang vielleicht sogar verhindern können. Der Zufall ist Regent in der Novelle. Er deutet auf das Unverwechselbare des Einzelfalles hin. In der Häufung der Zufälle jedoch, wie sie hier vom Erzähler durchaus beabsichtigt ist, soll die Macht eines Verhängnisses sichtbar werden, das stärker bleibt als der Einzelmensch. Selbst der Herrscher, der über eine uneingeschränkte Gewalt verfügt und der hier die Begeben- heiten schon darum zum Guten leiten möchte, weil er sie selbst, wenn auch schuldlos, mit seinem „zufälligen" Ritt an der Brenta entfesselt hatte, sieht sich hier entmächtigt. Hat er doch einst seinen eigenen unehelichen Sohn vor dem Bluturteil nur gerettet, damit der gleiche Sohn, erneut gegen den Tyrannen verschworen, von *demselben* Kriegsknechte, der damals schon das Schwert über ihn geschwungen hatte und jetzt „zufällig" als erster Ezzelin zu Hilfe eilt, mit *demselben* Schwerte niedergestoßen wird! Mag Ezzelin noch so sehr „dem Wankelmütigen und Wertlosen das Dasein" fristen, stärker als der Mächtige ist das Schicksal. Und wenn der Tyrann auch dem gehorsamen Germano den Befehl gibt, das Schwert der Rache zu senken, am Ende bleibt es dem Mönch trotzdem bestimmt, in eben dieses Schwert hineinzurennen.

Ob nun antiker Schicksalsglaube oder mohammedanisches gelassenes Hinnehmen des Verhängnisses oder gar die Meyer so vertraute Prädestinationslehre des Kalvinismus den weltanschaulichen Hintergrund bilden, darauf kommt es nur wenig an. Denn der Dichter sucht Bezüge solcher Art noch absichtsvoll miteinander zu vermischen. Ihm war dabei lediglich die Kunstform der Novelle wichtig, und die Zeichensprache des Zufalls sollte dazu verwandt werden, ein von vornherein zum unglücklichen Ausgang vorherbestimmtes Geschehen in seinem unerbittlichen Ablauf zu zeigen. Das retardierende Moment des freiwilligen Verzichts auf Antiope bleibt nur von sehr kurzer Dauer; es kann den Weg des immer tiefer in das Geschehen verstrickten Mönches nicht aufhalten.

So wie die Zufälle zu Zeichen des Verhängnisses werden, so kündigt sich auch der Tod durch die ganze Erzählung hindurch an. Ja, Liebe und Tod sind dort untrennbar benachbart, wo das Wesen der Liebe tragisch verstanden wird. Denn so sehr der Mönch in die sittliche Verwilderung hineingerät und jedes Maß darüber verliert, seine und Antiopes Liebe ist vom Erzähler dennoch als ein seltenes und großes Geschehen gemeint. Die Liebe sprengt hier das Gesellschaftliche auf, aber sie muß zugleich solche verzückte Ekstase mit dem Tode bezahlen. Darum steht dieses Geschehen auch jenseits der staatlichen Ordnung. Der zuschauende Tyrann darf hier milde richten und um Ausgleich bemüht sein. Freilich wird er dabei fast zu einer Schattenfigur, da die Gerechtigkeit ohnmächtig ist, sobald die Liebe sich ihr eigenes Gericht unentrinnbar zuzieht, und dies um so mehr, als ja die Erzählung von einem Menschen handelt, der bereits zu Beginn des Geschehens gegen das ihm vorgezeichnete Gesetz seines Wesens verstoßen hat. Oder — so dürfen wir immerhin fragen — findet Astorre vielleicht erst in der Liebe die wahre Erfüllung seiner tief in ihm schlummernden, grenzenlosen Fähigkeit zur Hingabe? Dann aber geschieht das nur um den Preis der Zerstörung.

Mit dem Unglück auf der Brenta begann das Geschehen, mit dem Sterben des alten Vicedomini setzte es sich fort. Aber die tiefen Schatten des Todes fallen auch weiter auf die sich überstürzende Handlung und zwar gerade dort, wo immer stärker ein dionysischer, aber zugleich fragwürdiger Jubel des Lebens entfesselt wird. Antiope ist bereits als Kind vom Tode gezeichnet, seit jener Schicksalsstunde, als Haupt und Nacken neben dem

Vater auf dem Block des Henkers lagen. Das sich umschlungen haltende, soeben getraute Liebespaar, das Ascanio zunächst auseinanderreißen will, dem er aber dann doch die vielleicht nur kurze Stunde seines Glückes gönnt, betrachtet Abu Mohammed mit der Gelassenheit des Philosophen: „Laß die Schatten sich umarmen!" Als sie dann, eine geschlossene Gruppe, in das Haus des Mönches fliehen, begegnet ihnen eine geneigte Sänfte mit einer umgestürzten Bahre. Auch La Sposina, das gestorbene Bräutchen aus dem Volk, das hier zu Grabe getragen wird und sonst nirgends in der Erzählung vorkommt, ist nur als vordeutendes Zeichen auf das kommende Todesverhängnis gemeint.

Nur noch eine Nacht und ein Tag sind den Liebenden vergönnt. Der Erzähler sagt dies deutlich voraus; denn das unheilvolle Ende soll ja keineswegs unerwartet eintreffen. Wohl scheint das schonende Gericht Ezzelins, die Entschädigung des geizigen Vaters der Diana und ihr eigener, bitterer Weg ins Kloster den Knoten noch einmal aufzulösen. Ist ja doch auch der Bruder, Germano, dem Treubruch im tiefsten zuwider ist, zum Verzicht auf Rache gezwungen! Sogar das Volk, das erst so leidenschaftlich gegen den zweimal eidbrüchigen Mönch Partei ergriff, wurde vom Anblick des liebenden Paares, vor allem aber von der ganz Seele gewordenen Schönheit der Antiope so gebannt, daß es — „den Verrat des Mönches begreifend und mitbegehend" — der gekränkten Diana nur noch murmelnde Worte des beleidigenden Mitleids nachrief. Fast möchte man meinen, der freundlich leichtsinnige Ascanio könnte recht behalten: Ezzelin vermählt das „seligste Paar in Padua" und macht aus einer gefährlichen Geschichte ein reizendes Märchen, das später den Enkeln und Enkelinnen am Herdfeuer erzählt werden kann.

Aber diese trügerische Versöhnung ist nur ein Schein. Die Hochzeit mit Masken im Palast Vicedomini, ein Fest, zu dem Ezzelin selbst einlädt, wird in Wahrheit zur Hochzeit des Todes. Dazu gehört auch das makabre Geschehen um den Palast herum: das trunkne und frevle Volk, die lüsternen Kleriker, durch die sich eine zürnende Diana hindurchkämpfen muß, die Mißtöne der Musik, der Mönch Serapion, der sich mit einem großen verwilderten Weib von verlorener Schönheit im Schlamm der Gosse wälzt. Dies alles zusammen erzeugt die Atmosphäre des widrig Geilen und gespenstisch Verwilderten. Es wirkt wie ein Zerrspiegel, in dem die Hochzeitsnacht des tragischen Paares zur bösen Posse geworden ist. Damit wird zugleich die Grenzüberschreitung sichtbar, die der nur noch von Antiope besessene, ganz der Liebe verfallene Astorre und diese selbst, von keiner Stimme des Gewissens, ja auch bloß des Selbstbewußtseins angerührt, wenn auch in aller Unschuld, begangen haben. Wo allein das Recht der Liebe gilt und kein anderes mehr, da droht sich im Sozialen eine Zügellosigkeit und Gottferne auszubreiten, die sich durch den entlaufenen Mönch zu solchem Tun gleichsam ermächtigt glaubt, wenn auch dem Gemeinen jeder Adel der Liebe fehlt. Die stille und innige Grabschrift, aus der Dante seine Geschichte entwickelt hat, findet im Munde eines entarteten Weibes ihre obszöne, bösartig zynische Vorwegnahme: „Über ein kurzes schlummert der Mönch Astorre neben seiner Gattin Antiope." Aber der Erzähler weiß diese Pointe noch zu steigern. Als sich das Unheil bereits wie ein Gewitter im Innern des Palastes entladen hat, die Vermählten tot darniederliegen und auch der treuherzige Germano noch zugrunde gehen mußte, da klingt es mißtönig und mit fernem Gelächter durch das Fenster von draußen herein: „Jetzt schlummert der Mönch Astorre neben seiner Gattin Antiope." Aber nunmehr steht der Satz im Zeichen der tragischen Ironie. Denn das immer noch obszön gemeinte „Schlummern" gewinnt angesichts der objektiven Situation den furchtbaren Doppelsinn von Liebe und Tod. Und eben jener Ezzelin, der hier den Tod „betrachtet", ist es ja dann, der — nach den Worten der Grabschrift — den Schlummernden das Begräbnis gegeben hat.

Die Geschichte vom entkutteten Mönch und von der tragischen Begebenheit seiner Hochzeit, wie sie Dante dem mutwilligen Kreis eines Hofes erzählt, suchte alles Vorgangshafte als unabwendbaren Ablauf sichtbar zu machen. Selbst die Charaktere der Menschen, ihre Zweideutigkeiten und Verfehlungen scheinen noch dem Sog zugeordnet, in den hineinzugeraten ihnen jeweils verhängt ist. So benachbart eine solche Thematik auch der des tragischen Dramas ist: nur die Novelle läßt es zu, sie im Spielraum des Zufalls zu entwickeln, während die dramatische Form sehr viel stärker nach einer mit den Charakteren gegebenen Notwendigkeit und einer lückenlosen Motivierung verlangt. Durch den Rahmen aber, in dem das Erzählte seine nochmalige Spiegelung bis in die Identität und Nicht-Identität der Personen hinein erhält, wird das stofflich Erregende und Abenteuerliche einer so ganz auf Spannung hin komponierten Erzählung wiederum abgemildert und statt dessen das *Wie* des Erzählens bedeutsam: das Kunstvolle in der Verknüpfung der Vorgänge, das Symbolische im geschichtlichen Bezug der Menschen mit- und untereinander und das Vordeutende in den absichtsvoll gebrauchten, auf ein Verhängnis hinweisenden Zeichen. Meyer selbst hat zwar in einer selbstkritischen Äußerung seine Befürchtung ausgesprochen, daß „das aufs Äußerste . . . getriebene Ineinanderschlingen von Erzählg u. Hörerkreis" zu „raffinirt" erscheinen möchte, war sich aber dennoch bewußt, daß diese Novelle, wie er an anderer Stelle sagt, „einen größern Styl" als seine bisherigen Werke habe.

WILHELM RAABE

—

DIE INNERSTE

Wilhelm Raabes Erzählung „Die Innerste", die in ihrem ersten Entwurf im Spätherbst 1874 konzipiert, dann 1876 in Westermanns Monatsheften veröffentlicht und 1879 in die Krähenfelder Geschichten aufgenommen wurde, entstand unter Verwendung alter Sagenmotive. Ihre lange Zeit unaufgefundene Hauptquelle wurde nunmehr in einem Aufsatz von Eleonore Winkelmann „Die Quelle zu Raabes ,Innerste'" überzeugend nachgewiesen. Sie fand sich in den vier in Raabes Besitz befindlichen Bänden des „Neuen Hannöverischen Magazins" von 1800 bis 1803 unter dem Titel „Bemerkungen für Badende". Dort ist von dem wilden, heimtückischen Fluß „Die Innerste" die Rede; es heißt ausdrücklich, daß es ein „blutdürstiges" Wasser sei, zu bestimmten Zeiten von einem verhängnisvollen Appetit angewandelt. „Dann schreiet das Wasser und fordert ein lebendiges Landthier, am liebsten ein schwarzes Huhn zum Opfer. Wird dies nicht in der Zeit von 24 Stunden mit gebundenen Flügeln und Füßen hineingeworfen, so verschlingt die gierige Nixe noch in dem selben Jahr einen Menschen. Sie erhascht ihn gewiß, und sollte es auch erst in der letzten Stunde des letzten December-Tages geschehen."

Das mit der Sage gegebene Motiv schien mehr zu einer Erzählung mit tragischem Ausgang geeignet. In der Tat ist denn auch der erste Entwurf zur „Innerste" noch von jener unentrinnbaren Lebenstragik beherrscht, die Raabes zweite Schaffensperiode von 1863 bis 1874 charakterisiert. Dann jedoch erfährt sie eine Umgestaltung zu einem versöhnenden Ausgang, in der sich bereits der Geist jenes weltüberlegenen Humors ankündigt, der, trotz allem resignierenden Pessimismus, in Raabes letzter Schaffensperiode seit 1875 vorherrschend ist.

Die in zwölf Kapitel eingeteilte „wahre" Erzählung von dem Fluß „Die Innerste" und den zwei Mühlen, die an seinem Ufer liegen, reicht zeitlich vom Juli 1759 bis zum Ende des Jahres 1760. In den ersten neun Kapiteln ist überwiegend von der mehr idyllischen Mühle zwischen Groß-Förste und Sarstedt und ihren Menschen die Rede, während nur im 9. und 10. Kapitel jene andere dämonische Mühle im wilden Harz direkt geschildert wird. Jedoch lenkt der Erzähler bereits im 11. und 12. Kapitel wieder zum Ausgangspunkt zurück. So wie die beiden Mühlen sich wechselseitig spiegeln, so geschieht es auch im Verhältnis von Zeithintergrund und Novellengeschehen. Der Siebenjährige Krieg mit seinem unberechenbaren Auf und Ab von Sieger und Besiegten spielt sich zwar jenseits des eigentlichen Raumes der Erzählung ab; aber seine Schatten fallen mit der Gestalt des verwildert heimkehrenden Sohnes und seines ehemaligen Unteroffiziers, des durch den Krieg zum einarmigen Invaliden gewordenen Jochen Brand, tief in die Geschichte hinein. Noch vor dem 2. Kapitel, mit dem die Erzählung erst eigentlich beginnt, ist einleitend auch schon von dem wilden, heimtückischen und blutdürstigen Wasser der Innerste die Rede, das von Zeit zu Zeit von unheimlichen Gelüsten ergriffen wird und dann „schreit", aber ebenso von dem „Säkulum", von der „guten alten Zeit", die der Erzähler mit unüberhörbarer Ironie, freilich auch mit einer Art Respekt vor der Vergangenheit charakterisiert; denn es war „trotz allem eine wunderlich real-geheimnisvolle Zeit voll seltsamer Schwingen und Flüge!" Jedoch ist „Die Innerste" nicht etwa eine „geschichtliche" Novelle im engeren Sinne. Raabe behält zum Zeitgeschehen immer eine gewisse Distanz. „Wahre Dichtungen" — so sagt er selbst einmal — „halten der Zeit den Spiegel nur insofern nützlich vor, daß sie die Zeit in der Ewigkeit sich spiegeln lassen." Auch das zeugt von seiner Blickrichtung. Man wird sogar sagen dürfen, daß es in Raabes Prosa oft um Entzauberung des Geschichtlichen zugunsten der Verklärung übergeschichtlicher Werte geht.

Dieser doppelte Aspekt von Entwertung und Hochachtung wird auch später in der Schilderung des Säkulums festgehalten. Vom Dreißigjährigen Krieg bis zum Siebenjährigen ist der Ablauf der großen Weltgeschichte eine Kette von Grausamkeit, Elend und Verderben. Mit der wachsenden Bösartigkeit der Menschen sind auch die Naturgeister schlimmer und böser geworden. Die Verklärung der „Idylle", wie sie der Mühle des Christian Bodenhagen und seines Sohnes zuteil wird, noch im deutlichen Gegensatz zu den Schäden moderner Industrialisierung, setzt als Kontrast den düsteren Zeithintergrund und die zerstörerischen Kräfte des Krieges voraus. Der Erzähler kann in der Schilderung der Epoche noch den Ton einer grimmigen Ironie anschlagen, wenn er zum Beispiel die Fuchtel des Soldatenwesens beschreibt, das Gepreßtwerden durch die Werber oder einen von der Sonne beschienenen blutigen Schlachtplatz mit seinen Leichen und Sterbenden. Im 8. Kapitel streut er ein Zitat aus Archenholtz' „Siebenjährigem Krieg" über die siegreiche Schlacht Friedrichs bei Liegnitz ein. Der knappe Kommentar, den er hinzufügt, soll doch wohl das genaue Gegenteil von dem bedeuten, was er zunächst zu sagen scheint: „Wir haben die Schilderung ganz abgeschrieben, denn es wird einem so reinlich, leicht und gewissermaßen freundlich dabei zumute, daß es eine wahre Lust ist." Wie parodistisch das vom Erzähler gemeint ist, verrät der nächste Satz: „Und der Morgen war in der Tat sehr schön, und nicht bloß in Schlesien." Sodann leitet er zum Liebesidyll des jungen Müllers mit seiner Müllerin über; und ebendies bildet einen einzigen Kontrast zur großen Weltgeschichte und damit auch zu der am gleichen Tage zwar siegreichen, aber von Blut und Tränen gezeichneten Armee Friedrichs. Die Verruchtheit und Verwirrung der Zeiten, Krieg, Tod und Brand als unbarmherziger Schmiedeofen, die Erniedrigung und Entwürdigung der Menschen — das alles gehört zur Signatur dieses Säkulums, genauso unheimlich und zerstörerisch, wie das unheimliche Wasser der Innerste es sein kann. Wie wenig Raabe vom Kriege hält, verrät eine gelegentliche kurze Notiz: „Die träumerische Viertelstunde eines Poeten oder Philosophen ist oft wichtiger für die Menschheit als der Lärm einer tagelang währenden Feldschlacht." Die Flucht in das bergende Idyll erscheint aber von solcher Perspektive aus nicht als unsoldatische Feigheit, sondern als eine Selbstbewahrung des Menschlichen, und eben auf sie kommt es dem Dichter eigentlich an. Das hat er am Ende der Erzählung durch den Korporal zum jungen Müller sehr deutlich aussprechen lassen: „Es ist eine Kriegswelt, und ohne deinesgleichen hätten wir anderen uns schon längst untereinander aufgefressen. Deshalb gibt's von deinesgleichen am mehrsten auf Erden — der Herrgott hat's so eingerichtet, und er muß Bescheid wissen." So hält sich die Raabesche Sehweise eines desillusionierenden Realismus stets auch den Blick frei für die positiv aufbauenden Kräfte. Gehört ja doch das Viel- und Mehrdeutige zum Wesen der Wirklichkeit; daher muß der Erzähler oft den Ton wechseln, um dem gerecht zu werden. Das hat dann freilich nach beiden Seiten hin zu geschehen. Wohl sieht Raabe im Idyll die das Leben erhaltenden Kräfte am Werke; aber ebenso kennt er die Gefahr des Philiströsen, die dort auf der Lauer liegt. Umgekehrt wiederum hat zwar der Krieg für ihn etwas Korruptes; aber im abenteuerlichen und ausgesetzten Dasein können sich, wie besonders die Gestalt des Korporals Jochen zeigt, auch wieder die Züge einer wilden und großartigen Freiheit entfalten.

Das ironische Vexierspiel, wie es Raabe liebt, um dem Vieldeutigen der Wirklichkeit auf der Spur zu bleiben, läßt sich besonders gut am Beginn des 8. Kapitels illustrieren. Der Erzähler zitiert dort zunächst den Anfang des „Siegesliedes nach der Schlacht bei Lowositz" aus den „Kriegsliedern der Preußen von einem Grenadier" von J. W. L. Gleim. Wieviel Spott auf patriotisch-kriegerische Lyrik in diesem Zitat noch steckt, wird schon durch den scheinbar absichtslosen Kontrast zu der gleich danach folgenden ironisierten Stelle aus Archenholtz sichtbar. Das allein genügt dem Erzähler aber noch nicht. Gern und häufig schaltet er sich mit Zwischenbemerkungen ein; und so meint er denn kommentierend, es sei „jammerschade, daß der Sänger des Frühlings gerade vor einem Jahr bei Kunersdorf gefallen war". Denn eben dieser Ewald von Kleist hätte doch so vorzüglich als hochbezahlter Idyllendichter die schöne Müllerin und ihren Sommer besingen können. Er aber habe im Kriege sterben müssen, während Gleim als wohlbestallter Sekretär des Domkapitels von Halberstadt damals seine Kriegslieder gesungen und ihn das Hüttchen, das Flüßchen, die Wiese und der Garten, die Sonne und die junge Müllerin zu nichts Poetischem inspiriert hätten. Erst als der alte Vater Gleim habe er dann angefangen, von Daphnis und Chloe zu dichten. Der, wenn auch gemäßigte, Spott ist unverkennbar. Es hat eben alles seine Zeit — „auch in einem poetischen Gemüte"! So liebenswürdig solche Plauderei klingt, sie ist nicht ohne verhaltene Schärfe. Denn sie deutet, ohne daß dies direkt gesagt wird, auf die heillose Kluft hin, die zwischen einer wirklichen und einer poetischen Situation bestehen kann. Raabe hält sicher wohl mehr von den Gartenblumen des 18. Jahrhunderts und der Petersilie pflückenden Müllerin als von der Bataille bei Liegnitz, zumindest als Gegenstand der poetischen Phantasie. Doch vielleicht bedeutet ihm die wohlbehütete verklärte Welt darum soviel, weil sich im gleichen Augenblick im „Säkulum" eine solche blutige Schlacht und nicht nur diese eine ereignete!

Aber wenn „Die Innerste" den Greueln des Jahrhunderts das
rein menschliche Glück des Idylls gegenüberstellt, so gewinnt die
Erzählung ihr novellistisches Profil doch erst durch die Bedrohung
dieses Friedens. Diese geschieht hier nicht in erster Linie durch
den Krieg; denn das mörderische Treiben der Schlachten überschattet das Erzählte nur von ferne und bildet die Kontrastsituation eines unbehausten Draußen. Wohl aber greifen im
weiteren Sinn die dämonischen Mächte und ihr blindes, verhäng-
nisvolles Wüten unmittelbar in die Erzählung ein. Raabe hat
dieses Motiv in einer dreifachen Optik dargestellt. Einmal beschreibt er überlegen den Volksaberglauben von dem geheimen
Volk in Wasser, Wald, Luft und Feuer, das sich mit dem Menschen
überworfen hat und sein Opfer haben will. Sei es nun der Fluß,
die Innerste, die Nixe mit ihrem gierigen Hunger, sei es der
gespenstische Jäger Hackelberg; sie sind für den Dichter keine,
noch nicht einmal poetisch geglaubte Geister mehr. Statt dessen
werden sie ihm zum Gleichnis für die verstörenden oder auch
heimlich lockenden Ängste, die die Menschen zumal in einem
solchen Säkulum heimsuchen und denen sie nicht mehr zu entrinnen vermögen. Der Erzähler transzendiert daher in einer
zweiten Optik den Gespensterspuk der Volksmären ins Psychologische. Nicht etwa, daß er ihm das Unheimliche damit nehmen
will; er verlagert es bloß. Das „Wunderbare" des Novellenstoffes
mußte in dem aufgeklärten 18. Jahrhundert, in dem diese Geschichte spielt, seine ursprüngliche Magie verlieren. Nur auf
einem Umwege konnte der Erzähler sie zurückgewinnen, indem
er, trotz aller Ironisierung des Volksaberglaubens, das Wunderbare
in die Kräfte der menschlichen Seele projiziert, in der es, noch
über alles Rationale hinaus, sein unheimliches, oft höchst ver-
worrenes, ja alogisches Spiel treibt. Darin zeigt sich der geschichtliche Wandel, der sich seit der Prosa der Romantik in Deutschland
vollzogen hat. Gewiß, es hatte bereits bei Tieck, Arnim, Fouqué
und Chamisso und dann weiterhin bei Hoffmann eine zwie-
spältige Behandlung des Wunderbaren eingesetzt. Obschon noch
im eigenen, undurchdringlichen Elfen-, Nixen- und Zauberbereich
beheimatet, wurde es nichtsdestoweniger durch die Dichter mit
gnadenhaften oder zerstörerischen Vorgängen der menschlichen
Seele in Verbindung gebracht, die diese ins traumhaft Unbewußte,
ja in den Abgrund des Wahnsinns hinablocken können. Für Raabe
freilich ist die Märchen- und Sagenwelt bereits ein Gegenstand
des erzählerischen behaglichen Spottes. Aber hinter den angeb-

lichen Geistern steigen neue, nicht minder irrationale Geister auf, die zur Wirklichkeit selbst gehören und ihr den düsteren und zerstörerischen Zug geben. Wenn die Flüsse vom Erzähler wie Elementarwesen personifiziert werden, ja noch von ihrem üblen Ruf und ihren schlechten Sitten die Rede ist, so sind es in Wahrheit die Menschen, die durch ihr böses Treiben die Flüsse erst in Verruf gebracht haben.

Aber die Erzählkunst Raabes geht über solche Psychologisierung des Wunderbaren hinaus. Sie gipfelt in jener dritten, von den Raabe-Interpreten oft schon mit Nachdruck genannten *symbolischen* Schicht, innerhalb derer das Bild stellvertretend für eine geistige Wirklichkeit steht und der Gegensatz natürlicher und übernatürlicher Vorgänge bereits „aufgehoben" ist in einer humoristisch-symbolischen Betrachtung der Welt, die das Widersprechende und Dissonante der Wirklichkeit noch ganzheitlich zu gestalten wagt. Dafür sei eine aphoristische Notiz Raabes angeführt: „Alle Poesie ist symbolisch. Schilderung der Wirklichkeit höchstens nur ein interessantes Lesewerk. Hole ich das Bleibende aus der Tiefe, so hebe ich es über die tagtägliche Realität." Diese letzte, entscheidende Optik wird in der Erzählung „Die Innerste" durch die poetische Identifizierung des unheimlichen Flusses mit dem wilden, elementar bösen Mädchen aus der zweiten Mühle am Harz, Doris Radebrecker, erreicht, die von ihren Freunden „die Innerste" genannt wird. Das Mädchen steht für den Fluß, der Fluß für das Mädchen stellvertretend; ja, die auf das „Bleibende aus der Tiefe" gerichtete Kunst der poetischen Darstellung verschmilzt beide Bilder zu einer überwirklichen und eben darin symbolischen Einheit, so daß der „Schrei" des Flusses und der des Mädchens aus dem gleichen, elementar dunklen Grund einer leidvollen Wirklichkeit hervorzugehen scheint.

Der Ablauf des Geschehens gewinnt seine Spannung aus dem dreimaligen Schreien der Innerste, mit dem sie — im Sinne der Sage — ihr Opfer verlangt. Das erstemal berichtet der Erzähler mit kauzig behaglicher Ironie. Vorausgegangen sind die Gespräche zwischen dem melancholisch gewordenen jungen Müller, der einst der tolle Bodenhagen hieß und von dem so manches Histörchen aus seiner Vergangenheit in der Waldmühle herumerzählt wurde, mit seinem ehemaligen Unteroffizier, Jochen Brand, der ihm die „Beichte" abhören will, ehe die Verwandtschaft im Sonntagstaat mitsamt der hübschen lustigen Braut,

Lieschen Papenberg, zu Gast in der Mühle eintrifft. Der einstige Musketier redet sich, was seinen Kummer betrifft, auf den Fluß, das böse Wasser, die schlimme Innerste heraus. Aber sehr bald merken wir, daß er eigentlich die Innerste in der Buschmühle meint, von der er nicht recht loskommen kann und deren Rache er fürchtet. Der Dialog zwischen den beiden Freunden springt unvermutet und willkürlich von der einen „Innerste" immer wieder zur anderen hinüber, so daß schon dadurch beide wie in einem Bilde zusammengezogen scheinen. Wenn dann die hübsche, zierliche Doris eintrifft und beinahe mit dem Weidenstamm fortgeschwemmt wäre, den die schlammig und heimtückisch hintreibende Innerste schon lange angenagt hat, so daß er jetzt fast ganz in der Flut versinkt, und ihr der Korporal dazu erklärt: „Die Innerste ist eine Canaille, Jungfer Papenberg", so wissen wir nicht ganz sicher, ob er wirklich den Fluß meint oder nicht zugleich noch die Doris aus der Sägemühle, die ja in Wahrheit die eigentliche Bedrohung für die junge Braut bedeutet. Nachher freilich, im Tabaksqualm der Stuben- und Tischgenossenschaft, geht es in den Gesprächen nur um die alten Gespenstermären, die leider allzu gut mit den kriegerischen Zeitläuften zusammenpassen. Als aber einer der Herren Gevatter meint, ein Hofrat und Professor aus Göttingen habe erklärt, die Rede vom Schreien der „Innerste" sei „eitel dumm Zeug", da wird der alte Müller ernstlich böse. Und kurz darauf — gleich nach dem fröhlichen Trinkspruch des Korporals — hat der horchende Mann den Fluß wirklich schreien hören und glaubt ehrlich, alle anderen müßten es auch vernommen haben. In diesem melodramatischen Augenblick schaltet sich der Erzähler mit amüsiertem Lächeln ein und möchte am liebsten den gelehrten Professor aus Göttingen persönlich herbemühen mitsamt seinem ausführlich beschriebenen Kostüm von Anno 1760 als kurfürstlicher hannoverscher Untertan, der sich einbildet, auch ein königlich großbritannischer zu sein. Aber der Herr Professor brächte es nur zu einem „Hm, hm", und mehr vermag auch der Erzähler über den seltsamen Kasus nicht von sich zu geben. Wohl aber erliegt die Gesellschaft, die eigentlich gar nichts gehört hat, der Suggestion dieses Augenblickes. Nur der junge Müller und sein Freund wissen sich davon freizuhalten.

Aber sosehr auch die schreiende Nixe in ihrer Spukhaftigkeit belächelt wird, sosehr der alte Müller offensichtlich einer Selbsttäuschung zum Opfer gefallen ist, das Unheimliche behält seine gespenstische Macht. Darüber haben sich gerade die beiden

Freunde draußen auf der Scheinjagd nach dem Spuk etwas zu bekennen. Der Korporal meint: „Die Innerste hat wohl nicht geschrieen, wie der Alte vermeinte; aber die Doris da oben an der Innerste könnte wohl gelacht haben"; und der junge Müller versichert, er habe genau in jenem Augenblick ihr Lachen gehört. „So wahr mir Gott helfe, es hat jemand in der Finsternis vor dem Fenster gelacht", und dieses Lachen war von einem Knirschen begleitet wie dem der Eisschollen, die sich auf dem Spiegel der Innerste in diesem Februar aneinander rieben. Das alles — sei es nun gespenstisches Schreien, sei es gespenstisches Lachen — mögen gewiß nur Gewissensängste der Phantasie sein; aber sie behalten ihre zeichenhafte Bedeutung für die Unheimlichkeit des menschlichen Daseins, dessen Dämonie zu bannen dem Menschen stets von neuem aufgetragen ist. Und so sei es dem alten Müller nicht nur als abergläubische Torheit angerechnet, daß er der Innerste das schwarze Huhn mit gebundenen Füßen und Flügeln noch vor Ablauf von vierundzwanzig Stunden in den Rachen wirft, damit sie ihren Willen habe. Bald darauf freilich, als die Hochzeit des Sohnes mit der Jungfer Papenberg gefeiert wird, da holt den Müller noch in der gleichen Nacht der Tod. So wenig das mit dem Schreien der Innerste zu tun hat, — es gehört doch in die gleiche Thematik vom Walten schlimmer, unberechenbarer Mächte mit hinein, denen das menschliche Dasein noch inmitten seiner freundlich humoristischen Verklärung, an der es der Dichter gewiß nicht fehlen läßt, immer wieder ausgesetzt ist.

Aber die Innerste schreit noch ein zweites Mal, und da wird ihr kein schwarzes Huhn mehr geopfert. Diesmal wird es auch die junge Müllerin hören, der der Schrei wohl so recht eigentlich gegolten haben mochte. Eine Sinnestäuschung ist es in diesem Falle gewiß nicht. Es geschieht in dem gleichen 8. Kapitel, das mit Gleims Versen und der Schlacht von Liegnitz einsetzt und in dem der Erzähler dann, nochmals zitierend, an dem wunderschönen Augusttag die schöne, glücklich verheiratete Müllerin mit ihrem Mann im Duett einige Verse von Paul Gerhardts Sommerlied singen läßt: „Geh aus, mein Herz, und suche Freud in dieser lieben Sommerzeit..." Das Zitat ist hier so in die Erzählung hineingeschmolzen, daß es den Charakter des Kirchenliedes völlig verloren hat; es gilt vielmehr genau umgekehrt der Verklärung eines rein irdisch verstandenen Sommer- und Liebesidylls.

Die allerliebste Szene, wie der Mann als weißes staubiges Müllergespenst seine junge Frau durch die Johannisbeerbüsche jagt, sie am Ende in der Rosenlaube, dicht an Zaun und Bach, einfängt und seinen Sieg mit einem Kuß besiegelt, wird aber zugleich zu jenem Wendepunkt, an dem die Macht des Dämonischen, stärker und wirklicher als bisher, die Sphäre des Idylls zu zerstören droht. Mochte auch die blutige Schlacht, die der König Friedrich und der Feldmarschall Laudon an diesem Morgen einander geliefert haben, weit entfernt sein, das Unheimliche ist in anderer Weise gegenwärtig. Denn im nahen Erlengebüsch am Fluß steht eine Erscheinung, die der Erzähler ganz so beschreibt, als ob sie die Nixe der Innerste wäre; zum mindesten hätte so und nicht anders ein Maler „diese Kreatur" ins Bild verwandeln müssen. Natürlich weiß der Leser oder vermutet es sogleich, daß das seltsam verwilderte Mädchen mit dem brennend roten Haar, das nach dem Mühlengarten hinüberlauscht, die Doris von der andern Mühle ist, die vielleicht nicht so sehr aus Eifersucht, wohl aber aus dem wilden Haß noch nicht erlangter Rache das junge Paar heimlich beobachtet. Aber der Dichter macht sie zugleich zur bösen Nixe des Flusses, in dem sie halb noch darin steht, als ob sie gerade aus ihm hervorgestiegen wäre. Ihre großen, grünblauen, kühlen Augen sind Nixenaugen; sie nehmen es noch durchaus mit denen der Wassergeister auf, die angeblich „gleich riesengroßen Frösche mit glühenden Augen" still atmend in der Tiefe des Wassers sitzen und nur ihre Wasserblasen hinaufschicken und auf „Seelen" warten. Wiederum, wie schon beim ersten Mal, gehen Schreien und Lachen wunderlich ineinander über. Denn mit dem lauten Lachen von drüben dringt noch ein zweiter Ton zur Laube hinüber. „Ein Rufen war es nicht; auch ein Schreien nicht; es war ein Lachen und Kreischen zu gleicher Zeit, und niemand konnte sagen, ob der Ton aus der Luft, aus dem Busch oder aus dem Wasser komme!" So mußte es denn der jungen Frau scheinen, als ob das Wasser gerufen habe wie ein böser Mensch in Angst und Zorn. Der Dichter läßt die dämonische Begebenheit in jenem seltsamen Zwielicht, das nicht nur auf den Menschen, sondern auch noch auf den Fluß fällt. Sind doch für die symbolische Phantasie, die das Bleibende aus der Tiefe beschwören will, das Mädchen am Fluß und der Fluß selbst zu einer für alles wilde, elementare und böse Leben stellvertretenden Einheit geworden! Und wenn — in nur kurzer Zeitspanne, erzählerisch gesehen sogar unmittelbar danach — auf jenes erste Schreien der Innerste der Tod des alten Müllers folgte, so wird nunmehr, in sicher klug beabsichtigter Zuordnung, gleich nach

dem Ereignis des zweiten Schreiens von der für immer einge-
schlafenen Mutter berichtet. Wohl ist damit beide Male ein
symbolischer, nicht etwa ein kausaler Bezug gemeint. Aber der
Erzähler weiß, warum er dieses plötzliche, unerwartete Eintreten
des Todes genau an diese Stellen seiner Erzählung gesetzt hat.
Das wird noch einmal am Schluß der Novelle ganz deutlich.
Für die erste Fassung müssen wir vermuten, daß die Innerste das
ihr vorenthaltene Lebendige doch noch bekommen hätte, sei es
nun die schöne Müllerin oder ihr ungeborenes Kind oder gar den
Müller selbst. Von vornherein war diese erste Skizze düsterer
angelegt. Der junge Albrecht hat einige der Züge des tollen
Bodenhagen behalten, zum mindesten eine absonderlich wilde
Lustigkeit und auch manches von Trotz und spöttischer Sicherheit.
Der Korporal, der hier Wolfrad hieß, dürfte, seinem Wolfsnamen
entsprechend, weit mehr als Komplize der Innerste und nach-
spionierender Intrigant denn als wirklicher Freund Albrechts
gemeint gewesen sein. Das häusliche Behagen, das gesicherte
Lcben in der Mühle — dies alles wäre wohl durch eine elementar
triumphierende, von Eifersucht mehr noch als von Rachedurst
besessene Nixe vernichtet worden.

Die endgültige Erzählung läßt jedoch die Doris von der anderen
Mühle untergehen. Mit ihrem singenden, melodisch harzischem
Bergruf, der freilich dann immer greller, kreischender, zorniger
und giftiger wird, führt sie das Gesindel an, das in das Weihnachts-
idyll hineinbricht und die Mühle überfällt. Aber ihr Racheplan
mißlingt, er scheitert am tapferen Widerstand des jungen Müllers
und seiner Helfer. Es ist der Abschaum, wie ihn gerade verworrene
Kriegszeiten hochkommen lassen, der sich hier unter dem Kom-
mando der Doris so zerstörerisch betätigt. Der beim Weihnachts-
fest anwesende treue Korporal stirbt dabei den Opfertod, als ihn
die Freundin, die schlimme Doris, auf das Eis zerrt und mit dem
Messer in die Seite trifft.

Noch einmal, jetzt aber zum letztenmal, ertönt, markdurch-
dringender denn je, der gespenstische Schrei. Das Wasser bekommt
zuletzt doch noch seinen Willen; aber es ist die Nixe selbst, die
es sich herabholt und die dann als Weiberleiche unter dem Eise
fortgetrieben wird. Auch in diesem Schlußbild sind das zerstörerische Element und die zerstörerische Kraft des menschlich Bösen
so ineinander verwoben, daß sich das eine nicht vom anderen
trennen läßt. Aber es gelingt den dämonischen Mächten nicht
mehr, die Geborgenheit des häuslich familiären Daseins zu ver-

nichten, wie es ursprünglich vom Dichter geplant war, weil tapferer Widerstand und der freie sittliche Entschluß zum Opfer ihnen standzuhalten wissen. Wohl aber geht das im elementaren Sinne Böse nunmehr am Element selbst, dem es zum Gleichnis diente, zugrunde. Mochte das erste Schreien von der scherzenden Ironie des Erzählers überspielt sein, das zweite bereits aus der Unheimlichkeit der menschlichen Seele stammen, das dritte kündigt kein Unheil mehr an, sondern ist es bereits selbst, und eben darum zeigt es sich als identisch mit dem Tod. Diese dreifache Steigerung des überlieferten Sagenmotivs verleiht der Erzählung ihre novellistische Silhouette.

Das Erzählte ist dabei freilich von manchem Bei- und Rankenwerk überlagert. Der Erzähler hat seine Freude daran, seine Menschen ausführlich zu Worte kommen zu lassen, noch bis in alle Spielarten der Sprachkomik hinein; und er nimmt sich überdies genügend Zeit, sich selbst, sei es mitfühlend oder belehrend, sei es ironisch oder resignierend, einzumischen, manchmal in verschleiernder Redeweise, manchmal im liebenswürdig verkauzten Behagen an der närrischen Menschenwelt überhaupt. Er steht nicht eigentlich souverän über dem Erzählten, wie es bei Keller und Meyer zu beobachten ist, mag er sich auch von Fall zu Fall in reflektierender Weise davon distanzieren. Er treibt seine mutwilligen Spiele und Späße mit dem Dargestellten; es dient ihm oft nur zum Anlaß, so wie die Innerste noch seinen eigenen Willen zu bekommen; aber er weiß das Erzählte trotzdem inmitten aller Schnörkel, Abschweifungen und bloß assoziativen Verknüpfungen im Geheimen zu lenken und in aller Dissonanz einer auseinanderstrebenden Wirklichkeit jene Lebensgläubigkeit zu bewahren, die dem Dämonischen nicht mehr Macht einräumt als billig. Diesen doppelten Tonfall gilt es bei Raabe immer mitzuhören. Wo er die biedermeierliche Gartenlaube zu verherrlichen scheint, verspottet er sie zugleich. Indem er sie aber verspottet, läßt er dennoch die innere Freiheit in aller äußeren Eingeschränktheit gelten. Dies freilich ist nur aus der Güte des Humors heraus möglich, aus jener liebenden Haltung, die man das Raabesche „Gemüt" genannt hat. Aber mit Recht hat Herman Meyer in seinem Buch „Das Zitat in der Erzählkunst", in dem er Raabes Alterswerk „Hastenbeck" behandelt, darauf hingewiesen, daß man das Raabesche „Gemüt" nicht in eine Alternative zum fehlenden Kunstverstand bringen darf, weil man dann dem spezifischen Künstlertum Raabes und seiner gestaltenden

Kraft nicht mehr gerecht wird. Auch Gerhart Meyers zusammenfassender Aufsatz „Zum Wesen von Raabes humoristischer Spachform" verteidigt Raabes artistisches Können gegen den so oft erhobenen, aber unberechtigten Vorwurf der Formlosigkeit. Von der Interpretation der Erzählung „Die Innerste" ausgehend können wir solchen Einsichten nur zustimmen.

Was wir doppelten Erzählton bei Raabe genannt haben, sei noch an einigen Beispielen deutlicher gemacht. So sehr Raabe schon an der Grenze des bloß „rührenden" Erzählens steht, die dann Storm häufig überschritten hat, er weiß die Rührung immer wieder dergestalt hinter der Ironie des Erzählers zu verstecken, daß sie nicht zu üppig wuchern kann. Das ist bereits im Erzähleinsatz des zweiten Kapitels zu beobachten. Der wilde, seinen Eltern vor vielen Jahren durchgebrannte Sohn, der zerlumpt, schmierig und zerfetzt, mit dem dreieckigen alten Soldatenhut schräg über dem einen Auge und über dem anderen eine Binde, in sein elterliches Haus unerwartet zurückkehrt und dort wieder aufgenommen wird, — das ist zunächst eine vorwiegend „sentimentale" Situation, wobei wir das Adjektiv sentimental hier im alltäglichen Wortgebrauch mit dem Nebenton des Kitschigen verstehen. Aber der Humorist gibt das Zwiegespräch über das Wasser zwischen dem Müller am Gartenzaun und dem Sohn auf dem klumpigen Wurzelwerk an der Innerste weit eher launig und burschikos und mischt noch den Spott des Erzählers mit hinein, wenn er den Vater, der vor Schreck über die unerwartete Begegnung fast seine Pfeife verliert, mit dem Helden der Pfeffelschen Ballade „Die Tabackspfeife" vergleicht, von dem es dort ja hieß: „Vor Prag verlor ich auf der Streife / Das Bein durch einen Schuß; / Da griff ich erst nach meiner Pfeife, / Und dann nach meinem Fuß." Überdies „rekommandiert" sich der Sohn für das für ihn geschlachtete fette Kalb erst vergeblich, macht aber statt dessen in einer Erzählsituation von ausgesprochener Komik ausgiebige Bekanntschaft mit dem „spanischen Sonntagsrohr" des sehr gestrengen Herrn Vaters. Nicht nur der Autor selbst, auch die Personen verbergen ihre starken Gemütsbewegungen oft hinter handfestem Verhalten, kauzigen Redewendungen oder scheinbarer Grobheit. Eben dadurch tritt das rein Menschliche jedoch sehr viel stärker hervor, als wenn es etwa gefühlvoll vor uns ausgebreitet würde. Der Erzähler versteht es, die Figur des jungen Müllers, der sich mehr und mehr als der „Hase im Marderpelz" entpuppt und der der Fuchtel des Vaters auch späterhin nicht zu entrinnen, sondern sich ihr nur mürrisch zu fügen weiß, auf seine Weise zu belächeln. Ja, die Gestalt des jungen Müllers wird nahezu entwertet, als er den alten verwilderten Kriegskameraden aus lauter Angst vor seinem Alten kaum aufzunehmen wagt. Aber, so möchte man den bekannten Spruch hier abwandeln, wo viel Schatten hinfällt, ist auch viel Licht; und der so unheldische, zahm gewordene Müllerssohn darf am Ende trotzdem zum Helden der häuslichen Mühlenidylle werden, zu der er eigentlich weit mehr geboren ist als zum wilden Bramarbasieren und Auftrumpfen. In seiner Absage an den Aberglauben und in der männlichen Verteidigung seiner Familie wächst er über so manche Schwachheit hinaus. Der Erzähler läßt ihn gelten; ja, er räumt ihm eine warme Sympathie ein, aber er denkt nicht daran, ihn empfindsam zu verklären.

Das wird schon dadurch vermieden, daß er ihm die Kontrastfigur des einarmigen Korporals gegenüberstellt, der mit seinem zynischen Galgenhumor, aber auch in seiner frischen, unbekümmerten Unabhängigkeit den Gefahren der bequemen Zufriedenheit und der spießbürgerlichen Sattheit niemals erliegen würde; und er hat gewiß gerade mit seiner aus der Gesellschaft herausfallenden Vogelfreiheit und seinem unbestechlichen, desillusionierenden Wirklichkeitssinn den Erzähler Raabe durchaus auf seiner Seite. Jedoch auch diese Gestalt behält ihre Zweideutigkeiten. Zum Teil mag das freilich damit zusammenhängen, daß ihr noch einige Züge anhaften, die mit dem ersten Entwurf der Erzählung gegeben waren. Ist es wirklich nur ehrliche Freundschaft, wenn er bei seinem Besuch in der Mühle den weichherzig gewordenen Albrecht wieder herausholen will, weil er hier „ohne Gnade und Barmherzigkeit kaputt" ginge? Denn es sei eben doch „vergnüglicher, bei Trommeln und Pfeifen, mit Kling und Klang in angenehmer Kameradschaft eingescharrt, als so zu Hause in Güte und Herzlichkeit vom Bösen geholt zu werden". Wie dem auch sei, die vom Herrn Vater ihm erwiesene Gastfreundschaft ist damit schlecht vergolten, wenn der Sohn erneut aus der Familie herausgelockt werden soll. Glücklicherweise läßt sich dieser denn auch lieber wie der spöttisch vom Korporal nach einem feigen englischen General „Sackville" getaufte Hund „unter den Ofen" zurückscheuchen. Über den zweiten, im Auftrag der Innerste, der Doris, durchgeführten Besuch wird uns nichts Näheres berichtet. Der Erzähler läßt ihn auf sich beruhen, vielleicht schon darum, weil der Korporal hier doch zu sehr einen spionierenden „Gang" getan hat. Bei der dritten Einkehr in der unteren Mühle sieht es freilich anders aus. Jetzt kommt er aus dem Gefängnis, halb verhungert, äußerlich verwahrlost, aber auch innerlich gebrochen, ein vom Bösen dieser Welt geschlagener Mann, dem die Nestwärme des Idylls nunmehr den einzigen Schutz gibt. War er einst der häuslichen Windstille so unfreundlich gesinnt, so ist er jetzt bereit, für das friedliche Heimwesen sogar sein Leben in die Schanze zu schlagen. Längst hat er sich ganz für den Freund und — wenn es sein muß — noch gegen die Doris entschieden.

Dieser brave Invalide seiner Majestät in Preußen, der beim ersten Abschied so wacker die drei Schnäpse aus der Branntweinflasche, den „Weckauf", den „Nebeldrücker" und den „Lerchentriller", wie sie bei der Fahne heißen, zu trinken versteht und der so gut über die Doris in der oberen Mühle Bescheid weiß — einst noch der etwas weniger glückliche Rivale und Nachfolger des wilden Albrecht, aber dann vielleicht eher ihr bester Freund —, er verkörpert den Unbehausten inmitten eines blutigen Säkulums; und es scheint uns nicht ohne tiefere Bedeutung, daß er es ist, der am Ende für den Frieden des Hauses, und nicht etwa den seines eigenen — denn ihm ist keines vergönnt — zu sterben bereit ist.

Zu diesem Haus gehört nicht nur der sanft gewordene Müllerssohn, sondern auch die ehemalige Jungfer Papenberg, auch sie mit erzählerischer Ironie vorgestellt als das Mädchen mit dem kuriosen Kichern und mit der etwas beschränkten Angst vor dem bösen Wasser und seinem Schreien. Nicht weniger freilich ist sie von den Kinderschuhen an ein „fröhliches Ding" mit einem vergnügten und geduldigen Herzen. Selbst die Innerste oben in ihren Bergen hüpft an ihrem Geburtsort im Wald „nicht unschuldiger, klarer und lieblicher in die Welt hinaus". Diese jedoch wird in ihrem Lauf später „giftig" und böse, die warmherzige Müllersfrau hingegen behält ihre fröhlich beschränkte Unschuld. So ist sie denn durchaus auch noch die eindeutige Kontrastfigur zu jener Nixe oben im Harz, die die harmlos liebevolle Müllerswelt im wilden Haß vernichten möchte.

Erst das 9. und 10. Kapitel machten uns mit jener anderen Radebreckersmühle näher bekannt. Aber auch auf sie fällt der versöhnende Schimmer des Humors, mag er auch diesmal mehr makabre und nicht so sehr idyllische Züge zeigen. Das lichtscheue Wilderer-, Diebs-, Räuber- und Mordgesindel, das dort oben in der einsamen Wildnis zusammenkommt und von denen die meisten später die fatale Bekanntschaft mit dem Galgen machen müssen, wird vom Erzähler nicht mit dem moralischen Pathos der Entrüstung dargestellt, sondern eher von seiner komischen Seite genommen. Das Komische freilich steht jetzt sehr in der Nähe des entlarvend Fratzenhaften. Indessen, das Raabesche Mitleid mit den Verfemten und Ausgestoßenen spüren wir auch hier, vielleicht sogar ein wenig Sympathie mit den wilden Marodebrüdern, die dann mitten in den Gruselgeschichten über den wilden Jäger Hackelberg von einer sehr viel schlimmeren wilden Jagd erbarmungslos überrascht werden.

Die ganze Szenerie hat etwas von einem grotesken Gaudium und ist eben darin der künstlerische Kontrast zu dem Idyll des singenden Müllerpaars in seinem Garten mit der Rosenlaube. Solche dissonante Zweiheit gehört für Raabe zum Bild der Wirklichkeit. Und die Weisheit des Erzählers stellt hier nicht einfach Licht gegen Schatten, sondern versteht noch beides als notwendige Erscheinungsformen des Lebens, in die der Dichter sich mit der gleichen verstehenden, wenn auch oft resignierenden Güte einzulassen bereit ist. Das spricht er an einer Stelle selbst aus: „Sie hatten ihre Geschäfte; aber das beste wird's sein, daß *wir* unsere Hand davon lassen. Es ist über hundert Jahre her, seit sie da im Harz an der Innerste, im wilden Walde so vergnüglich beisammensaßen. Verjährt! verjährt! Es ist über das alles Gras gewachsen, und ebenso arge Dinge sind nachher ausgeführt, und ist damit renommiert worden, und die alte, uralte Entschuldigung, daß der schwache Mensch eben zusehen müsse, wie er sich durch die böse Welt bringe, gilt auch heute noch." So bleiben denn die mehr als verdächtigen „Geschäfte", die dort oben getrieben werden, auch nur angedeutet. Statt dessen wird das „Vergnügte" des kuriosen Treibens, sei es mehr schwankhaft, sei es mehr grotesk, vor uns ausgebreitet. Bereits das kleine, alraunenhaft aussehende Kerlchen, das Meisterchen Radebrecker mit seinem Buckel auf der einen Schulter und seinem blasphemischen Grinsen in dieser verdammten gottverfluchten Räuberhöhle oben in der Wildnis, wo das Wasser der Innerste bereits ganz schwarz und giftig von den Hüttenwerken herabkommt, ist mehr als eine groteske denn als eine eigentlich böse Figur dargestellt. Wie ein „Fuchs" schleicht er um die Ecke seines Hauses und kichert vergnüglich in sich hinein. Zu ihm paßt auch durchaus die hier faul dasitzende rothaarige Tochter Doris, die mit einem blutigen Messer ihr Stück Brot ißt und in der Küche das ausgeweidete gewilderte Schmaltier liegen hat, dessen rote Lebenstropfen nun an der

Klinge hängen. Zu dem „Teufelskleeblatt" fehlt nur noch die
wohl früh verstorbene und allein als Hexe vorstellbare Mutter, die
der Korporal der Vollständigkeit halber so gerne kennengelernt
hätte. Aber diese Doris sitzt dennoch hier oben wie „eine wilde
Königin"; und wenn ihr Lied aus der Mühle in den Forst hinein
erklingt, zu dem der Fluß selbst noch mitsingt, dann sind es nicht
Paul Gerhardts Sommerstrophen, sondern ein Lied „von Blut
und Feuer, vom schnellen, tückischen Überfall aus dem Busch,
ein Lied von Galgen und Rad". Wohl bleibt der Korporal ihr
„Narr", hat er doch so manchen heimlichen Sack auf den Schultern mit einer Blendlaterne in der Hand für sie getragen. Aber
er ist auch der Warnende, der das wilde Mädchen, die Innerste,
davor zurückhalten will, sei es aus beleidigter Liebe heraus, sei
es auch nur aus Bosheit und Lust am Schaden, dem armen
schwachherzigen Tropf, der einst den tollen Bodenhagen gespielt
hat, seine Existenz zu ruinieren. Denn das Recht, das sich der
Fluß nimmt, wenn er hervorbricht und den armen Bauern die
Äcker und Wiesen verdirbt, das kommt keinem Menschen zu,
mag er sich selbst noch so sehr mit dem wilden Wasser von
gleicher Art wissen. Solche Reden prallen jedoch an der Jungfer
Radebrecker ab, die sich durch den guten Albrecht um ihr
Lebensglück betrogen glaubt und nunmehr ihm die Rechnung
dafür präsentieren will. Denn nicht umsonst soll man sie „die
Innerste" genannt haben.

Der Erzähler lenkt uns jedoch vom Geschäft dieser Rache
wiederum ab, indem er im 10. Kapitel zunächst berichtet, wie
in einer Sturmnacht des Oktobers 1761 die ganze dunkle Gesellschaft dort oben auffliegt und den Weg zu den Gerichten antreten muß. Das Kapitel gewinnt seine Erzählpointe aus dem
Kontrast der fabulierten Gespenstergeschichte vom wilden Jäger
Hackelberg zu der weit gespenstischeren, wirklichen Katastrophe,
die die fröhlich-unsittliche Tafelrunde dort oben über sich ergehen
lassen muß. Künstlerisch korrespondiert damit das 10. Kapitel
dem 5., in dem gleichfalls in geselliger Runde — aber in der anderen
Mühle — Greuelgeschichten erzählt wurden und daran anschließend, wenigstens vom alten Müller, das Schreien der Innerste
gehört wurde. In beiden Fällen erhöht die Atmosphäre des als
real vorgestellten Wunderbaren das gesellige Vergnügen, und
der Zweifel am Erzählten wird übelgenommen. Der in der Welt
herumgekommene Korporal jedoch weiß, daß die wilde Jagd in
Kriegszeiten, in Sachsen, Böhmen und Schlesien, weit toller war

als aller „Gespensterplunder". Wenn am Schluß des 5. Kapitels die Sage selbst in ein allzu phantasievolles Plaudern mit voller Wucht einzubrechen schien, so ist es hier die Wirklichkeit, die uns wie ein höllischer Spuk anmutet, wenn alsbald, mitten in die Erzählung vom Hackelberg, der plötzliche Überfall auf die Mühle einsetzt mit seinem Hundegebell und Waldhornklang, das sich mit dem Tosen des Sturmes um die Mühle herum vermischt. Schließlich gibt es nur noch Tumult und Geraufe, halb im Dunkel, halb im Laternenschein; und die ganze Gesellschaft mitsamt dem kläglich weinenden Meisterchen und seiner stolzen Tochter, ja auch noch dem rechtschaffenen Korporal muß in Kolonne gefangen abmarschieren. Dem Erzähler mag es leid tun, aber er kann es nicht ändern.

Mit der Rache der Innerste ist es zunächst vorbei. Jedoch der Abschluß der Erzählung zeigte uns ja bereits, daß die Doris sogar diese Katastrophe überstand und ihr Haß immer noch ungelöscht in ihr weiterbrannte. Der Dichter hat sie vorwiegend als elementare Figur, nicht so sehr als bösen Menschen geschildert, wie er überhaupt dazu neigt, mehr die böse Welt als die Menschen selbst verantwortlich zu machen. Die Bosheit der Doris ist die des Elements, mit dem sie sich ja selber identifizierte. Aber eben damit überschreitet sie eine dem Menschen gesetzte Grenze und geht schließlich ihrerseits am Element zugrunde. Der später „regulierte" Fluß, der sie überlebt, behält zwar weiter seine „Nücken und Tücken"; aber er hat aufgehört zu schreien und verlangt kein Lebendiges zum Fraß mehr. Mit dem Erlöschen des Dämonisch-Bösen in der Menschenwelt — wenigstens im Bereich dieser Erzählung — ist zugleich auch die dämonische Kraft des Flusses gebrochen. Jedoch, die glückliche Mühle dort unten übersteht nur noch zwei weitere Generationen und unterliegt dann ebenfalls dem Wechsel der Geschichte. Die bergende Kraft des Idylls ist nicht für immer gewährleistet. So gehört auch der Raabesche Pessimismus in das versöhnende Weltbild des Humors mit hinein.

Die Novelle von der Nixe, die ihren Willen behalten wollte, transponierte einen märchenhaften Sagenstoff in die widerspruchsvolle menschliche Wirklichkeit. Sie handelte ebenso von der Bewahrung wie von der Vernichtung des Menschlichen. Das Gleichgewicht zwischen diesen widerstreitenden Möglichkeiten herzustellen und im symbolischen Bild festzuhalten mochte Raabe als die Aufgabe erscheinen, wie sie einem Erzähler gestellt war, der nicht nur um die Schwermut des menschlichen Daseins, sondern auch um die Aussöhnung mit dieser Schwermut Bescheid wußte. Dafür bot sich nicht zuletzt auch die novellistische Darbietungsform als besonders geeignet an, die den „gespenstischen Reiz, den der *schreiende* Bach ... gibt", wie Raabe an Frau Gertrud Schneider-Enges am 28. Oktober 1902 schrieb, als Sinnbild für die Spukhaftigkeit des Säkulums zu interpretieren gestattete.

THEODOR STORM

—

HANS UND HEINZ KIRCH

K aum eine deutsche Novellistik aus dem ausgehenden 19. Jahrhundert hat eine solche Verbreitung gefunden wie die Theodor Storms. In Haus und Schule hat dieser Erzähler seine Vormachtstellung bis heute behalten, während Paul Heyse, sein berühmter und erfolgreicher Nachbar, bald nach seinem Tode erstaunlich rasch vergessen wurde.

Die Gründe für Storms Ruhm liegen gewiß auch in seiner ungewöhnlichen Fabulier- und Erzählbegabung, aber ebenso in seinem Eklektizismus. Der romantische Historismus und die aus ihm erwachsene Kunstform der geschichtlichen Novelle werden von Storm in durchaus bewußter Manier zur altertümlichen Chronik umgeschmolzen, die sich vorzüglich als „poetischer" Erinnerungsrahmen für ein Novellengeschehen eignete: so zum Beispiel in „Aquis submersus" oder in „Zur Chronik von Grieshuus". Der Bereich der Sage und des Märchens dient als unerschöpfliches Stoffreservoir, dem sich die Effekte des Schaurigen und Elementaren abgewinnen ließen, so besonders im „Schimmelreiter". Aber es fehlt nicht an realistischem Lokalkolorit. Es ist der Stammesbereich seiner Husumer Heimat, in dem Storm meist seine Geschichten ansiedelt; und der düster großartige Hintergrund des Meeres bot sich wie von selbst als Symbol für eine Dichtung an, die von Weltangst und Vergänglichkeitsmelancholie beherrscht war. Storms Erzählen wirkte aber für die damalige Epoche besonders modern, weil seine Menschen oft aus einem schon hoch entwickelten Bürgertum stammen, dessen seelische oder auch gesellschaftliche Konflikte der Dichter schwermütig verklärt oder tragisch glorifiziert. Das psychologische Interesse an vagen und unbestimmten Zuständen der Seele, an diffizilen Gebrochenheiten und an der schleichenden Tragik, die über große Zeiträume hinwegreichen kann, überhaupt am rätselhaften Wesen der Zeit als solcher, nimmt bereits manche Stilzüge moderner Prosa vorweg. In einer Erzählung wie „Renate" findet der Leser nicht nur die historisierende Chronik, die den Sprachstil der ausgehenden Barockzeit in subjektiver Weise imitiert, nicht nur die gespenstische Dramatik des Teufels- und Hexenglaubens, sondern auch die balladeske Patina der norddeutschen Moorlandschaft und den schon ganz modern aufgefaßten Konflikt zwischen einer dem rein Irdischen zugewandten Lebens- und Liebesauffassung und einer orthodox-intoleranten, protestantischen Theologie.

Was jedoch Storms besonderen Novellenton ausmacht, ist die Verselbständigung des Erzählten zu einer um ihrer selbst willen genossenen Flut von „Stimmung", sei sie nun lieblich-idyllisch oder schaurig-unheimlich. Sehr oft ist gerade der schlagartige Wechsel vom Einen zum Anderen für den Erzähler charakteristisch. So wächst denn seit Storms Erstling „Immensee" seine Novelle aus dem Lyrischen heraus, wie er es selber in einem Brief an Erich Schmidt vom 1. März 1882 bekannt hat. Aber auch später wird die Beimischung von subjektiver Empfindung und persönlichem Gestimmtsein entweder durch einen eigens dafür eingeführten Erzähler oder durch den Dichter selbst nie ganz aufgegeben. Die Novelle Storms opfert die erzählerische Ironie zugunsten der in Stimmung festgehaltenen poetischen Atmosphäre, selbst wo — wie in „Renate" — der Briefstil von 1700 noch aus der leise humoristischen Distanz zum gegenwärtigen Zeitaugenblick verwandt wird. Weit wichtiger ist Storm die romantisierende Verklärung, die er damit erreicht und die das als vergangen Erzählte in eine fremdartige, suggestiv anziehende Beleuchtung setzt. Der „Rahmen" dient nicht dazu, eine objektive Distanz zu gewinnen, sondern gerade umgekehrt zur Intensivierung des Subjektiven. Er ist in erster Linie Erinnerungsrahmen, der, um eine Formulierung von Walther Brecht aufzunehmen, eine „ungeheure Summe von Gefühl" in sich zu bergen vermag: „Geschichte ist für Storm vor allem perspektivische Verlängerung des eigenen Lebens in die Vergangenheit hinein." Der Erinnerungsrahmen der Stormschen Novellen gilt dem Schwindenden der Zeit, sei es in schwermütiger Melancholie, sei es im verklärenden Glanz der Rückschau. Wäre nicht der Realismus im Stofflichen und das Talent zur spannend dargestellten Erzählung ein Ausgleich gewesen, so hätte sich die Stormsche Prosa oft ganz in Lyrismen aufgelöst.

Die Gefahr dieser um ihrer selbst willen genossenen flutenden Stimmung liegt jedoch in ihrer Unverbindlichkeit. Sie lullt den

Leser ein, sie verführt ihn, sie ist wie ein Opiat, bei dem ihm auf erregende Weise wohl ist, auch und gerade dann, wenn es im Erzählten grausig zugeht; aber sie verpflichtet ihn nicht mehr auf das Dargestellte. Daher können Tragik und Idyllik manchmal fast unvermutet ineinander übergehen; sind ja die wilde, finstere Macht des Vergänglichen und der sanfte Goldton der Erinnerung für Storm aufs engste benachbart. Mit alledem wird er der Ahnherr jenes „poetisierenden" bürgerlichen Erzählens, das dann bis zu Hesse, Binding, Carossa und Wiechert und noch darüber hinaus reicht. Nicht als ob der Erzähler sich selbst besonders oft einmischte! Das geschieht eher weniger als etwa in der Prosa des 18. Jahrhunderts oder auch noch bei Raabe. Das Erzählen wird wie von seinem eigenen Strom getragen. Darum liest es sich auch meist so leicht. Die ursprüngliche Lust am Fabulieren und zwar in einer subjektiven Erzählweise, der es um die rätselvolle, vom Gefühl getragene Beziehung zwischen Einst und Jetzt zu tun ist, läßt Komposition, Bewertung und Ironie zurücktreten. Die souveräne Verschleierungstechnik Kellers, die kluge Absichtlichkeit Meyers oder die Gelassenheit Stifters wird man hier vergeblich suchen. An die Stelle solcher kompositorischen Kunst tritt nunmehr die poetisierende Stimmung, die die Lücken im Motivationsgefüge überbrückt und die nun ihrerseits leitmotivisch werden kann. Indem dem Leser noch mitten in der „realistischen" Darstellung suggeriert wird, daß ja alles nur „poetisch" sei, kann der Autor alle Register des Sanften und Rührenden oder des Traurigen und Schrecklichen innerhalb einer im Grundton elegischen Resignationspoesie ziehen, ohne daß die so oder so angeschlagenen Melodien ihn zu bestimmten harten Konsequenzen in der Führung des Geschehens oder in der Bewertung der Gestalten verpflichten.

Storms „Schimmelreiter" läßt das Verhältnis von Wirklichkeit und Sage durchaus in einer unbestimmten Schwebe; und er kann sich das leisten, weil er das Erzählte in jenes vage Stimmungsmedium des „Poetischen" hineinnimmt, innerhalb dessen jeweils die Sage der Wirklichkeit oder die Wirklichkeit der Sage zum poetischen „Zeichen" dient. Sogar die menschlichen Charaktere werden gelegentlich zu bloßen Stimmungsträgern, nicht mehr ablösbar von ihren rührenden oder tragischen Situationen. Das Böse wird dabei nicht weniger poetisiert als das lieblich Schöne. Ja, oft ist das scheinbar Böse das in Wahrheit menschlich Positive wie etwa bei jenem Großbauer in „Renate", zu dem der seltsame rohe Heidegötze, der Fingaholi, und das gespenstische Moor noch mit dazu gehört, um seiner ragenden Gestalt den atmosphärischen Hintergrund zu geben. Der ganze Aufwand ist für Storm schon darum nötig, weil er nur so im Erzählen zur Massenhysterie von schwarzer Kunst und Teufelsunwesen weiter fortschreiten kann. So kritisch diese Vorgänge bereits vom modernen Blickpunkt aus gesehen werden, in der Art der Darstellung bleiben auch sie poetische Stimmungwelt. In „Aquis submersus" dient die geheimnisvolle lateinische Grabschrift „aquis submersus patris culpa" zwar auch dazu, um aus ihr, wie in Meyers Novelle „Die Hochzeit des Mönchs", die Geschichte selbst zu entwickeln, also dem novellistischen Prinzip der dann sprunghaft durchgeführten „Entfaltung". In erster Linie jedoch nimmt der Grabspruch hier leitmotivisch die dunkle irrationale Stimmung voraus und die in ihr enthaltene erregend spannende Frage, wie es zu einem solchen düsteren Geschehen wohl kommen konnte. Ist doch die Stimmung selbst, vor allem als Schwelgen in der Vergänglichkeit und im geheimnisvollen Wesen der Zeit, noch ein Bestandteil der Handlung. Eine solche, manchmal noch mit artistischer Raffinesse bewußt poetisierte Wirklichkeit sollte jedoch streng von jener Dichtung geschieden werden, die aus dem Wirklichen selbst ihre poetischen Motive herausholt, wie es etwa bei Stifter geschieht. Verglichen mit der objektiven epischen Gelassenheit Stifters ist Storm durch und durch subjektiv. Seine Poesie spricht ununterbrochen das Gefühl des Lesers an, reißt ihn in die inneren Erschütterungen der dargestellten Personen mit hinein oder läßt ihn die äußeren Situationen in ihrem jeweiligen Stimmungswert auskosten. Sowohl die humoristische Idylle wie die tragischmelodramatische Schicksalsbegebenheit mußten sich hierfür stets von neuem anbieten.

Längst hatte sich die Novelle im Verlauf des 19. Jahrhunderts von ihrem ursprünglichen Gattungscharakter entfernt. Trotz aller verknappenden Konzentration und sprunghaften Darstellung ließ sie dem Dichter der Moderne die Möglichkeit, vom Ausschnitt *einer* Geschichte aus die Täuschung einer an sich unbegrenzten, im poetischen Dämmerschein der Stimmung zerfließenden Welt zu erzeugen. Wie gerne war der Leser bereit, sie mit der wirklichen Welt zu verwechseln, zumal dann, wenn die Unerbittlichkeit des Tragischen durch eine zarte poetische Schwermut und den Goldton der Erinnerung gemildert wurde.

So gehört denn zu Storms Erzählperspektive das Subjektive und

Stimmungshafte des persönlichen Erzähltons, der durch die Verlagerung auf einen fiktiven Erzähler nur noch mehr unterstrichen wird. Sosehr mit diesem Auflösen in Stimmung und Stimmungsbild ein Verlust an Form und Analyse verbunden ist, sosehr kündigt sich in Storms Novellen auch wieder ein spezifischer Stil der Moderne an. Der Erzähler vermag jetzt nicht mehr den Gesamtvorgang zu überschauen, wissend zu erkennen und aus der Erkenntnis heraus zu lenken, da sich ihm der Einzelfall schon zu sehr isoliert und verrätselt hat. An die Stelle einer souveränen Erzählperspektive tritt das unmittelbare Miterleben und Miterleiden, die „süße Melancholie" der Erinnerungen und des Erinnerungsrahmens oder auch das elegische Bewußtsein des Fragmentarischen und Unfaßlichen im menschlichen Dasein. Der Erzähler selbst läßt sich in das Vorgangshafte stärker hineinziehen und verführt auch seinen Leser dazu. Aber dem Verdämmernden und Verhüllenden, das das eigentliche poetische Geheimnis des Lebens ausmacht, widerstreitet die immer stärker werdende moderne Erfahrung der psychologischen und gesellschaftlichen Determination des Menschen. Zur menschlichen Situation gehört die Unfreiheit, sei sie innerer, sei sie äußerer Art. Die Widersprüche des menschlichen Lebens lassen sich nicht mehr von der überschauenden Reflexion aus auflösen, sondern müssen statt dessen erleidend oder resignierend hingenommen werden. Das Diskontinuierliche des Daseins erlebt Storm bereits im Bewußtsein der schwindenden Zeit. Wohl sucht er mit Hilfe des poetischen Erzähltons, des elegischen Lyrismus ins stimmungshaft Subjektive auszuweichen; aber das Undurchdringliche der Wirklichkeit setzt sich dagegen durch, droht den Erzähler zu überwältigen und ihm den Selbstbetrug der Stimmung nicht länger zu gestatten.

Bezeichnenderweise wird Storm erst dort zum wirklich großen und bedeutenden Erzähler, wo beides unversöhnt auseinanderklafft: das poetisierte Stimmungsbild und die dem eigenen Gesetz der Determination unterworfene Wirklichkeit. Das ist zumal dann der Fall, wenn er Haus- und Familiengeschichte erzählt, wenn die isolierte Position des Gefühls sich selbst perspektivisch aus der Kette der Ahnen heraus versteht und in die Folge der Geschlechter zurückgreift oder umgekehrt das eigene Vatertum sich einer nie stillstehenden Zeit und Zukunft ausgeliefert sieht. Nicht in der mildernden Harmonisierung der Dissonanzen wirkt Storm heute noch überzeugend, sondern genau umgekehrt im jähen Aufbrechen der unversöhnlichen Gegensätze, die zwischen Stimmung und Wirklichkeit bestehen können.

Daher erreicht seine Prosa nicht dort ihren höchsten Rang, wo sie Sage und Wirklichkeit mit Hilfe der Stimmung miteinander verschmilzt wie etwa in dem immer noch überschätzten, wenn auch zweifellos prächtig erzählten „Schimmelreiter", sondern dort, wo der Dichter der Härte der Wirklichkeit nicht mehr ausweichen kann und daher die Poetisierung der Welt nicht mehr voll gelingt. Das ist in seiner, wie wir glauben, besten Novelle der Fall, in „Hans und Heinz Kirch" aus dem Jahre 1881/82, oder auch in jener anderen, die gleichfalls die Zwiespaltsmächte im Verhältnis von Vater und Sohn behandelt, in „Carsten Curator". Auf die biographischen Hintergründe dieser von Storm so schmerzhaft erlittenen Problematik brauchen und wollen wir hier nicht näher eingehen.

Die Erzählung „Hans und Heinz Kirch" ist ohne jeden lyrisierenden oder romantisierenden Rahmen. Sie spielt realistisch in unmittelbarer Gegenwartsnähe in einer kleinen Stadt an der Ostsee. Ihre eine Hauptgestalt, Hans Kirch, gehört in den gesellschaftlichen Umkreis eines Bürgertums, das aus bescheidenen Anfängen zu einem kleinen Patriziat aufgestiegen ist und es dabei zu Wohlhabenheit und bürgerlicher Geltung gebracht hat. „Schiffsjunge, Kapitän in einem Familien-, auf einem eignen Schiffe, dann mit etwa vierzig Jahren Reeder und bald Senator in der Vaterstadt, so lautete der Stufengang der bürgerlichen Ehren." Sinnbildlich für diesen Aufstieg ist der geräumige Schifferstuhl in der alten Kirche, in dem nur die sitzen durften, die das Steuermannsexamen gemacht hatten und ein eigenes Schiff besaßen oder auch die Reeder der Kaufmannschaft; denn auch sie blieben die meerbefahrenen Leute von einst und betrachteten das kleine schwebende Barkenschiff, das dort mit vollem Takelwerk herabhing, als „ihre Hausmarke".

Die Novelle erzählt uns von einem dieser „strebsamen" Leute, von Hans Adam Kirch, der einst Kapitän und dann zuverlässiger Geschäftsmann wurde und der vielleicht noch einen Sitz im Magistratskollegium gewinnen mochte, vielleicht sogar Ratsherr hätte werden können. Sie erzählt uns von ihm und seinem Sohne Heinz, dem nun freilich ein ganz anderes Los beschieden war als das des Vaters. Der Zeitraum des Erzählten reicht von der Geburt des Sohnes bis zu seinem vermutlichen Tod und darüber hinaus bis zum Tode des Vaters. Aber in beiden Fällen handelt es sich

keineswegs um eine kontinuierliche Lebensgeschichte. Große Zeiträume werden ganz übersprungen, nur nachträglich fällt das eine
oder andere jähe Schlaglicht darauf. Der Erzähler beschränkt
sich mit voller Absicht auf herausgehobene, stellvertretende Situationen; denn es ist nahezu ausschließlich das Verhältnis von Vater
und Sohn, das ihn in dieser Geschichte beschäftigt. Die Figuren
der Mutter, der Schwester, ja auch noch die der Jugendgeliebten,
der kleinen Wieb, treten darum entweder in den Hintergrund
oder sind nur begleitende Momente für die sich zwischen Vater
und Sohn abspielende Haupthandlung. Im Briefwechsel mit
Keller äußert sich dieser kritisch über „die harten Köpfe, die ihre
Söhne quälen", sofern sie als poetische Gestalten auftreten; aber
Storm meint in seiner Antwort am 27. November 1882: „Ein
solcher in der Menschennatur liegender Prinzipalkonflikt" dürfe
dem Dichter nicht vorenthalten bleiben. Das novellistische Thema
handelt von der zweimaligen Verstoßung des Sohnes durch den
Vater, obwohl es gerade dieser Sohn war, auf den er alle seine
Lebenshoffnungen gesetzt hatte. Später wird in der Familie
Hans Kirchs noch eine Tochter geboren; aber das bleibt ein
nebensächliches, fast unbeachtetes Ereignis.

Wie hat nun Storm diese Konfliktsituation zwischen Vater und
Sohn erzählt? Vom Thema her boten sich verschiedene Möglichkeiten an. Es konnte als Gegensatz der Generationen geschehen
oder als der divergierender Berufsinteressen oder als der charaktero-
logisch sich einander ausschließender Temperamente. Der Vater-
Sohn-Konflikt ließ sich psychologisch motivieren, wie etwa in
Thomas Mann „Buddenbrooks"; er war aber auch als schicksalhafte Konstellation denkbar, aus der es kein Entrinnen mehr gab.
Das Schwergewicht liegt in Storms Erzählung mehr auf dieser
zweiten Seite. Der Charakter des Vaters zeigt die Züge eines sparsamen, allzu sparsamen soliden Geschäftsmannes, unbeugsam
in seinem Willen, tyrannisch in seinem Hauswesen, ehrgeizig
in seinen Zukunftswünschen, wohl mehr für den Sohn als für sich
selber, vor allem aber jähzornig, sobald er auf Widerstand stößt.
Die Zärtlichkeit für seinen Jungen wird immer mehr zurückgedrängt, tritt immer seltener zutage, „je mehr der eigne Wille
in dem Knaben wuchs; glaubte er doch selber nur den Erben
seiner aufstrebenden Pläne in dem Sohn zu lieben". Der Sohn
wiederum wird uns als ein ebenso wilder wie begabter Knabe
geschildert, aber auch als der Beschützer eines kleinen, aus
sozialen Gründen ein wenig diffamierten Mädchens. Später ist

er der schmucke, streng gehaltene Schiffsjunge, der wie alle anderen seine ersten Fahrten zurücklegt; dann freilich kommt der Trotz und der Bruch in sein Leben, über den wir noch näher berichten müssen. Denn auch er hat etwas von der „harten Kraft" des Vaters geerbt. Zunächst sieht es freilich so aus, als ob der Sohn sehr wohl in die Fußstapfen seines Vaters treten könne, auch er dazu berufen, ein erfolgreicher Seemann und Bürger der Stadt zu werden. Nichts in seiner Anlage deutet darauf hin, daß ihm eine solche Zukunft versagt sein sollte. Heinz Kirch zeigt keinerlei Anzeichen von Überzüchtung oder Verfall, die ihn zu einem anderen Lebenswege bestimmt hätten.

Wir müssen also das Zerstörerische vor allem beim Vater suchen, zumal Storm selbst gesagt hat, daß er ihn als die Hauptperson im Auge gehabt habe. Die erste, dichterisch festgehaltene Vater-Sohn-Situation gilt dem auf den Bugspriet gekletterten Knaben, der in dieser gefährlichen Lage unbekümmert sein Kinderlied singt. Zwar klettert er noch rechtzeitig vor den Augen seines von der Ratlosigkeit der Angst wie gelähmten Vaters herunter; aber bei diesem schlägt die Angst in Zorn um, und der zweimal wiederholte Satz: „Das tust du mir nicht wieder!", den das spielende Kind natürlich nicht begreifen kann, ist bereits die vorwegnehmende, für alles weitere entscheidende Drohung des Vaters gegen den Sohn. Zwar läßt er die zum Schlag erhobene Hand noch rechtzeitig sinken und züchtigt statt dessen grausam den Schiffsjungen, dem Heinz Kirch anvertraut war. Aber das Vertrauen des Sohnes zum Vater ist bereits hier empfindlich gestört. Als im nächsten Frühjahr der Sohn wieder auf das Schiff mitgenommen werden sollte, hielt er sich zunächst versteckt und mußte dann mit Gewalt an Bord gebracht werden. Diesmal saß er nicht mehr singend unter dem Segel; „er fürchtete seinen Vater und trotzte ihm doch zugleich", so wie auch dieser seinerseits die Unbefangenheit gegen sein Kind verloren hat.

Die hier geschilderte Situation ist bereits leitmotivisch gemeint: Abenteurerlust beim Sohne, unbeugsame Strenge beim Vater, beiden aber gemeinsam die Abneigung gegen den Kompromiß, ja die Unfähigkeit, überhaupt nachgeben zu können. Dennoch hätten diese sich hier abzeichnenden Gegensätze allein kaum genügt, um das Geschehen zwischen Vater und Sohn so ins hoffnungslos Tragische hineingeraten zu lassen wie in dieser Erzählung. Die Kindheit des Sohnes wird von Storm sogar idyllisch verklärt. Auch das Einwerfen der Scheiben im Stallgiebel des Pastorshauses

und die Strafe mit dem Stock des Vaters, weil ihm solches „Spiel-
werk" zu teuer ist, nimmt der Idylle nichts von ihrer Freundlich-
keit. Bleibt ja doch ihr Hauptbestandteil das Äpfelstehlen für die
kleine Wieb mit dem „Madonnengesichtlein", das heimlich er-
oberte Ruderboot und die gemeinsame Fahrt zur Insel mit den
Wonnen des Karussells, der Kuchenherzen und der Drehorgel und
dem Kauf eines silbernen Ringleins für das kleine Mädchen.
Noch schlägt der poetisierende Stimmungston der Idylle nicht
um. Heinz soll eine längere, mindestens ein Jahr dauernde Fahrt
in die chinesischen Gewässer antreten. Das bedeutet für ihn nicht
nur den Abschied von den Eltern, sondern ebenso von der kleinen
Wieb, die er immer mehr in sein Herz geschlossen hat. Der Erzähler kostet das Rührende dieser Abschiedsstunde voll aus.
Wiederum stilisiert Storm den Vorgang ins Poetische: Der dem
Kinde geschenkte Ring wird nunmehr von dem liebenden Mädchen mit einer Schnur um den Hals ihres Heinz gehängt. „Der
volle blaue Strahl aus ihren Augen ruhte in den seinen; dann
stürzten ihre Tränen auf sein Angesicht, und die beiden jungen
Menschen fielen sich um den Hals, und da hat der wilde Heinz die
kleine Wieb fast tot geküßt." An solchen Stellen wird die Prosa
Storms um des bloßen Stimmungsgehaltes willen klischeehaft, ja
nahezu geschmacklos. Aber gerade die Ringszene braucht der
Erzähler für seine weiteren Absichten: einmal als Kontrast zu
dem nachfolgenden Empfang im väterlichen Haus, darüber hinaus
wegen des leitmotivischen Zeichens, das durch die Geschichte hindurchgeht. Der Ring der Kindheit wird hier zum Schutz- und
Liebespfand, am Ende ist er Erkennungs- und Identitätszeichen,
und der für immer fortgeworfene Ring zeigt die endgültige Zerstörung der Liebe zwischen Heinz und der Wieb an. Der Erzähler
vermag den Ring nicht mehr als ein echtes Bildsymbol in seine
Geschichte einzuschmelzen; er benutzt ihn auch nicht für die
funktionale Verknüpfung der Begebenheiten, wie es etwa in
Meyers Novelle „Die Hochzeit des Mönchs" der Fall war; er be-
lädt ihn statt dessen mit Gemütswerten, sei es denen einer verspielten unschuldigen Kindheit, denen der aufflammenden Jugendliebe oder denen des trostlosen Für-immer-vorbei. Der Ring wird
zum Stimmungsträger.

Der Wechsel von Hell und Dunkel wird dann kontrastierend
herausgearbeitet in der anschließenden Situation des von seinem
Vater gescholtenen Sohnes, der die Bürgerglocke versäumt hat
und auf den der Vater zu lange hat warten müssen. Im Jähzorn

fährt er den Sohn an: „Klopf nicht noch einmal so an deines Vaters Tür! Sie könnte dir verschlossen bleiben." Die Härte dieses Augenblickes, in dem die Selbstgerechtigkeit des Vaters und die still verschwiegene Liebe des Sohnes aufeinanderprallen, überzeugt künstlerisch weit mehr als die vorausgegangene larmoyante Liebesszene. Der Erzähler wird hier knapper, sachlich berichtender, wo die Wirklichkeit selbst den Menschen bedrängt und der Autor nicht mehr in eine poetisierende Stilisierung ausweichen kann.

Das Spiel der Umstände — ein durchaus novellistischer Erzählzug — tut das Seine, um die starren Fronten zwischen Vater und Sohn noch mehr zu verhärten. Um des Sohnes willen möchte der Vater aufsteigen. Jedoch der reiche Bäckermeister schnappt ihm den Posten des Ratsherrn weg. Für die mißgünstige Schwester ist das eine willkommene Gelegenheit, ihren Bruder zu ärgern. Das gelingt nicht recht, bis sie auf den boshaften Gedanken kommt, ihm mitzuteilen, daß der „gewitzte" Sohn am Abschiedsabend von neun bis elf mit der schmucken Wieb, der kleinen Matrosendirne, spazieren gefahren ist. Und mit böser Anspielung auf die künftige Schwiegertochter fügt sie noch hinzu: „... für die neue Verwandtschaft ist's doch so am besten, daß du nicht auf den Ratsherrnstuhl hinaufgekommen bist." Ebendies aber wird für Hans Kirch der Anlaß, an seinen Sohn einen Brief des jähen Zorns zu schreiben; der hat nicht nur zur Folge, daß von diesem keine weiteren Nachrichten eintreffen, sondern auch, daß er mit dem Schiff „Hammonia" nicht zurückkehrt, statt dessen eine neue Heuer annimmt und für ein weiteres, zweites Jahr so gut wie verschollen ist.

Da in dieser Novelle die Briefe eine so entscheidende Rolle spielen, müssen wir bei ihrer Leitmotivik etwas näher verweilen. Der Vater schreibt — offensichtlich gereizt und im Affekt — den ersten bitterbösen Brief, der Sohn antwortet nicht und „trotzt". Erst nach Ablauf von zwei Jahren kommt dann jener „dicke" verhängnisvolle Brief des Sohnes mit den vielen Stempeln, der jedoch nicht frankiert ist. Der Vater, empört, daß der Sohn nicht einmal das Porto für die „dreißig Schilling" gehabt hat, läßt den Brief, ohne ihn zu öffnen, wieder zurückgehen. Auch der rührende Versuch der Wieb, den Brief vom Postboten zu erkaufen, scheitert. Die Folgen sind furchtbar. Denn länger als fünfzehn Jahre, noch über den Tod der machtlosen Mutter hinaus, dauert es, bis der Vater wieder etwas von seinem Sohn erfährt. Briefe dienen im menschlichen Zusammenleben meist zur Herstellung von Kontakten oder auch zur Befestigung schon vorher vorhandener Verbindungen. In Storms Novelle wird jedoch die Kontrastsituation dazu gestaltet. Der erste Brief des Vaters an den Sohn zerreißt bereits die Verbindung zwischen beiden. Der zweite des Sohnes hätte erneute Aussöhnung bringen sollen, aber die verweigerte Annahme bedeutet statt dessen die Verstoßung des Sohnes durch den Vater. Selbst die geduldige Mutter, die von dem ersten Brief überhaupt nichts wußte, hat ihrem Mann diese Handlung nie verzeihen können. Erst sehr viele Jahre später hören wir durch den Sohn, was in dem in Rio aufgegebenen Brief etwa gestanden hat. Der junge Bursche von damals trotzte nicht mehr, er wäre gern vor seinem Vater hingefallen, wenn nicht tausend Meilen zwischen ihnen gelegen hätten. Überdies war er vom Fieber — wohl dem der Blattern — geschüttelt. Und später? Nun, „wen Vaters Hand verstoßen, der fragt bei der nächsten Heuer nicht, was unterm Deck geladen ist, ob Kaffeesäcke oder schwarze Vögel, die eigentlich aber schwarze Menschen sind; wenn's nur Dublonen gibt; und fragt auch nicht, wo die der Teufel holt, und wo dann wieder neue zu bekommen sind!"

Der Brief des Sohnes wird hier zum Träger des Verhängnisses, das nicht nur ihn, sondern auch noch den Vater treffen wird. Als „Brief" haftet ihm zugleich das Zufällige an, das mit dem Kommen und Gehen allen Postverkehrs verbunden ist. Theodor Mommsen fühlte sich dadurch gestört, da er sich das Walten des Schicksals nur pathetisch vorstellen konnte. Storm berichtet darüber in einem Brief an Paul Heyse vom 2. Oktober 1884: „Theodor Mommsen schrieb mir neulich nach Lesung meines ‚H. und H. Kirch': ‚Die schöne Trübe der Lokalstimmung empfind ich wohl, auch daß die Macht des Lebens derber als früher aus diesen Blättern einen ergreift. Aber, wenn ich es sagen soll, recht will es mir nicht glücken der bürgerlichen Tragödie gegenüber; wo einmal das Unheil waltet, wie hier, da soll es wenigstens die grimme Faust des großen Schicksals sein, die den Menschen zerschlägt, und davon finde ich hier nichts. Schelten Sie nur; ich will das lieber, als unwahr sein und verhehlen, daß ich bei allem Respekt vor solchen Leistungen doch ein gewisses Manko empfinde. ‚Ihre Schuld', sagen Sie. Es kann wohl sein.' Das Diktum ist mir [so äußert sich Storm weiter dazu], zumal für die Novelle, die wir Neueren ja freilich in Szene gesetzt haben, zu doktrinär. Was ist das große Schicksal? Mir scheint es auch dort zu sein, wo zwei solche Naturen als Vater und Sohn sich gegenüber in die Welt gesetzt sind, und der Schlag infolge ihrer Eigenheit erfolgt." Zweifellos wird man hier Storm und nicht etwa Mommsen recht geben müssen. Das Tragische untersteht in der Novelle einem anderen Gesetz als in der Tragödie und vermag sich sehr wohl noch mit dem Zufälligen eines Briefes zu verbinden. Gerade das Banale des Ereignisses — der Brief ist unfrankiert — kontrastiert aufs grellste zu den furchtbaren Folgen. Sehr viel treffender ist hier das Urteil Kellers, der am 21. November 1882 an Storm schreibt: „Die Wendung mit dem unfrankierten Brief ist ebenso schauerlich als verhängnisvoll. Man fühlt mit, wie wenn der alte Geldtropf ein Schiff voll lebendiger Menschen in die brandende See zurückstieße." Und Keller war es auch, der die „recht nachdenkliche und elegische" Erzählung nochmals in einem Brief vom 5. Januar 1883, wiederum von der Seite des Sohnes aus, trotz seiner Abneigung gegen die harten Köpfe der Väter, mit erstaunlicher Einfühlung zu würdigen wußte: „Das arme treue Kind in seiner einsamen Stellung auf der Grenze der Anrüchigkeit erregt ein echtes Mitgefühl."

Zu spät erfährt die Mutter, was sich zugetragen hat. Ihre Vorwürfe gegen den Mann sind nur allzu begründet: „Das ohne mich zu tun, war nicht dein Recht! Nun können wir nur beten, daß der Brief nicht zu dem Schreiber wiederkehre; doch Gott wird ja so schwere Schuld nicht auf dich laden." Aber solches Gebet wird nicht erhört; der Brief kehrt zurück, und aus dem von Vaters Hand verstoßenen Sohn wird erst jetzt und endgültig der hoffnungslos verlorene Sohn. Wie wichtig und leitmotivisch dieser eine Brief für den Erzähler gewesen ist, zeigt auch die nur angedeutete Parallele zu Judas Ischariot, der Jesus für dreißig Silberlinge verriet, so wie hier der Vater den Sohn für dreißig Schillinge. Die Schwester Jule weist später höhnisch auf diesen Vergleich hin: „Ei nun, für dreißig Reichsgulden haben sie unsern Herrn Christus verraten, so konntest du dein Fleisch und Blut auch wohl um dreißig Schillinge verstoßen." Der alte Postbote Marten wiederum antwortet der erstaunt fragenden Wieb, ob denn der Vater nicht zum Empfang des Briefes zu Hause gewesen wäre: „Nein, Kind, sein Vater war wohl nicht zu Hause; der alte Hans Kirch war da; aber für den war der Brief zu teuer."

Die Schuld des Vaters ist trotz allem angesammelten Groll, allem charakterlich vorgegebenen Starrsinn und trotz der fast schon zur fixen Idee gewordenen Vorstellung, daß der Sohn in anderer Weise oder niemals an die Tür des Elternhauses klopfen dürfe, unabweisbar. Sie ist die Schuld eines Mannes, der nur noch Bürger und nicht mehr Vater ist. Storm selbst schreibt in seinem Brief an Keller vom 27. November 1882 ausdrücklich über den Vater: „Er sündigt und er büßt; nehmen Sie es nicht zu genau mit diesen spezifisch christlichen Ausdrücken." Hans Kirchs Einengung der Lebensperspektive auf das rein ökonomische Dasein, auf Familienwohl und Familienehre läßt den sonst so rechtschaffenen Mann eine Art Ursünde begehen, von der er selbst — aber erst sehr viel später — begreifen wird, daß er darum „mit der Ewigkeit" zu schaffen hat. Aber auch wenn man eine solche theologische Zuspitzung gerade bei Storm nicht gelten läßt und es statt dessen mit dem herabgekommenen Tischler hält, den sie in der Stadt den „Sozialdemokraten" nennen und der dem alten Hans Kirch trocken und spöttisch zuruft: „Die Ewigkeit ist in den Köpfen alter Weiber!", die Schuld des Vaters bleibt dennoch ein Verstoß gegen die natürliche Ordnung der Menschenwelt. Das Abreißen jeder Verbindung mit der grausamen Formel ‚Annahme verweigert' heißt nichts Geringeres, als daß der Vater den Sohn überhaupt nicht anhören will, und zwingt diesen geradezu in die Verbannung hinein. Gewiß, dieser Vater hat seinen Sohn ja im Grunde geliebt, und es ist nur die falsche Selbstauslegung seiner Liebe, die ihn in die unbarmherzige Lieblosigkeit hineingeraten läßt. Storm selbst hebt derartiges in seinem Brief an Erich Schmidt vom 15. Dezember 1882 hervor: „Der Alte ist nicht zu hart, so sind unsre Leute hier, es hätte nur noch eine Szene geschrieben werden sollen, worin die selbstverständlich im Grunde schlafende Vaterliebe zum Durchbruch gekommen wäre." An der Schuld hätte auch eine solche Szene nichts mehr geändert. Höchstens können wir sie als „tragische" Schuld bezeichnen, weil sie für diesen Mann gleichsam auf der Lauer liegt und er in sie wie in ein aufgespanntes Netz hineinläuft.

Das Erzählte in seiner nahezu brutalen Tatsächlichkeit ließ sich nicht mehr poetisieren. Im Gegenteil: Der Brief mit den vielen Stempeln und der Nachzahlungsgebühr hat etwas Alltägliches, etwas Triviales, so abenteuerlich seine Reise auch gewesen sein mochte. Um so furchtbarer mutet uns die Entscheidung an, die hier vom Vater getroffen wurde, zwar wiederum aus dem Affekt, aber doch willentlich und nicht widerrufbar. Selten ist es Storm in einem solchen Ausmaß geglückt, die Härte der Wirklichkeit in der erzählerischen Situation zu verdichten wie in dieser

Novelle. Ja, das von Storm allzu häufig mit Samthandschuhen angefaßte Bürgertum wird hier in seiner ökonomischen Selbstgerechtigkeit geradezu an den Pranger gestellt und damit schonungslos entlarvt. Trotz aller elegischen Idyllik, trotz allem Mitgefühl Storms für den Vater — wie es Hermann Pongs in seiner Analyse an sich mit Recht hervorhebt — liest sich die Erzählung doch mehr als eine Anklage, in der es um die Urschuld des Vaters am Sohn geht, und nicht etwa als rührende Familiengeschichte.

Nur drei Jahre später als diese Novelle erscheint das erste Heft der von M. G. Conrad herausgegebenen „realistischen Wochenschrift" „Die Gesellschaft", die von der Tyrannei der „höheren Töchter" und der „alten Weiber beiderlei Geschlechts" befreien will, statt dessen aber „ein Organ des ganzen, freien, humanen Gedankens" fordert, „des unbeirrten Wahrheitssinnes, der resolut realistischen Weltauffassung!" Sosehr die Kritik an den „gefühlvollen Lieblingsthorheiten", sei es direkt, sei es indirekt, auch noch Storm treffen mochte, eine Novelle wie „Hans und Heinz Kirch" steht jenseits des Süßlichen und manieristisch Schönfärberischen, wie es noch durchgehend in Heyses Novellistik anzutreffen ist; diese Erzählung Storms kündet bereits den Geist eines neuen Zeitalters an.

Auch im weiteren Verlauf bleibt die realistische Verdichtung im Erzählen weitgehend erhalten. Erst nach über fünfzehn Jahren — die unglückliche Mutter hat inzwischen ihre letzte „Lebensruhe" gefunden, die Tochter ist mit dem Sohn eines wohlhabenden Bürgers verheiratet, der alt gewordene Vater vereinsamt — taucht erneut eine Nachricht von Heinz Kirch auf, nicht direkt durch ihn, wohl aber durch einen anderen Seemann, der in Hamburg mit ihm beim Schlafbaas in der Schankstube zusammengesessen hat, wenn er sich dort auch nicht Heinz Kirch, sondern John Smidt genannt hat. Es ist die böse Zunge seiner Schwester Frau Jule, durch die der Vater das erfährt. Diesmal macht er sich sofort auf, um den Sohn nach Hause zu holen; und fast könnte es so aussehen, als ob die Erzählung doch noch einen fatal rührenden Schluß bekäme. Aber Storm weicht dem Unerbittlichen hier nicht aus, er gibt ihm noch nicht einmal eine stimmungsvoll mildernde Atmosphäre. Die einst begangene Schuld des Vaters ist im Grunde, trotz allen guten Willens, nicht rückgängig zu machen; ja, sie verstrickt ihn in erneute und dadurch schwerere Verschuldung. Der wiedergefundene Sohn wirkt wie ein Fremdling, ein Mann mit einem wilden Feuer in seinen Augen, mit Narben auf seinem Körper, mit einem wüsten Sprechen und verzweifeltem Lachen. In die bürgerlich geordnete Welt paßt er in keiner Weise mehr hinein. Wohl freut sich die Schwester zunächst ehrlich auf die Heimkehr des Bruders; aber die Sorge ihres Mannes, der Sohn könne nunmehr das ihm bisher vorenthaltene Erbe fordern, fällt auf ihre Freude wie ein Reif und läßt ihr plötzlich alles „öde" erscheinen. Wenn auch der wild und verwahrlost Zurückkehrende an Ausnützung der Sohnesrechte nicht im geringsten zu denken scheint, er bleibt für seine Umwelt eine beängstigende, eine unheimliche Gestalt. Wiederum ist es das Spiel des Zufalls, das zur Verschlimmerung beiträgt. Ein Gerücht geht in der Stadt um, der Heimgekehrte sei gar nicht Heinz Kirch, sondern der Hasselfritz, ein Knabe aus dem Armenhause, der gleichzeitig mit Heinz zur See gegangen war und seitdem nichts mehr von sich hatte hören lassen. Da gibt es denn auch einige Indizien wie die verschwundene Tätowierung auf dem linken Unterarm, die für die Wahrheit des Gerüchtes zu sprechen scheinen.

Aber, ob nun wahr oder unwahr, wichtiger ist, daß sich Vater und Tochter in das Gerücht gleichsam hineinflüchten; es kommt ihren uneingestandenen Wünschen entgegen. Sie *wollen* mehr oder weniger, daß es wahr ist, damit sie dem unbequemen Gast das Hausrecht aufkündigen können; hat sich doch der alte Groll zu tief in Hans Kirchs Herz hineingefressen. Niemals wird er darüber hinwegkommen, daß sein Sohn noch mit fünfunddreißig Jahren auf den Schiffen fremder Kapitäne als einfacher Matrose fährt und nicht zu denen gehört, die im Kirchstuhl sitzen dürfen.

Doch dieser Sohn, der, aus Trotz oder aus Verhängnis, in erster Linie aber durch die Schuld seines Vaters, so spät den Weg ins Elternhaus zurückfand, und auch dann erst, als er geholt wurde, ist keineswegs nur der Geselle des wilden Volkes auf der wilden See. Er ist der Heimatlose, der Unbehauste, das arme, an der Grenze der Anrüchigkeit stehende Kind, um Kellers Wendung hier zu wiederholen, und dies jetzt vielleicht noch mehr als in den vorausgegangenen Jahren. Aber er hat sich dabei eine Zartheit und Güte bewahrt, die ihm ja schon von Kindheit an zu eigen war und die der Dichter nur leise und verhalten andeutet. Dennoch wird sie spürbar im scherzhaften Gespräch mit dem kleinen Sohn des Krämers, sogar noch inmitten seiner fremdländischen Flüche.

Zwischen Vater und Sohn wird nicht viel gesprochen, ja das

Schweigen zwischen den beiden hat etwas Böses. Nur einmal ist von dem Brief des Unheils die Rede, der nach sechs Monaten ungeöffnet zum Sohn zurückkam, und die Frage, warum sein Vater ihm dies angetan hat, ist nur allzu berechtigt. Denn wäre dies nicht geschehen, hätte er sein „altes Gesicht wohl wieder heimgebracht". Aber die Tür, die sich hier zwischen Vater und Sohn öffnen könnte, öffnen müßte, schlägt wieder zu; und dem Vater klingen alle Sätze des Sohnes so wüst und fremd, daß er doch wieder nur den Jungen aus der Armenkate vor sich sieht, der vielleicht auf seinen Beutel spekuliert. Oder *will* er ihn nur vor sich sehen, um nicht mit sich selbst ins Gericht gehen zu müssen? Hat er doch alles, was mit dem unglücklichen Brief zusammenhing, tief in seinem Unbewußten begraben. Und dennoch verfehlt er eben dadurch und jetzt zum zweitenmal das beiderseitige echte Erkennen und Sichöffnen und läßt sich statt dessen nur allzu gern von Frau Jule einreden, die Briefgeschichte habe der zurückgekehrte Hasselfritz natürlich bereits als neu aufgewärmte Anekdote auf allen Gassen hören können. So, halb gewollt, halb ungewollt, wird die zweite endgültige Verstoßung des Sohnes unausweichlich. „Gott Dank, daß es ein Fremder ist!", so rechtfertigt sich der Vater vor sich selbst, obwohl er vielleicht im Innersten genau weiß, daß es doch sein Sohn ist. Storm hat das meisterhaft in der Schwebe gelassen. Man mag für diese Wiederholung der väterlichen Sünde mildernde Umstände gelten lassen — die in der Kammer des Sohnes zurückgelassenen größeren Geldscheine, die dann doch nicht angenommen werden, gehören freilich nicht dazu. Denn abkaufen läßt sich ein solches Vergehen nicht. Mit jenem damaligen ‚Annahme verweigert' war doch wohl schon eine Kluft aufgerissen, die sich niemals mehr schließen ließ. Es ist in der Tat eine „psychologisch düftlige Geschichte", wie Storm an Heyse am 15. November 1882 schreibt. Entlastet wird der Vater durch das Vergangene nicht. Zum zweitenmal ist er mit tragischer Blindheit geschlagen, zum zweitenmal lädt er die volle Schuld gegen den Sohn auf sich. Es ist, als ob Vater und Sohn ihrem Verhängnis nicht entrinnen könnten. Die Wirklichkeit selbst scheint es ihnen zu diktieren. Aber der Sohn ist dabei stets in die Rolle des armen Kindes, des Opfers hineingedrängt, der Vater in die des sündigen Täters. Der alte Kirch weiß am Ende sehr genau, als es zu spät ist, als es keinen Weg mehr gibt, den Sohn zurückzuholen, daß er wegen des zweimal Verstoßenen „mit der Ewigkeit" zu schaffen haben wird.

So dicht, hart und unausweichlich die Vater-Sohn-Begebenheit geschildert wird, die Abschiedsszene zwischen Heinz Kirch und der sozial abgesunkenen und verblühten Wieb kompensiert wiederum mit einem Allzuviel an stimmungsvoller Rührung. Wohl wird das Milieu der Wieb in der zweifelhaften Hafenschenke mit dem versoffenen Mann und den sie bedrängenden Gästen mit Hilfe der Stilmittel eines maßvollen Realismus gezeichnet. Von den verschärfenden, makabren Zügen einer naturalistischen Groteske, die sich für diese Situation angeboten hätten, ist Storm noch weit entfernt. Vielmehr gerät das Wiedererkennen der Jugendgespielin von einst ins rein Empfindsame und peinlich Rührende. Dafür nur eine Stilprobe: „Sie war neben dem Herde auf die Knie gesunken: ‚Heinz‘, murmelte sie, ‚o Heinz, die alte Zeit!‘ Wie verlegen stand er neben ihr; dann aber bückte er sich und ergriff die eine ihrer Hände, und sie duldete es still. ‚Wieb‘, sagte er leise, ‚wir wollen sehen, daß wir uns wiederfinden, du und ich!‘ Sie sagte nichts; aber er fühlte eine Bewegung ihrer Hand, als ob sie schmerzlich in der seinen zucke.“

Hinzu kommt, daß der Novellist uns jede Motivierung für diese, wenn auch vergebliche Spätsommerliebe schuldig bleibt. Warum konnte der Sohn nicht auch seiner kleinen Wieb Briefe schreiben, die dann gewiß nicht zurückgekommen und ohne Antwort geblieben wären? Wenn wir aber annehmen sollen, daß der Traum einer Jugendliebe im wilden Leben auf der See und in den langen Jahren der Trennung rasch versinkt, dann war eine solche nachträgliche Gefühlsverklärung nicht mehr gestattet, und das Wiedersehen zwischen den beiden Gescheiterten hätte ganz anders, sehr viel nüchterner, sehr viel grausamer aussehen müssen. So aber empfinden wir den fortgeworfenen Ring von einst, den Heinz wie eine Art Talisman bisher als „das letzte Stück vom Hause“ getragen hatte und nun nicht mehr brauchen konnte, als sentimentalen Stimmungseffekt. Das gleiche gilt leider auch von dem traulichen Tête-à-tête, zu dem der Dichter dann gegen Schluß seiner Erzählung den eigensinnigen Alten und die Wieb miteinander vereinigt. Wiederum sucht Storm der unversöhnlichen Härte des von ihm selber Erzählten auszuweichen. Pongs spricht mit Recht von „Liebesszenen nach Art sentimentaler Schifferballaden von Matrosenabschied und Heimkehr“. Die poetisierte und lyrisierte Atmosphäre soll am Schluß noch einmal in der auch psychologisch unglaubhaften Gemeinschaft des Vaters mit der Jugendgeliebten des Sohnes das eherne Verhängnis von Schicksal und Schuld vergolden. Selbst wenn man den alten Kirch als Bereuenden auffaßt, hätte das keinesfalls in die Rührung führen dürfen. Hingegen lesen wir nunmehr bei Storm mit Unbehagen über die Wieb und den alten Kirch: „Aber nicht nur von den Sternen, auch aus den blauen Augen des armen Weibes leuchtete ein milder Strahl; nicht jener mehr, der einst in einer Frühlingsnacht ein wildes Knabenhaupt an ihre junge Brust gerissen hatte, aber ein Strahl jener allbarmherzigen Frauenliebe, die allen Trost des Lebens in sich schließt." In solcher rührenden Situation kann auch die Ewigkeit noch, wie Pongs es ausgedrückt hat, zum „mildernden Trostwort" werden, nicht mehr zur Stunde des Gerichtes. Das muß aber um so unglaubhafter bleiben, als jeder Kenner von Storms Leben ja weiß, wie sehr er an der Diesseitigkeit bis zur Grenze des Atheismus festgehalten hat. Dennoch schreckte er als Dichter nicht davor zurück, religiöse Vorstellungen vom Jenseits ausgiebig zu benutzen, sobald sich ihnen poetische Effekte abgewinnen ließen. Hier möchte man freilich an „den schöngeistigen Dusel" denken, den das erste Heft der „Gesellschaft" programmatisch angeprangert hat. Der stilistische Abstand solcher im Kern verlogenen Prosa zu der Unerbittlichkeit der Briefszene ist erstaunlich groß. Wahrscheinlich hat der Dichter das selbst nicht empfunden. Aber der für das Ende des 19. Jahrhunderts charakteristische Stilwandel läßt sich auch noch beim gleichen Autor beobachten, zumal dann, wenn innerhalb seiner Prosa erhebliche Niveauunterschiede nachzuweisen sind. In Storms Fall ist dafür das unvermittelte Nebeneinander von empfindsam kitschiger Almanachspoesie und einem großartigen tragischen Realismus als neuer positiver Stilform charakteristisch.

Der Sohn hatte sich mit dem englisch geschriebenen Satz: „Thanks for the alms and farewell for ever" still und dezent verabschiedet. Gleich danach wird nur allzu deutlich, welche Selbsttäuschung des Vaters es war, ihn für einen anderen halten zu wollen. Das zeigt nicht nur die verweigerte Annahme der Geldscheine, die hier zur verweigerten Annahme des Briefes von seiten des Vaters kontrastiert, sondern auch der Bericht der armen Wieb über den Ring, der eine eindeutige Identifizierung des fremden Mannes als Heinz Kirch ermöglicht. Aber für den Vater gibt es kein Zurück mehr. Ein weiteres Mal wird er den Sohn nicht mehr holen. Dazu ist der angesammelte Groll zu stark und die Zukunft ohne jede Hoffnung. So kann er nur mit harter Stimme bei seiner Absage bleiben: „Mag er geheißen haben, wie er will, der diesmal unter meinem Dach geschlafen hat, mein Heinz hat schon vor siebzehn Jahren mich verlassen." Jetzt und auch später sieht es so aus, als ob der Vater das Bild des Sohnes gewaltsam aus seinem Herzen verdrängt hat und statt dessen nur die blasse Erinnerung an einen Fremden behalten will, der ihn nichts anging und dem er zu nichts verpflichtet war.

Aber noch einmal gelingt der Novelle eine großartige Aufgipfelung. Sie scheint ins Übersinnliche hinüberzuführen; denn in einer Nacht der Äquinoktialstürme — ein Jahr nach der Abreise des Sohnes — hat Hans Kirch die vom Erzähler exakt beschriebene Vision von dem scheiternden Schiffe und dem plötzlich in seinem Zimmer stehenden Sohn: „Und — da war es, dort in der Ecke stand sein Heinz; das Gesicht sah er nicht, denn der Kopf war gesenkt, und die Haare, die von Wasser trieften, hingen über die Stirn herab; aber er erkannte ihn dennoch — woran, das wußte er nicht und frug er sich auch nicht. Auch von den Kleidern und von den herabhängenden Armen troff das Wasser; es floß immer mehr herab und bildete einen breiten Strom nach seinem Bette zu." Wie dicht ist diese Stelle im Sprachlichen, wie matt damit verglichen die vorhin zitierte des Ausgangs! Die Darstellung wirkt eben dadurch so real und gespensterhaft zugleich, weil sie auf jeden besonderen Effekt des Schaurigen oder gar Rührenden verzichtet und das Ungeheure einfach nur als Ereignis eintreten läßt. Auch der Leser weiß mit der gleichen unumstößlichen Sicherheit wie der Vater: Heinz Kirch ist tot, so daß es keiner weiteren Aufklärung über sein Schicksal mehr bedarf. Das okkulte Phänomen sprengt nicht etwa den „Realismus" des Erzählens, sondern steigert ihn ins Symbolische. Die tragische Verkettung von Vater und Sohn war in dieser Novelle so zwingend angelegt und dargestellt, daß es uns wie selbstverständlich anmutet, daß *dieser* Sohn in der Stunde seines Sterbens auf dem Meere *diesem* Vater erscheinen mußte.

Das Ganze gewinnt auch dadurch an Überzeugungskraft, daß es im Bereich der Seeleute sich abspielt, zu denen ja manchmal die Toten so zu kommen pflegen. Aber mit diesem visionär miterlebten Tod ist auch die Beziehung des Vaters zum Sohn völlig gewandelt. Erst jetzt ist der Vater der Erkennende und gelangt über die schreckliche Enge seiner Existenz hinaus, in der ihn Starrsinn, Trotz, Geiz und Selbsttäuschung gefangenhielten. Erst jetzt erscheint das Verhältnis zum Sohn wie gereinigt, von allem Trüben, Unklaren und Zweideutigen befreit, aber damit erst recht auch als eine noch vor Gott zu verantwortende, schwere Schuld. Denn „der Tote hatte alle Rechte, die er noch eben dem Lebenden nicht mehr hatte zugestehen wollen".

Die Schwermut des Todes beherrscht auch sonst die Stormsche Dichtung, und mit Recht hat man gemeint, eben darin zeige sich der letzte und große Rest Christentum in ihm. Es gehört zum tragischen Thema dieser Novelle, daß im Leben der Ausgleich zwischen Vater und Sohn nicht erreicht werden konnte, der mit dem Tode des Sohnes wie von selbst, geheimnisvoll mühelos, eintritt. Damit ist auch die Schuld des Vaters dem Irdischen entrückt und einer Ewigkeit anheimgegeben, deren gerechtes Walten in diesem späten 19. Jahrhundert nicht mehr als selbstverständlich angenommen wurde, sondern — und nicht zuletzt gerade bei Storm — auf den Zweifel, ja auf den Unglauben des kreatürlich leidenden Menschen stieß. Aber es ist die novellistische Darstellungsform, die in der Darstellung des Tragischen trotzdem über diese irdische Grenze hinausdrängt und in ein unbekanntes Dunkel hinüberfragt. Denn was hier auf Erden unauflösbare Frage blieb, konnte entweder nie oder nur in der „Ewigkeit" seine Antwort finden.

SCHACH VON WUTHENOW

Theodor Fontanes Erzählung „Schach von Wuthenow", im Jahre 1883 erschienen, gehört zur Gattung der geschichtlichen Novelle. Sie ist — wie der Untertitel lautet — eine „Erzählung aus der Zeit des Regiments Gensdarmes" und spielt nur kurze Zeit vor dem Ausbruch des Krieges mit Napoleon und der vernichtenden Niederlage Preußens. Die beiden zum Abschluß mitgeteilten Briefe von Bülow an Sander vom 14. September 1806 und von Victoire von Schach an ihre Freundin Lisette von Perbandt vom 18. August 1807 fallen schon in die Zeit der Kriegserklärung und der Kriegsfolgen.

Diese Novelle Fontanes hat bisher erstaunlich wenig Beachtung, geschweige denn eine Interpretation gefunden. Der Fontane-Biograph Conrad Wandrey steht ihr in seinem Buch völlig verständnislos gegenüber — die Gestalt Schachs sei widerspruchsvoll und dadurch nicht mehr lebendig, Fontane habe hier kein bleibendes Werk der deutschen Prosakunst gestaltet, vielmehr zeige diese Erzählung das Scheitern der psychologischen Novelle. Ganz anders lautet die sehr viel zutreffendere Bewertung von Georg Lukács in seinem Buch „Deutsche Realisten des 19. Jahrhunderts". Er bezeichnet „Schach von Wuthenow" als ein „kleines Meisterwerk in dieser Kritik des historischen Preußen, ein noch lange nicht in seiner vollen Bedeutung erkannter einsamer Gipfel der deutschen historischen Erzählungskunst". Sosehr das Urteil Lukács' noch mit seiner soziologisch-marxistischen Sehweise zusammenhängt, die scharfsinnig beobachtet, wie Fontane hier bereits „die Gebrechlichkeit der Menschen und des Gesellschaftssystems, deren Moral sich auf eine ... falsche Ehre gründet", analysiert habe, sosehr ist dieses Urteil auch von einer ästhetischen Sicht aus berechtigt. Das wird freilich erst im Verlauf unserer Interpretation deutlich werden können.

Fontane hat seine Fabel keineswegs erfunden, sondern verdankt

die Details des Stoffes Mathilde von Rohr. In seinem Brief vom
11. August 1878 erkundigt er sich bei ihr sehr genau, in welchem
Jahr der traurige Vorfall von Schachs Selbstmord stattgefunden
habe. Er fügt dann weiter hinzu: „Dies ist wichtiger für mich, als
Sie glauben können. Das Berliner Leben unmittelbar nach der
Schlacht bei Jena — ich meine etwa von 1808 bis 1810, wo das
königliche Paar aus Ostpreußen wieder in der Hauptstadt einge-
troffen war — war total anders als in den Jahren, die der Jenaer
Affäre unmittelbar vorausgingen. Das Kolorit der einen Zeit
paßt nicht für die andre. Stimmungen, Anschauungen, alles hatte
sich geändert. Nun ist es zwar wahr, daß ich die eine Zeit,
sagen wir von 1804 bis 1806, gerade so gut schildern könnte wie
die andre (1808 bis 1810). Jede der beiden Epochen läßt sich
gut verwenden; jede hat, novellistisch angesehn, ihre Vorzüge.
Aber um mit freudvoller Sicherheit zu schildern, muß ich doch
beim Schildern die Gewißheit haben: die Dinge vollzogen sich
wirklich zu dieser Zeit und zu keiner andern. Beunruhigt mich
fortwährend der Gedanke: ‚du schilderst jetzt 1805, es ist aber
vielleicht 1809 gewesen‘, so lähmt das meine Kraft." Diese Briefstelle zeigt deutlich, wie sehr Fontane die von ihm geschilderte
Begebenheit aus ihren geschichtlichen Wurzeln begreifen will.
Sosehr er in der realistischen Ausgestaltung der verschiedenen
Milieus seiner Phantasie volle Freiheit läßt, auf die Wahrheit
des Vorfalls selbst und auf seine geschichtliche Verankerung legt
er großen Wert. Im Brief an Julius Grosser vom 31. Januar 1882
heißt es über diese Novelle: „Alles ein Produkt der Zeit, ihre
Anschauungen, Eitelkeiten und Vorurteile. Übrigens alles Tatsache." Im Brief an Wilhelm Friedrich vom 19. Januar 1883
beklagt sich Fontane, daß man im „Schach" immer nur die
Kapitel: Sala Tarone, Tempelhof und Wuthenow als besonders
wirklichkeitsnah lobe. In Wahrheit aber läge die Sache so:
„von Sala Tarone habe ich als Tertianer nie mehr als das Schild
überm Laden gesehn. In der Tempelhofer Kirche bin ich nie
gewesen, und Schloß Wuthenow existiert überhaupt nicht, hat
auch nie existiert. Das hindert aber die Leute nicht, zu versichern,
‚ich hätte ein besondres Talent für das Gegenständliche‘, während
doch alles, bis auf den letzten Strohhalm, von mir erfunden ist,
nur gerade das nicht, was die Welt als Erfindung nimmt: die
Geschichte selbst."
Es fehlen uns Zeugnisse darüber, wieweit Fontane seine Kritik
an den gesellschaftlichen und politischen Zuständen des eigenen

Zeitalters in den geschichtlichen Stoff von 1804/06 hineingelegt hat. Dennoch wird sich kein aufmerksamer Leser dem Eindruck entziehen können, daß der Dichter im „Schach" eine Analyse des damaligen Preußen gegeben habe, die aus Erfahrungen und Sorgen des eigenen Zeitalters herausgewachsen war. Wir wissen, wie zweideutig trotz aller Verehrung und Bewunderung Fontanes Haltung zu Bismarck und zum neuen Reich gewesen ist. Bereits in seinem Brief vom 23. April 1881 an Graf Philipp zu Eulenburg äußert er sich recht boshaft über den großen Kanzler. Später, in einem Brief an seine Frau vom 25. März 1888, heißt es über Preußen, dort prävaliere „ein Standes- oder Bourgeoisgefühl", und er kenne keinen, „der sich ganz davon freihielte". Gilt das nicht ebenso von dem Preußen vor 1806? Am schärfsten jedoch ist eine sehr viel spätere Äußerung Fontanes an seinen Sohn Theo vom 9. Oktober 1889. Beunruhigt hebt er hier hervor, „wie kipplich alles steht, und wie sehr wir des Glücks und der Siege bedürfen, um über die Fährlichkeiten, die von allen Seiten und zwar im eigenen Lager drohen, leidlich hinwegzukommen. Alles ist verdemokratisiert, verwelft, verkatholisiert, oder ganz allgemein vergrätzt oder verärgert, und gehorcht nur, weil jeder im Geiste die Kanonen aufgefahren sieht, die Kreis schließen und hineinkartätschen. Aber eines Tages fehlen auch die, mit denen man den Kreis schließen kann, und dann ist es vorbei. Man braucht kein Schwarzseher zu sein, um solche Zeiten vor sich aufsteigen zu sehen und ich habe nur den einen Trost in der Seele: es kommt immer ganz anders." Die Briefstelle ist zwar längst nach der Entstehung des „Schach" niedergeschrieben; aber das Verwandte in der Zeitprognose, sei es vom Blickpunkt des Fontaneschen Zeitalters aus, sei es von dem des Preußen vor 1806, ist unverkennbar. So dürfen wir annehmen, daß Fontane auch schon 1882/83 so manche Vorbehalte gegen das Preußen von heute in seine Novelle über das Preußen von einst, wenn auch auf diskrete Weise, hineingelegt hat.

Das Thema des „Schach von Wuthenow" ist der Selbstmord eines der glänzendsten und in seiner Art vorzüglichsten Offiziere des Regiments Gensdarmes, der unmittelbar nach seiner Verheiratung mit Victoire von Carayon erfolgt. Das Ereignis scheint zunächst mehr ein privater Vorfall zu sein, da, nach dem noch nicht einmal unberechtigten Urteil der Welt, der schöne Schach den Spott nicht ertragen habe, der durch seine Verbindung mit der unschönen, durch eine Blatternkrankheit entstellten Victoire

herausgefordert worden sei. So sei er denn aus Furcht vor dem
Leben, das ihm in seiner Ehe bevorstand, in den Tod gegangen.
Fontane selbst betont in einem Brief an seine Frau vom 19. Juli 1882
über Schach: „Die Furcht vor dem Ridikülen spielt in der Welt
eine kolossale Rolle."

Der Erzähler ist jedoch weit davon entfernt, das Geschehen nur
aus psychologischen Voraussetzungen zu entwickeln, die, zumindest dem Prinzip nach, sich auch zu anderen Zeiten und
unter anderen Umständen wiederholen könnten. Er sieht vielmehr,
ebenso wie der kluge, in die Zukunft vorausschauende Frondeur
von Bülow — ein ehemaliger Stabskapitän mit abenteuerlicher
Auslandserfahrung in England und in den Unionsstaaten, Schachs
politischer Gegenspieler in dieser Erzählung — in dem Vorfall ein
Symptom der Zeit, und zwar eines mit durchaus lokaler Begrenzung.
In Bülows zuletzt mitgeteiltem Brief heißt es: Es ist „ein in seinen
Ursachen ganz abnormer Fall, der sich in dieser Art und Weise
nur in Seiner Königlichen Majestät von Preußen Haupt- und
Residenzstadt, oder, wenn über diese hinaus, immer nur in den
Reihen unserer nachgeborenen fridericianischen Armee zutragen
konnte". So fällt denn mit Schachs Selbstmord das grelle Licht
der Zeitkritik auf das Preußen zu Beginn des 19. Jahrhunderts,
seine falschen Ehrbegriffe, seine zum bloßen Uhrwerk gewordene,
repräsentativ seelenlose Armee und auf die viel zu große Ab-
hängigkeit der militärischen Kaste von den jeweiligen Urteilen
der Gesellschaft, Urteile, die in Wahrheit doch nur auf „Trieb-
sand" aufgebaut sind. Für diese ganze Welt des bloßen Scheins
steht der Offizier Schach — wenigstens nach Bülows Meinung —
stellvertretend, und dieser war, trotz aller seiner Fehler, „immer
noch einer der Besten".

Die geschichtliche Novelle dient also für Fontane dazu, eine
dem ersten Anschein nach intim-private Begebenheit aus den
Voraussetzungen eines bestimmten Zeitalters und eines lokal
begrenzten Raumes, dem der nachfriderizianischen Armee, zu
entwickeln und ihre eigentlichen, zunächst verborgenen Ursachen
zu enthüllen. Das Feld der Historie bedeutet für den Erzähler
hier nicht ein ironisch aufgefaßtes Arsenal für Kostümierungen,
in die sich die allgemeine Menschennatur einmal so, einmal
anders einhüllen läßt. Geschichte gibt aber auch nicht, wie zum
Beispiel bei Meyer, das Pathos der Distanz, von dem aus gesehen
das Menschliche ins Monumentale erhoben werden kann. Bei
Fontane ist eher das Gegenteil richtig. Die Geschichte wird zur

einschränkenden Bedingung des menschlichen Existierens, damit aber auch in fragwürdigen Zeiten zum Weg in das Zerstörerische der Lüge. Eben dies mochte Fontane noch als eigene Zeitproblematik erfahren haben. Schachs Selbstmord aber — so mutet er wenigstens unter dieser Perspektive an — entsprang aus dem Geschraubten und Verstiegenen eines zwar geschichtlich entstandenen, aber in sich brüchigen und unwahren Ehrbegriffs. Schach ist hier weit mehr Repräsentant als individuelle Person.

Indessen ist ein Erzähler wie Fontane doch weit davon entfernt, den Menschen nur als „geschichtliches" Objekt zu sehen, dessen durchschnittliches Dasein völlig von den Voraussetzungen geprägt ist, die durch Herkunft, Klasse, öffentliche Meinung und Erziehung vorgegeben sind. Trotz der stellvertretenden Geschichtlichkeit des Erzählten behält die Fabel ihren individuellen Charakter; das rein Menschliche, das Subjektive im wechselseitigen Verhalten der Personen läßt sich nicht einfach in übergreifende, kollektive Zusammenhänge auflösen. Gerade diese doppelte Optik — von der geschichtlichen Situation und von der menschlichen Existenz aus — weiß Fontanes Erzählung sich so meisterhaft zunutze zu machen, daß sie eben dadurch den Leser unwiderstehlich in ihren Bann zieht. Ist ja doch in dem Schlußbrief der Victoire nur von den persönlichen Eigenschaften Schachs die Rede, die ihn in das unglückselige Scheitern hineingetrieben haben, mit keinem Wort aber von dem „Fall" Schach als einer „Zeiterscheinung". Die beiden sich wechselseitig erhellenden Schlußbriefe zeigen den doppelten Blickpunkt an, unter dem Fontane selbst die Begebenheit Schach gesehen haben will. Der Erzähler identifiziert sich freilich mit keinem dieser beiden Standpunkte; für ihn ist das Ganze zwar eine psychologische, aber ebenso auch eine politisch-gesellschaftliche Angelegenheit. Es gelingt ihm im Verlauf des Erzählten, beide Perspektiven kunstvoll aufeinander zu beziehen und scheinbar absichtslos von der einen zur anderen hinüberzuwechseln. Das geschieht jedoch ohne jeden erläuternden Kommentar, nur aus der Bewegung des Erzählens selbst heraus. Fontane mischt sich selbst nur sehr selten reflektierend in seine Darstellung ein. Er beschreibt ausführlich mit gegenständlicher Phantasie das jeweilige „Milieu", sei es im Salon der Frau von Carayon, sei es in einer Weinkneipe, im Hause des Prinzen Louis Ferdinand oder auf dem ländlichen Schloßsitz Schachs in Wuthenow am See. Er gibt, wie so oft, seine Menschen fast immer im plaudernden Gespräch; er verwendet, allerdings sparsamer als in anderen Erzählungen wie „L'Adultera" und „Cecile", vorwegnehmende, auf das kommende Verhängnis hindeutende Zeichen; er baut Zeitereignisse mit ein wie die damalige Berliner Premiere von Zacharias Werners romantisierendem Lutherdrama „Weihe der Kraft" und ihrer widersprüchlichen Aufnahme durch die Gesellschaft, je nachdem, ob sie mystisch-romantisch oder freigeistig-liberal gesinnt war; — aber er vermeidet, in solcher streng sachlichen, ganz auf das Wirkliche gerichteten Darstellung in wertender Weise selber Partei zu ergreifen. Erst die Analyse des Ganzen der gesellschaftlichen Lage soll dem Leser die Wertung nahelegen.

Mag Fontane noch so sehr mit Bülows scharfsinniger Kritik des damaligen Preußen übereinstimmen, er hat ihren Sprecher keineswegs nur mit sympathischen Zügen ausgestattet. Der genialisierende, mit dem Staatsuntergang beschäftigte „Frondeur", der so mokant und nonchalant seine lebhaften Kathedervorträge anbringt, hat zwar meist recht, aber seine etwas exzentrische Selbstgerechtigkeit und seine bis zur Anmaßung gehende Überheblichkeit kontrastieren wieder gegen die, wenn auch steife, Ritterlichkeit und Vornehmheit Schachs, sosehr ihm der andere an Weitblick und Intelligenz noch überlegen sein mag. Fontane gibt die Figuren seiner Erzählung in immer wieder neuer Beleuchtung, und der Leser sieht sich geradezu genötigt, seinerseits in Sympathie und Antipathie so mit ihnen umzugehen wie mit Menschen des wirklichen Lebens. Der Autor zwingt uns keinerlei Vor-Urteile auf. Auch wo er ironisiert, geschieht es leise und verhalten. Der große Menschenschilderer Fontane fordert den Leser gleichsam zur Mitbeobachtung auf. Denn der Spielraum des Menschlichen kennt viele Schattierungen und Nuancen bis zum komisch gutmütigen alten Tantchen hinab, die über alle Skandale, seien es größere, seien es kleinere, so gut Bescheid weiß, aber dabei stets die Namen verwechselt. Auch die einfachen Leute aus dem Volk, die treuherzig ihren märkischen Dialekt sprechen, gehören noch in das reiche, eher roman- als novellenhafte Figurenpanorama mit hinein. Mögen sie auch meist in die komische Statistenrolle gedrängt sein, sie zeigen bei Fontane oft mehr Herz und mehr naive Ursprünglichkeit als die Menschen der sogenannten gebildeten Klasse. Fontane läßt sie alle gelten, weiß aber ebenso um die verschiedenen Stufen des menschlichen Ranges, die für ihn keineswegs mit denen der Gesellschaft zusammenfallen. Solche Weite des Blickpunktes, die nicht nur einen Ausschnitt, sondern

Welt überhaupt zu gestalten sucht und die daher stets einen weiten Spielraum für das Erzählte braucht, läßt auch den Novellisten Fontane in nuce immer schon zum Romandichter werden.

Die Novelle „Schach von Wuthenow" geht nicht etwa, was künstlerisch auch möglich gewesen wäre, von Schachs Selbstmord aus, um von dort in den novellistischen Fall gleichsam zurückzublenden und ihn auf diese Weise aufzuhellen. Trotz vieler Erklärungen, die sich für diesen Selbstmord anbieten, bleibt er in Fontanes Darstellung sogar am Ende der Erzählung noch in mancher Hinsicht ein dunkles und unaufgeklärtes „Rätsel", zum mindesten, wenn man ihn als rein psychologisches Phänomen betrachtet. Bezeichnenderweise schreibt Victoire in ihrem letzten Brief, daß es uns nun einmal versagt sei, „in die letzten und geheimsten Triebfedern andrer oder auch nur unsrer eignen Handlungsweise hineinzublicken". Dies wäre wohl auch Fontanes Meinung gewesen, mag er den Selbstmord Schachs auch von den verschiedensten Seiten, ja sogar noch von Schach selbst aus beleuchten. Indessen, sosehr die Seele des Menschen ein inkommensurabler Faktor ist, die Welt, in der der Mensch lebt und sich bewegt, ist darstellbar und gibt indirekt Aufschluß sogar noch über die „letzten und geheimsten Triebfedern" unseres Handelns.

Der Autor gestaltet daher zunächst die gesamte Umwelt, innerhalb derer sich Schach bewegt. Der Dichter konzentriert sich nicht etwa novellistisch auf die eine, mehr oder weniger dunkle Begebenheit dieses Todes und seiner Vorgeschichte, sondern breitet romanhaft das Berlin von damals gerade in den Randfiguren der Gesellschaft vor uns aus und deutet die Schatten an, die auf den einst so glorreichen Staat des großen Friedrich fallen. Es sind durchaus politische Gespräche, die im ersten und zweiten Kapitel im intellektuell aufgeschlossenen Salon der Frau von Carayon geführt werden, sei es über die zweifelhafte, von Frankreich eingebrachte „Morgengabe" Hannover und über den mit Haugwitz geschlossenen Frieden, sei es über den jüngsten Krawall vor dem Palais Haugwitz, dessen „moralische Urheber" nach Bülows Meinung die so landes- und königstreuen Herren vom Regiment Gensdarmes sind, da sie den kaum besänftigten Imperator Napoleon durch ihre ebenso naive wie gefährliche Oppositionslust, „durch ihr keckes Tun und ihre noch keckeren Worte" erneut zum Zorn reizen. Schach freilich glaubt nach wie vor an das starke und selbständige Preußen und an die Armee als seinen Träger. Und auch als das Gespräch ins Literarische über Zacharias Werner und sein Drama einbiegt, bleibt der Gegensatz zwischen den beiden wichtigsten Kontrahenten der gleiche. Luthertum und Preußentum sind für Bülow nur „dürftige" *Episoden*, die bestimmt sind, in etwas Größerem und Universellerem aufzugehen, nur „künstliche Größen", während Schach zwar, ebenso wie Bülow, die mystisch romantisierenden Tendenzen eines Zacharias Werner zuwider sind, seine eigene protestantisch-preußische Gesinnung sich aber durch die kapriziösen Sprünge seines Gesprächspartners — reichen diese doch bis zu einer kommenden „Weltmonarchie" und einer ihr nachfolgenden „Welt-kirche" — ununterbrochen beleidigt fühlen muß. Die Gereiztheit zwischen den beiden wird vom Erzähler unnachahmlich ein-gefangen. Zugleich beläßt er dabei das Gespräch im Sprunghaften, zumal sich auch noch andere Partner wie der Offizier von Alvensleben, der witzig-geistreiche dicke Verleger Sander oder Mutter und Tochter Carayon einschalten und die Gesprächslinie bald so, bald anders verlaufen lassen. Kommt es dem Erzähler doch mehr auf die von heimlichen Spannungen erfüllte Atmo-sphäre dieser Dialoge an und nicht so sehr auf ihre Inhalte. Atmosphärisch klingt denn das Kapitel auch aus mit den am Klavier von Victoire gesungenen und von Schach begleiteten lyrischen Strophen aus dem Drama des Zacharias Werner, die uns wie ein romantisierender Kontrast anmuten zur vorher geführten Debatte über die Zeit, über Krieg und Frieden und über den von dieser Gesellschaft abgelehnten Luther auf der Bühne. Paradoxerweise ist es Bülow, der, auch er ein Kind der Zeit, diesem romantisch-lyrischen Zauber des Jahrhunderts fast gegen seinen Willen ein wenig erliegt.

Die nachfolgende nächtliche Unterhaltung zwischen Alvens-leben, Sander, Bülow und dem neu hinzukommenden Leutnant Nostitz in der italienischen Wein- und Delikatessenhandlung von Sala Tarone hat ganz anderen Charakter. Sie gipfelt in kuli-narischer Kennerschaft und in dem gemeinsamen, halb ernsten, halb ironischen Trunk auf Seine Majestät, den Rittmeister von Schach, der, bisher eine weit undeutlichere Figur als der rede-gewandte Bülow, uns nunmehr vom Erzähler indirekt in den Urteilen seiner Kameraden vorgeführt wird. Da geht es zunächst um die prickelnde Frage, ob Schach sich für die schöne, immer noch jugendliche Witwe, die Frau von Carayon — wie alt mag sie in Wahrheit sein, 36 oder vielleicht doch schon einige Jahre mehr? —, zu der er angeblich schon in einem fortgeschrittenen Verhältnis stehen soll, entscheiden wird oder nicht. Jedoch Alvensleben meint, Schach sei eine sehr „eigenartige Natur", die manche psychologischen Probleme stelle. Bei kaum einem Menschen wie bei ihm lasse sich alles so sehr „auf das Ästhetische" zurückführen, und damit stände auch in einem gewissen Zusammenhang, daß er „überspannte Vorstellungen von Intaktheit und Ehe" habe. Er würde wohl nie eine Witwe heiraten, auch die schönste nicht, ganz gewiß aber keine, die eine so wenig repräsentable Tochter von mangelnder Schönheit habe. Denn Schach sei „krankhaft abhängig, abhängig bis zur Schwäche, von dem Urteile der Menschen, speziell seiner Standesgenossen, und würde sich jederzeit außerstande fühlen, irgendeiner Prinzessin oder auch nur einer hochgestellten Dame Victoiren als seine Tochter vorzustellen". Hier greift nun Bülow ein, der der reizenden Frau von Carayon mit ihrem Zauber des Wahren und Natürlichen einen besseren Partner wünscht als den ihm ja durchaus unangenehmen Schach. Denn dieser sei nur ein Pedant, ein Wichtigtuer, durchaus beschränkt in seinem Festhalten an den drei preußischen Glaubensartikeln, die dann von Bülow boshaft aufgezählt werden: „Erstes Hauptstück, die Welt ruht nicht sichrer auf den Schultern des Atlas, als der preußische Staat auf den Schultern der preußischen Armee', zweites Hauptstück ,der preußische Infanterieangriff ist unwiderstehlich', und drittens und letztens, ,eine Schlacht ist nie verloren, solange das Regiment Garde du Corps nicht angegriffen hat'. Oder natürlich auch das Regiment Gensdarmes. Denn sie sind Geschwister, Zwillingsbrüder." Das alles wird von Bülow mit der schonungslosen Freude an der witzigen Karikatur vorgetragen. Die andern Gesprächspartner verteidigen jedoch meist Schach als einen der Besten und Ritterlichen des Regiments, sie loben seine Echtheit — er ist immer er selbst, sogar noch vor dem Spiegel — oder seine steife Vornehmheit, die freilich dann auch wieder „langweilig" und „beleidigend" wirken kann. Dennoch triumphiert bei dem Trinkspruch auf den so ausgiebig erörterten Herrn Rittmeister der Bülowsche Spott; denn das Lob gilt dem „kleinen Mann in den großen Stiefeln".

Das Gespräch über Schach begann mit rein Persönlichem; es galt dem verfeinerten Ästheten, der alles Unschöne nicht erträgt, der, allzu empfindlich, sich vom Urteil der Welt nicht frei machen kann. Dann aber wechselte es ins Politische hinüber; Schach ist der Mann, der auf die drei preußischen Glaubensartikel schwört. Man darf die feine Ironie Fontanes nicht überhören, wenn er Bülows freches Urteil später indirekt bestätigt, indem er Schach im Gespräch mit Frau von Carayon in fast wörtlicher Wiederholung die eine Bülowsche Wendung selbst in den Mund legt: „Ich aber halte zu dem fridericianischen Satze, daß die Welt nicht sicherer auf den Schultern des Atlas ruht, als Preußen auf den Schultern seiner Armee." Nur allzubald sollte diese selbstherrlich beschränkte Meinung von einer grausamen geschichtlichen Wirklichkeit widerlegt werden. Das gibt dem Satz eine Schach selbst natürlich nicht bewußte Bitterkeit.

Das schillernde Bild des „Helden" dieser Novelle, der ja schon so manche Züge des in der Jahrhundertwende so beliebten „halben Helden" vorwegnimmt, wird noch farbiger durch weitere Spiegelungen. Da sind vor allem Mutter und Tochter Carayon zu nennen, die sich beide lebhaft für ihn interessieren, wobei denn zunächst die durch ihre Unschönheit zur Entsagung gezwungene Tochter eine eventuelle Ehe der Mutter mit Schach zu fördern sucht, später dann, als eine unerwartete Wendung eine neue Situation schafft, die Mutter wiederum höchst energisch für die Tochter eintritt. Beide Frauen sind klug, geistreich und gesellschaftlich gewandt. Was zieht sie an diesem Offizier so an, dessen relativ begrenzter geistiger Horizont ihnen unmöglich entgangen sein konnte? Man mag es beklagen, man mag es resignierend gelten lassen — es ist zweifellos die männliche Schönheit, die hier eine besondere Faszination ausübt. Von Frau von Carayon heißt es ausdrücklich, daß ihr der einstige Gatte, der verstorbene Kolonialfranzose, „nichts Erhebliches in die Ehe mitgebracht hatte. Am wenigsten aber männliche Schönheit". Sie selber freilich braucht nach wie vor die Kontrolle des Spiegels nicht zu scheuen, der ihr nur bestätigen kann, daß sie immer noch ungewöhnlich schön ist; und in solchen Momenten mochte „ihr ein stattlicheres Bild" vor den Augen stehen als der porträtierte, mit rotem Ordensband über dem Sofa hängende und nicht gerade imponierende Herr von Carayon. Daß mit dieser indirekt durchgeführten Anspielung des Erzählers — er beruft sich dafür fiktiv auf die Kenner der dortigen häuslichen Verhältnisse — nur Schach gemeint sein kann, dürfte außer Zweifel stehen. Umgekehrt wiederum bedarf es keiner weiteren Begründung, warum für das durch die Blattern entstellte junge Mädchen gerade ein *schöner* Mann von besonderer Anziehungskraft sein mußte. Fontane behandelt die vornehm ausgetragene, aber doch unleugbare Rivalität von Mutter und Tochter mit dem zartesten Takt. Sie klingt nur leise in der Vieldeutigkeit des gesellschaftlichen Sprechens an, wenn die zu witzigen Pikanterien und Andeutungen stets aufgelegte Tochter in ihrer Antwort auf Schachs Einladung zur Spazierfahrt mit den beiden Damen schreibt: „Herzlichst akzeptiert, trotzdem die Ziele vorläufig im Dunkeln bleiben. Aber ist der Entscheidungsmoment erst da, so wird er uns auch das Richtige wählen lassen." In dem ersten Brief an ihre Freundin beschreibt Victoire den Offizier Schach als zwar eitel, aber doch auch „ritterlich", ein diskret imponierender Mann „voll natürlichen Ansehns". Selbst seine nur relative Gescheitheit wird als die mittlere des „redlichen Mannes" verteidigt. Der Groll in seiner Fehde mit Bülow gäbe ihm sogar „eine gewisse Schlagfertigkeit, ja selbst Esprit". Der Brief, in dem das junge Mädchen den quälenden Verdacht loswerden möchte, Schach könne beim Spazierengehen nur darum zwischen Tochter und Mutter so plötzlich gewechselt haben, weil es ihm peinlich war, mit dem unschönen Mädchen am Arm vor den Gästen zu erscheinen, verrät deutlich, daß Victoire persönlich mehr beteiligt ist, als sie selber wahrhaben will, obgleich sie sich einredet, nur die Mutter verheiraten zu wollen und sich dann zu Schach „in eine Respektstellung ... hineinzufinden". Ist Schach aber wirklich „ritterlich" und „redlich"? Die hier leider wohl durchaus mit Recht vermutete Handlungsweise, nur aus der von der Eitelkeit diktierten Angst vor dem Gerede der Leute entsprungen, dürfte sehr wenig zu dem vorher von dem jungen Mädchen entworfenen Bild eines Kavaliers von Ehre passen. Das durchschaut denn auch die Freundin sofort, zieht aber daraus die falschen Konsequenzen, indem sie Victoires Verdacht lediglich für eine selbstquälerische Einbildung hält. In Wahrheit haftet der Schachschen Ritterlichkeit etwas Problematisches an; sie behält so manche Züge des bloß Äußerlichen und Formalen, und auch sie kann und will sich über die Meinungen der Welt nicht hinwegsetzen.

Erfahrungen dieser Art bleiben den beiden Frauen nicht erspart. Zunächst mochte Schach ihnen nur „schwach und eitel nach Art aller schönen Männer" erscheinen; aber sein Rechtsgefühl und seine untadelige Gesinnung standen dabei außer Zweifel. Wohl würde der Erzähler selbst das vielleicht noch bestätigen, aber er dringt dabei tiefer in das psychologisch Komplizierte dieses Falles ein. Schach sieht sich — wie noch zu zeigen

sein wird — in eine Lage gedrängt, die seiner ganzen Natur widerspricht, und damit gerät auch das sogenannte Rechts- und Ehrgefühl des ritterlichen Offiziers in die Perversion hinein, ganz
abgesehen davon, daß der künstliche und geschraubte Ehrbegriff
der Armee für Fontane ebenso wie für Bülow bereits selbst eine
Perversität („falsche Ehre") bedeutet. So wie dieses Ehrgefühl
bei Schach angelegt ist, in seiner durchaus gesellschaftlichen
Orientierung reicht es nicht aus, um mit einer unkonventionellen
Situation fertig zu werden. Schach sieht sich dann über seine
Grenze hinausgelockt und kann nicht mehr in seine brave, etwas
beschränkte „Echtheit" zurück. Er erlebt sich wie in einem Kreis
gefangen, den er vergeblich zu durchbrechen sucht. Am Ende
wird von ihm nur noch der Selbstmord als Ausweg anerkannt,
sowenig das einem unbefangenen Betrachter von der Situation
her einleuchten will. Als Schach sich dem Verlöbnis mit der
Tochter entziehen möchte, da findet die Mutter viele böse und
harte Worte für ihn: eitel, hochfahrend, „überschraubt" durch
die prinzlichen Höfe, unerträglich dünkelhaft und zugleich
konventionell. Indessen, in der Stunde der Hochzeit mit der
Tochter beichtet sie ihm alles dies mit Beschämung und findet
den alten Freund in ihm wieder, zu dem sie jetzt ohne jeden
zweideutigen oder auch nur wehmütigen Nebenton lachend und
aus reiner, selbstloser Freude sagen kann: „*On revient toujours à ses
premiers amours.*"

Im rückblickenden Brief der so früh verwitweten Victoire
spricht zwar durchaus noch die hingebende Demut der Liebe,
die nach den Worten ihrer Mutter „diesem süßen Geschöpf"
selbstverständlich ist; aber Liebe macht hier nicht blind, sondern
hellsichtig. Victoire weiß, daß Schachs Wesen allzusehr „auf
Repräsentation und Geltendmachung einer gewissen Grandezza
gestellt" war, also „auf mehr äußerliche Dinge"; sie sieht in ihm
den Mann, dessen eigentliche Bestimmung es gewesen wäre, als
„Halbgott eines prinzlichen Hofes" „zu glänzen und zu herrschen".
Hier aber hätte er als „ein guter Mensch" gewirkt, „auch klug
genug, um immer das Gute zu wollen". Ein kleines oder beschränk-
tes Leben hingegen, oder was er dafür hielt, vermochte er nicht
zu ertragen. Soviel Egoismus in einer solchen Haltung noch
stecken mochte, Victoire kennt auch Schachs Weichheit und sein
Mitgefühl; und das Rätsel seines Selbstmordes erklärt sich ihr —
wenigstens zum Teil — aus der Schwäche seiner Natur, die sich
nicht zutraute, den Kampf mit der Welt, vor allem aber den mit

sich selbst aufzunehmen. Nehmen wir Bülows Urteile hinzu, so liegt das Symptomatische des Falles Schach wohl auch darin, daß eine solche Schwäche in der preußischen Scheinwelt vor dem Kriege mit Napoleon sich weit verhängnisvoller auswirken mußte als in anderen Zeiten, in denen die nach außen gerichtete, elegante Grandezza noch nicht mit eigentlicher Stärke verwechselt zu werden brauchte. Gehorsam gegen den Staat allein garantiert noch keine echte Kraft zur Entscheidung. Ist ja doch auch der Kultus der falschen Ehre nur ein ständiges Ausweichen vor einer persönlich übernommenen Verantwortung!

Aber es ist nötig, zur Erzählung selbst wieder zurückzulenken. Soweit der Leser dieses Buches die Fontanesche Novelle noch nicht kennt, wird er vielleicht jetzt erstaunt fragen, warum sich denn Schach überhaupt von der schönen Mutter abgewandt und statt dessen mit der häßlich gewordenen Tochter eingelassen hat, zumal ja seine Kameraden meinten, bereits die bloße Existenz dieser Tochter könne die Ehe mit der Mutter unmöglich machen. Bei der gemeinsamen Spazierfahrt ist die Anziehungskraft der Mutter denn auch deutlich spürbar. Das Gespräch zwischen ihr und Schach steht dicht vor dem Umschlagen in unverkennbare Intimität: „Teure Josephine, Sie sind mir das Ideal einer Frau: klug und doch ohne Gelehrsamkeit und Dünkel, espritvoll und doch ohne Mokanterie. Die Huldigungen, die mein Herz darbringt, gelten nach wie vor nur Ihnen, Ihnen, der Liebenswürdigsten und Besten. Und das ist Ihr höchster Reiz, meine teure Freundin, daß Sie nicht einmal wissen, wie gut Sie sind und welch stille Macht Sie über mich üben." Aber das ist denn auch alles, zumal die von diesen Worten recht bewegte schöne Frau dann doch wieder vorsichtig in den scherzhaften Ton des gesellschaftlichen Plauderns ausweicht. Kaum jedoch wäre es auf die Dauer so geblieben. Und das wissen beide.

Dann jedoch folgt der Spätnachmittag beim Prinzen Louis, zu dem Schach, ebenso wie Bülow und Sander, eine Einladung erhalten hat. Diese besonders meisterhaft geratenen Kapitel 6 und 7 bereiten den plötzlichen Umschwung von der Mutter zur Tochter vor. Zwar sind beide hier nicht anwesend; aber in das Gespräch mit dem Prinzen über die verschiedenen Schönheitskategorien, vor allem über die Beauté du diable, wird nunmehr auch Victoire mit einbezogen, und damit erscheint sie in einer neuen, mysteriösen Beleuchtung. Für den so leicht beeinflußbaren Schach mochte etwas intellektuell Verführerisches von dieser seltsamen Apologie ausgegangen sein. Beauté du diable — es schien zwar ganz und gar nicht auf das von den Blattern entstellte, einst so schöne junge Mädchen zu passen, für das der witzig elegische Ton charakteristisch ist; aber der in solchen gewagten Gesprächen recht bewanderte Prinz Louis faßt die Beauté du diable weltumfassender auf, zugleich vom Innerlichen her als Energie, Feuer, Leidenschaft. Die so verstandene Beauté du diable kann sogar auf eine Victoire projiziert werden, die immerhin — nach Schachs Schilderung — jene Momente hat, „wo die seltene Liebenswürdigkeit ihrer Natur einen Schönheitsschleier über sie wirft und den Zauber ihrer früheren Tage wiederherzustellen scheint". Und so lassen sich im Spiel des Witzes ihre Blattern noch zu einem „Fegefeuer" verklären, durch das sie hindurchgegangen ist wie durch einen gewaltigen Läuterungsprozeß der Natur. Der Prinz, trotz allem Zynismus ein Romantiker, schwärmt von der Kraft der Liebe, aus sich heraus liebenswürdig zu sein. Die Beauté du diable ist ihm paradoxerweise „die Trägerin einer allervollkommensten Gesundheit", „die zuletzt alles bedeutet und gleichwertig ist mit höchstem Reiz". So interpretiert er denn den Satz: „*Le laid c'est le beau*" dahin, „daß sich hinter dem anscheinend Häßlichen eine höhere Form der Schönheit verbirgt".

Das alles will hier freilich mehr als unverbindlicher Einfall der Phantasie genommen werden und nicht etwa mit dem sittlichen Gewicht wie in Stifters Novelle „Brigitta". Aber eben in dieser ästhetischen Atmosphäre des Gespräches mußte das verführend Faszinierende für einen Mann wie Schach liegen. Bezeichnenderweise sammelt der Prinz gern die „Genialitätsleute" um sich, und Bülows gewagte Aperçus nimmt er nur von der unterhaltenden Seite. Die mahnende Warnung, die aus Bülows Einsichten spricht, wird liebenswürdig überhört. Um so willkommener ist es ihm freilich, wenn auf den von Schach allzu gepriesenen „guten" und überdies nun noch heldischen Kaiser Alexander der ganze Hohn des Bülowschen Spottes herabregnet. Mehr noch als im Salon der Frau von Carayon empfindet man hier die Gestalten als Randfiguren der Gesellschaft, mit deren Charakteristik Fontane bereits eine Kritik des damaligen Preußen gibt; ist doch Prinz Louis selbst, in Kriegs- und Liebesabenteuern gleichermaßen bewandert, eine im Kern grundsatzlose Natur, die sich mit gewagtem Witz über alles hinwegsetzt. Seien es politische, ästhetische oder erotische Gesprächsthemen — und das wechselt hinüber und herüber —, den Salon des Prinzen charakterisiert die Freude am Paradox, an der geistreichen Witzelei und am unverbindlichen Ausprobieren von Meinungen, wie sie dem Sprechenden gerade einfallen, am liebsten noch durch Anekdoten untermalt. Auch hier, an dieser glanzvollen Stätte, soll nach dem Willen des Erzählers der Leser das Sich-selbst-Bespiegelnde, Eitle und Scheinhafte dieser preußischen Epoche durchspüren, die sich eine Größe noch vorgaukelt, die sie in Wahrheit nicht mehr besitzt. Es mag nur als Aperçu um seiner selbst willen gemeint sein, wenn Sander ausführt: so wie die Kinderbälle am besten ohne Kinder bestehen, so die Freundschaften am besten ohne Freunde. Denn — und damit gibt er die Begründung — „die Surrogate bedeuten überhaupt alles im Leben, und sind recht eigentlich die letzte Weisheitsessenz". Ein solcher halb ernst-, halb scherzhaft gemeinter Ausspruch verliert den Charakter des gesellschaftlichen Plauderns und wird unheimlich, wenn man ihn als Beitrag zur Signatur dieser Epoche liest. Das gilt auch schon von Sanders früherem Paradox im Salon der Carayons: „Unsere Prinzipien dauern grade so lange, bis sie mit unsern Leidenschaften oder Eitelkeiten in Konflikt geraten, und ziehen dann jedesmal den kürzeren." Der aphoristisch vorgetragene Satz deutet nicht nur auf den späteren Fall Schach voraus, in dem ja ebendies uns am Beispiel vorgeführt wird, sondern spiegelt noch das Zeitalter selbst, innerhalb dessen alles Prinzipielle mehr und mehr ins Verlogene, ins Unglaubhafte hineingerät. So manches ist in einer solchen Scheinwelt bereits zum unwirklichen Surrogat oder zum getarnten Egoismus geworden, so daß das Eigentliche, das Substantielle dahinter verschwindet. Und ist nicht auch die gepriesene Beauté du diable nur ein Surrogat, weil dem im Genuß bereits übersättigten Prinzen die anderen Beautés schon zu langweilig geworden sind? Bezeichnenderweise kann Schachs Durchschnittsintelligenz die bedenklichen Züge des Prinzenkults und Prinzendienstes nicht durchschauen. Er erliegt trotz aller moralischen Kritik an dem Prinzen, der — so setzt er es später Victoire auseinander — abwechselnd ein Helden- und ein Debauchenprinz sei, dem Glänzenden, das für ihn dennoch mit dieser Existenzform verbunden ist. So ist es gewiß nicht zufällig, daß er nur wenige Tage nach diesem Diner und nach der rauschenden Revue der königlichen Regimenter Victoire mit andern Augen sieht als früher. Denn damals hatte er noch nichts vom Suggestiven einer Beauté du diable gewußt.

Der Dichter läßt das Gespräch über die Schönheit in einem

Bilde der Schönheit ausklingen. Die lange Reihe der Schwäne, die man im Abendhimmel sah, die vom Charlottenburger Park allmählich zur Front des Schlosses herankommen und von denen sich dann der anführende Schwan später noch besonders, gleichsam dankend und „in zeremoniellster Weise" verabschiedet, hat durchaus zeichenhafte Bedeutung. Mag sich noch etwas vom ehemaligen Glanz der Armee des großen Friedrich in ihnen spiegeln — denn auch die Schwäne kommen ja wie eine militärische Formation, wie eine Flottille, und verhalten sich dementsprechend —, oder mag umgekehrt über dem rein Ästhetischen und Zeremoniellen dieses Anblicks bereits die Schwermut einer zum Versinken bestimmten Welt liegen, — wir können das nicht genau entscheiden. Denn der Dichter läßt es bewußt und kunstvoll in der Schwebe. Das Zeichen behält seine Vieldeutigkeit, zumal es ja auch noch zu jener eben gepriesenen Beauté du diable kontrastiert und stellvertretend für Schönheit überhaupt steht. Aber sosehr das Schöne in Fontanes Erzählen einen unbezweifelbaren Wert bedeutet, sosehr ist es auch schon dem Verdacht einer selbstsüchtigen Eitelkeit ausgesetzt. Diese fatale Zweideutigkeit des Schönen geht leitmotivisch durch die ganze Novelle hindurch. Auch und gerade die Schönheit und der Schönheitskult gehören bereits zur Dekadenz der Epoche. Fontane hat diese an sehr verschiedenen Symptomen sichtbar gemacht, wenn wir uns daran erinnern, daß Bülow als sein Sprecher nicht davor zurückschreckte, neben der „Episode Preußen" sogar noch die „Episode Luther" in den Verfall der Geschichte mit einzubeziehen.

Der Abschnitt 8, Schach und Victoire, ist ein deutlicher „Wendepunkt" in der Novelle, noch im Sinne der Tieckschen Novellentheorie. Denn von hier aus kehrt die Geschichte sich gleichsam um. Das Unerwartete, fast Zufällige, was hier geschieht, entläßt alle jene Konsequenzen, die dann in unentrinnbar fallender Bewegung bis zu Schachs Selbstmord reichen. Schach kommt ins Haus der Carayons, um eine Einladung des Prinzen, der auf die beiden Damen, vor allem auf die Beauté du diable, neugierig ist, zu überbringen. Er findet die leicht fiebernde und dadurch noch stärker zum Extravaganten neigende Victoire allein vor. Das zunächst konventionelle Gespräch gerät bald ins Persönliche. Das Mädchen in seinem aufblitzenden Feuer und in seiner trotzigen Entschlossenheit, das so verwegen über sich selbst zu Gericht sitzt, Victoire Mirabelle de Carayon, was ja, wie sie voll Übermut, aber mehr noch voll Bitterkeit lachend sagt, eigentlich „Wunderhold" heißt, — sie verführt den „ritterlichen" Schach, ohne indessen verführen zu wollen. Zunächst möchte Schach sie nur trösten: „Was allein gilt, ist das ewig Eine, daß sich die Seele den Körper schafft oder ihn durchleuchtet und verklärt." Das ist noch die Schönheitsphilosophie aus dem Salon des Prinzen. Dann aber geht das Geschehen bereits in Zärtlichkeit über: „Alles ist Märchen und Wunder an Ihnen; ja Mirabelle, ja Wunderhold!", und schon ist es geschehen, was Schach nur allzubald bitter bereuen wird. Die Darstellung Fontanes ist hier von äußerster Sparsamkeit, so daß es dem Leser überlassen bleibt, auch das noch mitzuspüren und zu erraten, was ungesagt zwischen den Zeilen steht.

Es ist müßig, zu fragen, ob Schach Victoire je wirklich geliebt hat. Er hat es, und er hat es auch wieder nicht. Sogar in der Abschiedsstunde, bevor er in den Tod geht, wirkt noch in *diesem* Augenblick der süße Klang ihrer Stimme auf ihn. In Victoires letztem Brief an die Freundin heißt es dann: „Vielleicht hat er mich wirklich geliebt." Aber sie mißtraut zugleich seinen letzten zärtlichen Zeilen — der Leser erfährt ihren Inhalt nicht —, weil sie vielleicht nur aus Weichheit und Mitgefühl, aus der Bereitschaft zum Ausgleich niedergeschrieben sind. In Bülows Brief lautet es ganz simpel: „Aber gleichviel, sie gefällt ihm, und die Natur zieht ihre Konsequenzen." Und auch der König meint: „Und die Tochter! Weiß wohl, weiß; armes Kind ... Aber *enfin*, müssen sie doch charmant gefunden haben. Und was man einmal charmant gefunden, findet man, wenn man nur will, auch wieder." Die Königin wiederum spricht etwas poetischer von dem „geheimnisvollen Zug", der ihn zu dem lieben und einst so schönen Kinde hingeführt habe. Der Dichter selbst zwingt uns keinerlei Meinung auf. War es Liebe, war es Mitleid, war es Phantasie, die Schach sich an Victoire verlieren ließen, war es vielleicht nicht eine Mischung von allen dreien? So oder so nötigt das Geschehen ihn in den Weg zu Hochzeit und Ehe hinein, der seinem ganzen Wesen zuwider ist. Unerträglich dünkt ihm das Lächerliche der „allerglücklichsten Landehe" mit dem verborgen gehaltenen Veilchen, eine Ehe, die den Spott seiner Kameraden herausfordern wird und in die er sich nun einmal durch die übereilte, schuld- und schicksalhafte Liaison mit dem unschönen Mädchen gegen seinen Willen hineingetrieben sieht.

Die nachfolgenden Kapitel schildern den vergeblichen Versuch zum Rückzug, das energische Eingreifen der Mutter, vor der er sich „doppelt schuldig" fühlen muß — „doppelt", weil er ja auch an ihr eine Art von Verrat begangen hat —, dann die vorübergehende Bereitschaft, seine Schuld als sein Schicksal auf sich zu nehmen, was aber alsbald wieder durch die bösen Karikaturen seiner Feinde auf ihn und auf die Damen Carayon an der Klippe des Lächerlichen scheitert, so daß der Urlaub zum Heimatort Wuthenow fast einer Flucht gleicht. Aber sosehr der zur Ehre verpflichtete Offizier „die Gebote" kennt, auch noch die christlichen, ihm fehlt die Lust, ihnen zu gehorchen. Was er sich in Wuthenow in einsamen Selbstgesprächen klarmacht, führt zu keiner eigentlichen Lebensklärung. Es ist mehr wie ein sinn- und zielloses Kreisen; Schach ist in einer Situation gefangen, die ihm aussichtslos erscheint, und so bietet sich bereits von fern die Idee an, sich einem kommenden, glanz- und freudlosen Leben durch den Tod zu entziehen. Der Dichter hat das so nicht unmittelbar ausgesprochen. Er gibt es um so eindringlicher indirekt durch die ganze Atmosphäre von Wuthenow, das hoffnungslos Vergangene, die stickige Schwüle, die Motten und Nachtschmetterlinge, das Zukunftslose und Resignierende dieser Tage, die uns bereits wie ein Vorspiel zur kommenden Katastrophe anmuten. Auf die verweisenden Zeichen werden wir später noch zu sprechen kommen.

Inzwischen hat Schachs mehr als abweisendes Verhalten auch die großherzige Frau von Carayon geradezu erbittert, zumal ihr die den Offizier etwas entlastende Affäre mit den Karikaturen unbekannt geblieben ist. Ihr Bittgang zum König, um die Ehe ihrer Tochter, die ein Kind erwartet, wenn es sein muß, noch gegen Schachs Willen zu erzwingen, hat Erfolg. Dem königlichen Befehl kann sich ein Mann wie Schach nicht entziehen, zumal das seinen Abschied vom Militär bedeutet hätte. Eine freie Einwilligung in Pflicht und Ehre ist das jedoch nicht, mochten ihn auch manche Worte des Königspaars innerlich getroffen haben. Dem Gehorsam, den er dem König schuldet, widerspricht sein „Herz", das nach wie vor in diese Verbindung nicht einwilligen will, „und so galt es denn für ihn, etwas ausfindig zu machen, was Gehorsam und Ungehorsam in sich vereinigte, was dem Befehl seines Königs und dem Befehl seiner eigenen Natur gleichmäßig entsprach". Solche paradoxe Vereinigung des Nicht-Vereinbaren glaubt er im freiwilligen Tod zu finden. Und so handelt er denn auch am Ende. Welch ein ungeheurer Selbstbetrug liegt darin, Gehorsam und Treue halten zu wollen, indem man sich sofort danach durch den Selbstmord beiden für immer entzieht! Bülow durchschaut später mit Recht, daß der leichtsinnige Sprachgebrauch mit dem Wort

Ehre die Begriffe verwirrt hat und die wahre, die richtige Ehre damit totschlägt. Bereits Brentanos „Geschichte vom braven Kasperl und vom schönen Annerl" zeigte das am charakteristischen Beispiel. Alles Geschraubte führt nach Bülows Meinung zur Lüge, und alle Lüge in den Tod. Dafür steht der Fall Schach stellvertretend.

Wie sehr in der Tat an die Stelle der echten Ehre der bloße Dünkel im Staate Friedrichs getreten ist — wobei es sogar noch in der Schwebe bleibt, ob nicht der große König selbst für diesen Zustand der Dinge mitverantwortlich gemacht werden kann —, das verdeutlicht in greller Weise die in die Novelle eingebaute „Schlittenfahrt" der Offiziere des Regiments Gensdarmes mitten im Juli, durch die das umstrittene Lutherstück von Zacharias Werner parodiert werden sollte. Derartiges mag man als Studentenulk gelten lassen, im wilden Treiben der Herren Offiziere jedoch bekommen die unzüchtigen Nonnen und der verhöhnte Luther nicht nur etwas völlig Pietätloses, sondern dienen überdies noch der bloßen Befriedigung einer maßlosen Eitelkeit. Ist es ja dem Regiment Gensdarmes keineswegs um ein ernsthaftes Für oder Wider zu dem umstrittenen Theaterstück zu tun! Victoire reagiert in ihrem alleingelassenen, gereizten Zustand auf die dreimal an ihrem Haus wie Höllengestalten vorbeisausenden Gruppen gewiß weit empfindlicher, als die Sache es wert ist. Außerdem stellt sich ja bald heraus, daß Schach selbst nicht mitgemacht hat und solche burleske Verhöhnung an sich ernsthafter Dinge, wie sie mit einem Mummenschanz-Luther geschieht, ihm durchaus zuwider ist. Aber auch der Erzähler dürfte die Schlittenfahrt nicht als lustigen Schwank gemeint haben, sondern als verweisendes Zeichen auf den unaufhaltsamen Niedergang der preußischen Armee. Mochte Schach von der Eitelkeit einer solchen Maskerade sich auch freihalten, weil er zu den Besseren des Regiments gehörte: jene andere Eitelkeit, aus der heraus er noch seinen Tod gesucht hat, ist in ihrer Art ebenso symptomatisch für das Zeitgeschehen.

Wir haben bereits auf einige zeichenhafte Verweisungen hingewiesen, die sich mit dem Kausalnexus der Erzählung kaum berühren, aber dennoch leitmotivische Bedeutung für die Thematik des Ganzen haben. So standen die Schwäne noch stellvertretend für die bereits dubios und vieldeutig gewordene Problematik der Schönheit, die Schlittenfahrt und ihre Maskerade für den leeren Schein der Eitelkeit. Der Erzähler neigt dazu, solche Zeichen eher zu verstecken als sie herauszuheben, zumal dort, wo sie sich häufen und bereits auf die kommende Katastrophe vorausdeuten. Auf der Spazierfahrt Schachs mit den beiden Damen besucht die kleine Gesellschaft eine abgelegene Kirche, „deren Chorstühle fast so schräg standen wie die Grabkreuze draußen" auf dem Friedhof. Das wird zwar beiläufig, aber keineswegs unabsichtlich so mitgeteilt. Ja, der Erzähler weicht dem Feierlichen der Symbole bewußt aus und zieht statt dessen die distanzierende Perspektive der Ironie vor, innerhalb derer das vorwegnehmende Zeichen für einen Augenblick aufblitzt, dann aber auch gleich wieder verschwindet. Später, in Wuthenow am See, als der dicke Staub aus einem alten Familiensofa aufsteigt, sagt Schach mit einem Anflug von guter Laune zu dem sich vergeblich bemühenden Krist: „Störe den Staub nicht in seinem Frieden!" Als ihm der unfreiwillige Doppelsinn des Satzes bewußt wird, denkt er an seine Eltern, „die drunten in der Dorfkirche in großen Kupfersärgen und mit einem aufgelöteten Kruzifix darauf in der alten Gruft der Familie standen". Diese wenigen Andeutungen genügen dem Erzähler bereits. Denn daß der Verweisungszusammenhang bis zu Schach selbst und seinem baldigen Tode reicht, braucht nicht mehr gesagt zu werden.

Schach in Wuthenow: Das ist der vor Schikanen und Intrigen, vor allem vor dem künftigen Eheschicksal geflüchtete Schach; es ist bereits die Flucht in das Nichts, in den Tod hinein. Wiederum versteht es der Dichter, diese unbestimmt schwebend gelassene Situation in vorausdeutenden, zeichenhaften Bildern zu spiegeln. Das geschieht freilich auf eine nahezu unmerkliche Weise. Beim ersten Lesen könnte man eher geneigt sein, die Motten- und Nachtschmetterlinge, die durch die schwelenden Lichter ins stickige Zimmer hineingelockt werden und dem gequälten Schach das Schlafen dort unmöglich machen, für harmlose Milieuschilderung zu halten. Aber sie stehen mit ihrem Schabernack nicht allein da, auch „die oll Zick" der guten Mutter Kreepschen ist „schabernacksch". Und Schabernack ist es ja, wenn auch sehr böser, den Schachs Neider und Feinde mit den herumgeschickten Karikaturen über seine Doppelliebe mit ihm getrieben haben. Nimmt man alle diese Einzelzüge zusammen, so verdichtet sich das Atmosphärische einer hoffnungslosen Kreisbewegung ins Unheimliche. Gewiß, Fontane erzählt mit realistischer Phantasie. Aber wer aufmerksam liest, kommt der artistisch vor- und rückdeutenden Sprache der Zeichen bald auf die Spur. Da hängen z. B. die zwei dicken Immortellenkränze — auch in anderen Er-

zählungen Fontanes verwendet er gern dieses auf den Tod hindeutende Sinnbild — mit schwarzen und weißen Schleifen an den
Kalenderbildchen zum Leben des großen Königs in Kreepschens
guter Stube. So absichtslos das auch gesagt scheint, es dürfte durchaus leitmotivisch zu dieser ja auch und gerade vom Untergang
Preußens handelnden Geschichte gehören. Der Erzähler vermeidet
aufdringliche, direkte Sinnbezüge. Er kann sogar das Zeichenhafte
in offensichtlich gewollt ironische Beleuchtung bringen, so daß es
als Zeichen nahezu wertlos geworden zu sein scheint, seine ästhetische Funktion aber dennoch behält. So erzählt etwa das konfuse
Tantchen bei der Hochzeit von dem zweiten Veilchenstrauß, den
Victoire auf dem damaligen Spaziergang nicht der Mutter über-
reichte, wohl — so nimmt die Tante wenigstens an —, weil sie ihn
dem Herrn von Schach an der Kirchentür präsentieren wollte.
Dann aber habe sie ihn statt dessen weggeworfen, und da sei er nun
dicht neben der Tür auf ein Kindergrab gefallen, was immer etwas
bedeute und auch diesmal etwas bedeutet habe. Dieses unverständliche, aber ganz realistisch dargebotene abergläubische Gerede
in Tante Marguerites Toast auf das junge Brautpaar dient dem
Erzähler zugleich als künstlerisches Mittel, noch einmal leitmotivisch auf jenes Sterben und jenes Grab vorzubereiten, das ja
gleich auf die Hochzeit folgen sollte.

Die Verschleierung symbolisch andeutender Zeichen ins gewollt
Triviale oder scheinbar Nebensächliche gelingt Fontane in dieser
Erzählung oft so meisterhaft, daß der Interpret, der auf sie hin-
weist, das Risiko eingeht, sich dem Verdacht auszusetzen, er höre
das Gras wachsen. Sicherlich läßt sich auch in manchen Fällen
hier keine klare Grenzlinie zwischen nur realistischer Milieu-
beschreibung und bereits zeichenhafter Verweisung ziehen. Wie
sehr jedoch Fontane diese Art von Symbolik liebt, verraten auch
zahlreiche andere Stellen in seiner sonstigen Prosa, in denen das
leitmotivisch gewordene Zeichen zuweilen so deutlich akzentuiert
ist, daß dies den Leser auch wieder durch das allzu Absichtsvolle
verstimmen kann. In der Fontane-Kritik ist das wiederholt gesagt
worden. Man darf jedoch darüber nicht vergessen, daß vor- und
rückdeutende oder auch durch Wiederholung besonders herausgehobene Zeichen — seien es Bilder, Gesten, Sätze oder Zitate — nicht
nur im Bereich des Romans durchaus legitime Darstellungsmittel
sind, meisterhaft schon in Goethes „Wahlverwandtschaften" gebraucht, sondern darüber hinaus für die artistisch verdichtende und
abkürzende Kunstform der Novelle geradezu unentbehrlich sind.

An zwei Stellen ist die symbolisch konzentrierende Verdichtung
— noch über das bloße, mehr oder weniger ironische Spiel mit den
Zeichen hinaus — auch im „Schach von Wuthenow" ganz un-
übersehbar. Das eine Mal handelt es sich um das Steinbild des
Reiterobersten in der kleinen Kirche, das aufrecht in einen Pfeiler,
dicht neben dem Altar, eingemauert war. Wichtiger als die damit
verknüpfte und amüsant fabulierende Gespenstergeschichte ist
die Identifizierung, die Schach selbst mit dem vermutlichen
Templer vollzieht. Mochte der Orden auch an Neid und Eigen-
nutz schuldbeladen zugrunde gegangen sein, der nachgeborene
Templer Schach wird von seiner Größe fasziniert; und es ist sehr
ernsthaft gemeint, wenn er sich selbst des mönchischen Gelübdes
für durchaus fähig hält. Lebt doch etwas in ihm, das ihn vor
keinem Gelübde zurückschrecken läßt. Aber halten schöne Männer
ihre Gelübde? Victoire will in keiner Weise auf Schach anspielen,
wenn sie von den ihr unsympathischen historischen Personen
spricht, die den Beinamen des „Schönen" führten und die — so
philosophiert sie munter im jeu d'esprit darauflos — immer wieder
exemplifizierten, daß Schönheit selbstisch macht, „und wer selbstisch ist, ist undankbar und treulos". Indessen, so absichtslos das
auch gesagt ist, der Erzähler fügt nicht ohne Ernst hinzu, daß es
„doch auch aus einer dunklen Ahnung heraus gesprochen" wurde.
Das Bild des Templers kehrt in Victoires Brief am Ende noch einmal wieder. Schach habe wie der Templer, der ihm so wichtig war,
zu den Männern gehört, die *nicht* für die Ehe geschaffen seien.
Ungeachtet aller seiner Liaisons habe die Ehe nie zu seinen
Idealen gehört. Im Grunde war er in der Familie nicht vorstellbar.
„Ein Kardinal ... läßt sich eben nicht als Ehemann denken. Und
Schach auch nicht."

Der schöne Schach, der zum mönchischen „Gelübde" bereite
Schach, der nachgeborene Templer, dem auch das Ordensgewand
sehr kleidsam gestanden hätte, er ist dennoch derjenige, der am
Ende sein Gelübde *nicht* zu halten bereit ist und dann, mehr oder
weniger durch königlichen Befehl zur Treue gezwungen, den
Ausweg des Selbstmordes sucht. Aber es war das falsche Gelübde
oder — richtiger gesagt — das für ihn falsche. Schach hätte in einer
Art „Glorienschein", so wie einst so mancher Templerritter, für
sein Ideal Preußen mit Grandezza zugrunde gehen können, ein
Ritter ohne Furcht und Tadel, aber auch ohne wirkliche Einsicht;
ein Ästhet, der zugleich ein Krieger war und der ein Mönch hätte
sein können. Sobald er aber statt dessen sich gezwungen glaubte,

mit einer Frau, die er den mitleidlosen Augen der Welt nicht auszusetzen wagte, ins ländliche Familienidyll mit Spargelbeet und Gluckhennen einmünden zu müssen, geriet er in einen zerstörerischen Zwiespalt mit sich selbst, den aufzulösen die geringe Kraft seines Wesens nicht ausreichte. Denn für manche Naturen kann das scheinbar Leichtere und Einfachere das Schwerere sein, dem sie nicht mehr gewachsen sind. Ein Ordensgelübde halten ist etwas von Grund auf anderes, als ein guter Ehemann und Familienvater werden. Vielleicht hätte Schach das erste wirklich gekonnt, für das zweite war er nicht geboren.

So wie der angebliche oder auch wirkliche Templer der kleinen Kirche, der noch nach seinem Tode so spukhaft böse wird, weil man ihm das Antlitz zertrampelt, eine symbolisch leitmotivische Bedeutung für Schachs Leben und Sterben anzeigt, so hat auch die geplante, aber nie durchgeführte Hochzeitsreise nach Malta einen sinnbildhaften Bezug. Auf dem Wege dorthin soll es jene Stelle geben, „wo der geheimnisvolle schwarze Weltteil in Luftbildern und Spiegelungen ein allererstes Mal zu dem in Nebel und Schnee geborenen Hyperboreer spräche". Mit einer ihm sonst fremden Phantastik spricht Schach von der bilderreichen Fee, der stummen Sirene, die mit ihrer Laterna magica, mit ihrem Zauber der Farbe fast noch verführender zu locken weiß als die singende. Diese Spiegelung aus der geheimnisvollen Ferne soll, so möchte er es dringend, das Ziel ihrer Hochzeitsreise sein. Als Schach dies alles in lebhafter Schilderung seiner jubelnden Victoire entwickelt, steht sein Entschluß, nach der Hochzeit aus dem Leben zu scheiden, bereits fest. Denn dieser, wohl schon in Wuthenow geplant, hat nach dem ihn endgültig bindenden Gespräch mit dem Königspaar feste Form gewonnen. „‚Leben‘, sprach er vor sich hin, ‚Was ist Leben? Eine Frage von Minuten, eine Differenz von heut auf morgen!‘ Und er fühlte sich, nach Tagen schweren Druckes, zum ersten Male wieder leicht und frei."

Mag Victoire von Schachs Reiseträumen im Augenblick auch hingerissen sein, sie ahnt zugleich „bang und düster", daß das angesteuerte Ziel nur eine „Fata Morgana" sein wird. Aber ob nun „Spiegelung aus der geheimnisvollen Ferne" oder „Fata Morgana", die stumme Sirene, die Schach so glühend zu preisen weiß, ist sie nicht zugleich diejenige, die ihn in den Tod herablockt? Dem bunten Phantasiebild haftet die gleiche Unwirklichkeit wie seinem Sterben an. Bricht nicht auch Schach zu einem „geheimnisvollen *schwarzen* Weltteil" auf, aus dem es freilich keine

Rückkehr mehr gibt? In den letzten Gesprächen über die Hochzeit und ihre Vorbereitungen bleibt er fast abwesend stumm; um so plauderhafter aber wird er, sobald die Rede auf die Reisetage *nach* der Hochzeit kommt. *Nach* der Hochzeit, das kann ja für ihn nur heißen: Reise in den Tod, und damit bekommen die Bilder der Laterna magica etwas gespenstisch Grauenhaftes. Was die Sirene in Luftbildern und Spiegelungen vorgaukelt, dem entspricht kein wirkliches Dasein mehr, sondern es ist bereits der rauschhaft verklärte Sog in das Nichts. Die verführende Kraft der Phantasie ist hier mit im Spiel; nur sie kann über das sinnlos Nichtige des kommenden Sterbens hinwegtäuschen. Indem Schach seine Reise in den Tod als „Spiegelung aus der geheimnisvollen Ferne" auslegt, genießt er die Illusion einer neuen Freiheit, die er sich auf solchem Wege der Verzweiflung geschenkt glaubt. Aber dies ist nur ein Selbstbetrug, so wie es bereits ein Selbstbetrug war, ein Gelübde zugleich halten und brechen zu können. Verkörpert Schach nicht eben dadurch den Typus des reinen Ästheten, der an seinen eigenen überspannten Vorstellungen zugrunde geht?

Wie ein solcher Vorgang, entzaubert betrachtet, aussehen kann, zeigt in krasser Deutlichkeit der Brief Bülows. Schach ist aus Angst vor eingebildeten Gefahren aus der Welt geflohen. Selbst wo er seinem „Allergnädigsten König und Herrn" noch gehorchen will, tut er es nur, um den Gehorsam gleich danach „in einer allerbrüskesten Weise zu brechen". „Er kann nun mal Zietens spöttischen Blick nicht ertragen, noch viel weniger einen neuen Ansturm von Karikaturen, und in Angst gesetzt durch einen Schatten, eine Erbsenblase, greift er zu dem alten Auskunftsmittel der Verzweifelten: *un peu de poudre.*" Die Perspektive, unter der hier Schachs Selbstmord gesehen wird, zeigt nichts mehr von verführerischer Sirenenromantik. Aber ob nun in der subjektiven Verklärung oder in der objektiven Entlarvung, das Resultat ist dennoch das gleiche: Der Tod in seiner unbezweifelbaren Wirklichkeit gewinnt die Züge des gespenstischen Scheins, der makabren Irrealität, wie sie dem scheinhaft Eitlen und Verschrobenen im Uhrwerk der nachgeborenen friderizianischen Armee entsprechen, deren Zeit nur allzubald abgelaufen sein wird. Sogar das Ordensrittertum Schachs und seine daran geknüpften Ideale haben noch etwas Scheinhaftes, dem kein in der Wirklichkeit gelegter Grund mehr entspricht. Wer sich von Chimären gejagt und geängstigt fühlt, dem geschieht es nur allzu leicht, daß ihm auch sein eigenes Dasein chimärenhaft zerrinnt. Und eben dies ereignet sich im

„Fall" Schach. Gerade als ein solcher „Fall" hat die Erzählung ausgesprochen novellistischen Charakter.

Der Erzähler mag nicht ohne Mitleid für seinen unglücklichen Helden sein. Aber er hat die Geschichte nicht um des Mitleids willen geschrieben. Ja, er hat jeden empfindsamen oder auch nur elegischen Ton bewußt vermieden. Dennoch sitzt er nicht etwa zu Gericht, oder sofern er es doch auf seine Weise tut, geschieht es nur durch die unerbittliche Darstellung dieses Augenblicks vor der Katastrophe Preußens.

Die Novellenform tritt uns hier in einer doppelten Optik entgegen. Bereits die Begebenheit von dem schönen Offizier, der an das nichtschöne Mädchen gerät und sich lieber erschießt, als daß er den Spott der Welt und die Lächerlichkeit auf sich nähme, hat novellistisches Profil. Aber welche Steigerung darüber hinaus erreicht der Erzähler, indem er die wirkliche Begebenheit dieses Sonderfalls nicht isoliert läßt, sondern aus konkreten geschichtlichen Bedingungen heraus entwickelt! Das geschieht nicht etwa in der naheliegenden Weise einer anklagenden Satire. Der Erzähler verzichtet auf jede wertende Stellungnahme oder ironische Kommentierung. Er bleibt ganz in seinem sich von Gespräch zu Gespräch fortbewegenden Erzählzusammenhang. Auch die Menschen werden kaum beschreibend charakterisiert, sondern nur aus ihrem Sprechen heraus lebendig. Aber mit allen diesen Mitteln erzielt er trotzdem den Eindruck einer unaufhaltsamen ehernen Notwendigkeit. Sind doch die vielen in dieser Novelle geführten Gespräche zugleich Symptome für den Untergang Preußens, der bereits besiegelt ist, noch ehe er eintritt, und der in der Erzählung selbst gar nicht mehr geschildert zu werden braucht. Die tief verborgene Schwäche, aus der heraus ein so repräsentativer Offizier wie der Rittmeister Schach nicht weiterzuleben vermochte, ist zugleich die Schwäche dieser Armee, die zwar bei ihrer Schaustellung die Gemüter noch in patriotisch stolzer Erregung höher schlagen ließ, von der aber der alte Herr von der Recke vorahnend sagen konnte: „. . . wir werden diese Pracht nicht wiedersehen. Es ist die Abschiedsrevue der friderizianischen Armee." Zur Schwermut dieses geschichtlichen Unterganges jedoch kontrastiert die aus dem rein Menschlichen gewonnene Wiedergeburt. Dafür steht, wie öfters bei Fontane, der ägyptische Wundervogel Phönix als stellvertretendes Zeichen. Am Ausgang der Novelle findet die tapfere und integre Victoire mit ihrem Kinde den Weg in die Zukunft.

ARTHUR SCHNITZLER

—

DIE TOTEN SCHWEIGEN

Nur etwa 15 Jahre liegen zwischen der reichen Novellenernte der großen realistischen Dichter Keller, Meyer, Fontane oder der Storms und Raabes und den Erzählungen des Wiener Dichters Arthur Schnitzler an der Wende des 19. Jahrhunderts. Aber trotz dieser relativ geringen Zeitspanne ist der Stilwandel im novellistischen Erzählen erstaunlich groß. Das wird später, im 20. Jahrhundert, noch spürbarer in der Prosa von Hofmannsthal, Thomas Mann, Musil, Kafka und Broch. Die Naivität des reinen Erzählens, mochte sie sich noch so sehr mit bestimmten Kunstabsichten und Kunstwirkungen verbunden haben, geht verloren oder bleibt nur noch in scheinhafter Weise vorhanden. Die Welt, in der die Menschen leben, sei es die geschichtlich vergangene oder die gegenwärtige, verliert das Selbstverständliche, Fraglose. Aber auch die Menschen sind jetzt oft nicht mehr klar umrissene Charaktere, sondern merkwürdig offene, unabgegrenzte Wesen, deren Existenz in Raum und Zeit geradezu als eine Täuschung erscheinen kann. Wohl kennt die Novelle von jeher die Verwendung der „Zeichen", die für etwas anderes stehen oder auf etwas anderes hinweisen. Aber jetzt wird mehr und mehr die Welt selbst, werden die Menschen, die in ihr leben, zeichenhaft. Der bloße „Inhalt" des Erzählten bliebe verworren, chaotisch oder gar unverständlich, wenn man ihn ohne den Bezug seiner Zeichen zu lesen versuchte. Sogar die Sprache sagt nun nicht mehr bestimmt umrissene Gegenstände aus, sondern deutet auf Bereiche hin, die sich der Sprache entziehen und die „eigentlich" gemeint sind. Die Wirklichkeit ist wie ein täuschender Vorhang, hinter dem erst die wahre, die „unrealistische" Realität gefunden werden muß.

„Wirkliche Realität ist immer unrealistisch", notiert später Franz Kafka, und das gilt auch weithin für die moderne Novelle. So gewinnen denn das Experimentieren und Konstruieren, die sonderbaren Zusammenstellungen, die schon durch ihr bloßes Vorhandensein etwas „bedeuten", oder auch das Artifizielle in der jeweiligen Anordnung einen weit größeren Spielraum als bisher. Wer dächte jetzt noch daran, einfach und schlicht einen Lebenslauf zu erzählen? Denn was ist schon ein „Lebenslauf" innerhalb des modernen Bewußtseins, das die Zertrümmerung der Kontinuitäten erlebt, das Diskontinuierliche als Daseinsproblem überhaupt, die Relativität von Raum und Zeit und die Vertauschung von inneren Vorgängen der Seele mit dinglich daseienden Weltinhalten oder umgekehrt! Die Prosa des 20. Jahrhunderts — sei es im Roman oder in der Novelle oder in der Kurzgeschichte, Formen, die jetzt ganz bewußt miteinander vermischt werden — will nicht mehr die Poesie aus der Wirklichkeit herausholen oder umgekehrt die Wirklichkeit stimmungsvoll „poetisieren". Sie schafft statt dessen mit den virtuos gehandhabten Stilmitteln der Moderne eine Welt sui generis, die ihre eigene Gewichtsverteilung, ihre eigenen Steigerungen und Pausen hat; aber sie ist von der sogenannten wirklichen Welt oft so verschieden, daß selbst nach Ähnlichkeit zu fragen bereits ein nutzloses Unterfangen wäre. Die Trennungslinie zwischen Wirklichkeit und Täuschung wird verwischt und, in voller Absicht, unkenntlich gemacht. Jedoch leitet den Dichter dabei die instinktive Erkenntnis, daß er nur durch den künstlerischen Akt der Abstraktion das Dasein des Menschen noch jenseits des Verdeckenden und Unwahren gestalten kann, in das er durch die moderne Gesellschaft und ihren Prozeß der Rationalisierung und Anpassung immer mehr und immer unentrinnbarer hineingeraten ist; — so, als ob die Dichtung damit einen „reinen" Raum und eine „reine" Zeit oder auch nur einen „reinen" Bezug sich zurückzugewinnen vermöchte.

Innerhalb dieser Entwicklung ist die Prosa Arthur Schnitzlers ein wichtiger Übergang. Sie gehört insofern noch der Vergangenheit an, als diese Erzählungen von psychologisch faßbaren Konflikten ausgehen und sich, trotz einer auch hier bereits einsetzenden abstrakten Reduzierung, meist in dem abgrenzbaren „Milieu" des späten und müde gewordenen Wiens der Vorkriegszeit abspielen. Schnitzler besitzt, wie viele seiner großen Vorgänger, die Gabe des „spannenden" und pointierenden, ja pointillierenden Erzählens. Aber oft wird nun der Rhythmus des Erzählens wichtiger als das Erzählte selbst. Schnitzlers ausgesprochener Formensinn ist mit Recht von Hofmannsthal und Werfel gerühmt

worden. Seine Erzählungen werden zu kleinen Kabinettstück-
chen, die mehr noch durch ihren ästhetischen Takt als durch ihren
konkreten Inhalt den für die ästhetische Form aufgeschlossenen Leser zu fesseln vermögen. Darum ist es töricht, wenn man
hier ein „nihilistisches" Weltbild oder eine moralische Dekadenz
abwertend feststellen zu können glaubt, darüber aber die Weise
der Darstellung völlig übersieht. Kann doch das *Wie* des Erzählens
hier so sehr zum Selbstzweck werden, daß das *Was* nur den zufälligen Anlaß dafür bietet. In einer Geschichte wie „Leutnant
Gustel" kommt es kaum mehr auf den törichten Ehrenhandel
an, von dem hier erzählt wird, sondern fast nur noch auf den
nahezu vollständig durchgeführten monologue intérieur des hart
vor dem Selbstmord stehenden Leutnants. Die Form als solche
gewinnt eine eigene Faszination. Die Monolog-Novelle spielt im
„Nu" eines Augenblickes; die Gegenwart des Raumes und der
Zeit öffnet sich allein im inneren Sprechen und bekommt dabei
das Punkthafte des bloßen Augenblicks. Die Spiegelungen dieser
inneren Kette von Assoziationen mit ihren vorgreifenden und
zurücklaufenden Querverbindungen sind der eigentliche künstlerische Gegenstand, wobei dann die unerwartete Schlußpointe
den ganzen „Seelen-lärm", um ein Wort Brochs hier zu variieren,
nachträglich als überflüssig erscheinen läßt und damit ironisiert.

Auch in der meisterhaften Novelle „Der Ehrentag", die weit
mehr Erzählinhalt als viele andere Geschichten Schnitzlers hat,
ist die innere Tragik des alternden, unberühmten Chargenspielers
entscheidend, die durch das Bösartige der sogenannten „Ehrung"
unter ein schneidend grelles Licht gerückt wird. Tragisches und
Komisches geraten in eine beängstigende Nähe und erzeugen so
einen dem Grotesken verwandten Effekt. Auf diese eigenwilligen
Beleuchtungen und ihre Kontrastwirkungen kommt es dem
Dichter in erster Linie an, nicht so sehr auf den Vorgang selbst
und die sich daraus ergebende Konsequenz des Selbstmordes.
Die mit rein künstlerischen Mitteln erzeugte Traurigkeit wiegt
ungleich schwerer als die bloße Brutalität des Faktums. Schnitzler
erreicht diese Wirkungen oft dadurch, daß er sich mit besonderer
Vorliebe auf Seitenwege und Nebenpersonen einläßt. Das hat
Georg Brandes sehr richtig gesehen, wenn er am 19. Oktober 1911
an Schnitzler schreibt: „Sie lieben es, die Nebentriebe und Neben-
passionen zu verfolgen, die Sprünge und Seitensprünge des Gefühls-
lebens, alles Getheilte, das von dem Hauptstamm sich ablöst, auszubreiten. Die Welt, so gesehen, ist auf eine specielle Weise traurig."

Es charakterisiert die mehr und mehr privatisierende Gesellschaft des ausgehenden 19. Jahrhunderts, deren ökonomische Grundlage als gesichert und stabil erlebt wird, daß auch der Spielraum der Konflikte sich ins Private und Intime verengt. Daher werden Ehe und Ehebruch oder überhaupt die Abenteuer des Erotischen eines der am meisten bevorzugten Themen. Hier, an der Grenzscheide von Eros und Gesellschaft, konnte sich die psychologische Neugierde ansiedeln, die selbst den unbewußten Regungen der Seele noch auf die Spur kommen wollte. Wie weit ist der Mensch frei? Wie weit ist er determiniert? Was geschieht, wenn die inneren Beweggründe eines Handelns mit den von außen gesetzten Schranken zusammenstoßen? Ein Jahrhundert, das Psychologie und Soziologie als neue Wissenschaften entdeckt, wird auch im Literarischen mit jenen „Fällen" experimentieren, in denen eine komplexe, gleichsam von verschiedenen Schichten der Seele aus verstehbare Individualität sich bestimmten gesellschaftlichen Spielregeln gegenübersieht, die sie gewaltsam oder heimlich zu durchbrechen versucht oder von denen umgekehrt die Freiheit des Ich gnadenlos begrenzt wird. Dieses Thema, das von jeher in der Frage nach dem Eros, seiner Macht, aber auch seinen Täuschungen kulminierte, scheint unerschöpflich und doch auch wieder eingeschränkt auf die typischen gesellschaftlichen Konstellationen, die sich dabei herausbilden. Bereits die schematisch einfache, übersehbare Konfiguration zu dritt genügt, um dem keineswegs Einfachen, sondern Vieldeutigen der menschlichen Seele variierend nachzugehen, sei es auf komische, tragische, sachlich analysierende, pathetische, rührende oder groteske Weise. Von Schnitzler bis zu Keyserling und Heinrich Mann und noch weit darüber hinaus wird das Erotische zum eigentlich dramatischen Moment des Lebens, sei es beglückend, sei es vernichtend, sei es im begeisternden Rausch oder in der Herabwürdigung bis zum Häßlichen, Ekelhaften und Brutalen. „Individuum est ineffabile." Das spiegelt sich in der leidenschaftlichen Jagd nicht nur der Körper nach den Körpern, sondern auch der Seelen nach den Seelen, nicht weniger aber auch in der Einsamkeit und Traurigkeit, die meist am Ende zurückbleibt. Die Strukturen jedoch, innerhalb derer sich dieses in Genuß und Traurigkeit so wichtig gewordene Individuum bewegt, bleiben übersehbar und haben einen typischen wiederkehrenden Charakter. Ein Zeitalter, das das Recht auf individuelles Dasein noch wie ein Heiligtum zu hüten trachtet, aber zugleich ein geradezu wissenschaftliches Interesse an den bedingenden Verhältnissen entwickelt, in denen der Mensch sich immer schon vorfindet, mußte in seiner Literatur von eben jenem Bereich besonders angezogen werden, in dem das eine unwiderruflich auf das andere stößt. Bereits bei Fontane ist das deutlich der Fall, bei Schnitzler setzt es sich auf einer neuen Stufe fort.

Was diesen von seinen Vorgängern unterscheidet, ist das Zurücktreten der ethischen Fragestellung. Der Ehebruch wird innerhalb einer lässigen, sittlich indifferenter gewordenen modernen Gesellschaft bereits als Faktum hingenommen. Aber er behält, zumal wenn er von der Frau ausgeht, den Charakter des privaten Geheimnisses. Die öffentliche Bloßstellung kann nach wie vor bis zur Vernichtung der persönlichen Existenz führen. Schnitzler hat keineswegs, wie man ihm oft vorgeworfen hat, einen besonderen Hang zur geschlechtlichen oder gar obszönen Situation. Von einer Apologie der „Lust", wie sie Heinrich Mann noch im Zerrspiegel der Hysterie vorzutragen liebt, kann keine Rede sein. Eher ist das Gegenteil wahr. Die geschlechtliche Sphäre, wenn auch nicht mehr als Sünde bewertet, bedeutet eine Qual, die der Mensch sich selbst bereiten muß. Sie gehört weit mehr in den Umkreis der Schwermut als in den des Glückes. Ja, sie erhält zeichenhaften Charakter für das Vergängliche des irdischen Daseins überhaupt und damit auch für den Tod. Im Grunde geht es sowohl im Eros wie im Tod immer wieder um das Auslöschen der begrenzt irdischen Existenz. Eros und Tod sind, wie bereits beim jungen Hofmannsthal, Geschwister, die aus der gleichen Sippe stammen und in der menschlichen Seele selbst beheimatet sind. Jede Flucht in die Zeit hinein oder aus der Zeit heraus ist zugleich ein Schritt näher zum Tod, dem der Mensch durch solche Flucht gerade zu entrinnen sucht. Je mehr das Bewußtsein einer einheitlichen Welt und eines in ihr oder über ihr wachenden Gottes verlorengeht, um so mehr bekommt das Dasein des Menschen etwas Atomistisches, stückhaft Vereinzeltes. Die nur noch von einem unbestimmten, richtungslosen Willen getriebenen Menschen sehen sich am Ende dem Nichts gegenüber, das mit dem Tode identisch ist, mögen sie dies noch so sehr durch ein Komödienspiel untereinander oder vor sich selbst zu verbergen suchen. Auch noch in den leidenschaftlichsten Emotionen, die nach Seligkeit und Glück verlangen, nach der ganzen Wonne des Seins, schwingt das Grauen des Todes mit.

Mit diesen beiden so eng aufeinander bezogenen Polen, Eros

und Tod, ist die kreatürliche Grenze des Menschen, das Unabweisbare seines Endes angedeutet, das Fragmentarische seiner Existenz; dies um so mehr, als die sittlichen Normen der Gesellschaft ihre unbedingte Geltung längst verloren haben, ja bereits brüchig und fragwürdig geworden sind. Aber auch eine transzendierende, religiöse Sinngebung oder auch nur eine idealistische darf man von dieser Prosa nicht mehr erwarten. Erst auf Umwegen kann sie später bei Musil zurückgewonnen werden, auch dann mehr als Frage denn als Antwort. Im Pessimismus der Jahrhundertwende wird das Bruchstückhafte, ja sogar bloß Punkthafte des menschlichen Daseins erlebt. Auch der Erzähler wird in die radikale Aufsplitterung des Zeitstroms und in die Traurigkeit aller Kreatur mit hineingezogen. Dafür gewinnt die Thematik von Ehe und Ehebruch eine stellvertretende Bedeutung.

Schnitzlers sich der Kurzgeschichte bereits annähernde Novelle aus seiner Frühzeit „Die Toten schweigen" (1897) setzt gleich zu Beginn den Ehebruch als gegebene Tatsache voraus, ohne jetzt oder auch später nach seinen Motiven und Gründen zu fragen. Erst ganz am Ende erfahren wir, daß die mit einem Professor verheiratete junge Frau ihren Mann bereits durch Jahre betrogen hat, was dieser jedoch nicht zu wissen scheint. Zu dieser Familie gehört noch ein Junge, dessen Alter nicht mitgeteilt wird. Eine bürgerliche Familie aus Wien mit einem Stubenmädchen, — der Mann jeden Freitag bei der Sitzung des Professorenkollegiums länger aufgehalten — es ist ein Minimum an konkreten Angaben, das dem Erzähler genügt. Den wahrscheinlich vorhandenen großen Bekanntenkreis müssen wir schon indirekt aus der Erzählung selbst erschließen. Solche Reduktion zeigt bereits die Neigung zur künstlerischen Abstraktion. Der Verzicht auf Umwelt, auf physiognomische Schilderung, malerische Ausgestaltung von Einzelheiten wie Kleidung, Zimmereinrichtung, Gewohnheiten usw. ist unverkennbar. Nur noch die inneren Vorgänge interessieren, so wie sie sich in einer typischen Situation abspielen. Es ist, als ob der Erzähler sagen wollte: Irgendeine junge Frau aus der bürgerlichen Wiener Gesellschaft hat mit irgendeinem jungen Mann die Ehe gebrochen; und nun will ich berichten, was ihr als ungewöhnlicher Vorfall dabei zugestoßen ist und wie sie sich innerlich dazu verhalten hat. Denn auch der Liebespartner wird gleich im ersten Wort des ersten Satzes mit „Er" eingeführt, mögen wir auch weiterhin erfahren, daß er Franz und sie Emma heißt. Notwendig wäre selbst das nicht. Über den Geliebten wird uns sogar so wenig gesagt, daß seine Existenz dadurch etwas ganz punkthaft Isoliertes bekommt. Aber das geschieht in wohlerwogener künstlerischer Absicht, nicht etwa aus Unvermögen. Diese Verkürzung auf „Er" und „Sie" gibt den Individualitäten etwas Formelhaftes. Den Erzähler interessieren nicht ihre Besonderheiten, sondern ihre bereits rollenmäßig festgelegte Lage: das heimliche Treffen zur frühen und doch schon völlig dunklen herbstlichen Abendstunde, die seelische Unrast, mit der er bereits wartet — seinen Fiaker hat er stehenlassen — und ihr gehetztes Eintreffen zu Fuß. Die meist kurzen, knappen, parataktisch aneinandergereihten Sätze haben etwas Ruhe- und Pausenloses wie rasche, fiebrige Pulsschläge. Die stilistische Darstellung vermeidet alle Umwege, Labyrinthe, Arabesken und Schnörkel. Nirgends gibt es komplizierte Satzkonstruktionen. Der Erzähler selbst schaltet sich an keiner Stelle ein; er ist stets bei der Sache selbst, das heißt bei den Personen und ihren inneren Zuständen, und sucht sie ständig in Bewegung zu halten und weiterzutreiben. Schon der erste Dialog ist hierfür charakteristisch:

— „Du kommst zu Fuß?" sagte er.
„Ich hab' den Wagen schon beim Karltheater fortgeschickt. Ich glaube, ich bin schon einmal mit demselben Kutscher gefahren."
Ein Herr ging an ihnen vorüber und betrachtete die Dame flüchtig. Der junge Mann fixierte ihn scharf, beinahe drohend; der Herr ging rasch weiter. Die Dame sah ihm nach. „Wer war's?" fragte sie ängstlich.
„Ich kenne ihn nicht. Hier gibt es keine Bekannten, sei ganz ruhig. — Aber jetzt komm rasch; wir wollen einsteigen."
„Ist das dein Wagen?"
„Ja."
„Ein offener?"
„Vor einer Stunde war es noch so schön." —

Der Erzähler zieht uns in die Angst der Frau hinein, als ob es seine eigene Angst wäre. Alles, was von außen kommt, fortgeschickter Kutscher, fremder Herr usw., ist feindlich, da es zur Aufdeckung des unerlaubten Geheimnisses führen könnte. Ja, das Glück des gestohlenen Augenblickes scheint bereits vorüber, noch ehe es richtig begonnen hat. Die Widrigkeiten häufen sich. Der verlorengegangene Kutscher des jungen Mannes muß zunächst, erheblich betrunken, aus dem nahen Wirtshaus herausgeholt werden, ehe die Fahrt zum Prater-Lusthaus beginnen kann.

Selbst als die ersten Zärtlichkeiten ausgetauscht werden, tauchen erneute Irritationen auf. Etwas nervös Flackerndes ist für diese Menschen und ihren wechselseitigen Umgang charakteristisch:

— „Bin ich endlich bei dir!" sagte sie.

„Weißt du denn, wie lang wir uns nicht gesehen haben?" rief er aus.

„Seit Sonntag."

„Ja, und da auch nur von weitem."

„Wieso? Du warst ja bei uns."

„Nun ja ... bei euch. Ah, das geht so nicht fort. Zu euch komm' ich überhaupt nie wieder. Aber was hast du denn?"

„Es ist ein Wagen an uns vorbeigefahren."

„Liebes Kind, die Leute, die heute im Prater spazieren fahren, kümmern sich wahrhaftig nicht um uns."

„Das glaub' ich schon. Aber zufällig kann einer hereinschaun."

„Es ist unmöglich, jemanden zu erkennen."

„Ich bitt dich, fahren wir wo anders hin."

„Wie du willst." —

Der Rhythmus dieser äußerst verknappten Sätze hat etwas von raschen, elektrischen Schlägen. Der Inhalt des Gesprächs wird fast bedeutungslos, da es dem Erzähler einzig und allein auf die flackernde seelische Atmosphäre, die innere Spannung und die nur mühsam gebändigte Erregung ankommt. Der heftige Sturmabend, die Unruhe der Pferde, der Wechsel des Fahrtzieles, das Schütteln auf dem Pflaster und das Zickzackfahren des nicht mehr nüchternen Kutschers, das alles sind weitere begleitende Momente für diese Fahrt ins Dunkel hinein, die — nicht in ihren Einzelheiten, wohl aber als Ganzes — eine zeichenhaft stellvertretende Bedeutung für den von der „Angst" bedrohten und trotzdem verzweifelt festgehaltenen Eros haben. Hierzu gehört auch der Zeitdruck, unter dem „Er" und „Sie" stehen. Die Erzählung beginnt um sieben Uhr abends an irgendeinem Freitag; und um neun wird Emma zu Hause bereits wieder erwartet. Der erzählte Ausschnitt berichtet nur über eine höchst geringe, aber bis zum äußersten intensivierte Zeitspanne. Auch die Zeit bekommt etwas Jagendes, und der Mensch wird ihr Opfer. Schon die Sekunde kann wie ein Stoß kommen, gleich wieder von der nächsten verschlungen; nur für kurze Augenblicke scheint die Zeit den Atem anzuhalten, um sofort wieder — und es ist, als ob das Tempo des Eilens dadurch noch gesteigert würde — in die nervöse Unruhe ihres Ablaufs hineingerissen zu werden. So bleibt in der Zeit noch nicht einmal „Zeit" für ein Sprechen der Menschen untereinander:

— „Ich habe heute viel und ernst mit dir zu reden, Emma." „Da mußt du bald anfangen, denn um neun muß ich zu Hause sein." „In zwei Worten kann alles entschieden sein." —

Aber zu diesen „zwei Worten" kommt es nur mit Mühe oder, genau besehen, eigentlich überhaupt nicht. Der Dichter schenkt zwar den beiden Getriebenen eine Pause, indem er sie aus dem Wagen aussteigen und ein Stückchen spazierengehen läßt, auch dies freilich im Herbststurm. Der Rhythmus des Erzählten verlangsamt sich: schweigender Gang über eine Brücke, tiefes Dunkel, von weit herkommender Gewitterdonner, in der Ferne rote Lichter über dem Wasser, vorbeirollende Bahnzüge mit hellen Fenstern, dann wieder Stille. Die optisch und akustisch in ihren Einzelheiten punkthaft wahrgenommene nächtliche Welt gäbe dem Menschen Frieden, lenkt sie ihn doch von sich selbst ab, wenn nicht die kreisende Unruhe von innen wieder aufbräche.

Der neu aufgenommene Dialog mag inhaltlich banal sein, hat aber wiederum als Ganzes zeichenhaften Charakter, weil es die typischen, wiederkehrenden Er-Sie-Probleme sind, um die es sich hier handelt; dabei werden die Stichworte auf die beiden Partner so verteilt, als wenn sie Rollenträger in einem schon vorher festgelegten Bühnenstück wären. Das ersehnte Abenteuer des Glückes hat etwas Komödiantenhaftes, zumal die Menschen selbst noch miteinander Komödie zu spielen scheinen. Der Mann, der mit der Geliebten für immer fortgehen will; die Frau, die angeblich des Kindes wegen, mehr wohl noch aus dem Bedürfnis nach bürgerlicher Sicherheit nicht den Mut dazu aufbringt; er, der mit dem Ehemann offen über alles reden will; sie, die ihm das strikt untersagt und damit durchdringt — ein solch schneller, kurzer Dialog bewegt sich im Kreise und bleibt daher ergebnislos. Noch einmal wird er durch eine Pause unterbrochen. Einige Landwagen mit einer kleinen roten Laterne fahren vorbei; dann hört man nur noch das dumpfe Geräusch des ihnen nachrollenden Fiakers. Die Straße vor dem Paar läuft zwischen Bäumen weiter ins Finstere. „Rechts und links von ihnen lagen in der Tiefe die Auen; sie sahen wie in Abgründe hinein." Die Pausen, durch die von außen eindringenden Wahrnehmungen geschaffen, lassen die Menschen „schweigen" und bringen damit die Unruhe der

269

inneren Zeit vorübergehend zum Stillstand. Das Hineinsehen „wie in Abgründe" deutet jedoch zugleich auf das Boden- und Richtungslose der seelischen Situation hin. Noch einmal beginnt das beiderseitige Sprechen. Der Dialog spitzt sich jetzt immer mehr zu, ist aber trotzdem ebenso kreisend und ergebnislos wie bisher. „Er" will endgültig und für immer „Adieu" sagen, „Sie" sieht darin den Beweis, daß *er* es ist, der stets die paar Stunden verdirbt, die sie für sich haben, nicht *sie*. Er will zurückfahren, sie hingegen wird zärtlich und läßt sich nicht fortschicken. Zum Wesen des Schnitzlerschen Eros gehört es, daß er sich wie ein Karussell im Kreise dreht — eine ständige Wiederholung bis zum Nichtigen, und dies um so mehr, je mehr den Menschen danach verlangt, die Einsamkeit allen Fleisches zu durchbrechen.

Dann wird wiederum die Fahrt ins Dunkle fortgesetzt. Wohin kämen wir, so wird von ihr gefragt, wenn es immer so weiterginge! Direkt nach Prag, sagt er und ahnt nicht, daß seine Antwort gleich vom Schicksal widerlegt wird. Denn nunmehr tritt der entscheidende *Wendepunkt* in der Erzählung ein, der ihr die novellistische Silhouette verleiht. Nach den zwei vorausgegangenen retardierenden, beruhigenden Pausen bekommt das Tempo des Erzählens jetzt etwas nahezu Atemberaubendes: rasendes Davonfliegen der von der Peitsche des Kutschers angetriebenen Pferde, festes Umarmen des liebenden Paares, während der Wagen sie hin und her wirft. Das Glück des Eros, um dessentwillen so viel Angst riskiert wurde, scheint endlich gegönnt. „‚Ist das nicht auch ganz schön‛, flüsterte Emma ganz nahe an seinem Munde." Dieser eine Satz genügt, um die geschlechtliche Vereinigung anzudeuten. Heutzutage meinen viele Autoren, sie müßten es genauer und ausführlicher sagen. Schnitzler wußte und konnte es besser.

Aber eben dieser kurze Augenblick des Glückes wird zugleich zu dem der Katastrophe. Das Umschlagen des Eros in den Tod, das wohl auch als eine symbolische Identität beider Sphären gemeint ist, gibt das in der Mitte der Erzählung liegende Ereignis. Georg Brandes schreibt am 11. März 1906 einmal an Schnitzler: „Sie sind ein Grübler über den Tod ... Die Hälfte Ihrer Produktion ist Thanatos, die Hälfte Eros gewidmet." Das wird auch in dieser Erzählung deutlich. Das bloß Reale des Vorganges — das halbe Umkippen des Wagens, das Herausgeschleudertwerden Emmas — wird zunächst in der subjektiven Spiegelung der jungen Frau vom Erzähler gegeben, ehe es als Tatsache konstatiert wird.

Beherrschte schon vorher die „Angst" die Erzählung, so nimmt sie jetzt noch sehr viel turbulentere Formen an. Zwar sind der Kutscher und Emma heil davongekommen, aber Franz ist stumm, für immer stumm, er ist tot. Seine Person ist auch innerhalb der Novelle wie ausgelöscht, nur noch gegenwärtig, soweit sie in den Phantasievorstellungen Emmas eine Rolle spielt. Die erzählerische Vernichtung, die der Dichter hier mit voller künstlerischer Absicht durchführt, ist fast noch erschreckender als der unerwartete wirkliche Tod des jungen Mannes. Sieht es nicht so aus, als ob es einen „Er" niemals gegeben hätte? Man weiß nicht, woher er kam und wohin er eigentlich hätte zurückgehen sollen. Er ist nur noch der Tote. Doch auch als Toter behält er eine unheimliche, geradezu primitiv-atavistische Macht. Aber es ist nicht mehr die Macht des Eros, es ist eine zeichenhafte, kaum mehr ausdeutbare, die auf die Zurückgebliebene, Lebendige weiter einzuwirken vermag. Eben dies aber ist das novellistische Thema. Alles, was vorher geschildert wurde, diente nur zur Vorbereitung. Was ereignet sich mit dieser jungen Frau, die mit Angst in den Eros flüchtete und nunmehr vom Eros, der zum Tod geworden ist, wiederum fortflüchten muß? Wird sie nicht doch standhalten, bleiben, abwarten, zu dem Geliebten stehen und ihm den letzten Dienst erweisen? Dazu ist sie zu schwach. Auch in Stifters Erzählung „Sterben" möchte zwar der durch hoffnungslose Krankheit zum Tode verurteilte Felix seine Marie geradezu zwingen, so, wie sie es zunächst gewollt hat, mit ihm gemeinsam zu sterben. Aber ihr Wille zum Leben ist stärker und setzt sich noch gegen den eigenen Mann, noch gegen das vorschnell gegebene Versprechen durch. Der Tod ist der große Entzauberer allen Eros, die bittere Frucht, die den Berauschten nicht mehr mundet und die ihnen doch nicht erspart bleibt. Wo der Tod auf der Lauer liegt, ist der Eros demaskiert und damit entwertet. Dann beginnt die Flucht vor den Sterbenden oder den Toten, während diese die Überlebenden grausam festzuhalten und gleichsam zu bannen suchen.

Nur langsam kommt Emma das Ausmaß der Katastrophe zum vollen Bewußtsein. Erst schickt sie den Kutscher nach fremdem Beistand, aber hier „ist ein großes Malheur gescheh'n", hier ist nicht mehr zu helfen. Dann überkommt sie ein Gefühl der entsetzlichen Verlassenheit, und sie sucht mit dem Licht der vom Kutscher zurückgelassenen Laterne einen „Schutz gegen den blassen fürchterlichen Mann, der neben ihr auf dem Boden lag".

271

Ist es nicht, als ob beide bereits Feinde geworden wären? Die Angst reflektiert sich selbst: man darf mich hier nicht finden. Die Furcht vor der Entdeckung ist größer als die Furcht vor dem Dunkel und läßt Emma sogar das schützende Licht umstoßen. Dann ist sie in der Finsternis mit ihren Gedanken allein; es sind Gedanken der Angst über die öffentliche Aufdeckung ihres bisher so sorgfältig gehüteten Geheimnisses. Fast ruckartig entspringt daraus der Entschluß zum spurlosen Verschwinden, zur unverzüglichen Rückkehr in die häusliche Wohnung. Dennoch will es ihr scheinen, als ob sie etwas am Ort zurückhielte, „... der Tote ist es, der sie hierbehalten will, und es graut sie vor seiner Macht". Ja, die Flucht vor den Menschen, denen sie entkommen will, damit sie nicht bloßgestellt wird oder sich selbst bloßstellen muß, wird fast noch mehr zu einer Flucht „vor dem bleichen Mann ..., der dort, weit hinter ihr, neben dem Straßengraben liegt". Eigentlich flieht sie vor allem, vor den Leuten, vor sich selbst und ihrem Gewissen und vor dem stummen Toten; sie flieht in die Geborgenheit ihres Hauses hinein; aber eben damit muß sie von neuem fürchten, daß diese Geborgenheit in Wahrheit keine ist, weil ihr dort die Aufdeckung des Geschehenen mit allen daraus entspringenden Folgen droht. Dieser anonym gewordene, sich gejagt fühlende Mensch, dessen assoziative Gedanken und Empfindungen in einem gleichfalls jagenden Stil aneinandergereiht werden, wird vom Erzähler weder moralisch gewertet noch dem Mitleid und der Rührung des Lesers nahegebracht; er wird in seinen inneren Zuständen, in dem inneren Dialog, den er mit sich selbst führt, in den Störungen seines Zeitgefühles und in seinen jeweiligen äußeren „Umständen" genau beschrieben. Der Erzähler identifiziert sich gleichsam mit ihm, als sei er selbst der so in die Nacht Hinausfliehende. Die fließende, vor allem im „inneren" Sprechen gespiegelte Bewegung wird seine eigene; er hört auf, wie Gerhard Storz sich in einem anderen Zusammenhang darüber treffend ausgedrückt hat, zu erzählen und beginnt zu spielen, indem er sich in die Figur selbst verwandelt. Er erzählt aus dem fetzenhaft gewordenen Augenblick heraus und nicht vom Ganzen einer bereits in ihrem Zusammenhang überblickten Geschichte. Wiederum nähert er sich damit dem monologue intérieur, in dem etwas von schizophrener Verdoppelung stecken kann, von einem Zwiespalt zwischen der Person und ihren Bewußtseinsinhalten. Aber zugleich schafft er durch die Präzision der Schilderung, durch das Auf und Ab des erzählerischen Rhythmus, durch die rein artistisch herausgearbeiteten Gegensätze von eilender Hast und kurzen Pausen eine Distanz zum Erzählten. Er geht geradezu behutsam mit ihm um, er wahrt einen vornehmen Takt, nicht nur den Personen gegenüber, sondern auch noch gegen das Geschehen selbst. Indem der Dichter wie ein Seismograph die inneren Vorgänge auffängt, muß er sich selbst als erzählende Person ganz ausschalten, wenn es ihm gelingen soll, auch noch die leiseste Erschütterung seiner Personen zu registrieren.

Das gibt dem Schnitzlerschen Erzählen, sosehr es sich in die innere Turbulenz einläßt, zugleich jene bewunderungswürdige Dezenz, jenes überzeugende Gleichgewicht, das trotz aller Unruhe innerer oder auch äußerer Vorgänge sich nie aus der in der Form gefundenen Ruhe bringen läßt. Sosehr das Psychologische in der Formgebung überwiegt, es zeigt nirgends die Züge einer schamlosen, um ihrer selbst willen genossenen Neugierde, sondern bleibt Instrument in der Hand eines Erzählers, der es für die Zwecke seiner Erzählung kunstvoll und überlegen einzusetzen weiß.

Im diskontinuierlichen Bewußtsein der fliehenden Frau wechselt Selbstrechtfertigung mit Selbstanklage, verzweifelter Trotz mit ungeheurer Scham; Fragen tauchen auf und verschwinden wieder. Wird man sie verfolgen, wird man sie suchen? Wieviel Zeit ist seit der Katastrophe vergangen, waren es Stunden, waren es Minuten? Aber je näher sie der Stadt kommt, um so mehr verlangsamt sich der Lauf, und sei es auch nur aus Angst vor einem plötzlich begegnenden Sicherheitswachmann. Zwar hört sie noch den Wagen der Rettungsgesellschaft an sich vorbeisausen und weiß nur zu genau, wohin er fährt. Aber die Selbstbezichtigung der Feigheit und Schlechtigkeit — müßte sie nicht dorthin zurück, woher sie gekommen? — versinkt in der wilden Freude über ihre eigene nahe Rettung. Erst jetzt, als die Straßenlaternen aufleuchten und nach der fürchterlichen Stille des Todes ihr das spärliche Leben der Stadt mächtig und brausend vorkommt, gewinnt sie das Bewußtsein einer meßbaren Zeit und damit die Ruhe zurück. Sie sieht auf ihre Uhr, die ungestört weitergegangen ist. Zehn Minuten vor neun, das Schicksal selbst scheint sich auf ihre Seite geschlagen zu haben. Noch kann sie rechtzeitig nach Hause kommen. Aber die Unruhe der inneren Zeit, die Unruhe ihrer Gedanken vermag sie nicht aufzuhalten. Sie hat ihre „Pflicht" gegen ihr Kind und ihren Gatten, jedoch aus Pflichtgefühl hat sie gewiß nicht gehandelt. Wäre das Zurückbleiben bei dem Toten aber nicht ein ganz überflüssiges Opfer gewesen? So sieht sie sich erneut von innen her umgetrieben. Denn die Angst hat viele Masken, um den Menschen zu schrecken, sei es als verschmutztes Kleid, als Stubenmädchen oder als Bericht über den Unglücksfall morgen in den Zeitungen. Alle ihre Feigheit — so hämmert sie sich ein — war umsonst, wenn sie nur eine einzige Unvorsichtigkeit begeht.

Die Empfindungen von einst, Liebe und Zärtlichkeit für den Anderen, sind erloschen; nur noch der Wunsch nach Sicherheit beherrscht sie. Um den Toten kann sie weder klagen noch jammern; denn die Sorge um die eigene Existenz drängt jedes andere Gefühl zurück. Aber dann redet sie sich selbst zu, daß sie ja nicht „herzlos" sei und gewiß noch die Tage kommen werden, an denen sie verzweifeln wird. Oder sie glaubt nicht mehr an die Wirklichkeit des Erlebten; ist es nicht wie ein böser Traum? Völlig unfaßbar will es als Wirkliches, als Unabänderliches, Schicksalhaftes dem Bewußtsein erscheinen. Diese springende Reihe von Assoziationen kann hier nur angedeutet werden. In ihr spiegelt sich kaleidoskopartig die schuldhaft erlebte Flucht vor dem Toten in die Geborgenheit des bürgerlichen Hauses. Endlich, nach einem von der Angst diktierten Wechsel des Fiakers, ist sie fast am Ziel. Aber noch im Wagen sieht sie den Toten auf der Bahre, im Krankenwagen; plötzlich ist ihr sogar zumute, als sitze sie neben ihm und fahre mit ihm. Der Tote übt eine traumhaft magische Kraft aus, als ob er sie zurückholen wolle. Wiederholt spielen die Toten in Schnitzlers Novellen noch über das Grab hinaus ihre Rolle weiter. Die Erzählungen „Blumen", „Der Tod des Junggesellen", „Der tote Gabriel" variieren das gleiche Thema von der suggestiven Macht, die von den Toten auf die Überlebenden auszugehen vermag.

Zwischen „damals" und „jetzt" liegt ein Abgrund. Dabei sind es nur zwei Stunden, daß sie aus dem Wagen herausgeschleudert wurde. Das Erlebte hat sich vom Wirklichen abgelöst, ist zu einem wirren Phantom, zu einer Art Alptraum geworden. Der Stil der ganzen Darstellung ist zugleich Belichtung von innen und Darstellung von außen. Man hört der Frau bei ihren fetzenhaften, gepeinigten Meditationen gleichsam zu —, erlebt sie aber auch in der Distanz des ebenso sachlichen wie taktvollen Berichtes, der über sie gegeben wird. In diesem Gleichgewicht zwischen Innen und Außen liegt die besondere Kunst des Erzählers, so gleichgewichtslos auch das Erzählte selbst mit seiner qualvollen Verdoppelung ist. Wendungen wie: „Es fährt ihr durch den Kopf" oder „da fällt ihr ein" oder „da ist ihr plötzlich" oder „es kommt ihr vor" haben mehr feststellenden Charakter, sind wie fixierte Punkte des Erzählers, mit deren Hilfe er sich im inneren Geschehen fortbewegt. Ebenso bleibt der Kausalzusammenhang im Erzählen streng gewahrt. „Sie steigt rasch in einen Fiaker" — „sie sieht durchs Fenster hinaus". — „In einer Seitengasse nach dem Ring läßt sie den Wagen halten, steigt aus, biegt rasch um die Ecke und nimmt dort einen andern Wagen, dem sie ihre richtige Adresse angibt." — „Da hält der Wagen. Sie fährt zusammen; sie ist vor ihrem Haustor" usw. Aber diese kühle Berichterstattung kontrastiert zu den ständig aufsteigenden und wechselnden inneren Vorstellungen, die sich auf einer ganz anderen Wirklichkeitsebene abspielen und deren Zeitgefühl gleichfalls ein völlig anderes ist als das der mit der Uhr meßbaren Zeit. Der Erzähler suggeriert dem Leser eine subjektiv als sehr viel länger erlebte Zeitspanne, als es die objektive tatsächlich ist. Eben dadurch rückt die gerade erst geschehene Katastrophe in den Abstand eines weit zurückliegenden Damals. In dieser Fähigkeit, nicht nur vom Handlungsablauf aus zu erzählen, sondern noch eindringlicher in der inneren Spiegelung des Bewußtseins ist Schnitzlers Prosa erstaunlich modern. Aber beides — tatsächliches Geschehen und seine Brechung im Seelischen — steht dabei in einer ständigen, genau ausgewogenen Korrelation.

Mit dem heimlichen unentdeckten Eintreffen in das eigene Haus, dem unmittelbar das des Ehemannes folgt, ist eine knappe Zäsur in der Erzählung gegeben. Die Dreigliedrigkeit der ganzen Novelle tritt allmählich hervor: Erst das von Angst erfüllte Geschehen vor der Katastrophe, dann die gleichfalls unter dem Zeichen der Angst stehende Flucht, beides gegeneinander abgegrenzt durch den tragischen Unglücksfall als Wendepunkt. Nun aber gelingt der Erzählung noch ein dritter Höhepunkt in der mehr stummen als dialogischen Situation zwischen Mann und Frau, deren eigentliche Pointe die unfreiwillige Enthüllung der Wahrheit ist. Das Gespräch beginnt zunächst noch ganz in der Lüge:

— „Ah, du bist schon zu Haus?" sagt er.

„Gewiß", antwortete sie, „schon lang."

„Man hat dich offenbar nicht kommen gesehn." Sie lächelt, ohne sich dazu zwingen zu müssen. Es macht sie nur sehr müde, daß sie auch lächeln muß. Er küßt sie auf die Stirn. —

Die Flucht nach Hause in die paradoxe Geborgenheit der Lüge scheint gelungen. Der Vater, die Mutter, das Kind, sie sitzen in gewohnter Weise am Abendbrottisch. Auch in dem Überwältigt-werden durch die Müdigkeit liegt zunächst noch keine Gefahr. Aber nun fängt eine neue Assoziationsreihe des Unbewußten an zu kreisen, die unmittelbar auf ihn, den Toten, bezogen ist. Wenn er nun nicht tot wäre oder nur scheintot! Ihr Schuldgefühl gegen den Toten läßt diesen gleichsam lebendig werden und weiter mitspielen. Würde er nicht aus dem gräßlichen Zorn heraus, so in seiner letzten Stunde allein gelassen zu sein, sich rächen und in der ärztlichen Klinik, zu der man ihn gebracht hat, Frau Emma, seine Geliebte, denunzieren? Diese Vorstellungsreihe läuft an der Grenze von Traum und Wachen; aber sie läßt Emma bereits so aufschreien, wie man sonst nur unter Alpdrücken aufschreit, so daß der Gatte, der bereits „sehr ernst" zu fragen beginnt, auf-merksam werden muß.

Das verzweifelte Festhaltenwollen an der Lüge und der sich dagegen stemmende Wille des Ehemanns — der Erzähler gibt diese Situation ganz vom Physiognomischen aus. Sie sieht ihr grausam und mit verzerrten Zügen lächelndes Gesicht im Wandspiegel, ein Lächeln, das immer mehr maskenhaft erstarrt, aber zwischen sie und ihr Spiegelbild drängen sich die fragenden und drohenden Augen des Gatten. Noch einmal findet sie den komödiantischen Halt in der Lüge, beherrscht die Züge und die Glieder, greift mit beiden Händen nach denen ihres Gatten, die noch auf ihren Schultern ruhen, zieht ihn zu sich und sieht ihn „heiter und zärtlich an".

Aber das Unbewußte läßt sich nicht betrügen. Und während sie die Lippen ihres Mannes auf ihrer Stirn fühlt, denkt sie halb aus dem Unbewußten heraus: Alles war nur ein böser Traum, „er wird es niemandem sagen, wird sich nie rächen, nie ... er ist tot ... er ist ganz gewiß tot ... und die Toten schweigen". Aber das Letzte — „die Toten schweigen" — hat sie nicht nur gedacht, sie hat es, ganz gegen ihren bewußten Willen, laut und vernehmlich gesagt; und es ist ihr, als ob sie damit bereits die ganze Geschichte des Abends bei Tisch mitgeteilt hätte. Die Toten schweigen vielleicht für immer, aber der Tote hat sich ihrer gleichsam bemächtigt, so daß die Wahrheit unerbittlich ans Licht kommt. Die Paradoxie dieses Satzes, der zum Titel der Novelle geworden ist, liegt darin, daß er sich, als ein ausgespro-chener, in sein Gegenteil verkehrt. Die Toten beginnen zu reden.

Die Sprache hat ihren eindeutigen Charakter verloren. Die Novelle faßt ihr symbolisch gemeintes Leitmotiv in einem an sich klaren, einfachen, leicht überschaubaren Satz zusammen. Aber das Geschehen läuft gerade darauf hinaus, daß dieser Satz im Sprechen sich gegen sich selber kehrt und damit eine entlarvende Funktion erhält. Der Vorgang hat nichts von romantischem Mystizismus, sondern gehört weit eher in den Bereich der Tiefenpsychologie. Und dennoch behält das Erzählte jene primitiv archaische Unheimlichkeit, die noch unmittelbar mit der Macht der Toten zusammenhängt. Ist es nicht so, als ob die Wahrheit hier durch keine Virtuosität in der Lüge mehr „verdrängt" werden kann, weil sie in sich zu andrängend, zu wirklich ist, als daß sie sich im Scheinhaften der Lüge, im komödiantischen Spiel vernebeln ließe? Der Tote braucht sich nicht zu „rächen". Emma selbst rächt ihn, ohne es zu wollen, indem sie — gleichsam stellvertretend — sein Geheimnis und damit auch das ihre verrät. Die Toten schweigen, aber die Lebenden reden und durch sie hindurch noch die Toten.

Wohl suchen die Schnitzlerschen Menschen durch ihr Sprechen, ja sogar noch durch ihre Gesten oft in die Lüge zu flüchten; aber die Wahrheit kann sie trotzdem einholen, und vielleicht dies um so mehr, wenn es die mit dem Tod identisch gewordene Wahrheit ist. Das alles braucht der Erzähler uns nicht selbst mitzuteilen. Es ist jedoch als unerbittliche Konsequenz in seinem Erzählen bereits enthalten. Statt dessen gibt er den pointierten und zugleich offengelassenen Schluß. Jetzt ist nichts mehr zu verbergen; das wissen beide Ehepartner. Jetzt wird der Bube zu Bett gebracht, und sie hat nur noch die ganze Wahrheit mitzuteilen. Aber damit ist auch zum erstenmal in dieser Erzählung die Angst wie ausgelöscht, ja es „kommt eine große Ruhe über sie, als würde vieles wieder gut ..." Dieser letzte Satz kann auf Versöhnung zwischen Mann und Frau hindeuten, er kann aber ebensogut nur den subjektiven Seelenzustand Emmas widerspiegeln. Dem Erzähler kommt es offensichtlich nicht darauf an, uns zu unterrichten, ob das Fundament dieser Ehe nunmehr neu gelegt oder die Frau ihren Mann und ihr Kind verlieren wird. Viel zu wenig haben wir über den Ehegatten selbst erfahren, der, genauso wie der Geliebte, eigentlich nur eine Charge ist, als daß auch nur eine vorsichtige Prognose gestattet wäre. Jedoch wird kein Leser den Ausgang als tragisch empfinden. Die überraschende Paradoxie des Schlusses liegt eher im Gegenteil. Etwas Befreiendes geht von ihm aus. Die geglückte Lüge führte nur immer tiefer in den Zustand der Angst hinein. Blieb es doch stets fraglich, ob nicht dennoch die gefürchtete Aufdeckung der Wahrheit eintreten konnte. Dem Dasein in der Lüge haftete etwas von einer tragischen Posse an — ein richtungsloses Dasein in einer Welt ohne Sicherheit. Die aufgedeckte Wahrheit hingegen gibt dem Menschen das Gefühl der Person und damit der Ruhe zurück. Nicht als Zerstörung wird solches Aufdecken erlebt, sondern als Freiwerden von einer nur marionettenhaften Weise des Existierens, in der sich der Mensch nicht nur dem Schicksal, sondern sogar noch seinen eigenen Gefühlen und seinem eigenen Willen machtlos ausgeliefert sieht. Schnitzler spricht damit keine ethische Beurteilung seiner Menschen aus. Er konstatiert nur den Wechsel der Zustände vom inneren Prozeß des Bewußtseins her. Er gibt weit eher eine ärztliche Diagnose als eine dialektische Erörterung sittlicher Probleme. Sei es mit, sei es gegen den Willen des Dichters, etwas Metaphysisches schwingt trotzdem mit. Der einholenden Macht des Todes ist keine Lüge mehr gewachsen.

Das Erzählte wirkt wie ein Ausschnitt, fast skizzenhaft. Der Erzähler öffnet gleichsam nur *diese* Tür und läßt alles andere auf sich beruhen. Aber eben darin zeigt sich hohe novellistische Kunst. Der Unfall selbst mag mehr oder weniger ein bloßer Zufall sein, ebensowenig zurechenbar wie zahllose andere Unfälle. Selbst die lose Motivierung durch den trunkenen Kutscher behält noch etwas Zufälliges. Aber das Extreme eines solchen Ereignisses macht es dem Erzähler möglich, die Mächte von Eros und Tod in so unheimlicher Weise zu verschlingen, daß das Ganze dann doch wieder schicksalhaft wird. Wichtiger noch ist die Grundstimmung, die die ganze Erzählung beherrscht, wenngleich sie nur von einer einzigen Person her monologisch dargestellt wird. Fast pausenlos ist das Dasein des Menschen der „Angst" ausgesetzt. Diese Angst ist nicht bloß die der Feigheit. Sie ist ein Zeichen für das Bodenlose des Existierens, für das Ineinanderfließen von Schein und Wirklichkeit; sie ist der dunkle Sog, in den der Mensch hineingerät, wenn er der täuschenden Jagd nach dem Glück verfällt. Schnitzler hat damit keine Anklage verbunden. Er hat auch keinerlei ungewöhnliche, noch nicht einmal auffallende Menschen gewählt. „Sie", „Er" und der andere „Er", es sind typische, oft sich wiederholende Fälle. Erst die frei erfundene Fabel führt über das Alltägliche hinaus und öffnet den Blick für die unentrinnbar in der Seele des Menschen wirkenden Mächte, die sein Wesen be-

SCHNITZLER · DIE TOTEN SCHWEIGEN

stimmen und seinem Schicksal, noch gegen den eigenen Willen, die geheime Bahn vorschreiben. So wird denn auch der eine entscheidende Satz „Die Toten schweigen", dessen Sinn sich im Sprechen in sein Gegenteil verkehrt, zu einer Art Chiffre. Diese deutet gleichnishaft auf das paradoxe Verhältnis von Lüge und Wahrheit im intimen Zusammenleben weniger, eng aneinander gebundener Menschen hin, von denen diese Novelle einen isolierten Fall erzählt, ohne daß wir erfahren, ob er folgenreich oder ohne Folgen blieb.

EDUARD VON KEYSERLING

—

AM SÜDHANG

Der baltische Erzähler Eduard von Keyserling — 1855 auf Paddern in Kurland geboren, 1918 in München gestorben — gehört heute zu den fast verschollenen Dichtern. Die von Ernst Heilborn bei S. Fischer 1922 herausgegebene und eingeleitete vierbändige Ausgabe seiner Gesammelten Erzählungen ist seitdem nicht wieder erschienen. Vollständig war auch sie nicht. Thomas Mann hat Keyserling zu seinem Tode warme Gedenkworte gewidmet, die in dem Band „Rede und Antwort" abgedruckt sind. „Die Kunst", so heißt es dort am Ende, „war ihm Zweifel, Güte, Selbstzucht, Melodie und Traum. Er war kein Führer, aber er wird immer geliebt werden." Sein Künstlertum sei „die Sublimierung, Übertragung, Vergeistigung adliger Lebensstimmung, adliger Leichtigkeit und Verpflichtung, adliger Diskretion, Haltung, Reinheit, Anmut und Strenge". Auch als Künstler blieb er ein Edelmann. Bereits bei Thomas Mann taucht der oft wiederholte Vergleich mit Fontane auf, der jedoch irreführend ist, da er eigentlich nur vom Stofflichen, von der Darstellung einer versinkenden Adelsgesellschaft her zu rechtfertigen ist. Gewiß, „Skepsis und Resignation" mag man beiden Dichtern zusprechen dürfen, aber doch nur in sehr verschiedener Art. Die gemeinsame Wurzel dafür liegt in einer geistigen Atmosphäre, die für das gesamte ausgehende 19. und beginnende 20. Jahrhundert charakteristisch ist. Sehr viel treffender ist der Vergleich mit dem russischen Dichter Turgenjew und mit dem dänischen Hermann Bang. Hier finden sich in der Tat gemeinsame künstlerische Stilzüge, vor allem in der Aufgeschlossenheit für Rhythmus, Farbe, Klang und Eindruck, in dem Einströmen lyrisch-stimmungshafter Elemente in eine Novellistik, die von Sehnsucht und Melancholie zugleich beherrscht ist, jedoch ebenso die künstlerische Distanz zum dargestellten „Erlebnis" sucht. Selbst der banalste Dialog ist noch gesättigt mit Stimmung. Bang selbst hat die Keyserlingsche

Erzählung „Wellen" 1912 im Märzheft der Neuen Rundschau mit offensichtlicher Sympathie aus Wahlverwandschaft besprochen. Im Leisen und Verhaltenen, in der weichen, ja müden Trauer, die mit dem Leben bereits abgeschlossen zu haben scheint und doch immer noch mitleidig und mitleidend, unbestimmt wartend an ihm teilnimmt, wie auch in der Verwendung ausgesprochen „impressionistischer" Darstellungsmittel ist das Gemeinsame von Bangs und Keyserlings Prosa unverkennbar.

Warum ist das alles heute so rasch vergessen worden? Keyserling wurde sehr bald als Erzähler des erbeingesessenen kurländischen Adels registriert, der eine untergehende gesellschaftliche Welt noch einmal wehmütig verklärt, aber auch bereits kritisch beleuchtet. Als die geschichtliche Stunde dieser allzu verfeinerten Vorkriegsgesellschaft endgültig vorbei war, als Vornehmheit, „Tenue" und diskreter Hochmut, der sich vor der eigenen Verletzbarkeit zu schützen versuchte, nicht mehr verstanden oder gar als lächerlich empfunden wurden, mußte auch Keyserlings Werk seine Aktualität verlieren. Ihm blieb nur noch der Platz im Museum der Literaturgeschichte. Mit Schlagworten wie „resignierende Stimmungsmalerei" oder „gütiger Skeptizismus" konnte man ihn endgültig unter dem unscharfen Sammelbegriff „Impressionismus" verschwinden lassen und brauchte ihn nicht mehr zu lesen. In den Darstellungen zur Geschichte der deutschen Novelle fehlt meist sogar sein Name. Auch die literaturgeschichtliche Einzelforschung hat sich nur wenig um ihn gekümmert. Die beiden braven Dissertationen von Kaethe Knoop „Die Erzählungen Eduard von Keyserlings" von 1929 und Dagmar Brand „Die Erzählform bei Eduard von Keyserling" (1950) blieben so gut wie unbeachtet. Nur Richard Brinkmann hat in seinem vieldiskutierten Buch „Wirklichkeit und Illusion" eine ausführliche Analyse von Keyserlings Roman „Beate und Mareile" gegeben, in der er den Dichter für eine Spätstufe des „Realismus" beispielhaft in Anspruch nimmt, die Brinkmann als „Objektivierung des Subjektiven" beschreibt.

Wenn ich Keyserling trotzdem in eine zahlenmäßig beschränkte Auswahl von Novelleninterpretationen hineingenommen habe, so geschah das zwar auch aus dem, wie ich glaube, berechtigten Wunsch nach einer „Rettung" seiner zu Unrecht allzu vergessenen Poesie, weit mehr aber noch, weil uns diese Art von Erzählkunst für eine bestimmte geschichtliche Stufe repräsentativ scheint und sehr geeignet ist, den Übergang von der Prosa Schnitzlers zu der Musils und Kafkas deutlich zu machen. Es sei nicht verkannt, daß der Spielraum des Keyserlingschen Erzählens relativ begrenzt ist. Nicht nur die Darstellungsmittel, auch der stoffliche Umkreis der Personen und Vorgänge sind oft von großer Ähnlichkeit; sogar die Erzählmotive wiederholen sich häufig. Vielleicht ist die lyrischste seiner Erzählungen, „Schwüle Tage" (1906), in der der in den Tod führende Eros eines alternden Barons von der Erzählperspektive seines inmitten der Pubertät stehenden achtzehnjährigen Sohnes gespiegelt wird, Keyserlings eindrucksvollste Prosadichtung von mittlerem Umfang. Aber die Erzählung „Am Südhang" (1915) aus seiner Spätzeit ist als Ganzes novellistischer angelegt und daher für unseren Zusammenhang geeigneter. Obwohl sie erst kurz vor Keyserlings Tod, schon während des ersten Weltkrieges, entstanden ist, gehört sie, wie Keyserlings gesamtes Werk, noch durchaus in die Vorkriegswelt hinein und ist von dem damaligen Zeitgeschehen in keiner Weise berührt.

Wie in allen Prosadichtungen Keyserlings finden wir auch hier nur wenig objektive Begebenheit. Das rein Inhaltliche läßt sich in wenigen Sätzen nacherzählen. Der junge, soeben zum Leutnant beförderte Karl Erdmann von West-Wallbaum verbringt seine Sommerferien im wohlhabenden elterlichen Landhaus. Dort lebt auch die von ihrem Gemahl geschiedene schöne und geistvolle Daniela von Bardow, um die sich ein kleiner, mehr oder weniger in sie verliebter Kreis von Männern gruppiert, die, so wird einmal spöttisch darüber gesagt, wie Windmühlen sich um sie drehen. Sie rivalisieren alle untereinander; jedoch sind die eigentlichen Gegenspieler in dieser Geschichte Karl Erdmann und der junge Hauslehrer Aristides Dorn. Karl Erdmann aber wird in einer nächtlichen Stunde das ersehnte „Glück" geschenkt, kurz bevor er ein bereits früher vereinbartes Duell mit einem Referendar bestehen muß, der in der Betrunkenheit „sich Redensarten gegen das Regiment erlaubt hatte". Er kommt indessen heil und unversehrt zurück, auch dem Referendar ist nichts geschehen. Statt dessen erschießt sich unerwartet Aristides Dorn; und die viel umschwärmte Frau Daniela erkennt zu spät, daß nur er ihr das wirklich große und starke Gefühl entgegengebracht hat.

Die novellistische Pointe des Erzählten liegt in dem unerwarteten Ausgang. Nicht die Hauptfigur, aus deren Blickpunkt die Geschichte überwiegend erzählt wird, geht zugrunde. Sie ist zum alltäglichen Weiterleben bestimmt. Wohl aber fällt am Ende ein grelles Licht auf eine Randgestalt, die durch ihre bloße Existenz und ihr Schicksal den wohlbehüteten Lebenskreis, innerhalb dessen sie nur eine geduldete, ja subalterne Rolle spielte, in Frage stellt. Das Erzählte verzichtet weitgehend auf „Spannung". Wohl macht sich im Verlauf des Ferienidylls immer mehr die Beunruhigung bemerkbar, ob nicht der bevorstehende Ehrenhandel sogar in den Tod führen könne. Aber das ist sowohl für Karl Erdmann wie für die meisten Personen seiner Umgebung, ja auch noch für den Leser mehr eine Irritation als eine vorwärtsdrängende Angst, die ihn nicht mehr losließe und mit Unruhe erfüllte. Umgekehrt wiederum nimmt man von den Schwierigkeiten des Hauslehrers zunächst zu wenig Notiz, als daß sich die Katastrophe im voraus ahnen, geschweige denn erwarten ließe. Eben darin besteht die sehr sublime Ironie des Erzählers, daß er zwar ganz aus der subjektiven Perspektive seiner Hauptgestalt, zuweilen auch aus der der anderen Personen erzählt, jedoch alsdann durch das Erzählte selbst diese Hauptgestalt weitgehend als unzulänglich entlarvt oder zum mindesten in ihrer normierten Mittelmäßigkeit sichtbar macht. Das gilt freilich noch weit mehr von dem gesamten, allzu geschützten, allzu gut gedeihenden Lebenskreis „am Südhang", für den der junge Leutnant nur stellvertretend steht.

Der Erzähler mischt sich nirgends mit seinen eigenen Gedanken und Urteilen in das Geschehen oder auch nur in die Stimmungen seiner Menschen ein, mag er diese auch häufig über sich selbst reflektieren lassen. Ja, er vermeidet jede scharfe oder bittere Tonart. Es ist mehr so, als ob er seinen Menschen wehmütig zusähe, wie wenn er sagen wollte: Ihr könnt ja nichts dafür, daß ihr so seid, wie ihr seid, und ich kann es auch nicht ändern. In keiner Weise versucht er, seine Menschen und ihre Schicksale von einem fiktiven, allwissenden Standort aus zu leiten oder in einer schon vorausgewußten Richtung kunstvoll zu dirigieren. Er gibt sie nahezu improvisierend, von Moment zu Moment; seine Darstellung hat darin etwas Springendes. Er läßt sich in den Alltag seiner Personen ein, in ihr sorgenloses Feriendasein mit den Vergnügungen der Mahlzeiten und der Jagd, in ihre punktuell gewordenen Gespräche und ihre Suche nach „Erlebnissen". Er zeigt, wie diese Menschen untereinander Kontakte haben möchten und doch nicht eigentlich finden. Oft scheint in diesem Auf und Ab — ohne wirkliche dramatische Zuspitzung — etwas seltsam Verschwimmendes in das Erzählen hineinzukommen; aber eben diese Atmosphäre des Gleitenden und Konturlosen wird mit genauer künstlerischer Präzision beschrieben, ja noch mit einer ausgesprochenen Neigung zum „understatement", so daß sich der Erzähler trotz seiner lyrischen Stilelemente so gut wie nie in jenen poetisierenden Selbstgenuß der Stimmung verliert, wie es bei Storm so häufig der Fall ist. Ebensowenig freilich kennt er das streng sachliche, bereits analytische Erzählen Schnitzlers, das den inneren Vorgang seiner Personen mit Genauigkeit festzuhalten versucht und nur durch die künstlerische Formengebung mit dem äußeren Geschehen ins Gleichgewicht bringen will. Wohl läßt sich bei Keyserling ebenso wie bei Schnitzler ein Überwiegen der inneren Vorgänge beobachten. Bei Schnitzler jedoch bedeutet das in der Regel keinerlei Einströmen des Lyrischen. Die Innenperspektive behält stets noch ihre Zuordnung zu einer typischen gesellschaftlichen Situation. In erster Linie kommt es auf genaue, neutrale Beobachtung an. Bei Keyserling hingegen ist das subjektive Mitschwingen des Erzählers mit dem jeweiligen individuellen „Fühlen" seiner Gestalten sehr viel spürbarer. Der Bereich der Natur, wenn auch nur zeichenhaft dafür gebraucht, gewinnt eine sehr viel größere Bedeutung. Erst auf dem Umweg über die Ironie vermag der Erzähler die künstlerische Distanz zum Dargestellten erneut zu gewinnen. Von da aus rückt dann der Bereich der Gesellschaft wiederum in den Blickpunkt. Aber auch hier dominieren die Erlebnisperspektiven. Denn es gehört zum kultivierten Stil dieser Gesellschaft, daß, abgesehen vom alltäglichen Rhythmus, sich so wenig wie möglich zu ereignen hat, es sei denn jene nervös-irritierende Jagd nach „Erlebnissen", die zwar den gewohnten gepflegten Lebensrahmen erheblich stören, ja sogar gefährden kann, aber dennoch als Gegengewicht gegen die Langeweile unentbehrlich, ja sogar faszinierend verlockend ist.

Der Erzähler bemüht sich, seinen eigenen Ton auf den unruhigen inneren Rhythmus seiner Gestalten abzustimmen, mit ihnen gleichsam mitzuleben oder — richtiger gesagt — mit ihnen noch am Leben vorbei zu leben. Er fühlt sich zu ihnen gehörig, und sei es auch nur, weil er Mitleid mit ihnen hat, vielleicht aber mehr noch aus einer eigenen Existenzschwäche heraus, die dieses verfeinerte, ständig nur mit sich selbst beschäftigte Leben allzu gut versteht und darin einen Schutz vor allem Brutalen und allem allzu Direkten zu finden glaubt. Jedoch besitzt der Erzähler darüber hinaus zugleich die kluge und traurige Einsicht in das Fragwürdige, Unzulängliche, zuweilen sogar Peinliche dieser inneren Zustände; er läßt sich nichts vormachen, ist aber diskret genug, das nicht allzu deutlich zu zeigen. Keyserling zeichnet wie Schnitzler der aristokratische Takt des Leisen und Vornehmen aus. Indem er jedoch alle Personen wechselseitig aufeinander bezieht, indem er weiterhin ihre subjektive Wirklichkeit Schritt für Schritt künstlerisch objektiviert, gelangt er zu einer Enthüllung der inneren und äußeren Daseinsformen, die das eigentliche „Ziel" seines Erzählens ist. Wohl läßt er meistens seinen Personen ihre Illusionen; aber vom Ganzen der Erzählung geht dennoch eine desillusionierende Wirkung aus, sie mag noch so liebenswürdig, noch so dezent abgeschwächt sein. Der verwöhnte Lebensstil dieser Gesellschaft am Südhang wird zwar damit nicht direkt entwertet, aber erheblich relativiert.

Bereits die ersten Sätze der Novelle bieten dafür ein Beispiel, wenn man sie nicht nur für sich allein liest, sondern zugleich in ihrem Kontrast zur ganzen Erzählung. Dort heißt es: „Karl Erdmann von West-Wallbaum war Leutnant geworden, und während er durch den Sommerabend dem elterlichen Landhause zufuhr, sagte er sich, daß all die klugen, hochmütigen Leute, welche schlecht vom Leben sprachen, ja, daß seine eigenen welt-schmerzlichen Stunden dem Leben unrecht taten. Es gab wirklich ganz einwandfreie Lebenslagen." Die Geschichte setzt mit ihrem Erzählen an einem mehr oder weniger beliebigen Punkt ein und beginnt sogleich aus der reflektierenden Erlebnisperspektive der Hauptgestalt heraus darzustellen. Karl Erdmann ist Leutnant geworden, fühlt sich dadurch bestätigt und „glücklich" und meint nun einer zu sein, „der mehr Recht auf Liebe, Bewunderung und alles Gute der Welt hatte als der frühere Karl Erdmann". Der Erzähler verdirbt ihm diese Illusion in keiner Weise. Aber seine Geschichte läuft gerade auf das Gegenteil hinaus. Die „wirklich ganz einwandfreien Lebenslagen" gibt es durchaus nicht, noch nicht einmal in jenem Haus am Südhang, wo man sich so gut auf das versteht, was das Leben „weich und verwöhnend" macht, wo „man so mühelos einander verstand", freilich eben deshalb auch um so leichter einander verwundete. Paradoxerweise liegt die Ironie des Erzählers gerade darin, daß er sich die Ironie bei der Schilderung seiner Personen und ihrer Zustände verbietet. Er ironisiert sie gleichsam indirekt, indem er „dieses Gefühl-volle", das sie „in sich gewähren lassen", auch seinerseits gewähren läßt, aber dabei nicht verklärt, sondern bloß ins Künstlerische sublimiert.

Greifen wir dafür zunächst eine relativ belanglose Nebenfigur, die Mutter, heraus. Das Fatale dieser konventionellen Familien-heiterkeit wird am Farblosen ihres Wesens besonders deutlich. Zu Beginn bei der Begrüßung des Sohnes heißt es über sie: „Das kleine Gesicht mit den vielen Fältchen unter der großen Spitzen-haube war erhitzt, weiß und rosa wie das Gesicht eines Kindes". Später wird ihr Zimmer beschrieben: „Himmelblau und weiß" sah es aus „wie das Zimmer eines jungen Mädchens." „Sie selbst im hellgeblümten Sommerkleide, blaue Bänder auf der weißen Morgenhaube, saß an ihrem Schreibtisch und schrieb ihr Tage-buch." Der Erzähler fügt ausdrücklich hinzu, sie sei die einzige in der Familie, die ein Tagebuch führe. Das Ironische dieser Mitteilung liegt im bloßen Faktum. Denn — so *muß* sich der Leser geradezu fragen — was sollte und könnte diese ein wenig törichte, kindlich-unreflektierte Mutter, der vor allem ihr Garten mit den süß und zumeist schwül duftenden weißen und feierlichen Lilien am Herzen liegt, in dieses Tagebuch bloß hineinschreiben? Oder sind es Lesefrüchte aus Thomas a Kempis, den die Mutter gern auf einem kleinen ungemähten Stückchen Wiese inmitten des Sonnenscheins und der kleinen blauen Schmetterlinge liest, bis die Familie wieder „glücklich und gemütlich" beim zweiten Frühstück beieinander sitzt? Als der Sohn unversehrt vom Duell zurückkehrt, plappert sie nur den Satz ihres Mannes nach und wischt sich dabei die Augen: „Ach ja, . . . jetzt braucht man an diese schrecklichen Dinge nicht mehr zu denken." Am Ende der Erzählung — Daniela hat die Lilien des Gartens gepflückt, um sie zu dem toten Hauslehrer zu bringen —, da klagt die Mutter nur leise: „Meine Lilien!", und nach dem endgültigen Fortgehen Danielas lautet die Quintessenz ihrer allzu schlichten Gedanken folgendermaßen: „Nun sind wir wieder in unserer Ordnung, nur meine Lilien sind fort. Es ist so sicher, nur die Seinen um sich zu wissen; denn mit den Fremden, man weiß nie — —. Daniela habe ich sehr geliebt, ich glaubte sie zu kennen, und dann plötzlich in einer Nacht wird sie jemand ganz Unbekanntes, Unverständ-liches. Nun, das ist vorüber, und wir haben wieder unser gutes bekanntes Leben. Morgen, denke ich, lasse ich die Pflaumen ab-nehmen, ich will noch einmal nachsehen."

Von allem, was sich ereignet hat, versteht die Mutter nicht das geringste. Der Erzähler sieht auch sie lediglich von ihrer eigenen Erlebnisperspektive her, wie es denn überhaupt eine vom Menschen unabhängige objektive Welt für ihn kaum mehr gibt. Auch wo er möblierte Räume oder Landschaften schildert — oft sind es nur Farben, Töne, Düfte, eine nicht eigentlich greifbare Atmosphäre —, da dient beides fast immer dazu, um die traumhaft erlebte Ferne oder Nähe der Dinge zum fühlenden Menschen spürbar zu machen. Gegenständliche Wirklichkeit und innere Seelenbewegung bleiben ständig aufeinander bezogen, mögen sie dabei miteinander verschmelzen oder sich schmerzlich widerstreiten. Insofern hat alles Dingliche für Keyserling immer schon metaphorisch-zeichenhaften Charakter. Es besitzt nicht mehr eine Wirklichkeit in sich selbst und durch sich selbst. Es wird aber auch nicht als artistisches Zeichen für das Novellengeschehen im engeren Sinne benutzt. Diese Möglichkeit klingt nur gelegentlich an. Das Dingliche ist nur noch im Fühlen und Reflektieren der Menschen zugänglich. In ihm spiegeln sich sowohl die genießerische Problemlosigkeit des Daseins am Südhang wie auch umgekehrt jene inneren Vorgänge — und auf sie kommt es dem Dichter eigentlich an —, in denen die „ganz einwandfreien Lebenslagen" erschüttert und widerlegt werden.

Am Anfang ist in der Schilderung der Mutter die so dezent zurückgehaltene Ironie des Erzählers nur wenig spürbar, so daß der Leser dieses himmelblau-weiße Interieur fälschlicherweise für kitschige Verklärung im Stil der Courths-Mahler halten könnte. Aber die Entzauberung bleibt nicht aus, wenn man weiterliest. Dennoch behält die Mutter in aller ihrer naiv-freundlichen Selbstsucht auch noch etwas vom Pflanzenhaften des sommerlichen Daseins am Südhang. Zeigen ja auch Keyserlings andere Erzählungen sehr oft diese Vorliebe für vegetativ dargestellte Menschen, wenn auch auf Kosten plastischer Umrisse. Sieht es nicht so aus, als ob Keyserling die Gestalt der Mutter nur ungern, fast gegen seinen Willen ironisiert? Liebt er doch selbst ein wenig dieses überkultivierte Leben am Südhang, von dem er sich nie völlig freimachen konnte, vielleicht auch gar nicht freimachen wollte.

Stimmungslyrik und Ironie vertragen sich nur schlecht miteinander, es sei denn, die Ironie zerstört in bewußt destruktiver Absicht — wie so oft bei Heinrich Heine — die noch kurz vorher scheinbar um ihrer selbst willen genossene Stimmung. Dann ist der lyrische Zauber nur eine Fiktion, die in der Ironie ihre Vernichtung finden soll. Aber davon kann in Keyserlings Prosa keine Rede sein. Wenn er den Bereich des Objektiven, also den der wirklichen Begebenheit, ins Subjektive hineinzieht, so daß er sich nahezu ganz in das Erleben und Reflektieren einzelner Personen auflöst, so sucht er umgekehrt die Ironie, die an sich ein subjektives Element des Erzählens ist, gleichsam zu objektivieren, indem er sie ins rein Vorgangshafte transponiert und im Sprachlichen nur leise anklingen läßt. „Objektivierung des Subjektiven", so lautet Brinkmanns Formel für Keyserlings Schaffen. Ich würde eher sagen: „Subjektivierung des Objektiven", weil ja die jeweilige Wirklichkeit durchaus von der jeweiligen Erlebnisperspektive einer einzelnen Person her dargestellt wird. Erst die Ironie schafft auf dem Umweg der künstlerischen Formung die „Objektivierung" des vom Subjekt aus Dargestellten. Fast jede Person ironisiert unfreiwillig noch sich selbst oder gerät in die distanzierende ironische Beleuchtung durch den Kontrast zu der „Innenwelt" und „Innenperspektive" einer anderen.

Das eigentliche „Leben" ereignet sich gleichsam „zwischen" den Menschen; diese existieren immer nur in der vergeblichen Bewegung darauf hin und werden so in der Reflexion stets von neuem in die Frage hineingetrieben, wo und was denn nun eigentlich dieses Leben sei. Dadurch entsteht diese spezifische Traurigkeit der Keyserlingschen Erzählungen, die in ihrer Atmosphäre an Schnitzler erinnert, aber sich von ihm auch wieder durchaus unterscheidet, weil eben dieses Traurige das eigentlich lyrische Fluidum des Lebens ausmacht. Bei Schnitzler erwächst es weit mehr aus dem punkthaft Isolierten der menschlichen Existenz, nicht aber wie hier aus einem allgemeinen Daseinsgefühl überhaupt. Das nicht mehr aussagbare und eben darin lyrisch Traurige des Lebens, nur noch als Atmosphäre zwischen den Menschen in ungreifbarer Weise gegenwärtig, entzieht sich der Ironie und bleibt bloße Stimmung oder Medium für Stimmung, an dem mehr oder weniger alle Gestalten teilhaben. Aber sobald sie aus diesem verschwimmend Allgemeinen des Daseins heraustreten und sich ihres Einzeldaseins bewußt werden, wird notwendig das Faktum dieser Vereinzelung ironisch, gleichgültig, ob sie darum wissen oder nicht; ironisch sowohl durch sich selbst wie durch die gegenseitigen, aber weitgehend vergeblichen Versuche zur Gemeinsamkeit. Dadurch kommt Kälte und Präzision in diese sich oft der „Stimmung" überlassende Prosa hinein. So stellt denn Keyserling den ungewöhnlichen und wohl nur in der modernen Prosa möglichen Fall dar, daß ein Erzähler lyrische und ironische Gestaltungselemente widerspruchslos zu vereinigen vermag, weil in seiner Ironie die lyrisch erlebte, noch dem Traum verwandte Traurigkeit des Lebens real aufgefangen und gespiegelt und aus dem Zerfließenden der endlos kreisenden Bewegung von Lebenssteigerung und Lebensverlust in die begrenzte, zweifelnde und zweifelhafte Welt jener „feinschaligen" Kulturmenschen übersetzt wird, die so gepflegt, so vornehm, so nervös und bei alledem so kompliziert miteinander umgehen.

Je mehr nun das Künstliche, Verzärtelte und Isolierte solcher Daseinsformen hervortritt, um so vibrierender wird Keyserlings Ironie; am deutlichsten wohl in der Erzählung „Seine Liebeserfahrung", in der die Selbststilisierung im Erleben, das Sicherbauen am druckreif gewordenen Kunstwerk des eigenen Lebens nur dazu führt, daß dem Icherzähler die angebetete Claudia — sagen wir ruhig: direkt vor seiner Nase — mit einem anderen davonrennt. Die Ironie des Erzählers gilt dem Abstand, der zwischen dem zart sinnlichen, nur lyrisch aussagbaren Mysterium von Leben und Tod und dem ständig sich selbst bemitleidenden, sich selbst täuschenden, mehr oder weniger vergeblich um große Gefühle und Erlebnisse bemühten Einzelmenschen besteht. Dieser mag sich noch so sehr in das Refugium seiner müde gewordenen Kultur hinüberretten, dem „Inkognito" des Todes ist er trotzdem nicht gewachsen und dem „Inkognito" des Lebens ebensowenig. So existiert er zwischen zwei unbekannten Größen, ständig von der Gefahr bedroht, darüber seine eigene Wirklichkeit als Mensch zu verlieren. Eben dieser Prozeß läßt die schwermütige Lyrik des traurig-schönen Traumes von Leben und Tod in das Labile der Nervosität und damit bereits in die erzählerische Distanz der Ironie umschlagen.

Den Zwischenzustand, in dem sich das eine mit dem anderen vermischt, charakterisiert Keyserling aus seiner Vorliebe für das „Schwüle" heraus. „Schwüle Tage", das ist nicht nur ein Novellentitel; sie finden sich eigentlich überall in dieser Prosa. Die Schwüle ist das sinnbildliche Zeichen für dieses Gleiten vom nervös Sinnlichen ins Mystische oder auch umgekehrt, für eine Sehnsucht, die sich nicht mehr verwirklichen kann oder, wo ihr dies dennoch augenblickshaft zu gelingen scheint, gleich wieder in Traurigkeit zerfließt. Die Schwüle ist die atmosphärische Voraussetzung für diese Menschen, „die zusammen müde sein" wollen und die überdies darüber reflektieren, ob sie damit nicht eine neue raffinierte Erfindung, einen Genuß eigener und besonderer Art sich erdacht haben. Schwüle ist der Zustand zwischen Langeweile und Erregung, zwischen kalt und heiß, zwischen Ironie und Gefühl. In der Schwüle allein kann sich das Element des Erotischen entfalten, für Keyserling das Element des Lebens überhaupt, das hier immer etwas von einer künstlichen Treibhausluft hat, im Erblühen bereits welkend, voller Verlangen nach den ungelebten Lebenswonnen und dennoch ohne eigentliche Kraft der Hingabe, so daß das ersehnte Leben immer schon vorübergegangen ist. Die Nerven sind zu zart, die Empfindungen zu überzüchtet, die Reflexionen zu störend geworden. Von der „Technik des Glücklichseins" spricht der Legationsrat mit der schnarrenden Stimme, der Bräutigam von Karl Erdmanns Schwester Oda, der sich in seinen eigenen Gefühlslabyrinthen nicht zurechtfindet und für den es zum interessant aristokratischen Lebensstil gehört, in der gewitterschwülen Sommernacht der anderen Dame in der Bibliothek seine Liebeserklärung vorzutragen. Seine Verlobte Oda aber bekennt ihrem Bruder, Sichlieben und Sichverloben habe sie früher für eine einfache Sache gehalten. Nun sähe sie aber ein, „daß Sich-lieben etwas ganz Kompliziertes" sei. Zuweilen käme es ihr vor „wie eine sehr schwierige Rechnung so mit Klammern und Xen". Zwar sucht der um die „Technik des Glücklichseins" so erfolglos bemühte Bräutigam sie damit zu trösten, das gegenseitige Verstehen sei nicht so wichtig, die Hauptsache sei das Lieben, das genüge schon. „Aber", so reflektiert Oda vor sich hin im Gespräch mit Karl Erdmann: „ich weiß nicht, wenn man nicht versteht, wird es leicht unheimlich, und du erinnerst dich, ich fürchtete mich von jeher im Dunkeln."

Was also ist hier die Liebe? Eine komplizierte, irrationale Rechnung, die nicht aufgeht und die das junge Mädchen vor dieser Liebe sich fürchten läßt, wie sich Kinder vor dem Dunkeln fürchten. Bei den Männern wiederum ist Liebe oft nur der Versuch, sich selbst ins Komplizierte, Interessante und Geheimnisvolle zu stilisieren, manchmal vielleicht nur eine „Gemütskomplikation", manchmal eine Flucht aus der Langeweile, um endlich etwas zu „erleben" und sich dabei an der Musik seiner eigenen klangvollen Worte berauschen zu dürfen. Denn auch der vibrierende, weich musikalische Stimmklang wird für Keyserling noch zum Zeichen des Eros. Oder aber — so sieht es wiederum von der Perspektive Danielas aus — in der Liebe geht es darum, die Erregung eines starken, schnellen Glückes zu spüren, das den Menschen plötzlich überrumpelt, ihn dann freilich wieder in der Stille und Dunkelheit traurig allein läßt. Das Blut erhitzend und aufpeitschend und doch zugleich als ein Zustand des süßen Erschlaffens — so wird das nervöse irritierende Phänomen Liebe in diesen „goldenen, schwülen Tagen" erlebt, das die Männer in den heißen Sommernächten nicht schlafen, sondern wie Gespenster im Dunkel der Parkbäume umherstreifen läßt. Die Jagd nach der Liebe ist wie eine Jagd nach der Wirklichkeit; aber eben sie läßt die Wirklichkeit ins schattenhaft Unwirkliche entgleiten. Liebe, so steht in Keyserlings Aufsatz „Über die Liebe" zu lesen, ist „der unermüdliche Dramatiker und Komödiendichter des menschlichen Daseins, unerschöpflich in neuen Formen".

Inmitten eines gepflegten Feriendaseins, im Erdflecken am Südhang, „auf dem es galt, nichts zu tun, als tief zu fühlen, gut zu essen und sich verwöhnen zu lassen" — Liebesgeschichten liegen hier gleichsam in der Luft —, wird die Faszination durch eine schöne, bereits erfahrene Frau, die mit ihren schieferblauen, von den Wimpern seltsam umschatteten Augen und der wunderbaren Klarheit ihrer feinen Züge einen geheimnisvollen Reiz ausübt, für den jungen Leutnant das Abenteuer, das zu den richtigen Ferien mit dazu gehört, zu der süß quälenden Unruhe, die im Blut, vielleicht mehr noch in den Nerven herumgeistert. Das erotische „Erlebnis" wird als Gegenspieler des Alltags und damit auch der Langeweile gesucht, als das Festtägliche, das Ungewöhnliche, Bedeutungsvolle, als die geheime, erst zu entdeckende Pointe des Lebens, ohne die das bloße Dasein im Reservoir des Schönen, Vornehmen und Kultivierten jeden Reiz verlieren würde. Denn was bliebe ohne dies noch übrig? „Man sitzt auf seinem Halme . . . und schnurrt sein Lied ab, das ist dann Leben", so reflektiert der junge Leutnant beim Anblick der Feldgrillen. Im Erotischen soll diese tötende Gleichförmigkeit durchbrochen werden. Der wohl stilisierte Liebesbrief bleibt freilich ein Fehlschlag. Denn die kluge Daniela durchschaut, daß Karl Erdmann damit nur sich selbst interessant vorkam. Viel eher mochte er für sie durch das Frische und Klare in seinem Wesen anziehend sein, wenn er selbst auch ein solches Bild von sich nicht wahrhaben will. Aber dennoch — und es ist gewiß auch Mitleid mit dem vielleicht todesgezeichneten Duellanten von morgen — möchte Daniela schließlich „das schnelle, starke Glück" wie ein Zeichen des Lebens verschenken.

In der Erwartung dieses Glückes wird eine Steigerung des Lebensgefühles erfahren, Minute für Minute kann behutsam ausgekostet werden; alle Sinneseindrücke erscheinen als etwas Kostbares und Seltenes, die einfachsten Gegenstände der Natur werden zum Unvergeßlichen des eigenen Lebens. Der Liebesvorgang selbst wird im lyrischen Einklang mit der Natur erzählt. „Durch das Laub der Bäume lief ein beständiges Rauschen und Wispern, kühle Tropfen regneten auf die Bank nieder. In irgendeinem Baumwipfel regte sich eine verschlafene Krähe und schlug laut mit den Flügeln. Ganz fern auf der dunklen Wiese wurde eine Stimme laut, ein einsames Rufen oder Singen. Karl Erdmann hörte das alles, aber es schien nicht außer ihm, sondern mit ihm eins zu sein, eins mit der Bewegung seines Blutes, mit dem Pulsschlag der Arme, die ihn umschlangen, mit dem Leben der Lippen, die sich auf die seinen drückten. Die ganze große Finsternis um ihn her mit ihrem Wehen und Klingen war ganz nur sein eigenes Fühlen."

Aber solche beseligende und ohne jede Ironie dargestellte nächtliche Verschmelzung von Innen und Außen vermag nur einen Augenblick lang zu dauern. Der schöne Traum zerrinnt bereits mit dem Erwachen. Denn „das Weiterträumen solcher Träume ist mühsam und will nie recht gelingen". Natur und Empfindung streben wieder auseinander. Wohl bleibt auch dies zunächst noch traumhaft, aber es ist kein Glückstraum mehr, sondern „nebelgrau und voll einer starken Traurigkeit". Die Einsamkeit des Daseins läßt sich im Erotischen nur vorübergehend überwinden. Wohl aber dringt das traumhaft Traurige allen Lebens hier besonders stark ins Bewußtsein. Das kündigt sich auch in der geheimnisvollen Nähe von Eros und Tod an, die Keyserling ebenso wie Schnitzler kennt, aber mehr als Atmosphäre, als unbestimmtes Element des Daseins überhaupt. Erst mit jener besonders herausgehobenen Thematik gewinnt das bisher mehr unbestimmt schweifende Erzählen dieser Geschichte seine novellistische Durchformung. Wäre Karl Erdmann im Duell gestorben, wie es die weinende Daniela beim Abschied nach der Liebesnacht vielleicht sogar, wenn auch nur unbewußt, von ihm erwartet, dann hätte die allein gebliebene Daniela das „schnelle, starke Glück" als jene letzte Kostbarkeit bewahren können, die durch nichts mehr zu relativieren ist. Aber er bleibt am Leben; und eben damit triumphiert die Banalität der alltäglichen Wirklichkeit über das geheime Verlangen der Seele nach dem Außerordentlichen. Die Liebesepisode fortsetzen zu wollen, muß Daniela als eine indezente Taktlosigkeit, als ein Nichtverstehen erscheinen. Denn sie war nur für diesen einen Augenblick bestimmt. Der Zurückgekehrte ist für sie der Fremde, der in die behaglich-kultivierte Familienheiterkeit hineingehört, in die hübschen „Musterwirtschaften des Lebens", wie es Aristides Dorn im Gespräch mit Karl Erdmann früher genannt hat.

Wie aber steht es um das Duell selbst? Unter welchem Blickpunkt wird es vom Erzähler berichtet? Auch hier wieder ist das Ereignis nahezu völlig in die subjektiven Perspektiven einzelner Personen aufgelöst. Am wichtigsten wird dabei eine neu eingeführte Nebenfigur, der junge Doktor mit dem „runden Kindergesicht, dem wie zum Scherz ein roter Backenbart angeklebt schien" und der mit seiner Frau im bescheidenen Idyll seiner Johannisbeeren lebt. Wie Aristides Dorn, so ist auch er ein Outsider innerhalb dieser Gesellschaft, einer, der zu einer anderen sozialen Klasse gehört. Für ihn ist das Duell ein außerordentliches Ereignis. Unverständlich muß ihm der Kontrast des vorausgehenden gemeinsamen köstlichen Frühstücks mit Rebhühnern, Gänseleberpastete und Wein, mit schlechten, traurig gespielten Musikmärschen der Kapelle und atemlosem Walzertanz zu der in seiner Phantasie vorweggenommenen Allgewalt des Todes sein. Das alles bedeutet für ihn eine aufregende, unerhörte Sensation. So taktlos seine enthusiastischen Bemerkungen auch sein mögen — „von einer erfrischenden Empfänglichkeit", wie Karl Erdmann wohlwollend-spöttisch meint —, sie durchbrechen wiederum das rein Konventionelle und Gesellschaftliche dieses Ehrenhandels, dem der junge Leutnant „fröhlich" als „seiner ritterlichen Pflicht" entgegenfährt. „Sentimentale Komißgedanken an den Tod und solche Geschichten" hat er von jeher verabscheut, obschon er sich in den vorausgegangenen Ferientagen davon nicht ganz freihalten konnte.

„Sentimental" wird man die Empfindungen und Gedanken des Doktors nicht nennen dürfen. Eher haben sie etwas Rauschhaftes, das dem Tod als einem Mysterium gilt. Sosehr auch der Doktor als Einzelperson auch der Ironie des Erzählers unterworfen ist, dieser legt ihm zugleich noch manches von einer traurig-süßen Lyrik des Todes in den Mund. Das ist motivisch bereits vorher angedeutet, schon mit der alten frierenden Frau auf der Bank, der die Bäume des Waldes die Sonne verstellen, und daran anschließend mit der niedersinkenden Finsternis und dem großen langatmigen und ernsten Rauschen des Waldes, das die kummervollen kleinen Tier- und Menschentöne zum Schweigen bringt. Vom Geheimnis des Universums aus wird alles Kreatürliche als unwesentlich und sinnlos ausgelöscht. Einen Augenblick lang empfand dies sogar Karl Erdmann. „Es mag wohl sein" —

so reflektierte er das Naturgeschehen des im Finstern rauschenden Waldes, das bereits zeichenhaft für den Tod steht —, „daß es sich in dem großen Rufen dort oben um andere wichtige Sachen handelt, als wir hier treiben." Aber gleich danach bringt der Erzähler mit dem genau beschriebenen delikaten Frühstück den ironischen Vorbehalt zu solcher Naturmystik des Todes. Indessen, nur der Doktor allein empfindet diese in der Situation selbst liegende Ironie: „Wir tafeln hier, und hinter unsern Stühlen steht der Wald wie ein Diener, groß und schwarz." Die Natur, hier die Chiffre für den Tod, ist für ihn zum Zuschauer geworden. Graf Lynck verspottet solche Erlebnisperspektive zwar als literarische Stilisierung. Schreibt etwa auch der Doktor ein Tagebuch? Mehr und mehr gerät die Unterhaltung vor dem Duell ins Makabre. Auf der einen Seite steht der gewiß auch vom Wein beflügelte Doktor, für den dies so unverständliche Duell „ein Mysterium, eine erhabene Sinnlosigkeit, eine sakramentale Handlung" ist, ein *„credo quia absurdum est"*, auf der anderen der Graf mit seiner läppischen Spieleranekdote von dem Polen, der noch sein rechtes Ohr als Einsatz wagt, allerdings nur betrügerisch.

Wie steht es wirklich um den Tod? Ist er eine erhabene, feierliche Sache? Oder ist er nur das „Gewürz" beim Theaterspielen des Menschen? Denn auch und gerade mit Gefahr kann sich der Mensch, wie Aristides Dorn früher meinte, noch dekorativ drapieren: Todesgefahr als eine Art bengalische Bühnenbeleuchtung. Oder schlägt der Tod nur brutal eine Tür zu, so daß der allein zurückbleibende Arzt sich geradezu wie hinausgeworfen vorkommt? Zeichenhaft war der Tod schon in jener fröhlichen Entenjagd vorweggenommen, als Karl Erdmann beim Anblick eines Haufens toter oder halbtoter Vögel jenes wunderliche und unerwartete Gefühl einer furchtbaren, die Kehle zusammenschnürenden Traurigkeit überkam. Die Worte des Doktors steigern sich zu einer lyrischen Mystik des Todes, in die der Erzähler Keyserling wohl noch sein eigenes Bekenntnis hineinlegt. Wie auf einer „kleinen mystischen Lichtinsel" sitzt die Gesellschaft vor dem Duell hier „eng und gemütlich beieinander". „Um uns steht die Finsternis ganz nah und unbekannt, aber wir wissen, dort rauscht es und weht es, dort treibt ein großes Sein sein Wesen. Und plötzlich entwische ich aus unserer Lichtinsel hinein in die große Finsternis. Ich verliere mich ganz in sie, ich schmelze in sie hinein. Werde ich dann nicht ein unendlich wohltuendes Strecken und Dehnen fühlen, ein Atmen, wie mit immer weiter werdenden

Lungen, etwas wird sich in mir lösen, in das ich eingeschnürt war, etwas wird von mir abfallen, und was sich löst und was abfällt, das werde ich sein, das wird Friedrich Karl Ulich sein, und statt dessen werde ich auch als das große Wesen, als die große Finsternis, als das große Sein mein Wesen treiben. Das kann doch gut sein."

Aber auch das wird wieder ironisiert. Wohl möchte Karl Erdmann bald danach, von solchen Reden fast gegen seinen Willen verführt, dieses Hinschmelzen und Lösen einmal spüren. Auch darin verrät sich noch einmal seine ständige Jagd nach „Erlebnissen". Aber solche mystische Todesvorwegnahme inmitten des finsteren, bewegten Tannenwaldes und der durch die Zweige funkelnden Sterne gelingt ihm nicht recht. Keinerlei Einssein mit der Nacht als dem Symbol des Todes ereignet sich hier; sie „bellt" ihn nur „böse" und „leidenschaftlich" an. Selbst als für einen kurzen Augenblick „das Gefühl" solcher Überwältigung durch das All sich dennoch einzustellen scheint, da ist es auch sogleich vorüber und will der nachträglichen Reflexion nur als „Unsinn" vorkommen. Das erotische Zusammenkriechen und Beieinanderliegen bleibt für ihn das Verständlichere. „Man ist eben doch nicht das All." Wiederum wird das lyrisch-traumhafte Einheitsgefühl von Leben und Tod durch die ernüchternde Reflexion des in die empirische Vereinzelung gedrängten Menschen ironisiert. War nicht am Ende selbst der enthusiastische Aufschwung des Doktors nur eine Folge des alkoholischen Exzesses? „Der Mensch" — mit Graf Lynck zu reden — „hat sich nun mal an sich selbst gewöhnt."

Zu dieser Vielfältigkeit der Erlebnisperspektiven ist das Duell als reales Ereignis nur ein einziger schneidender Kontrast. Es entpuppt sich als bloße Formsache. Beide Gegner wahren höflich den Schein, ohne sich ernstlich wehe tun zu wollen. Der Konvention ist Genüge getan, und der ebenso konventionellen Versöhnung darf das obligate Frühstück folgen, diesmal freilich in schlechter Laune und ohne jeden Schwung. Etwas Entlarvendes und Entzauberndes geht von dieser Ausklammerung des Todes aus. Karl Erdmann hat jetzt nur noch bequem und gemütlich weiterzuleben, wird freilich zunächst „das seltsame Gefühl" dabei nicht los, „als sei etwas Unangenehmes, Widerwärtiges geschehen". Auch der Doktor ist desillusioniert. Zu viel Erregung, zu viel innere Vorbereitungen hatte er an ein „Erlebnis" verschwendet, das sich am Ende als bloße Bagatelle herausstellte. Es war nur ein Spiel um Nichts, ein viel zu wichtig genommenes „Traumspiel".

Den novellistischen Kontrast dazu wollte der Erzähler mit dem überraschenden Sterben des Aristides Dorn unterstreichen: Erst im Tod gewinnt Dorn die Liebe seiner Daniela. Noch im Schmerz erfährt diese ein „überstarkes Fühlen", das zugleich etwas von der Erregung des Glückes hat. Aber mit dieser leidenschaftlichen Anteilnahme an dem fatalen, unverständlichen Selbstmörder wird sie für die Gesellschaft am Südhang zu einer „unheimlichen" Figur. Oder gehörte sie nur, wie Graf Lynck meint, zu den Frauen, „die nicht genug fünfte Akte erleben können"? Läßt sich doch jede Intensität menschlichen Erlebens — und das weiß gerade Keyserling — immer auch unter einem ironischen Vorzeichen sehen! Daniela freilich ist überzeugt, daß der Tote für sie gestorben ist. Damit hat er einen geheimnisvoll-unalltäglichen Glanz bekommen, und diese nicht beachtete große Liebe will ihr als der unersetzbare Verlust ihres Lebens erscheinen.

Hier muß nun freilich auch von der künstlerischen Schwäche dieser Novelle die Rede sein. Der Erzähler meint den Selbstmord des Aristides Dorn sicher untheatralisch, genau entgegengesetzt wie etwa den des schönen Polen in der Erzählung „Bunte Herzen", der damit eine als Rolle genossene Traurigkeit noch einmal zur Schau trug und im Selbstmord eher demaskiert als verherrlicht wurde. Der Selbstmord des Aristides Dorn hingegen, der nur als bloßes Faktum berichtet und nirgends von den Erlebnisperspektive Dorns verdeutlicht wird, soll sich als die vom Erzähler weitgehend bejahte Konsequenz eines rebellischen Wesens ergeben. Aber die Figur bleibt zu blaß, als daß dies voll glaubhaft wäre. Das verhaltene hochmütige Lächeln und die wiederholt zeichenhaft verwendete schwarze Haarlocke, die sich Dorn mit einer Bewegung aus der Stirn streicht, die wie ein Protest aussieht, ferner einige kluge kritische Bemerkungen zu den „Musterwirtschaften des Lebens" — solche Züge sind nicht plastisch genug, um das Sterben dieses Mannes von einer diesmal wohl unfreiwilligen Ironie freizuhalten. Der Leser fragt sich, ob nicht auch der Hauslehrer — mag er schon der Protestierende am Südhang sein — dennoch weitgehend selbst in die problemlos verwöhnende Lebensatmosphäre hineingeraten ist, so daß sein Selbstmord vielleicht nur deswegen stattfand, weil er nicht genügend verwöhnt wurde. Aristides Dorn könnte freilich auch hierauf mit der Wendung antworten: „Nun schließlich, irgendeine Erfahrung bringt uns immer um." Aber sein Tod hat doch etwas fatal Zufälliges, ohne daß dieser Zufall vom Novellistischen her sich rechtfertigen ließe. Denn der Erzähler will diesen Tod ja als die unerwartete, wenn auch versteckte Pointe seiner Geschichte. Hätte nicht Aristides Dorn besser daran getan, statt sich vorschnell zu erschießen, sich noch etwas länger und ausdauernder um die interessante Frau Daniela zu bemühen?

Dennoch behält der Outsider Dorn als Kritiker der Lebensatmosphäre am Südhang seine Bedeutung. Er allein sieht, daß die wundervollen, die süßesten und saftigsten Birnen — „genaugenommen" — „kranke Birnen" sind, die es eigentlich nicht geben sollte. Zum Dasein einer solchen weichen und innerlich ganz süßen Birne glaubt er sich mit Recht nicht geboren und wittert darin eine Gefahr. Die Birnen haben leitmotivische Bedeutung für die Existenz am „Südhang", wo man über alles Schlimme rasch hinwegdenkt, wo sogar der Kummer noch gut gedeiht, weil alles hier pflanzenhaft gedeiht und zu sehr geschützt ist. Jedoch allzuviel weiß der in seine Daniela verliebte Aristides der Unzulänglichkeit solchen Existierens nicht gegenüberzustellen. Sein und seiner Freunde Anspruch auf „Weltanschauungen" statt auf „politische Ansichten" genügt nicht, um ernsthaft gegen das verwöhnt kultivierte Leben dieser Gesellschaft zu revoltieren. Gewiß, dieser Mann gehört nicht zu denen, die „immer zu lange bei Tisch" sitzen; aber daß er nicht die Kraft aufbringt, fortzugehen, können wir ihm nur als Existenzschwäche anrechnen. Für den primitiv lebensfrohen Herrn von Wallbaum, der dem Feingliedrigen der neuen Generation verständnislos gegenübersteht, ist dieser Freitod lediglich ein Symptom für die „Schlappheit der heutigen Jugend". Das sieht gewiß an der Sache vorbei. Jedoch das verklärende Licht, das für Daniela von diesem Tod ausgeht, bleibt gleichfalls nur eine subjektive Erlebnisperspektive. Ist Aristides, der „arme Werktagsmensch", am Schluß wirklich der Unalltägliche geworden, vielleicht dadurch für diese Menschen am Südhang noch so faszinierend, weil ja diese Gesellschaft gerade den Alltag im Grunde nicht erträgt? Karl Erdmann wiederum scheint endgültig ins Alltägliche entwertet. Immerhin gibt ihm seine Schwester Oda den guten Rat, nicht länger am Südhang in der Hängematte zu liegen und sich vom Kummer einhüllen und einwiegen zu lassen, sondern als „ein Mann, der noch etwas tun will", in die Welt hinauszugehen. Der Erzähler läßt offen, ob das geschehen wird. Aber eben dies wäre die Aufgabe des Aristides Dorn gewesen.

So behält die Novelle etwas Unentschiedenes. Man wird nicht

leugnen können, daß, trotz der großen Erzählbegabung Keyserlings, die sich so schwebend und präzise zugleich mit höchstem künstlerischem Takt zwischen Lyrik und Ironie zu bewegen wußte, es ihm die resignierende Lebensstimmung in der Tat unmöglich machte, die zwingende Einheit und Eindeutigkeit einer novellistischen Begebenheit prägnant zu gestalten.

ROBERT MUSIL

DIE AMSEL

Robert Musils Erzählung „Die Amsel", 1928 zum erstenmal veröffentlicht, erschien 1936 in seinem „Nachlaß zu Lebzeiten" und wurde in dem Band „Prosa, Dramen, späte Briefe" der gesammelten Werke erneut abgedruckt. Sie blieb bisher so gut wie unbekannt, obgleich sie zu dem Besten gehört, was Musil geschrieben hat. Der Versuch einer Deutung ist nach meiner Kenntnis bisher noch nicht gemacht worden. Trotz des sehr knappen Umfanges von etwa vierzehn Seiten sind es eigentlich drei kleine Geschichten, die hier von Azwei seinem Jugendfreund Aeins erzählt werden. In der längeren Vorbemerkung des Autors heißt es, daß Azwei das Folgende in der Art erzählte, „wie man vor einem Freund einen Sack mit Erinnerungen ausschüttet, um mit der leeren Leinwand weiterzugehen". Daher seien die Erwiderungen von Aeins auch nicht so wichtig, und die Unterredung könne fast wie ein Selbstgespräch wiedergegeben werden.

Was in der Vorbemerkung und sonst noch über die Freunde mitgeteilt wird, will uns dem ersten Anschein nach merkwürdig ausführlich und geradezu überflüssig realistisch erscheinen, wenn man es mit dem durchaus zeichenhaften Charakter der drei kleinen Erzählungen vergleicht. Man tut jedoch gut daran, diese Hinweise des Eingangs nicht zu überlesen, sondern sorgfältig zu erwägen, warum sie wohl dem Erzählten vorangestellt sind. Von den Jugendfreunden heißt es fast nonchalant: „Nennen wir sie Aeins und Azwei." Bereits das ist eine Verschlüsselung. Denn die Namen müssen als A ... eins und A... zwei gelesen werden und deuten damit auf das Scheinhafte des Prinzips der Individuation hin. Ebenso wie die drei nachher erzählten Geschichten trotz aller Verschiedenheiten dennoch *eine* Geschichte sind, so sind auch die zwei Freunde noch als Ein-Wesen, als A vorstellbar, zwar nicht im Sinne einer besonders hervorgehobenen freundschaftlichen Übereinstimmung, wohl aber in dem eines wechselseitig möglichen Austausches, innerhalb dessen der eine immer für den anderen stellvertretend stehen kann, A ... eins für A ... zwei oder etwa auch für eine noch weiter denkbare Reihe A ... drei und A ... vier usw. und umgekehrt. Ist ja doch der Einzelmensch auch seinerseits wieder auflösbar in „Beziehungen", die er „zu den verschiedenen Herren pflegt, die er der Reihe nach mit Ich anspricht". Für Musil bedeutet das Menschsein ununterbrochene Veränderung. Die Identität, die das Ich von heute mit seinem Ich von einst behauptet, ist nur ein Beibehalten eines ein für alle Male festgelegten Verhältnisses, und ebenso sei es zwischen Freunden. Man ist mit ihnen weder einverstanden noch zufrieden, ja manche Freunde mögen sich noch nicht einmal leiden. „In gewissem Sinn sind das sogar die tiefsten und besten Freundschaften und enthalten das unbegreifliche Element ohne alle Beimengungen." Freundschaft wäre demnach eine Art unbewußte Anerkennung der metaphysischen Gewißheit, daß die Verschiedenheiten des Ichseins in Wahrheit keine sind, weil von einem nur traumhaft zugänglichen Lebensgrund aus alle Welt der Bilder sich nur als Schleier der Maja und damit als trughaft erweist. So rückt trotz der scharfen Gegensätze Aeins wieder in bedrängende, in nahezu unverständlich bedrängende Nähe zu Azwei. Vielleicht konnte und sollte auch für den Zuhörer Aeins das von Azwei Erzählte noch eine zeichenhafte, vom Erzähler offengelassene Bedeutung für sein eigenes, späteres Leben gewinnen. Aber das läßt sich nur vermuten.

In der Vorbemerkung wird auf eine weitere Deutung der Freundschaft verzichtet und die ehemalige Situation der beiden Freunde mehr nach ihrer soziologischen und psychologischen Seite hin genau beschrieben. Der Akzent liegt dabei auf ihrer religiösen und philosophischen Vorgeschichte, und schon dies läßt uns vermuten, daß auch das nachher Erzählte als eine Art Antwort auf die hier angedeuteten Fragen der beiderseitigen Jugendepoche verstanden werden muß. War doch die frühere, beiden gemeinsame Zeit in einem „Institut", „wo man sich schmeichelte, den religiösen Grundsätzen gebührenden Nachdruck zu geben", gerade durch den Widerstand der Zöglinge gegen jede religiöse Erziehung charakterisiert. Hinten in der Kirche wurde bei den Beichtstühlen Karten gespielt, auf der Orgeltreppe wurden Zigaretten geraucht, oben auf dem Turm „Kunststücke" ausgeführt, „die selbst weniger sündenbeladene Knaben den Hals kosten konnten". Der Autor bezeichnet solche

Akrobatenkunststücke als „Herausforderungen Gottes" und meint
damit wohl in erster Linie, daß die Knaben selbst sie so verstanden
haben wollten. Es war Azwei, der Überlieferung nach „der Er-
finder dieser Gesinnungsprobe", der sich besonders in ihr hervortat,
während Aeins — wie manche anderen Mitschüler — hierbei nicht
mitgemacht hat. So wie uns Azwei, der spätere Erzähler, geschildert wird, mit seinem einfach und mühelos von der Natur
aus Muskeln geflochtenen Körper, seinen Augen in dem schmalen
kleinen Kopf, die „in Samt gewickelte Blitze" waren, und seinen
Zähnen, bei denen man an die „Blankheit eines jagenden Tiers"
denken mochte, ist alles andere eher als „die Sanftheit der Mystik"
von ihm zu erwarten; und doch ist es eben diese, die uns in den
drei kleinen Geschichten begegnen wird.

Von der Studienzeit heißt es, daß die beiden Freunde für „eine
materialistische Lebenserklärung" schwärmten, wobei der Reiz
solcher Philosophie für sie „in ihrem dämonischen, pessimistischen,
schaurig-intellektuellen Charakter" lag. Azwei studierte damals
Waldwirtschaft und wollte später als Forstingenieur nach Rußland
oder Asien gehen, Aeins hingegen betätigte sich in der aufsteigenden Arbeiterbewegung. Der dann aus russischer Gefangenschaft zurückgekehrte Azwei schien beträchtliche Fehlschläge erlitten zu haben, war aber jetzt in dem Büro irgendeiner großen
Gesellschaft angestellt, und es ging ihm „bürgerlich auskömmlich".
Sein Freund wiederum entwickelte sich aus einem Klassen-
kämpfer zu dem Herausgeber einer Zeitschrift, die vom sozialen
Frieden schrieb und die einem Börsenmann gehörte. Über diese
spätere Phase berichtet der Autor: „Sie verachteten sich seither
gegenseitig und untrennbar, verloren einander aber wieder aus
den Augen." Als sie dann doch einmal für kurze Zeit erneut
zusammengeführt wurden, kam es zu jener Unterredung, die,
genau gesehen, eigentlich bloß ein Selbstgespräch des Azwei war.

Worin besteht das Typische dieses Lebenslaufes, der hier kausal-
pragmatisch zusammengefaßt wurde und nachher in seinen Mitteilungen an den Freund unter einem ganz anderen Blickpunkt
erscheint, so daß er kaum mehr als der gleiche wiederzuerkennen
ist? In der Jugend- und Studienzeit dominieren die areligiösen
„Herausforderungen Gottes" und die materialistische Philosophie
von dämonisch intellektuellem Charakter. Rußland scheint einen
Bruch in das Leben des Azwei gebracht zu haben, obschon er,
wie der Autor bemerkt, von dieser Zeit wenig erzählte. Seine
augenblickliche Existenz hingegen ist die eines anonymen Ange-

stellten in einer großen Gesellschaft mit bürgerlichem Aus-
kommen. Im Bericht des Icherzählers hören wir später noch, daß
er in Rußland in Gefangenschaft geriet, dort die „große Umwand-
lung" mitmachte, aber nicht so bald zurückkehrte, da das neue
Leben ihm lange Zeit gefallen habe. Trotz der Bewunderung für
das kommunistische System erfaßte ihn dann doch bei einigen der
dort für unentbehrlich gehaltenen Glaubenssätze die Langeweile,
so daß er sich lieber nach Deutschland rettete, „wo der Individualismus gerade in der Inflationsblüte stand". Hier, in der Nach-
kriegszeit, gerät er vorübergehend in zweifelhafte Geschäfte, ja
sogar in ausgesprochene Not. Das ist der Zeitpunkt, zu dem dann
die dritte Geschichte spielt. Die erste ereignet sich in Berlin, noch
vor dem Weltkrieg, die zweite, zwei Jahre später, an der Kampflinie in Südtirol, noch vor der russischen Gefangenschaft.

Der Autor beschließt seine Vorbemerkungen mit einem Hinweis
auf Azweis damaliges Aussehen, zum Zeitpunkt, als er seine Geschichten erzählt. Er hält das für das Verständnis des Erzählten —
„die Bedeutung seiner Worte" — für wichtig, obwohl eine genaue
Beschreibung dieses Aussehens ziemlich schwierig wäre. „Am
ehesten könnte man sagen, er erinnerte an eine scharfe, nervige,
schlanke Reitgerte, die, auf ihre weiche Spitze gestellt, an einer
Wand lehnt; in so einer halb aufgerichteten und halb zusammen-
gesunkenen Lage schien er sich wohlzufühlen." Der Vergleich
hat etwas betont Manieriertes. Er will wohl andeuten, daß der Icherzähler immer noch etwas von dem Gespannten, aus „Muskeln"
Geflochtenen seiner Jugendzeit hat — scharf, nervig, schlank —,
aber auch bereits etwas Weiches und Gelöstes, das der „Sanftmut
der Mystik" entspräche, die als Resultat seiner Geschichten so
durchaus zu den einstigen „Herausforderungen Gottes" kontrastiert.

Denn es sind in der Tat ins Religiös-Mystische hinüberführende
Erzählungen, die uns nunmehr mitgeteilt werden. Jedoch verzichtet der Icherzähler entschieden auf eine gemeinsame Sinndeutung der drei Geschichten, und auch der Autor fügt keine
hinzu. Ja, Azwei beruft sich ausdrücklich darauf, es habe sich
eben alles so ereignet; und wenn er den Sinn wüßte, so brauchte
er es wohl nicht erst zu berichten. Das Erzählen will also nicht
Geschehenes deuten, sondern gerade umgekehrt das Ungedeutete
im Geschehen in seiner Wirklichkeit sichtbar machen. Erzählen
heißt, sich eines Vergangenen als eines Wahren zu vergewissern.
Die drei Geschichten scheinen wenig miteinander zu tun zu haben;

auch eine Amsel kommt — wenigstens in erkennbarer Weise — nur in der ersten und dritten, nicht aber in der zweiten vor; und doch sind sie nach dem Willen des Autors in geheimer Weise noch miteinander identisch oder, richtiger gesagt, in einem gleichen zeichenhaften Sinn gemeint. Das im Erzählen Intendierte läßt sich nicht mehr in *einer* Geschichte einhellig aussprechen, sondern bedarf solcher dreifachen Übereinanderschichtung, damit das in allem Wirklichen verborgene Prinzip des Möglichen künstlerisch sichtbar werden kann. Auch die Novellengruppe aus dem Jahre 1924 „Drei Frauen" brauchte ja drei Geschichten, um das eine verrätselte Phänomen möglicher Untreue erzählen zu können. In der einen dieser drei Geschichten, „Die Portugiesin", findet sich ein Satz, den man geradezu als Motto über unsere drei Erzählungen setzen könnte: „Das Zeichen war dagewesen, aber wie war es zu deuten, und was sollte geschehn?"

Zwar setzt in allen drei Fällen das Erzählen scheinbar realistisch mit einer genau beschriebenen dinglichen Wirklichkeit ein; aber der eigentliche dunkle Zusammenhang zwischen den Menschen und der Welt ist wie ein Raum voll lautloser Stimmen, der jenseits des Dinglichen liegt. Die Präzision des eben erst Beschriebenen wird wiederum aufgelöst, damit das Verschlossene und Unenträtselte der nach außen getretenen Bilder, ihre mystische Innenseite, entdeckt werden kann. Der Icherzähler spielt die reale Welt in eine imaginäre hinüber; und in eben dem Augenblick, wo dies geschieht, gewinnt *alle* Realität zeichenhaften Charakter. Es wäre jedoch nicht richtig, zu sagen, daß die imaginäre Welt „hinter" der realen sei; sie ist vielmehr statt dessen gewissermaßen in sie hineinverwoben. Die Realität kann schon darum nicht auf faßbare Weise gedeutet werden, weil sie bereits von sich aus überall ins Unfaßbare hinausläuft. In seinem frühesten Roman „Die Verwirrungen des Zöglings Törless" (1906) benutzt der Dichter die Chiffre der imaginären Zahlen als Gleichnis für dieses das Rationale überschreitende Weltgefühl. Die absolute Größe, wir könnten auch sagen: die Gottheit, gleicht einer solchen imaginären Zahl, vielleicht sogar noch einer imaginären Zahlengruppe, da es unentschieden bleibt, ob mit dieser Gottheit ein Zentrum oder nicht sogar eine Vielheit von Zentren gemeint ist. Denn das Göttliche ist für Musil Inbegriff von unbekannten, in keiner Weise deutbaren Möglichkeiten. Dennoch ist eben dieses große Unbekannte in die Bezüge unseres irdischen Daseins, selbst in die rationalen, mit hineingerechnet, und wunderbarerweise geht eine solche Rechnung auf, wenn auch erst im Endresultat, ebenso wie die mit den irrationalen Zahlen.

Wenn die Musilschen Erzählungen von ihren „Zeichen" aus konzipiert sind, so heißt das: Die Kategorie der Kausalität, nach der eins aus dem anderen folgt, ist nur scheinbar, in Wahrheit ist alles immer schon gleichzeitig da, ein Kraftfeld des Potentiellen, dessen jeweilige Aktualisierung dem Menschen dann in der Zeit aufgetragen ist. Die Zeichen aber sind wie „Signale", die uns jeweils mögliche Richtungen anzeigen sollen. Sie kündigen sich flüsternd oder rauschend, leise oder laut an, ohne daß wir das unterscheiden können; sie sind oft wie nach außen getretene Bilder, deren Sinn uns verschlossen bleibt; sie können anerkannt, gewiß auch abgewiesen werden. Sie haben jedoch alle gemeinsam, daß sie auf die Zeichenhaftigkeit des Lebens selbst verweisen und sich der direkten deutenden Auslegung radikal entziehen, obwohl sie ein freies oder zum mindesten als frei erlebtes Handeln des Menschen in Bewegung setzen, ohne daß jedoch zwischen dem jeweiligen Zeichen und dem ihm folgenden Tun ein kausaler Bezug bestände.

Es wäre daher nicht richtig, die Amsel in Musils Erzählung ein Symbol zu nennen; auch die kleine, kranke Katze in der „Portugiesin" ist das nicht. Denn ein Symbol hat immer noch seine Stimmigkeit in sich selbst. Das Zeichen aber bedeutet in Musils Erzählen nichts für sich allein und durch sich allein; es läßt sich auch nicht in einen abstrakt aussagbaren, eindeutigen „Sinn" übersetzen. Das Zeichen ist nur stellvertretend und gewinnt seine Funktion erst dort, wo es als Spiegel der Menschen und ihrer Situationen begriffen wird. Ja, das gleiche Zeichen kann, wie z. B. in der „Portugiesin" der Wolf und die Katze, für verschiedene Menschen noch sehr Verschiedenes anzeigen. Es ist auch in keiner Weise ausgemacht, *was* etwa in diesem metaphysischen Sinne zum Zeichen werden könnte. Die Möglichkeit dazu mag sogar noch in allem Realen vorgegeben sein. Das Zeichen hat keinerlei ablösbaren, im dinglich Bildhaften erscheinenden Wert, sondern ist nur ein Hinweis auf den Chiffrecharakter des Lebens überhaupt. Genau beobachtet tritt nicht ein mystisches Zeichen in eine zunächst ganz real dargestellte Welt ein, sondern dieser Eintritt des Zeichens verdeutlicht lediglich, daß auch alles Vorausgehende und Nachfolgende nur zeichenhaft verstanden werden darf, bzw. bereits auf die Erwartung eines Zeichens hin angelegt war. Beraubte man etwa das Zeichen seines ausdrücklichen Charakters, nur ein Zeichen zu sein, und nähme es statt dessen als kompakte Realität oder auch nur als mit sich selbst übereinstimmendes Symbol, so würden die erzählten Geschichten völlig konfus, ja sinnlos. Die erste Geschichte würde uns etwa zumuten, daß ein junger, glücklich verheirateter Mann, nur weil er an einem Maimorgen eine angebliche Nachtigall, die aber in Wahrheit eine Amsel war, singen gehört hat, seine Frau und sein Heim für immer verläßt; die zweite berichtete von einem Fliegerpfeil, der ihn während des Krieges eigentlich hätte treffen müssen und doch nicht getroffen hat; die dritte würde, und das wäre, für sich allein betrachtet, ganz unsinnig, erneut zwei Amseln einführen, eine als Kindheitserinnerung und eine, die jetzt angeblich plötzlich sprechen kann und behauptet, die verstorbene Mutter zu sein.

Würde man aber nun umgekehrt nur allegorisierend ausdeuten, etwa so: die Amsel der ersten Geschichte als „Sinnbild" für einen romantisierenden Trieb in die Ferne, den Fliegerpfeil als Bild für Todesbedrohung und wunderbare göttliche Rettung, die Amsel der letzten Erzählung als stellvertretend für Kindheit und Mutterliebe, so löste sich der Zusammenhang der drei Geschichten völlig auf. Wir hätten nur isolierte, bloß konstruierte Sinnbezüge in der Hand, die überdies noch durch andere, mehr oder weniger beliebige Ausdeutungen ersetzt werden könnten. Entscheidend ist der Analogie-Charakter des Zeichens. Darin unterscheidet es sich vom Symbol, in dem die Erscheinung mit dem Wesen identisch ist, aber auch von der Allegorie, in der etwas Abstraktes durch ein Sinnbild ausgedrückt wird. Das „Zeichen" macht nur darauf aufmerksam, daß durch ein äußeres Ereignis ein analoger innerer Vorgang gleichsam herausgefordert wird. Nach Musils eigenen Worten sind dabei „Undeutlichkeitszonen der Beziehung" durchaus möglich.

Das Kunstvolle der drei Erzählungen liegt darin, daß lediglich im Erzählen selbst die Wahrheit des Erzählten eindringlich wird. Diese Wahrheit entzieht sich zwar dem logischen und vernünftigen Begreifen, und insofern ist sie „unheimlich", aber sie ist dennoch anwesend, wenn man das Erzählte in seiner Zeichenhaftigkeit beläßt und das mehr Transparente als Okkulte der stellvertretenden Bilder nachvollzieht. Dabei ist es nötig, auch schon das jeweils „einbettende" konkrete Milieu vor allem in seinen latent enthaltenen Möglichkeiten und nicht als eine endgültig fixierte Wirklichkeit zu verstehen.

Das gilt bereits von der Schilderung der Berliner Höfe und ihrer Hinterhäuser in der ersten Erzählung. Die etagenweise genaue Schichtung auf gleichen Grundrissen, die Ehebetten übereinander, die Schlafzimmer in gleicher Lage, das gleiche auch bei Bade- und Speisezimmer, veranschaulichen vom Bildhaften her die Aufhebung jeder individuellen Freiheit. „Liebe, Schlaf, Geburt, Verdauung, unerwartete Wiedersehen ... liegen in diesen Häusern übereinander wie die Säulen der Brötchen in einem Automatenbüfett." Wenn auch Azwei das Gewaltige in dieser „Regelmäßigkeit" anerkennt — ein Schlachthaus in Chikago sei doch eine andere Sache als ein Blumentöpfchen —, ja sogar im Zeitpunkt der Geschichte diesen Geist „der Massenhaftigkeit und Öde" „wie eine Wüste oder ein Meer" erlebt, so ist dies doch nur die negative Folie, von der aus das „Signal" Amsel in genau entgegengesetzte Richtung weist. Bereits das vorausgehende Denken an die Eltern bedeutet mit dem Blick auf das „geschenkte" Leben den Gegenpol zum „gekauften" Leben dieser Wohnungen. Wohl flüchtete sich der Icherzähler in das Bewußtsein seiner sachlichen Leistung, hat er sich doch dieses häusliche Dasein erst aus eigener Kraft geschaffen. Aber das Geheimnislose, aller Möglichkeiten Beraubte solcher Existenz lag fatalerweise „in der Mitte zwischen Warenhaus, Versicherung auf Ableben und Stolz". Die fürchterliche Wiederholung und Gleichheit der Mietskasernen zeigt in Wahrheit die Vernichtung des Individuums vom Gesellschaftlichen her. Ein fortgesetztes derartiges Existieren würde in seiner Konsequenz das Leben aller „Unregelmäßigkeit" und „Unberechenbarkeit" berauben, die als eine Art „Schatz" von Azwei im Geheimnis des von den Eltern geschenkten Lebens wiederum neu entdeckt werden. Eben damit setzt bereits die innere Bereitschaft für das „Zeichen" ein. Besteht ja doch die menschliche Freiheit hauptsächlich darin, „*wo* und *wann* man etwas tut, denn was die Menschen tun, ist fast immer das gleiche". Dem Eintreten des Zeichens geht das ahnungsvolle, aber unbestimmte Warten voraus. Zunächst scheint es vergeblich, findet aber dann doch im Morgengrauen, an der Grenze von Schlafen und Wachen, eine Antwort. Es beginnt mit näherkommenden Tönen, die zunächst auf dem First des Nachbarhauses sitzen und von dort in die Luft wie Delphine springen oder wie Leuchtkugeln beim Feuerwerk, die dann „wie große Silbersterne in die Tiefe" sinken. Das Erlebte wird von Azwei als eine ihm persönlich gesandte Botschaft interpretiert. Ist es nicht, als ob etwas geschähe, was sonst nie geschieht und sich nunmehr doch und zwar nur für ihn ereignet? Die tötende Gleichförmigkeit des Daseins wird radikal durchbrochen. Eine Nachtigall ist von weit her in dieses „steinerne Gebirge", in dem es sonst keine Nachtigallen gibt, zu ihm hingeflogen, ein „Himmels-vogel", der eine Botschaft aus dem Übernatürlichen bringt, als ob man seine Kindheit in einer „Zauberwelt" verbracht hätte und nun wieder dahin zurückkehren darf. In Musils Tagebuch vom Mai 1914 findet sich eine Beschreibung „*Die Nachtigall*: (Aber es war eine Amsel.)", die wie eine Vorstudie zur späteren Dich-tung anmutet: „... Ich lege mich schlafen. Hinter den grünen Vorhängen, den Spalten der grünen Rolladen ist Weißliches. Ich werde aus dem Halbschlummer erweckt durch etwas Näher-kommendes .... Die Töne zerplatzen an den Fenstern wie Leucht-kugeln beim Feuerwerk. Wie man so liegt: erster Eindruck wie ein Märchen. Ein Zaubervogel, Himmelsvogel. Man meint, man muß nun an das Übersinnliche glauben; das gibt es also wirklich, sagt man sich, sogleich in dieser Zauberwelt heimisch wie ein Kind." Die ganze Stelle verrät neben anderen Notizen aus den Kriegstagebüchern, in denen bereits die Schilderung des Flieger-pfeils vorweggenommen ist, wie sehr noch Autobiographisches in diese Dichtung mit hineinspielt, zeigt aber zugleich, daß die so beschriebene Erfahrung auch in Analogie zum Märchen ver-standen wird. Auf eine solche märchenhafte Saelde kann in der Dichtung nur mit dem Verlassen des alltäglichen Daseins ge-antwortet werden. So fühlt sich denn Azwei gleichsam fortgezogen, dem Vogel nach, nicht nur durch den Gesang, sondern auch durch den zauberhaften Zustand, den dieser Gesang in ihm hervorruft.

Aber dem Autor liegt daran, das rein Märchenhafte sogleich wieder zu verwischen. Der Vogel verstummt und ist offensichtlich weitergeflogen. Der Traum von der Nachtigall ist ausgeträumt; es war nur eine Amsel, die offensichtlich die Nachtigall ein wenig imitiert hat. Also kein Himmelsbote, kein Wundervogel? Aber hier wird die Geschichte paradox. Die Liebe zur eigenen Frau ist plötzlich mit einem Male wie ausgebrannt; an die Stelle der Nähe ist Fremdheit getreten; denn auch hier ist ein Traum aus-geträumt. Doch trotz der doppelten Entzauberung bleibt die Amsel das Signal, das den Entschluß zum endgültigen Fort-gehen auslöst. Was macht es schon, daß es nur eine ganz gewöhn-liche Amsel war! „Was mich so verrückt machen konnte: das bedeutet noch viel mehr!" Diese Stelle ist wie ein Schlüssel zum Verständnis des Dargestellten. Was vorher Wirklichkeit gewesen zu sein schien, entlarvt das Zeichen als bloßen Traum; was nur Traum zu sein schien, enthüllt es als die eigentliche Wirklichkeit. Das Zeichen selbst braucht keineswegs wunderbar oder märchenhaft zu sein; es kann sich sogar höchst unscheinbar, höchst unrepräsentativ anbieten. Entscheidend bleibt allein, ob es als Zeichen gehört, als imaginäre Mitteilung einer unbekannten Gottheit angenommen wird, ob die Verwandlung im Menschen selbst einsetzt, dem im Vernehmen der Signale die uneingeschränkte Freiheit geschenkt ist, *jetzt* und *hier* seinen metaphysischen Aufbruch zu vollziehen. Das Zeichen Amsel mit seinem bestimmten Ort im Raum und in der Zeit hebt die scheinbare Kausalität des irdischen Lebens auf und gibt dem Ich die Möglichkeit zu allem und jedem zurück. Damit setzt es dieses Ich erst eigentlich in Freiheit. Darin besteht zugleich die Analogie zur "Zauberwelt" der Kindheit. Denn Kindheit — so wird sie später definiert — „heißt, an beiden Enden nicht ganz gesichert sein und statt der Greifzangen von später noch die weichen Flanellhände haben und vor einem Buch sitzen, als ob man auf einem kleinen Blatt über Abstürzen durch den Raum segelte".

Auch auf den seltsamen Zustand, in den der Hörende durch den von ferne singenden Vogel sich zunächst verwandelt fühlt, muß geachtet werden. „Als ob mich etwas umgestülpt hätte", so versucht es der Icherzähler zu beschreiben, „ich war keine Plastik mehr, sondern etwas Eingesenktes." Ebenso macht der Raum eine merkwürdige Metamorphose durch. Er verliert seine Hohlheit und besteht aus einem Stoff, „den es unter den Stoffen des Tages nicht gibt, einem schwarz durchsichtigen und schwarz zu durchfühlenden Stoff". Gleiches gilt aber auch vom Ich selbst, das nunmehr aus eben diesem schwarzen Stoff wie der Raum besteht. Das Nach-innen-Treten des Dinglichen ist unverkennbar. Während das Ich äußerlich einer plastischen Figur gleicht, die auf dem Bett wie „auf ihrer Grabplatte" liegt, erfährt es sich innerlich als das Umgestülpte, das Eingesenkte. Was zunächst außen war, ist jetzt innen, während das Innere gleichsam in neuen Bildvorstellungen nach außen tritt. Das Abstrakte des Raumes wird als schwarzer Nachtstoff auf eine merkwürdig transparente Weise konkret, zugleich aber das Bewußtsein der Individualität in der Identifizierung mit dem verwandelten Raum nahezu ausgelöscht. Wies schon das Bild der „Grabplatte" auf den Tod hin, so geschieht dies verschleiert und körperloser jetzt noch einmal durch die Betonung der schwarzen Farbe und der

Nacht. Die mystische Einweihung durch den Vogel ist zugleich auch eine in das Geheimnis des Todes. Das mag hier noch sehr verhalten angedeutet sein, wird dafür aber in den beiden nächsten Geschichten um so deutlicher. Das Signal Amsel, dem der Icherzähler folgt, weil er ihm folgen muß, weil er eben damit in jenen trunkenen Zustand der Freiheit gerät, losgelöst von aller Sicherheit, nur noch ein kleines, verlassenes Boot in der Einsamkeit, nennt nicht das Ziel, dem ein solches Boot zusteuert. Ja, es bleibt wohl kaum zweifelhaft, daß das Hinwegstehlen von der eigenen Frau auch Schuld in sich schließt. Ausdrücklich heißt es, daß Azwei niemals zurückgekehrt sei, mochte er auch oft daran gedacht haben. Seine Frau, so drückt er sich aus, war „unberührbar" für ihn geworden. Das in diesem Zusammenhange sehr eigenwillige Wort läßt sich nur dann richtig verstehen, wenn wir das Signal als einen religiösen Befehl auffassen, der, mag er selbst das unabänderliche und tief eingesehene Unrecht gegen das Du zur Folge haben, ein erneutes Sicheinlassen mit diesem Du doch geradezu verbietet. Oder sollte der Aufbruch zur Freiheit für den Menschen stets schon Verschuldung bedeuten?

In der zweiten Geschichte kommt die Amsel, wenigstens direkt, nicht mehr vor, aber sie handelt trotzdem von ihr. Wenn die symbolische Analogie von Amsel und Tod in der ersten Erzählung nur ganz leise angedeutet wird, so ist in der zweiten, in der so ausdrücklich vom Tod die Rede ist, nur an einer einzigen Stelle der Hinweis auf den Vogel gegeben. Aber ist nicht das auf das Mögliche gestellte Wagnis der Freiheit stets auch die von innen her ergriffene Freiheit zum Tod? Ist nicht jedes ungesicherte Leben zugleich ein dem Tod vorbehaltlos sich aussetzendes Leben? Intensivierung auf der einen Seite bedeutet stets auch eine auf der anderen. Das wird bereits in der sehr exakten Schilderung der Südtiroler Kampflinie und ihrer besonderen Umstände voll sichtbar. „Wie ein Verliebter" schaut der Icherzähler manchmal unter Lebensgefahr über den Grabenrand und erfährt dabei die Schönheit der Landschaft der Brentagruppe, so schön wie sonst nichts im gesicherten Leben. Ja, vor Glück und Sehnsucht kriecht er dann sogar noch hinaus und spaziert in die Nacht hinein, „bis zu den goldgrünen schwarzen Bäumen, zwischen denen ich mich aufrichtete wie eine kleine braungrüne Feder im Gefieder des ruhig sitzenden, scharfschnäbeligen Vogels Tod, der so zauberisch bunt und schwarz ist, wie du es nicht gesehen hast". Der Bildvergleich macht das Ich hier zur Feder im Gefieder des schwarzen

Vogels Tod. Mit keinem Wort ist von der Amsel die Rede; aber auch sie ist der schwarze Totenvogel, der in der nächsten Geschichte sogar noch mit der gestorbenen Mutter identisch wird. Für eine nicht mehr kausale Weltauslegung deutet jedes auf jedes hin und kann stellvertretende Funktion einnehmen. Weil in allen Bildern immer noch Trug steckt, kann die Wahrheit nur in der Bildvergleichung oder auch in der Bildüberlagerung indirekt sichtbar werden. Musil erklärt einmal, „daß hinter dem Bilde, das man empfängt, Hunderte von — für sich betrachtet ganz anderen — Bildern vorbeihuschen". Das Signal Amsel in der ersten Geschichte, dem das durchsichtig gewordene Schwarz des wie *eingesenkten* Azwei in einem zauberhaften Zustand antwortete, die partielle Identifizierung des Ich mit dem Vogel Tod in der zweiten, der eigentlich für Azwei bestimmte Fliegerpfeil, schließlich dann die Amsel der Kindheit, die als gestorbene Mutter noch einmal zurückkehrt — in dieser merkwürdigen Reihe läßt sich in keinem Fall das jeweilige Phänomen aus dem Früheren oder Nachfolgenden erklärend ableiten. Denn sie stehen alle jenseits von Ursache und Wirkung. Aber sie behalten das gemeinsam Stellvertretende für die Zeichenhaftigkeit des irdischen Lebens überhaupt; sie sind so da, als ob sie die mystische Essenz des Daseins wären, im Bild bereits das Bild transzendierend, und dies oft im Prozeß der Bildüberlagerung selbst; zugleich aber sind sie von aktualisierender Kraft für das aktive Handeln des Menschen oder für sein passives Erleiden. Sie sind hier nicht das Geschehen, sondern zeigen es nur an, aber dieses folgt ihnen — ähnlich wie in der „Portugiesin" — stets unmittelbar nach. Das ist auch in der dritten Geschichte noch der Fall, wenn es allerdings zunächst auch nicht so aussieht.

Aber noch müssen wir bei der zweiten verweilen. Sie handelt in unverhüllter Weise von der Bedrohung des Menschen durch den Tod. Jedoch gerade in der gefährlichen Nähe des Todes blüht eine sonderbare innere Freiheit auf, und diese ist für den Erzähler ebenso thematisch wie die mögliche Vernichtung. Ähnliche Gedanken finden sich auch in Musils Notizheft aus den Jahren 1916—18. „Man glaubt immer, daß man im Angesicht des Todes das Leben toller genießt, voller trinkt. So erzählen es die Dichter. Es ist nicht so. Man ist nur von einer Bindung befreit, wie von einem steifen Knie oder einem schweren Rucksack. Der Bindung an das Lebendigseinwollen, dem Grauen vor dem Tode. Man ist nicht mehr verstrickt. Man ist frei. Es ist Herr-lichkeit."

Zum Bereich dieser Freiheit gehört auch noch das Gewahrwerden des Schönen in der Nachbarschaft des Todes, nicht nur als Schönheit der Landschaft, sondern sogar in den weißen Schrapnellwölkchen der Batterien, die „lustig" „und fast lieblich" anzuschauen sind und die den Himmel wie mit „einer behenden Puderquaste" betupfen. Das Ästhetische inmitten dieses Augenblicks der Lebensbedrohung, in dem der feindliche Flieger unvermutet da ist, wird noch weiter ausgemalt. „Dazu schien die Sonne durch die dreifarbigen Tragflächen des Flugzeugs, gerade als es hoch über unseren Köpfen fuhr, wie durch ein Kirchenfenster oder buntes Seidenpapier, und es hätte zu diesem Augenblick nur noch einer Musik von Mozart bedurft." Das Geschenk des Schönen soll hier nicht wie in Hofmannsthals „Reitergeschichte" durch den Einbruch des tödlich Furchtbaren entwertet oder auch nur herabgemindert werden, sondern das Näherkommen der radikalen Gefahr wird dem Schönen analog „wie ein noch nie erwartetes Glück" erfahren.

Zunächst hört der Icherzähler ein leises Klingen, einen dünnen, singenden, einfachen Laut, einen „feinen Gesang"; und hier ist zweifellos das Gemeinsame mit dem Zeichen Amsel, wenn auch in sehr verdeckter Weise, für den aufmerksamen Leser spürbar. Denn auch damals war es ja das Näherkommen von freilich anders beschriebenen Tönen, mit denen das Zeichen sich ankündigte. Es wäre jedoch viel zu grob, wenn wir etwa behaupten würden, die Amsel käme diesmal als herabsausender Fliegerpfeil mit einem spitzen Eisenstab. Das Analoge liegt nicht im bildhaft Gegenständlichen, sondern in der Zeichenhaftigkeit und in der damit dem Ich geschenkten mystischen Erfahrung. Kann ja doch alles Gegenständliche eine metaphysisch stellvertretende, nicht nur eine reale Funktion übernehmen. Aber ebenso wie die Amsel der ersten Geschichte nur zu ihm, dem Erzähler, kam, so auch der Fliegerpfeil, der lange Zeit von den anderen Soldaten gar nicht wahrgenommen wird. Überdies ist das Hören dieses Pfeils zugleich für Azwei mit der sonderbaren, nicht im Wahrscheinlichen begründeten Empfindung verbunden: Dieser Pfeil wird treffen, vielleicht sogar *mich* treffen. Jedoch, dieses anschwellende Todesbewußtsein wird ebenso als Steigerung des Lebensgefühles erlebt. Antwortet das Leben nicht geradezu mit sinnlicher Gier dem auf Azwei zukommenden Tod? Ein unendlicher Lebensstrahl steigt von innen her dem von oben kommenden Strahl des Todes entgegen. Es ist, als ob die einander begegnenden Kräfte von Leben und Tod sich einen Augenblick die Waage hielten. Immer stärker wird der näher kommende Pfeil und sein allmählich körperlicher und drohend anschwellender Laut als *für mich* bestimmt erfahren. Der so von „oben" angeredete Mensch streckt sich dem Zukünftigen geradezu entgegen, während er alles Vergangene darüber vergißt. Die Gewißheit, die von dem Zeichen des Fliegerpfeils ausgeht, sein zeichenhaftes Von-oben-Kommen und sein nur für diesen Menschen bestimmtes Todeslied, das alles gehört in die religiöse Sphäre hinein. Der Erzähler spricht das sogar unverhüllt und ohne Ironie aus: „Ich war sicher, in der nächsten Minute Gottes Nähe in der Nähe meines Körpers zu fühlen."

Zwar nimmt er einiges davon wieder zurück. Gehört er doch zu jenen Menschen, die seit dem „achten Jahr nicht an Gott geglaubt" haben. Vielleicht war es nur menschliche Eitelkeit, daß er hoch oben über dem Kampffeld eine Stimme für sich singen zu hören meinte. „Vielleicht ist Gott überhaupt nichts, als daß wir armen Schnorrer in der Enge unseres Daseins uns eitel brüsten, einen reichen Verwandten im Himmel zu haben." Beweise dafür, daß ein Zeichen als direkte Ansprache Gottes für einen Menschen zu gelten habe oder gar als eine ihm bestimmte Sendung, gibt es gewiß nicht, auch nicht für Musil. Dennoch dürfen und müssen wir solche Zeichen als Signale interpretieren, die in das undurchschaubare Reich des Metaphysischen direkt hineinführen. Und wenn das Wesen des Menschen über das empirisch Sichtbare und Ausdeutbare hinaus in seiner Vollmacht zum Möglichen liegt, so müßte das Wesen Gottes der Inbegriff aller Möglichkeiten sein, deren Wahrheit noch unabhängig von ihrer jeweiligen Realisierung besteht. Das Schwebende einer solchen Beziehung zum Absoluten wird gerade in dieser zweiten Geschichte besonders deutlich. Nur im prägnanten, zündenden Moment ist dieser mystische, auf das Ganze gerichtete Bezug erfahrbar. Das wird in Musils Kurzgeschichte „Die Maus" sehr eindringlich. Der Pfeil als das für den Icherzähler bestimmte Zeichen wäre an sich identisch mit dem Tod. Und als solcher wird er ja auch erwartet, wenn auch ohne jede Angst. Statt dessen bedeutet er jedoch hier das neu geschenkte Leben. Denn der Pfeil fährt metertief dicht neben ihm in die Erde. Azwei steht immer noch am gleichen Fleck; aber sein Leib ist wild zur Seite gerissen worden und hat „eine tiefe, halbkreisförmige Verbeugung ausgeführt". Gott war vielleicht in dem singenden Todeslied des Pfeils — das wäre eine Möglichkeit —, eine andere wäre die, daß er statt dessen in den Leib Azweis gefahren ist und ihn so vor dem sicheren Ende bewahrt hat. Das eine braucht dem anderen nicht zu widersprechen. Der Pfeil mochte ebenso Zeichen des Lebens wie des Todes sein, in beiden Fällen aber in einer bereits mystischen, sich der Sinnauslegung entziehenden Bedeutung. Das heiße Dankgefühl, das Erröten am ganzen Körper — welch großartiges Bild für das zugleich Sehnsüchtige und Sinnliche des Lebenstriebes! — ist die menschliche Reaktion, nicht etwa eine fromme Bekehrung. Aber die Ahnung, daß Gott selbst hier gehandelt habe und dem Zeichen seinen Weg wies, die Ahnung, daß vielleicht doch ein „Splitter" Gottes und damit vielleicht auch ein unsichtbarer Splitter des Todespfeils in seinen Leib gefahren ist, bleibt zurück. Wie wäre sonst der brennende Wunsch im Erinnern zu verstehen, „etwas von dieser Art noch einmal deutlicher" zu erleben!

Ja, die dritte Geschichte zeigt, daß er tatsächlich noch einmal etwas „von dieser Art" erlebt, wenn auch nicht deutlicher. So faßt er es ja auch selber auf. Diese Geschichte handelt vom Tod seiner Mutter. Die Mutter ist — rein empirisch betrachtet — eine in vieler Hinsicht beschränkte Frau. Sie war noch nicht einmal gut, sondern heftig und von ihren Nerven abhängig. Aber trotz dieser „Verbindung von Leidenschaft mit engen Gesichtsgrenzen" hatte sie eine „Größe" ganz anderer Art, eine „mythische Größe", die mit ihrem Dasein innerhalb der gewöhnlichen Erfahrung nichts zu tun hat. Azwei, der sich in seinem Leben ununterbrochen verändert hat, entspricht in keiner Weise mehr dem Bilde, das die Mutter innerlich von ihm bewahrt hat. Vielleicht hat er ihm sogar nie entsprochen. Aber dieses Bild war „in gewissem Sinn" sein „Schöpfungsbefehl", seine „Urkunde". Wenn nun die Mutter einen stellvertretenden Tod für ihren Sohn stirbt, damit diesem durch ihr kleines Erbe in seiner wirtschaftlichen Not geholfen werden kann, so geschieht das gleichsam jenseits der kontrollierbaren Erfahrung. Ja, man könnte sogar glauben, daß sie auch den ihr bald nachfolgenden Vater, „der ihr sehr ergeben war, mitgenommen hat".

Die Mutter hatte sich zwar gegen ihren frühen Tod gewehrt und heftig geklagt; ihr Lebenswille, ihre Entschlüsse und Wünsche waren durchaus *gegen* dieses Ereignis gerichtet. Aber der Erzähler ist dennoch fest überzeugt, daß die Mutter noch einem anderen, ihr unbewußten Willen folgte, daß sie aus einer Art „Urentscheidung des ganzen Körpers" heraus gehandelt habe, und eben dort sei „die letzte Macht und Wahrheit", während der empirisch bewußte Wille nur aus einer „begrenzten Vollmacht" heraus handelte. So gesehen aber wollte die Mutter in voller Freiheit ihren Tod, um dem Sohne beizustehen. Es wäre also eine metaphysische „Urentscheidung" gewesen, die wohl auch nur dem metaphysischen Bild des Sohnes, seinem „Schöpfungsbefehl" hätte gelten können.

In dem Erzählten wird sehr deutlich, daß Musil zwischen der vordergrundhaften, kausal motivierbaren Existenz des Menschen, seiner Wirklichkeit, und seiner eigentlichen, unsichtbaren, möglichen unterscheidet. Auch das Sterben der Mutter ist zeichenhaft gemeint, als Bezug in die religiös-mythische Dimension hinein, zu der das charakterisierende Bild von der „Löwennatur" der Mutter noch mit dazu gehört. Wiederum spielt der Dichter das Empirische in das Imaginäre hinüber. Aber erst dieses dem Menschen weitgehend verborgene Feld besitzt die substantielle Macht und Wahrheit. Die Überzeugungskraft der Zeichen liegt nicht in ihnen selbst — dazu sind sie zu „undeutlich" —, wohl aber in ihrer Spiegelung im subjektiven Erlebnis. Daß die Mutter noch stellvertretend für den Sohn gestorben ist, bleibt unbeweisbar, eine bloße Vermutung des Icherzählers. Azwei erklärt jedoch, daß die Krankheit der Mutter, obwohl zunächst kein Grund zur Besorgnis vorlag, ihn geheimnisvoll verwandelt habe. Seine ehemalige Härte ist wie weggeschmolzen. Auch diesmal lebt er in der Erwartung des Zeichens, und ausdrücklich hebt er die Ähnlichkeit seines Zustandes mit dem Erwachen in jener Nacht der Amsel hervor, in der er sein Haus verließ, oder mit der seltsamen Minute, als er den singenden Pfeil aus der Höhe hörte.

Der Vater scheint dann den Tod der Mutter dem Sohne geradezu nachzutragen, wenn dies natürlich auch ganz unbewußt geschieht. Schließlich, als der Sohn nur noch allein übrigbleibt, liest er auf dem Dachboden seine alten Kinderbücher, in denen er die Spuren seiner eigenen Kinderfinger findet. Dreißig Jahre oder länger mochten die Bücher dort liegen. Er entdeckt dann sein altes, kaum verändertes Kinderzimmer und verpflanzt das neu aufgenommene kindliche Lesen dahin. Der Bezug zur Kindheit, ihren Büchern und ihrem Raum muß wiederum vom Leser rein zeichenhaft hingenommen werden. Ist er ja die atmosphärische Voraussetzung für das nochmalige Erscheinen der Amsel! Kindheit bedeutet bei Musil das Offene, das noch nicht Gesicherte des menschlichen Daseins, damit aber auch jenen „Schatz von Unregelmäßigkeit und Unberechenbarkeit", der bereits in der ersten Erzählung in engster Verbindung mit der

Vorstellung der Eltern und des von ihnen geschenkten Lebens stand. Das Lesen in den Kinderbüchern ist erinnerndes Zurückkehren zu den eigenen Ursprüngen, hier nicht als idyllischer, sondern weit eher als revolutionärer Vorgang, „als ob das Unterste zuoberst gekehrt würde". „Das Unterste", das ist gewiß auch das Vergessene, das ins Unbewußte Abgedrängte, die mythische Grundschicht des seelischen Daseins. Und eben auf sie antwortet die Amsel mit wunderbarem herrlichen Gesang. Ja, die Amsel ist vielleicht nur das nach außen getretene und damit sichtbar gewordene Zeichen, das für diesen inneren, im Erinnern heraufgehobenen Raum der Kindheit stellvertretend steht. Der schwarze Vogel mit dem zauberhaften Gesang einer Nachtigall kommt wiederum im Morgengrauen vom Dach eines Nebenhauses. Aber das Zeichen enthüllt sich sogleich als vieldeutig. Zum erstenmal in dieser Geschichte scheint sich etwas direkt Wunderbares zu ereignen. Denn wie im Märchen ist es ein sprechender Vogel, dessen Sprache vom Menschen, und sei es auch nur von einem, verstanden wird:

„Ich bin deine Amsel, — sagte er — kennst du mich nicht?" Und dann heißt es weiter: „Auf diesem Fensterbrett bin ich schon einmal gesessen, erinnerst du dich nicht?" Und schließlich: „Ich bin deine Mutter."

Das Sprechen der Amsel gilt nicht etwa der damaligen Situation in der Mietskaserne, so ähnlich, nahezu wiederholend, auch der Vorgang selbst ist. Mit keinem Wort wird eine Identität zwischen diesen beiden Amseln behauptet oder auch nur angedeutet. Diese hier, „deine Amsel", das ist die vergessene der Kindheit, die einst am Fenster gesessen, dann ins Zimmer geflogen war, bald in einem Käfig zahm wurde und frei aus- und einfliegen konnte, eines Tages jedoch nicht mehr wiederkam. Und dabei ist es noch nicht einmal ganz sicher, ob es wirklich die gleiche der Kindheit ist. Aber sie wird so behandelt, als ob sie es wäre, ja, als ob sie die Mutter selbst wäre. Azwei findet den Käfig und eine neue Kiste Kinderbücher dazu und behält die Amsel weiter bei sich.

So wie es keine Nachtigall war, sondern nur eine Amsel, so war vielleicht auch das Sprechen der Amsel nur geträumt, und Aeins' „listige" Zwischenfrage: „Hat sie noch oft gesprochen?" gilt wohl einer solchen Demaskierung des Wunderbaren. Aber das Zeichen verliert dennoch nicht seine metaphysische Transparenz und Vieldeutigkeit. Es bleibt Zeichen der Kindheit, der

Mutter und damit auch des Todes. Solche Vieldeutigkeit gehört zum Wesen des metaphysisch Zeichenhaften überhaupt. Der Vogel in seiner Wirklichkeit jedoch, mag er nun sprechen können oder nicht, hat für Azwei den unabweisbaren Bezug auf eine imaginäre, aber dennoch gültige, absolute Sphäre. Ja, eine seltsame Vertauschung findet nunmehr statt. Die Schwierigkeiten liegen nicht mehr in der Anerkennung des mystischen Zusammenhangs, sondern in der Rücksichtnahme auf die alltäglich empirischen Bedingungen, unter denen dieser sich dem Menschen mitteilt. So sollte die Amsel — das ist für Azwei selbstverständlich — wie seine Mutter gehalten werden; aber sie frißt nun einmal nur Würmer, und er muß ihr Amselfutter beschaffen. Indessen, auch dies ist schließlich nur Gewohnheit, „und woran muß man sich nicht auch bei alltäglicheren Dingen gewöhnen!" Die empirische Alltagswirklichkeit ist von diesem Blickpunkt aus das Uneigentliche, das Verfremdete; die zeichenhafte Identität von Amsel und Mutter ist es nicht.

Das Beherbergen der zurückgekehrten Kindheitsamsel in der eigenen Wohnung ist wohl von Musil als endgültige Anerkennung der metaphysisch-religiösen Wirklichkeit durch Azwei gemeint und insofern das genaue Gegenteil von den einstigen jugendlichen Herausforderungen Gottes. Wie sehr das auch ethische Konsequenzen hat, wurde bereits in der Entwicklung zur Sanftheit angedeutet, die unmittelbar durch die Krankheit der Mutter bei Azwei ausgelöst wurde. Jetzt heißt es noch sehr viel nachdrücklicher: „Ich bin nie im Leben ein so guter Mensch gewesen wie von dem Tag an, wo ich die Amsel besaß; aber ich kann dir wahrscheinlich nicht beschreiben, was ein guter Mensch ist." Die Einwilligung in das Zeichen, in seine ständige Gegenwart, bewirkt auch in diesem Falle ein Handeln, wenngleich es vom Erzähler nur ganz allgemein, ja geradezu formal als bloßes Gutsein umschrieben wird. Doch dürfen wir wohl annehmen, daß eine dauernde Aufmerksamkeit auf das ihm gesandte metaphysische Signal den zunächst so sportlich und nervig beschriebenen Azwei in jener Richtung verwandelt hat, die im Eingang der Erzählung als „Sanftmut der Mystik" charakterisiert wurde.

Noch ein Blick zurück auf die Amsel im Berliner Hinterhof sei uns gestattet. Sie fliegt zwar nicht ins Zimmer, sondern wieder fort. Aber auch damals klang schon die „Zauberwelt" der „Kindheit" an, aus der heraus der Mensch bereit war, an das „Übernatürliche" zu glauben. Vielleicht war auch diese Amsel bereits eine Mahnung, sich zu „erinnern" und jene Wahrheiten zu finden, die nur in Kinderbüchern stehen. Dann wäre der trunkene Aufbruch vom Damals, fort aus der bloß „gekauften" Lebensexistenz, auch ein Aufbruch zu den Ursprüngen gewesen. Nach der Intensivierung von Todesdrohung und Lebenssteigerung — beides war ja miteinander identisch — findet Azwei auf dem Wege über die gestorbene und als Amsel wiederkehrende Mutter, wie von selbst, zu den eigentlichen Ursprüngen des Lebens zurück. Aber der gemeinsame „Sinn" der drei Geschichten soll auch vom Interpreten nicht erzwungen werden. Es genügt, sie in ihrer wechselseitigen Spiegelung zu verstehen und in dem Austauschbaren ihrer jeweiligen Zeichen für die Zeichenhaftigkeit des metaphysischen Daseins überhaupt. Sie handeln alle drei von jenen „Signalen", die, wie aus einer anderen Welt, in unserer plötzlich anwesend sind und doch an ein durchaus Wirkliches im Umkreis unseres alltäglichen Daseins gebunden bleiben, aber ihre Anerkennung als Zeichen, als „Signale" für die metaphysischen Horizonte fordern. Der Erzähler steht unter dem inneren Zwang, erzählen zu müssen, weil Erzählen hier nur ein ständiges Sicherinnern, ein Sichvergewissern bedeutet. Weder erwartet er von seinem Zuhörer eine „Lossprechung" für seine Person, noch will er ihn zum Glauben an das Wunderbare überreden. Er berichtet nur, weil es sich ereignet hat und weil das Zeichenhafte, das bereits im Sichereignen selbst liegen kann, sogar für ihn, der das alles erlebt hat, dunkel und unausdeutbar geblieben ist.

Wie sehr solches Erzählen schon seiner Grundrichtung nach novellistisch ist, braucht kaum mehr ausdrücklich hervorgehoben zu werden. „Eine plötzliche und umgrenzt bleibende geistige Erregung", so hat sich Musil in seiner „Literarischen Chronik" (1914) geäußert, „ergibt die Novelle"; in der Novelle von Rang berichte der Dichter nicht von sich, sondern beschreibe „etwas, das über ihn hereinbricht, eine Erschütterung; nichts, wozu man geboren ist, sondern eine Fügung des Geschicks. — In diesem einen Erlebnis vertieft sich plötzlich die Welt oder seine Augen kehren sich um; an diesem einen Beispiel glaubt er zu sehen, wie alles in Wahrheit sei: das ist das Erlebnis der Novelle." Was Musil jedoch von manchem seiner Vorgänger unterscheidet, ist das merkwürdige Zusammenfallen von artistischer und metaphysischer Zeichensprache. Die artistische Durchgestaltung der Novelle mit ihren kunstvoll herausgearbeiteten wechselseitigen Spiegelungen in drei kleinen Geschichten, die eigentlich nur eine sind, wird zum Mittel, um noch inmitten der genauesten Beobachtung der Wirklichkeit einen über Raum und Zeit hinausreichenden Bezug zum Absoluten, zu Gott und damit eine im Kern mystische Welterfahrung auszusprechen. „Schreiben", so hat Musil in einer frühen Studie zum „Mann ohne Eigenschaften" notiert, „ist eine Verdoppelung der Wirklichkeit; ... alle Erzählungen fingieren, daß es etwas gibt, das gewesen oder gegenwärtig ist, wenn auch an einem unwirklichen Ort".

DIE VERWANDLUNG

F ranz Kafkas Erzählung „Die Verwandlung", im Jahre 1912 entstanden, im November 1915 zum erstenmal erschienen, hat so manche Deuter verlockt, dem rätselhaften, dort beschriebenen Vorgang auf die Spur zu kommen. Aber die verschiedenen Auslegungen nehmen kaum aufeinander Bezug, obgleich oder vielleicht gerade weil sie sich auf krasseste Weise widersprechen. Die deutschen Interpreten möchten den in ein Ungeziefer verwandelten Gregor Samsa so rasch wie möglich von seinem widerlichen Erscheinungsbild befreien und ihm statt dessen einen geheimen metaphysischen Rang verleihen. So glaubt Edmund Edel behaupten zu dürfen, daß der in ein Tier Verwandelte eine „enorme Leidens- und Erkenntnisfähigkeit" besitzt und daß daher, ähnlich wie im „Hungerkünstler", „die Besonderheit und Isoliertheit einer Existenz gemeint ist, die ihrem Wesen nach der Welt des Immateriellen, Geistigen und nicht wie alle übrigen der des Materiellen angehört". Sehr viel vorsichtiger drückt sich Clemens Heselhaus in seinem Aufsatz „Kafkas Erzählformen" aus. „Die Verwandlung" sei ein Anti-Märchen und damit „ein Protest gegen das Leben, wie es in der Moderne gelebt wird, ein Protest insbesondere gegen das Leben der modernen Familie ... Es ist ein Protest vom Absoluten her, vom richtigen Leben her." Allerdings bliebe dieses Absolute bei Kafka in einem gespenstischen Dunkel, und die von dort aus bewirkte Metamorphose stelle sich zugleich als eine metaphysisch gemeinte „Bestrafung" dar. Wilhelm Emrich wiederum identifiziert in seinem großen Kafkabuch das Dasein als Ungeziefer mit dem „Selbst" des Menschen, das zum absolut Fremden, Nichtigen, Nichtexistenten in der Welt der Geschäfte, aber auch in der Welt der Familie geworden ist.

Erheblich anders sehen die Deutungen von angelsächsischer Seite aus; und eben dort hat diese Erzählung ein erstaunliches, in Deutschland kaum beachtetes Interesse gefunden. Sie betonen weit mehr die von ihnen vermuteten Beziehungen zur Freudschen Psychoanalyse und das Irrationale, Gestörte des Vorgangs. Das Erscheinungsbild des Tieres wird zwar auch hier symbolisch aufgefaßt, aber mehr im psychologischen als im metaphysischen Sinne. A. S. Reiss spricht in seinem 1952 erschienenen Buch über Kafka vom „Klima des Absurden". Der Mensch höre hier auf, „ein logikbegabtes Wesen zu sein, er entmenscht sich. Es ist wie die Agonie vor dem Tode." In ähnlicher Weise hatte bereits Paul L. Landsberg in seiner Studie über „Die Verwandlung" (1945) das Leben des Verwandelten mit seinem Wunsch zur Rückkehr ins Unorganische als ein todesbezogenes Leben verstanden, das dem fundamental falschen Leben der anderen, in dem der Tod gleichsam ausgeklammert ist, entgegengesetzt wird. Der Weg zum zivilisierten Dasein sei selbst dort versperrt, wo ihn der bewußte Wille noch erstrebt, weil das Unbewußte bereits die Steuerung übernommen habe. Auch Walter H. Sokel entwickelt in seinem Aufsatz die „Verwandlung" als einen komplizierten psychischen Prozeß. Sie sei keine Krankheit, sondern erwachse aus der Rebellion gegen den verhaßten Beruf. Sie würde gleichsam vom Unbewußten als eine Art „Unfall" hervorgerufen und habe die Funktion eines Kompromisses zwischen der Befriedigung eines rebellischen Impulses und einem der Pflicht gehorchenden Bewußtsein, das Unterwerfung verlangt. Gregors Verwandlung spiegele sowohl seine heimliche Feindseligkeit gegen Chef und Beruf wie auch seine Schuld und die Strafe dafür. Autobiographische Züge, vor allem Kafkas Gefühl der Einsamkeit und sein Verlangen nach Liebe, hebt die kurze Glosse von Douglas Angus hervor. F. D. Luke hat in dem Sammelband „Franz Kafka Today" vor allem die tragikomischen Züge der „Verwandlung" analysiert, den Kontrast zwischen Ratio und Pseudoratio, ohne jedoch die Kategorie des Grotesken dafür heranzuziehen. Besonders interessant ist der leider kaum beachtete Aufsatz von William A. Madden „A Myth of Mediation: Kafka's Metamorphosis", der Kafkas „Realismus" ernst nimmt und ihn dennoch oder gerade deshalb vom Symbolischen aus versteht. Die Verwandlung wird zum Gleichnis für die Existenzschuld der Menschen, ohne daß die Familie begreift, welche verborgenen Handlungen Gottes sich an dem Sohn vollziehen.

Der verwirrenden Überfülle der Deutungen, die sich oft ins allzu Vage und ins bedenkenlos Konstruierende verlieren, kann allein die strenge Textinterpretation entgegengestellt werden. Denn

Kafka selbst gibt uns nur wenige Hinweise. Einiges freilich deutet unverkennbar darauf hin, daß auch Gregor Samsa noch eine dichterische Chiffre für Franz Kafka selbst ist. Da ist nicht nur der in Kafkas Leben so entscheidende Vater-Sohn-Konflikt zu nennen, sondern ebenso die wohl bewußt gewollte Verschlüsselung des Namens Kafka in dem Namen Samsa, auf die bereits Charles Neider in seinem Buch „Kafka. His Mind and Art" aufmerksam gemacht hat. Solches Spiel mit den Vokalen seines Namens hat Kafka für die im gleichen Jahr entstandene Erzählung „Das Urteil" selber durch eine Notiz in seinem Tagebuch von 1913 bezeugt. Auch in den Briefen finden sich Stellen, die an Situationen der „Verwandlung" anklingen oder auch an Kafkas Tiererzählung „Der Bau". Am 12. Juli 1922 heißt es an Max Brod: „Oben laufe ich herum oder sitze versteinert, so wie es ein verzweifeltes Tier in seinem Bau tun müßte, überall Feinde"; im Brief an Oskar Baum, Sommer 1923, lesen wir: er habe, statt sich zum Schreibtisch vorzutasten, sich „lieber unter das Sofa verkrochen, wo ich noch immer zu finden bin". Ebenso verdient es noch einmal erwähnt zu werden, daß Kafka seine spätere Lungentuberkulose als „das Tier" bezeichnet hat.

Aber „Tier" als stellvertretende Chiffre in Kafkas Werk ist weit öfters im positiv rettenden Sinne gemeint. Dafür gibt es viele Beispiele in dieser an Tierbildern so überaus reichen Dichtung. Emrich weist darauf hin, daß Tiere bei Kafka meist die unterbewußt traumhafte Welt repräsentieren, das Vor- und Frühmenschliche, wie es gerade in der modernen Welt der „Geschäfte" verlorenzugehen droht. In den „Forschungen eines Hundes" kehrt die auch in der „Verwandlung" so wichtige Beziehung von Tier und Musik noch einmal wieder, und es ergibt sich aus ihr ein universelles, ein nicht eingeschränktes Verhältnis zur Welt, das jedoch auf eine nicht mitteilbare Weise gewonnen wird.

Die Käfer-Metapher in der „Verwandlung" hat bereits eine besondere Vorform im Käfer „Raban" in den „Hochzeitsvorbereitungen auf dem Lande", die 1906/07 niedergeschrieben wurden. Hier jedoch ereignet sich die Verwandlung in die Käfergestalt bloß im Traumhaften, in einer Art „Winterschlaf", während zugleich der nichtige menschliche Körper von dem Unbewußten dieses Zustandes dirigiert wird und gleichsam spielend, ohne Hindernisse, die „gefährlichen Geschäfte" vollzieht, die im Wachzustand, ohne eine solche gnädige Spaltung, dem sinnlosen, zerstörerischen Mechanismus der kollektiven Mächte unterworfen sind. In der „Verwandlung" hingegen ist ein solcher Sieg im Traum nicht mehr möglich; vielmehr gewinnt nunmehr die Existenz als Tier eine unerbittliche, ja tragische Realität in einer sonst den rein sozialen Bedingungen unterworfenen Umwelt.

Damit sind wir jedoch bereits bei der Geschichte selbst. Sie beginnt mit einem Erzähleingang, der zunächst ganz in den Bereich des Märchenhaften hineinzugehören scheint. Von dem Reisenden Gregor Samsa wird uns berichtet, daß er eines Morgens nach dem Erwachen — „unruhige Träume" sind vorausgegangen — „sich in seinem Bett zu einem ungeheueren Ungeziefer verwandelt" vorfand. „Er lag auf seinem panzerartig harten Rücken und sah, wenn er den Kopf ein wenig hob, seinen gewölbten, braunen, von bogenförmigen Versteifungen geteilten Bauch, auf dessen Höhe sich die Bettdecke, zum gänzlichen Niedergleiten bereit, kaum noch erhalten konnte. Seine vielen, im Vergleich zu seinem sonstigen Umfang kläglich dünnen Beine flimmerten ihm hilflos vor den Augen." Die präzise, realistische Beschreibung kontrastiert schon hier zum Wunderbaren des Vorgangs. Das Geschehen als solches wird festgestellt und bleibt ohne jede Deutung. Die Verwandlung ist endgültig, kein böser Traum, aus dem man wieder erwachen kann, so traumartig, wie ein Nachtmahr, auch die beschriebenen Vorgänge sein mögen. Es handelt sich nicht um einen Zauber, der sich rückgängig machen ließe. Die Verwandlung ist wie eine unerbittliche Tatsache da, mit der der Verwandelte sich abfinden muß. Der Erzähler sucht sie weder zu erklären noch zu ironisieren. Sie hat für ihn das Zwingende eines Naturereignisses, gegen das man keinen Einspruch erheben kann. Ob der Mensch ja oder nein dazu sagt, ist für den Vorgang selbst völlig gleichgültig. Sogar der Vergleich mit einer Naturkatastrophe gilt nur relativ, weil diese immerhin in einen verstehbaren Weltzusammenhang noch hineingehört. Mag sie auch nur in unregelmäßiger Folge jeweils wiederkehren, so kann doch nach ihren Ursachen und ihren Wirkungen gefragt werden. Die Verwandlung eines einzelnen Menschen in ein riesengroßes Ungeziefer hingegen bleibt unvergleichbar, ein singulärer Fall, wenngleich — so meint zum mindesten der Verwandelte selbst — man immerhin „die Möglichkeit" zugeben muß, daß auch einem anderen Menschen einmal etwas Ähnliches zustoßen könnte. Wahrscheinlich ist das freilich in keiner Weise.

Kafkas „Verwandlung" ereignet sich nicht in einer märchenhaften Welt, in der derartiges — sei es im schlimmen, sei es im guten Sinne — vorzukommen pflegt, und sie hat auch in keiner Weise dem Märchen analoge Konsequenzen. Sie geschieht mitten im kleinbürgerlichen Familienmilieu und bleibt auch weiterhin ein interner Vorgang, der über den Wohnraum der Familie kaum hinausdringt. Auch verbietet sich der Erzähler im nachfolgenden jede weitere Einmischung des Phantastischen oder gar Wunderbaren. Es wird lediglich berichtet, welche Folgen die nunmehr unerbittlich real genommene Verwandlung für den Verwandelten selbst und für die nächsten Nachbarn in seiner Familie hat, also für den Vater, die Mutter und die Schwester. Ein nach menschlichem Ermessen eigentlich unmöglicher oder nur im Traum möglicher Fall wird zu Beginn des Erzählens als faktische Wirklichkeit und als nichts anderes postuliert und damit allem Weiteren die Richtung vorgeschrieben, indem der Erzähler nunmehr darstellt, was unter einer solchen Voraussetzung sich im realen Leben dieser Familie ereignet.

Es läge zunächst nahe, die Verwandlung vom Menschen ins Tier als einen Verlust der Identität aufzufassen. Aber gerade das ist nicht der Fall. Sosehr sich die Familie über die schreckliche Metamorphose ihres Gregor auch später entsetzt, es kommt ihr in keiner Weise in den Sinn, ihn etwa nicht für den ehemaligen Sohn und Bruder zu halten. Gewiß, er ist es in völlig entstellter, in einer die Kommunikation ausschließenden Weise, aber er ist es. Erst ganz am Ende der Erzählung fordert die Schwester energisch die Entfernung des scheußlichen „Es" und erklärt dazu dem inzwischen sehr viel sanftmütiger gewordenen Vater: „Du mußt bloß den Gedanken loszuwerden suchen, daß es Gregor ist. Daß wir es solange geglaubt haben, das ist ja unser eigentliches Unglück." Die Identität besteht aber ebenso, wenn nicht noch eindeutiger, auf der Seite Gregors selbst. Denn die Verwandlung ins Tierhafte bedeutet zwar den Verlust der Sprache, die auf tierische Laute reduziert ist, einen Wechsel in der Nahrungsaufnahme und in dem räumlichen Sichfortbewegen, also eine Reduktion auf eine rein tierische Stufe der vitalen Organisation; aber das Bewußtsein des Verwandelten ist ein rein menschliches, und er ist überdies durchaus imstande, menschliche Vorgänge und Gespräche aus seiner Umgebung aufzunehmen und zu verstehen, mochte auch niemand ihm solche Fähigkeiten mehr zutrauen. Gregor ist zwar in ein widerwärtiges Tier verwandelt, aber er hört darum nicht auf, Gregor zu sein.

Aber zunächst sei noch einmal von dem Erzähleingang die

Rede, der wohl zum Radikalsten gehört, was im epischen deutschen Schrifttum überhaupt anzutreffen ist. Er ist nicht märchenhaft, weil er gerade umgekehrt in der märchenhaften Einkleidung als das brutal Faktische des Anti-Märchens gemeint ist. Er ist aber auch nicht phantastisch, weil hier nicht etwa eine gesetzlose oder unter anderen Gesetzen stehende zweite Welt unserer der Kausalität unterworfenen irdischen entgegengesetzt wird. Der Einbruch des ganz und gar Unwahrscheinlichen, aber — rein logisch betrachtet — nicht prinzipiell Unmöglichen ereignet sich in der Wirklichkeit selbst, gehört gleichsam zu ihr, und der Erzähler legt alles darauf an, daß wir das poetisch Fiktive so rasch wie möglich in seinem fiktiven Charakter vergessen sollen. Zwar hat so etwas wie die Verwandlung eines Menschen in ein Ungeziefer in unserer menschlichen Welt nicht vorzukommen. Es wird daher auch als durchaus unpassend, für die Familie beschämend, wie ein heimlicher Vorfall, wie ein Schandfleck, den man verbergen muß, von den Gliedern dieser Familie empfunden; aber die Realität des Geschehenen bleibt unabweisbar. Ja, der Erzähler selbst stellt neben den exakt beschriebenen Vorfall der Verwandlung die gewohnte, sich völlig gleich gebliebene Welt des Zimmers mit der Musterkollektion von Tuchwaren auf dem Tisch und dem aus einer illustrierten Zeitschrift herausgeschnittenen Bild von der Dame mit Pelzhut und Pelzboa im vergoldeten Rahmen. Eben dieses direkte, unvermittelte, aber konfliktlose Nebeneinander zweier unvereinbarer Sphären macht die Verwandlung Gregors zu einem *grotesken* Vorgang. Nichts hat sich im Ablauf des sonstigen Geschehens geändert; da ist nur dieses Eine, unverständlich Grauenhafte, das sich jeder Sinngebung entzieht. Die Familie muß damit fertig werden, sie muß es in das übrige Leben einbauen und versucht, es vor sich und den anderen Menschen weitgehend zu verschleiern, aber es behält seine faszinierend groteske Tatsächlichkeit. Es untergräbt die bisherige Lebensweise; es ist so, als sei der Verwandelte, obgleich mehr oder weniger abgesperrt und damit isoliert, noch im letzten Winkel des Hauses zu spüren. Am Ende spricht das die Schwester sehr deutlich aus: „So aber verfolgt uns dieses Tier, vertreibt die Zimmerherren, will offenbar die ganze Wohnung einnehmen und uns auf der Gasse übernachten lassen." Das entspricht zwar — rein objektiv gesehen — ganz und gar nicht der Wahrheit, wird aber im subjektiven Bewußtsein der Schwester zweifellos so erlebt. Wenn nach Wolfgang Kayser beim Phänomen des Grotesken „die

Kategorien unserer Weltorientierung versagen", wenn die groteske Welt uns als unsere eigene und doch als verfremdete entgegentritt, die aus den „Fugen und Formen" geraten ist und daher ein beklemmendes Grauen in uns auslöst, so dürfen wir vor allem Kafkas Dichtung und insbesondere diese Erzählung dafür in Anspruch nehmen. Denn eben hier hat sich die erprobte Verläßlichkeit des Realen als Schein erwiesen, und nicht jenseits der Wirklichkeit, sondern in der Wirklichkeit selbst ereignet sich dieses Phänomen des unheimlich Befremdenden, das sich dem nachträglichen Erklären oder dem deutenden Verstehen von vornherein entzieht. Kayer selbst definiert in seinem Buch „Das Groteske" Kafkas Erzählungen vom Oberbegriff „kalte Grotesken" her.

Wie aber steht es mit der Rolle, die der Erzähler selbst dabei einnimmt? Er hat die novellistische Pointe hier gleichsam umgedreht und an den Anfang statt an das Ende gestellt. Das Erzählte führt nicht in einer — und sei es auch verschlüsselten — Darstellung zu ihr hin, sondern setzt unvermutet mit ihr ein. Alles Weitere ist mehr Analyse als Erzählung. Bezeichnenderweise bringen die einzelnen Kapitel erst allgemeine Zustandsschilderungen, ehe es zu neuen Ereignissen kommt. Das Geschehen spielt sich im Verlauf mehrerer Monate ab; der Erzähler beschreibt die episodischen Vorkommnisse oder inneren Wandlungen, die sich bei Gregor selbst, bzw. bei den Familienangehörigen ereignen. Das Erzählte endet schließlich mit dem Tod Gregors, der für die Familie nur die Befreiung von einer unerträglich gewordenen Last bedeuten kann. Die „Spannung" des Erzählten liegt jedoch nicht in einem so oder so mit Neugierde erwarteten Abschluß. Das Ende hat für den Leser kaum etwas Überraschendes. Dennoch hält uns die Erzählung in Atem durch den ständigen tragikomischen Kontrast der sich in und mit Gregor abspielenden Vorgänge zu den stets mißverstehenden Reaktionen, die daraufhin in der Familie erfolgen. Sosehr offenbar die Kommunikationslosigkeit das zentrale Thema bleibt, sosehr handelt die Geschichte selbst von den vergeblichen Versuchen zur Kommunikation.

Friedrich Beissner hebt in seiner klugen Studie „Der Erzähler Franz Kafka" mit Nachdruck hervor, daß Kafka nur den sich selbst erzählenden Vorgang gibt und eben dadurch beim Leser „das Gefühl der Unausweichlichkeit, der magischen Fesselung an das alles ausfüllende, scheinbar absurde Geschehen" und die aus ihm hervorgehende Wirkung des Beklemmenden erreiche.

„Gregor *ist* auch für den Erzähler und damit für den Leser in ein ungeheures Ungeziefer verwandelt." Diese Beobachtungen sind richtig, bedürfen aber der Ergänzung. Kafka stellt doch nicht nur seine isolierte, innerseelische, wahnhafte Welt dar, wie es uns Beissner nahelegen will. Auch bei Kafka gibt es eine Distanz zum Erzählten. Sie wird freilich nicht durch Reflexion gewonnen, sondern durch das Erzählen von mehreren Blickpunkten her und durch die scheinbare Neutralität, mit der dies geschieht, wenngleich sich oft leidenschaftliche Affekte dahinter verbergen. Sosehr man mit Kafka selbst seinen poetischen Stil als Darstellung seines traumhaft inneren Lebens auffassen darf, seine Werke werden dabei nicht zu einem monologue intérieur. Die weitverzweigte Organisation des Gerichtes in dem Roman „Der Prozeß" behält ihren eigenen Schwerpunkt noch neben dem anderen Schwerpunkt Josef K., und das gleiche gilt vom Verhältnis jenes anderen K., der wiederum nur eine Chiffre für Kafka selbst ist, zu den Mächten des Schlosses oder, vielleicht noch eindringlicher, im Gegeneinander von Karl Roßmann und einer pervertierten, entfremdeten Massengesellschaft im Roman „Amerika".

Im Falle unserer Erzählung ist es die Familie, die nicht nur unter dem Blickpunkt des Verwandelten und seiner Seelenwirklichkeit gesehen werden darf, sosehr auch das Erzählen ganz überwiegend aus der Perspektive des Verwandelten heraus erfolgt. Dahinter steht noch der Dichter Kafka, der mit einer unbestechlichen Sachlichkeit berichtet, die sich jede Einmischung in das Erzählte verbietet. Mag sein Haß gegen die Übermacht der Eltern, insbesondere die des Vaters, ja gegen Familie überhaupt noch so groß sein, als Erzähler hat er ihn gleichsam auf Eis gelegt. Er verzichtet bewußt darauf, zwischen dem Protagonisten Gregor und seinen Gegnern Partei zu ergreifen. Das haben dann freilich seine Interpreten um so gründlicher getan. Aber man macht sich die Sache zu leicht, wenn man von vornherein Gregor — von einer metaphysischen Ebene aus — als Repräsentanten des „Geistes" verherrlicht, die „materialistisch" denkende Familie hingegen, und zwar ohne jede Unterschiede, in Grund und Boden verdammt. Die Erzählung selbst gibt uns dafür zunächst keinen Anlaß.

Kafka stellt so dar, als gelte es nur, eine furchtbare Wahrheit und alle ihre Folgen zu enthüllen, mag er dem Erzählten im Einzelfall auch noch so viele grausam-komische Pointen abgewinnen. So irreal der Ausgangspunkt gewählt ist, so streng realistisch ist der vom Erzähler eingeschlagene Weg. Aber es bleibt dabei ein Realismus, der erst durch eine poetische Fiktion in Gang gebracht wird, der zunächst einen absurden Tatbestand erschafft, ehe der Erzähler ihn von den Bedingungen des alltäglichen Daseins aus beleuchtet und analysiert. Die Verwandlung selbst ist nur ein Bild, und zwar offensichtlich eines von stellvertretender Bedeutung. Kafka hat sich ausdrücklich dagegen gewehrt, daß man das „Ungeziefer" oder den „Mistkäfer", wie sich die Bedienerin später ausdrückt, etwa als Titelblatt der Erzählung in sichtbarer Weise darstellen könne. In seinem Brief an den Verleger Kurt Wolff vom 25. Oktober 1915 heißt es: „Das Insekt selbst kann nicht gezeichnet werden. Es kann aber nicht einmal von der Ferne aus gezeigt werden."

Es läge nahe, anzunehmen, eine Metamorphose nach unten habe sich ereignet, ein Herabsinken auf die Tierstufe, mit der das kreatürliche Erleiden des Menschen, seine Gefangenschaft in der irdischen Welt symbolisiert werden sollte. Oder, so ließe sich vielleicht auch argumentieren und so ist auch argumentiert worden, der Mensch gerät hier ins automatisch Primitive und Infantile einer animalischen Daseinsstufe hinein. Aber solche Deutungen sind schon darum nur bedingt richtig, weil sich im weiteren Prozeß dieses Tierseins paradoxerweise eher eine geistige Entwicklung nach oben als etwa eine animalische ins bloß Vegetative und Menschenunähnliche ergibt. Dafür sei besonders auf die zeichenhafte Bedeutung der „Nahrung" und der „Musik" hingewiesen. Anfangs wird die Tiernahrung geradezu gierig aufgenommen. Der Leib rundet sich von dem reichlichen Essen, und sobald Gregor aus dem einengenden Versteck unter dem Sofa herauskam, „streckte" und „blähte" er sich. Solches Wohlbehagen an der tierischen Nahrung verliert sich jedoch immer mehr. Gregor gleicht geradezu dem Hungerkünstler, der zwar „Appetit" hat, aber trotzdem nicht essen kann, weil es die für ihn geeignete Speise nicht gibt. Die mehr oder weniger verweigerte Nahrungsaufnahme führt dann zunehmend jene vitale „Schwäche" herbei, deren letzte Folge der Tod ist. Wie sehr die „Nahrung" für Kafka eine chiffrenhafte Bedeutung hat, ist bereits wiederholt beobachtet worden. „Nahrung" zielt auf weit mehr als auf den bloß biologischen Vorgang des Speisens. Der Ausgehungerte findet für sein isoliertes und schmerzliches Dasein keine „Medizin" mehr in der Welt und existiert nur noch in einer Randzone, innerhalb derer er vielleicht noch erkennen, aber nicht mehr leben kann. Gregor Samsa als der erniedrigte und von einer dunklen Schicksalsmacht oder sogar von seinem eigenen Unterbewußtsein „Bestrafte" zeigt bis ins masochistisch Selbstquälerische, bis in die trostlose Isolierung noch die Züge von Kafka selbst. So reicht denn auch das „Tier" Gregor durchaus in eine spirituell sublime Sphäre hinein, wobei diese sogar noch an die positiven Möglichkeiten seiner Tierexistenz geknüpft sein kann. Das zeigt sich vor allem in seiner Affinität zum Violinspiel der Schwester, obschon gerade diese Anteilnahme nur zu einer Verschärfung seiner Einsamkeit führt. In einer sonst bei Kafka nicht eben häufigen „erlebten Rede" läßt der Dichter hier sogar ihn selber sprechen: „War er ein Tier, da ihn Musik so ergriff? Ihm war, als zeige sich ihm der Weg zu der ersehnten unbekannten Nahrung."

Diese wichtige Stelle ist keineswegs eindeutig. Sie kann heißen: Wenn mich auch alle Welt für ein Tier hält, so bin ich doch keines, weil nur Menschen so durch Musik ergriffen werden können. Sie läßt sich aber auch genau umgekehrt interpretieren: Gregor, von dem uns früher mitgeteilt wurde, daß er zur Musik kein so nahes Verhältnis wie seine Schwester hat, gewinnt es nunmehr von der primitiv-emotionalen Basis seiner tierischen Organisation und wird sich damit auch dieses Tierseins deutlicher bewußt. Wahrscheinlich hat jedoch Kafka den Zusammenhang absichtlich in der Schwebe gelassen, um so den Übergang zu der „ersehnten unbekannten Nahrung" zu schaffen, die bereits jenseits des Gegensatzes von Tier und Mensch liegt und auf eine mystische Sphäre hindeutet. Die Nahrung wird ja nicht etwa deswegen verweigert, wie es nur ganz am Anfang geschieht, weil sie nicht tierhaft-stofflich genug wäre, sondern gerade umgekehrt, weil Gregor nach einer immaterielleren, einer geistigeren Nahrung verlangt, als sie ihm auf Erden geboten wird. Die Musik aber, die er so schön findet und die ihn so ergreift, könnte vielleicht „der Weg" dorthin sein. Musik wird hier zum Zeichen einer Erlösungssehnsucht, die sowohl über die tierische wie über die menschliche Gefangenschaft hinausreicht.

Weiterhin wäre dann noch die Auflehnung gegen ein erinnerungs- und geschichtsloses Dasein zu nennen. Das Forträumen der Möbel aus seinem Zimmer, mag es auch von der Schwester in gut gemeinter Absicht erfolgen, damit er ungehindert am Boden und an den Wänden herumkriechen kann, empört ihn schon darum so sehr, weil die Freiheit des Kriechens nur um den Preis des „schnellen, gänzlichen Vergessen seiner menschlichen Vergangenheit" geschenkt wäre. Das genaue Beibehalten der Möbel würde vor diesem geschichtslosen Vergessen, vor dem Herabsinken des „Ich" zum „Es" schützen, während das wahllose Umherkriechen von diesem Blickpunkt aus als „sinnlos" entlarvt wird. Auch der zum Tier degradierte Gregor behält seine Laubsäge, seine Werkzeuge, seinen Schreibtisch lieb und damit seine ganze menschliche Vergangenheit als Volksschüler, Bürgerschüler, Handelsakademiker. Damit wenigstens etwas übrigbleibt, das man ihm nicht mehr wegnehmen kann, kriecht er noch eilig zu dem Bild der in lauter Pelzwerk gekleideten Dame herauf „und preßte sich an das Glas, das ihn festhielt und seinem heißen Bauch wohltat". Das schon im Erzähleingang erwähnte Bild aus einer Illustrierten mit seinem hübschen, vergoldeten Rahmen steht hier offensichtlich stellvertretend für die Sphäre des Du, jedoch auch noch im erotisch-geschlechtlichen Sinne. Darauf deutet nicht nur das Bild vom „heißen Bauch" hin, der sich an das Glas „preßt" und dort wohltuend festgehalten wird, sondern auch schon der der Tiersphäre nahestehende Bildkreis von „Pelzboa" und „Pelzwerk".

Eben diese Sphäre soll erhalten, hinübergerettet, weiter erinnert werden, damit das Dasein sich nicht völlig in die Leere des Raums auflöst und nur noch das „sinnlose Herumkriechen" Gregor bevorsteht. Ist es nicht so, als ob der aller menschlich gehegten und erinnerungsträchtigen Umwelt Beraubte sich hier verzweifelt an das im Bild nur vertretungsweise, ja durch das „Glas" sogar abgeschirmte Du „preßt", wie wenn er in solcher, sei es auch nur scheinbaren Vereinigung sich des vitalen Lebensgrundes seiner *menschlichen* Existenz noch einmal vergewissern könnte? Daß es nun freilich gerade *diese* Sphäre des Geschlechtlichen ist, die er unter keinen Umständen einem erinnerungslos gewordenen Dasein preisgeben will, darin mag auch wieder etwas vom Elementaren des tierischen Instinktes stecken, der zum Schicksal seiner „Verwandlung" mitgehört.

Aber worin besteht denn eigentlich Gregors Existieren nach der Verwandlung? Ist er ein in scheußliches Tiersein verbannter Mensch oder ein sein einstiges Menschsein immer mehr verlierendes Tier? Jedoch läßt sich diese Frage so nicht stellen. Denn die Fiktion des widerlichen Tiers besteht ja nur gleichnishaft, und wir müssen doch wohl annehmen, daß dieses Bild den für die Familie nicht mehr erkennbaren, den hoffnungslos in die Isolation hineingedrängten Menschen meint, einen Menschen also, der noch da ist, der aber nicht mehr als er selbst gesehen, nicht mehr vernommen wird, den Menschen, der in seiner Krankheit auch noch das Primitive und zugleich Unschuldige des Tierhaften auf sich genommen hat, der aber wie in der Maske eines „Ungeziefers" erlebt wird, und zwar dergestalt, daß die ihm Nahestehenden mehr und mehr die Maske für die Person selbst halten. Ausdrücklich heißt es ja — und dafür legt der Apfel im Fleisch Zeugnis ab —, „daß Gregor trotz seiner gegenwärtigen traurigen und ekelhaften Gestalt ein Familienmitglied war, das man nicht wie einen Feind behandeln durfte, sondern demgegenüber es das Gebot der Familienpflicht war, den Widerwillen hinunterzuschlucken und zu dulden, nichts als zu dulden". Am Ende freilich möchte auch die Familie ebenso wie die Bedienerin, die ihrerseits ihm ganz unbefangen, ohne jede Gefühlsbeteiligung, gegenübersteht, in ihm nur noch das „krepierte" Es sehen, das dann als „das Zeug von nebenan" von fremden Händen weggeschafft wird. Dieses Auslöschen jeder Familienverantwortung steht in krassem Gegensatz zum sterbenden Gregor selbst, der sein Verschwinden um der Familie willen mehr oder weniger freiwillig auf sich nimmt und an diese „mit Rührung und Liebe" zurückdenkt.

„Gegenwärtige Gestalt", „gegenwärtiger Zustand", solche und ähnliche Wendungen weisen darauf hin, daß Gregors Verwandlung als ein schicksalhafter Einbruch, vielleicht sogar als bestimmter Augenblick verstanden werden muß. Eine innere Epoche, die wohl in den „unruhigen Träumen" der Nacht nachgewirkt hat, mochte dem vorausgegangen sein. Was als Inneres nicht mehr aussagbar ist, bis tief hinab in archaische, „tierhafte" Schichten der Seele hinein, ja noch bis zu Krankheitszuständen der Bewußtseinsspaltung, läßt Kafka im Bild nach außen treten. Der Dichter fixiert damit das Ungegenständliche in sinnlich anschaubarer, zugleich jedoch erschreckend absurder Weise. Hat ja doch Kafka selbst hervorgehoben, daß er nur in Bildern denken könne! Der Verwandelte befindet sich in einer Verfassung, die sich am ehesten in Analogie zur Krankheit verstehen läßt. Darauf deutet auch zeichenhaft das mehrfach erwähnte gegenüberliegende Krankenhaus hin, das man von seinem Zimmer aus wahrnehmen kann. Es handelt sich natürlich um keine eigentlich organische, sondern weit mehr um eine psychische Erkrankung, jedoch um eine, die bestimmte soziale Konsequenzen hat. Als Folge dieses Zustandes ergibt sich, daß Gregor, der bisher, sei es unter Druck, sei es freiwillig, der ganzen Familie ihr wirtschaftliches Fundament geschaffen hat, ja sogar die besonders geliebte Schwester zu Weihnachten mit dem Geschenk der Stunden für das Musikkonservatorium überraschen wollte, nunmehr, wenn auch durchaus gegen seinen bewußten Willen, nicht mehr in der Lage ist, für die Familie zu sorgen. Gregor ist ein im sozialen Sinn unbrauchbares Wesen geworden. Das schließt jedoch nicht aus, daß sein abnormer Zustand — von einem anderen Blickpunkt aus betrachtet — wiederum durchaus positive Möglichkeiten latent in sich enthält. Gerade im Kranksein werden bisher durch die „Geschäfte" und durch die Tyrannis der Familie unterdrückte Kräfte des Selbst freigegeben.

Es ist jedoch nicht leicht zu entscheiden, wie weit der neue Zustand in jener inneren, vorausgegangenen Epoche bereits vorbereitet und vom Unbewußten her, und sei es selbst als „Bestrafung", sogar noch gewollt wurde. Im reflektierenden Bewußtsein des Verwandelten erleben wir zweifellos eher das Gegenteil: das wenn auch wahnhafte Festhaltenwollen an seiner einstigen, normal durchschnittlichen Existenz. Ebenso kann von einem Schuldgefühl des Verwandelten kaum eine Rede sein, obwohl gerade der Komplex von Schuld und Bestrafung in den Interpretationen dieser Erzählung meist eine so große Rolle spielt. Schuld liegt hier nur vor im Sinne jener aufschlußreichen, selbstquälerischen Tagebuchnotiz von 1915: „Bei einem gewissen Stande der Selbsterkenntnis und bei sonstigen für die Beobachtung günstigen Begleitumständen wird es regelmäßig geschehen müssen, daß man sich abscheulich findet." Dafür steht die Verwandlung in ein Ungeziefer stellvertretend. Die Verwandlung — als Krise der Existenz verstanden — deutet offensichtlich auf eine Spaltung von Bewußtem und Unbewußtem hin. Nicht zuletzt auch darum sieht sich Gregor in eine Position hineingedrängt, die ihn immer mehr vereinsamen läßt und damit für alle anderen in seinem Ichsein unkenntlich macht. Dieses verstummende, sprachlos gewordene Leid einer inneren und äußeren Gefangenschaft mit den verzweifelten, aber stets zurückgewiesenen Versuchen zum „Ausbruch", zur erneuten Verknüpfung mit der Familie ist ein weiteres Moment, das diesen von der Umwelt als abnorm und scheußlich erlebten Krankheitszustand Gregors charakterisiert.

So wird denn immer deutlicher, daß Kafkas „Verwandlung" in erster Linie als eine Familiengeschichte gelesen werden muß. In dem späteren Brief an Elli Hermann vom Herbst 1921 wird das Bild des Tiers auf die Familie selbst angewandt. Im Unterschied zu dem „Menschentier" sei sie ein „Familientier", aber ihr tyrannisches Erziehungswerk am Einzelnen ist für Kafka nur ein

Zerstörungsvorgang, der dem Kind Schritt für Schritt das „Persönlichkeitsrecht" raubt und es damit unfähig macht, „jemals dieses Recht in guter Art geltend zu machen". Die Familie wird zu einem sich selbst verfluchenden und verzehrenden „Organismus", den Kafka mit der mythisch griechischen Vorstellung von Kronos, der seine Söhne auffrißt, vergleicht. Gewiß, dieses „Verzehren" geschieht jetzt nicht mehr körperlich, aber das macht es nur um so fürchterlicher. Kafka meint sogar, Kronos könne „seine Methode der sonst üblichen gerade aus Mitleid mit seinen Kindern vorgezogen" haben. Das „Familientier" mit seiner tierisch-sinnlosen Liebe wird zu einem Vernichtungsorganismus, der mit seinen zwei schrecklichen Erziehungsmitteln, die eigentlich „Antierziehungsmittel" sind, Tyrannei und Sklaverei, dazu disponiert ist, „das Kind in den Boden, aus dem es kam, zurückzustampfen".

Das Grausame dieses Prozesses wird bereits in der „Verwandlung", wenn auch unter anderen Vorzeichen sichtbar. Der Verwandelte sucht sich, freilich mehr vom Unbewußten her, der übermächtigen Tyrannis der Familie zu entziehen; die Familie wiederum möchte ihn am liebsten als Glied aus ihrem Organismus ausstoßen, was aber nicht geht, weil das von vornherein dem Begriff des Organismus widerspricht.

Kafka baut seine Erzählung in drei deutlich unterschiedenen Kapiteln auf. Das erste handelt von dem frühen Reagieren Gregors auf die Verwandlung und von dem Schock, den die Umwelt dadurch erfährt, und den unmittelbar danach einsetzenden Folgen. Gregor selbst kommt die Tatsache der Verwandlung zunächst kaum zum Bewußtsein, ja, er weigert sich, das, was mit ihm geschehen ist und in seiner unbewußten Existenz sich wohl längst vorbereitet hat, auch im Wachbewußtsein anzunehmen. Nicht die Verwandlung, sondern „das trübe Wetter ... machte ihn ganz melancholisch". Wohl empfindet er die körperlichen Unbequemlichkeiten und Behinderungen seiner neuen, grotesken Daseinsform, aber noch erscheint sie ihm unter der Perspektive von „Narrheiten", und seine Gedanken kreisen statt dessen um seine frühere Durchschnittsexistenz als Reisender und um die damit verknüpften alltäglichen Aufregungen und Sorgen. Selbst als das Aufstehen nicht gelingt und ihm die Vernachlässigung seiner sozialen Pflichten deutlich wird, ja noch, als sich das Versagen seiner Stimme, in die sich ein schmerzliches Piepsen mischt, herausstellt, benimmt er sich so, als ob er der noch nicht verwandelte Mensch wäre, zumal er seinen Zustand nicht eigentlich als Krankheit, noch nicht einmal als „Unfall" erlebt. Abgesehen von einer „überflüssigen Schläfrigkeit" fühlte er sich „ganz wohl und hatte sogar einen besonders kräftigen Hunger". Noch versucht er, „seiner Stimme alles Auffallende zu nehmen"; noch sieht er in ihrer Veränderung nur den Vorboten „einer tüchtigen Verkühlung, einer Berufskrankheit der Reisenden"; noch hält er alles für „reine Einbildung" und ist sogar „gespannt, wie sich seine heutigen Vorstellungen allmählich auflösen würden". Jedoch die „Wiederkehr der wirklichen und selbstverständlichen Verhältnisse" tritt in keiner Weise ein. Vielmehr vermehren sich zunächst nur die Schwierigkeiten in der körperlichen Fortbewegung. Kafka schildert Gregors neue Lage mit einer Art von makabrem Galgenhumor. Da sind nicht nur die vielen Beinchen, die so hilflos reagieren, da hören wir auch von der plötzlich aufsteigenden Idee, um Hilfe zu rufen, und es heißt dann weiter: „Trotz aller Not konnte er bei diesem Gedanken ein Lächeln nicht unterdrücken." Ein lächelndes Insekt, das noch dazu über das Bild lächelt, das der einstige Mensch nunmehr seiner Umwelt bieten muß, wenn er sie um Hilfe anruft, — das Groteske dieses Einfalls ist kaum mehr überbietbar. Was aber Gregor selbst nur schaurig-komisch erscheinen mag, wird auf seine Umwelt ganz anders wirken. Mit dem Eintreffen des Prokuristen, der den nicht rechtzeitig im Büro erschienenen Handlungsreisenden zur Rechenschaft ziehen will, verschärft sich die Situation. Die Familie draußen, die bisher nicht zu Gregor vordringen konnte, ist bereits unruhig geworden. Aber sind das nicht „unnötige Sorgen"? Gregor denkt ja nicht „im geringsten daran, seine Familie zu verlassen". So wenig übersieht er bisher, was mit ihm eigentlich geschehen ist. Erst die unfreundliche Anklagerede des Prokuristen — draußen vor der verschlossenen Tür — bringt ihn in Erregung, aber seine nicht mehr verstandene, im Inhalt durchaus menschliche Gegenrede, vom Prokuristen bereits als inhaltlose „Tierstimme" gehört, verhallt ins Leere. Indessen, Gregor flüchtet sich in die Illusion, daß man ihn drüben bereits für krank hält, etwas sei mit ihm nicht in Ordnung, man will ihm ja helfen, man will den Schlosser und den Arzt holen. „Er fühlte sich wieder einbezogen in den menschlichen Kreis." Solche Hoffnungen geben ihm dann die unerwartete, rührende Kraft, mit seinen Tierkiefern noch den Schlüssel umzudrehen, wenngleich er sich damit einen „Schaden" zufügt; „denn eine braune Flüssigkeit kam ihm aus dem Mund, floß über den Schlüssel und tropfte auf den Boden".

333

Der Kontrast zwischen tierischer Organisation und innerseelischer Wirklichkeit wird in solcher grotesken Komik sichtbar.

Gregor schafft es tatsächlich; er öffnet die Tür und wird allmählich für die Außenwelt sichtbar. Die Reaktion des Prokuristen ist eigentlich nur ein lautes „Oh!" und ein erst langsames, dann immer entsetzteres Zurückweichen. Von der Mutter heißt es in einer noch an Rilkes Prosastil anklingenden Wendung: sie „fiel inmitten ihrer rings um sie herum sich ausbreitenden Röcke nieder, das Gesicht ganz unauffindbar zu ihrer Brust gesenkt"; der Vater wiederum ballt mit feindseligem Ausdruck die Faust und wird dann von Weinen geschüttelt. Bezeichnenderweise denkt niemand aus dem Kreis der Umwelt über das Erstaunliche und Unerklärbare dieser Verwandlung nach. Sie wird ebenso als, wenn auch widrige, Tatsache hingenommen wie von Gregor, ja noch vom Erzähler selbst.

Die nachfolgende Schilderung deckt statt dessen die schneidende Dissonanz auf, die zwischen Gregors inneren Vorgängen und seinen verzweifelt hilflosen Verständigungsversuchen auf der einen Seite und der negativen Abwehr seiner Umwelt auf der anderen besteht. Gregor erfährt sich, von innen her gesehen, durchaus als der gleiche Mensch wie früher, so daß ihm die Verwandlung nur wie ein mehr zufälliges, wenn auch fatales Akzidens vorkommt, das jedoch wieder vorübergehen kann. Die Personen der Umwelt hingegen halten sich bloß an seine äußere widrige Erscheinung und ihre tierischen Ausdrucksformen, versagen ihm sogar zunächst jede Art von Hilfe, einzig und allein darauf bedacht, sich vor dem grauenhaft Fremden, Verwandelten, das so unvermutet in ihre Familie einbricht, zu schützen. Es gehört zum Grotesken dieser Situation, daß Gregor glaubt, als einziger „die Ruhe", ja sogar die familiäre Überlegenheit bewahrt zu haben, nur darauf bedacht, den Prokuristen von seiner Unentbehrlichkeit im Geschäft zu überzeugen. Handelt es sich doch für ihn nur um die „Beseitigung" des derzeitigen „Hindernisses", ohne daß er dabei bedenkt, ob seine Rede überhaupt verstanden wird, während die anderen in ihm lediglich das scheußliche Tier, aber nicht mehr den Menschen erblicken. Der Verlust der menschlich verstehbaren Sprache und damit der Möglichkeit, sich mitzuteilen, ist aber nur die eine Seite dieser Existenzkatastrophe. Mindestens ebenso schlimm ist die Hilflosigkeit in der Motorik, deren seltsame, eben nur tierisch anmutende Gebärdensprache immer wieder mißverstanden wird. Dort aber, wo Gregor zu einer neuen

Beherrschung seiner nunmehrigen Mittel gelangt, führt das erst recht zur falschen Auslegung, ja zur chaotischen Verwirrung. Sosehr der Verwandelte auch weiterhin mehr um das Wohl der Familie als um sein eigenes besorgt ist, sosehr bleibt er dabei hilflos, und alle solche Wünsche sind eine in seine Ungestalt eingeschlossene, nicht mehr aussagbare Empfindung. Gregor ist für seine Familie bereits zu einer traurigen Belastung geworden. Das Kapitel endet mit der furchtbaren Jagd durch den Vater, der den Sohn mit Gewalt ins Zimmer zurücktreibt, ja, in äußerster Zuspitzung, noch mit einem starken Stoß hineinbefördert, mochte dieser Sohn auch nur mit wundgeriebener Flanke, „heftig blutend", und unter größten Bewegungsschwierigkeiten durch die unzulänglich geöffnete Tür dorthin zurückkehren können.

Verwundungen und ihre Folgen, in erster Linie durch den Vater hervorgerufen, bleiben auch später für diese Erzählung leitmotivisch. Das erinnert uns an die große Bedeutung der sonderbaren, zuerst nicht erkannten Wunde, die der Knabe hat, zu dem Kafkas Landarzt gerufen wird. Es kann kein Zweifel sein, daß dort die Wunde eine nicht partielle, sondern existentielle Bedeutung für das gesamte Sein des Menschen hat. Auch das verwundete Tier in der „Verwandlung" meint in Wahrheit nicht den physisch, wohl aber den seelisch verwundeten Menschen und nicht den normalen, durchschnittlichen, der in seinen sozialen Leistungen erkennbar und meßbar ist, sondern den hilflos anonymen, der des mitmenschlichen Kreises beraubt ist und dessen Herausgedrängtwerden aus der Familie — noch dazu kraft väterlicher Autorität — ein Prozeß endloser, schwerer Leiden ist. Wohl liegt auf seiner Seite das „Hindernis" vor, verbunden mit dem Gefühl der Insuffizienz, der erniedrigende, demütigende „Zustand", für Kafka so quälend, daß er das schreckliche Bild vom „ungeheuren Ungeziefer" stellvertretend dafür einsetzte; aber die ihm, Samsa-Kafka, helfen sollten, vielleicht auch helfen könnten, entziehen sich entweder von vornherein oder langsam dieser unbequemen und schweren Aufgabe, vergrößern seine Leiden und gehen geradezu zur Verfolgung des schuldlos-schuldigen Opfers über. In der Erzählung „Das Urteil" identifiziert sich der Sohn mit dem Spruch des Vaters, der ihn zum Tode verurteilt. In der „Verwandlung" kommt es zwar zu einer allerdings sehr schwachen und vorübergehenden Auflehnung, aber Gregor findet es schließlich auch hier ganz in der Ordnung, daß die Familie sein endgültiges Verschwinden verlangt. Die katastrophale Störung, die seine abnorme Art zu existieren in die bisherigen banalen Gewohnheiten hineingebracht hat, kann nur durch die freie Einwilligung in seinen eigenen Tod beseitigt werden. Alle früheren Verdienste um die Familie werden nicht mehr in Anrechnung gebracht.

Wenn das erste Kapitel nur den Zeitraum eines Tages für sein Erzählen brauchte, so läßt das zweite einen ganzen Monat vergehen. Gregor muß sich mit seinen neuen Bedingungen abfinden. Er hat Zeit genug, „um ungestört zu überlegen, wie er sein Leben jetzt neu ordnen sollte". Von seiten der Familie ist es die Schwester, die sich jetzt, nicht ohne Güte, um das keineswegs einfache Problem seiner Ernährung bemüht; aber eben sie ist es auch, die sich später am schroffsten von ihm abwendet. Gregor wiederum sucht sich „nicht ohne leichte Scham" unter dem Kanapee einzurichten, und das Ergebnis seiner Überlegungen ist, „daß er sich vorläufig ruhig verhalten und durch Geduld und größte Rücksichtnahme der Familie die Unannehmlichkeiten erträglich machen müsse, die er ihr in seinem gegenwärtigen Zustand nun einmal zu verursachen gezwungen war". Das Kreisen seiner Gedanken freilich um das wirtschaftliche Glück der Familie, um die Schwester auf dem Konservatorium und alles, was er dazu beitragen will, ist — so wie die Dinge nun einmal liegen — nutzlos genug und läßt am Ende nur „Beschämung und Trauer" in ihm zurück. Für den Augenblick sieht es so aus, als ob ein friedliches, wenn auch radikal getrenntes Nebeneinander, eine Art neutraler Koexistenz der beiden Sphären erreicht wäre, um so mehr, als Gregor seine so widrige Erscheinung unter dem Sofa zu verbergen trachtet, ja sogar das Zartgefühl aufbringt, mit einem Leintuch sich ganz zu verstecken und abzusperren, damit der Schwester der ihr auch weiterhin unerträgliche Anblick des „Tiers" erspart bleibe. Immerhin scheint sie diese neu von ihm geschaffene „Einrichtung" dankbar entgegenzunehmen, ohne sie jedoch etwa abändern zu wollen.

Indessen, diese sehr spärlichen Versuche zur beiderseitigen Verständigung können das radikale Scheitern nicht aufhalten. Auf die Dauer konnte und wollte sich Gregor wohl auch nicht *unsichtbar* machen. Umgekehrt wiederum ist die Schwester zur sorgenden Betreuung mit der Zeit immer weniger bereit; ja, die Versuche zur Verbesserung durch die gemeinsam mit der Mutter unternommene Ausräumung des Zimmers führen jene erneute Katastrophe herbei, in der das zweite Kapitel gipfelt. Wohl ist

auch die Mutter zunächst guten Willens, nur mit Vernunft-
gründen, später sogar mit Gewalt zurückgehalten, wenn sie erklärt: „Laßt mich doch zu Gregor, er ist ja mein unglücklicher
Sohn! Begreift ihr es denn nicht, daß ich zu ihm muß?" Aber gerade die Mutter zeigt sich jedem Zusammentreffen mit dem Sohn
in keiner Weise gewachsen. Sie gerät dabei ständig in Panik und
erweist sich als völlig hilflos. Zwar hat sie im Streit mit der
Schwester über das Ausräumen oder Nichtausräumen der Möbel
recht, wenn sie meint, Gregor müsse später, „wenn er wieder zu
uns zurückkommt, alles unverändert" finden, damit er „um so
leichter die Zwischenzeit vergessen kann". Überdies zeigen ja
solche Worte, daß sie die Hoffnung auf einen zurückkehrenden,
wieder heil gewordenen Sohn noch nicht aufgegeben hat. Als sie
aber dann den Sohn als „riesigen braunen Fleck auf der geblümten
Tapete" unerwartet erblickt, da überkommt sie eine Ohnmacht,
und eben diese löst den Wirbel von chaotischen Vorgängen aus,
der am Ende fast mit der Ermordung des Sohnes durch den Vater
seinen schrecklichen Abschluß gefunden hätte. Dabei ist Gregor
in all seinem unverständlichen Tun nur von den besten Absichten erfüllt; denn er kommt ja ins Nebenzimmer bloß darum
hinüber, weil auch er der Mutter helfen möchte, was ihm noch
wichtiger ist als das so leidenschaftlich verteidigte Bild, für das
er sogar bereit war, der Schwester ins Gesicht zu springen. Jedoch
helfen kann er ja durchaus nicht — wie sollte das auch möglich
sein? —; er kann nur, „von Selbstvorwürfen und Besorgnis
bedrängt", kriechen, überall umherkriechen. Als nun der gerade
zurückkehrende Vater überdies noch erfährt, Gregor sei ausgebrochen, da will dieser ja nur den Erzürnten „besänftigen" und
ihm zu verstehen geben, daß er gerne in sein Zimmer zurückkehren
und dort verschwinden wolle. Eben dies sucht er pantomimisch
dadurch auszudrücken, daß er bis an die geschlossene Tür seines
Zimmers flüchtet, damit man ihm aufmache.

Aber — so erklärt der Erzähler lakonisch — „der Vater war
nicht in der Stimmung, solche Feinheiten zu bemerken". Der
Vater, nunmehr Diener eines Bankinstitutes, in eine straffe blaue
Uniform mit Goldknöpfen gekleidet, sieht völlig anders aus als
jener frühere Vater mit dem Schlafrock im Lehnstuhl oder auf
dem Spaziergang im alten Mantel mit vorsichtig aufgesetztem
Krückstock, wie ihn Gregor in Erinnerung hat. Die „Verwandlung" des Sohnes hat den Vater gezwungen, sich auch seinerseits
zu verwandeln, wenn auch in genau umgekehrter Richtung, und

nun selber die soziale Verantwortung für die Familie mit zu übernehmen, wozu er sich bisher als durchaus untauglich erwiesen hatte. Jetzt steht er dem Sohn in ausgesprochener Feindschaft gegenüber. „Mit verbissenem Gesicht" schaut er auf ihn hin. Die für Gregor riesenhafte Größe seiner Schuhsohlen, mit denen nunmehr die zunächst langsame Verfolgung beginnt, hat etwas Erschreckendes, zumal der Sohn „ja noch vom ersten Tage seines neuen Lebens" her wußte, „daß der Vater ihm gegenüber nur die größte Strenge für angebracht ansah". Sieht es nicht so aus, als ob der Vater dem Sohn die Verwandlung weniger als Unglück, wohl aber als eine Schuld anrechnet, als ob er gerade von Gregor etwas in dieser Art erwartet habe?

Zwar versucht der unglückliche Sohn sich durch mühsames Laufen, nicht ohne Atemnot, zu retten, aber der Vater beginnt bald sein Bombardement mit den Äpfeln, von denen dann einer in Gregors Rücken eindringt und eine „schwere Verwundung" mit dem über einen Monat sich hinziehenden Entzündungsleiden hinterläßt. Wäre nicht die inzwischen aus der Ohnmacht erwachte, nur mit dem Hemd bekleidete Mutter hinzugekommen, die, über ihre aufgebundenen und zu Boden gleitenden Röcke stolpernd, auf den Vater zueilt und „ihn umarmend, in gänzlicher Vereinigung mit ihm — ... die Hände an des Vaters Hinterkopf um Schonung von Gregors Leben bat", so hätte Gregor wohl kaum mehr dem furchtbaren väterlichen Zorn entkommen können.

Wie am Ende des ersten Kapitels, so steht auch am Abschluß des zweiten, nur weit grausamer, die leitmotivisch gemeinte Verfolgung des wehrlosen Sohnes durch einen übermächtig gewordenen Vater, von dessen lärmender Stimme es damals hieß, daß sie hinter Gregor gar nicht mehr wie die Stimme bloß eines einzigen Vaters klang; sie klang also so, als ob das Autoritäre allen Vatertums in ihr enthalten wäre. Diesmal ist es zwar nicht das bedrohend Akustische, das den Sohn vorwärts jagt und am Ende „in vollständiger Verwirrung aller Sinne" einfach sich niederstrecken läßt, dafür aber um so nachdrücklicher der manuelle Vorgang dieser mehr oder weniger scharf gezielten Bombardierung. Es liegt nahe, in das gegenständliche Bild der „Äpfel" eine symbolische Sinndeutung hineinzulegen. Wird doch nachher ein solcher Apfel zum Pfahl im Fleisch, zur entzündeten Wunde, die die Familie und insbesondere den Vater ununterbrochen daran erinnert, daß er den Sohn vor sich hat, und nicht ein bloßes „Es". Man könnte an den Apfel im Garten des Paradieses denken, der ja dem Menschen nicht nur Erkenntnis, sondern auch die Vertreibung aus dem Paradies gebracht hat. Aber das alles bleibt doch mehr oder weniger konstruktiv. Wir können das Bild getrost in seiner Gegenständlichkeit belassen, zumal ja nicht eigentlich von dem Apfel, wohl aber von der Verwundung die ins Gleichnishafte hinüberreichende Symbolkraft ausstrahlt. Denn die so hervorgerufene Verwundung ist zweifellos durchaus als ein schmerzhaft geistiger Vorgang des innersten Selbst gemeint.

Die tragische Situation des Sohnes in der Familie tritt immer deutlicher hervor und hört auf, bloßer „Spaß", und sei es auch grotesk makabrer Spaß, zu sein. Der entartete, verwandelte, seinen Angehörigen widerwärtig gewordene Sohn findet im Vater den Urfeind, der ihn am liebsten vernichten möchte, wenngleich gerade eben jener vom Vater selbst geworfene Apfel „als sichtbares Andenken im Fleisch" ihn noch einmal an seine „Familienpflicht", auch und gerade dem Sohn gegenüber, erinnert. Die Mutter wiederum, sonst nur erschreckt und machtlos, hält in einer nahezu geschlechtlichen Vereinigung mit dem Vater diesen von der Vernichtung des Sohnes zurück. Das Symbolische dieser Situation deutet wohl auch noch auf die Mutter als diejenige hin, die den Sohn vom Vater empfangen und dann in ihrem Leib ausgetragen hat. Wieweit in diese Szene noch die so oft behaupteten Beziehungen zwischen Kafka und Freud hineinspielen, wollen wir nicht weiter untersuchen.

So viel freilich ist unverkennbar, daß Kafkas „Verwandlung" in erster Linie von ganz elementaren, tief ins Unbewußte, auch noch ins sexuell Unbewußte hineinreichenden Störungen innerhalb der Familie selbst handelt. Der Sohn erleidet dabei das Schicksal der machtlosen Vereinsamung; er gehört zwar noch zur Familie, wird aber nur mit Widerwillen zu ihr gezählt. Die Ursachen für diesen tragischen Vorgang liegen tief im Verborgenen. Er wird offensichtlich durch den Sohn selbst herausgefordert, nicht durch ein aktives Tun, sondern durch das Erleiden einer Verwandlung, die sein unsichtbares inneres Bild für seine nächste, zu ihm gehörende Umwelt völlig unkenntlich macht, sein sichtbares aber nur noch als Angst und Grauen einflößend erleben läßt.

Das dritte Kapitel schildert zunächst den neuen sozialen Zustand einer „abgearbeiteten und übermüdeten Familie", für die der Sohn als wirtschaftlicher Helfer fortgefallen ist. Die Familie, hoffnungslos „mit einem Unglück geschlagen ... wie niemand sonst im ganzen Verwandten- und Bekanntenkreis", kehrt sich vom Sohn immer stärker ab und vernachlässigt seine Pflege in zunehmendem Maße. Die Folge ist nun auch Verwahrlosung auf seiten des Sohnes. Wohl träumt Gregor noch immer davon, die Angelegenheiten der Familie wie früher wieder in die Hand zu nehmen, aber oft erfüllt ihn auch nur noch „bloß Wut über die schlechte Wartung", die Vernachlässigung seiner Nahrung, die ihm freilich sowieso immer gleichgültiger wird, den Schmutz im Zimmer oder dessen Benutzung als beliebig gewordenen Abstellraum. Die inneren Stimmungen der Auflehnung bleiben jedoch genauso hilflos wie die fürsorglichen Gedanken Gregors. Das Kapitel spitzt sich am Ende noch einmal ins Katastrophenhafte zu, und wiederum wird dies durch einen „Ausbruch" Gregors aus der Isolation seines Zimmers hervorgerufen.

Bevor wir näher darauf eingehen, sei noch von weiteren Veränderungen innerhalb der Familie die Rede, nämlich von der Aufnahme der drei „Zimmerherren". Kafka schildert „diese ernsten Herren", die einen bemerkenswerten Appetit bei den Mahlzeiten an den Tag legen und überdies noch alle drei über Vollbärte verfügen, wie komisch-lästige Statisten innerhalb der Familie. Für den Verlauf des Geschehens bleiben sie in ihrer schematischen Typik bedeutungslos, und als sie zufällig die sorgfältig gehütete Familienschande zu Gesicht bekommen, da reagieren sie zunächst eher neugierig-amüsiert als etwa entsetzt. Dann freilich verlangen sie „Erklärungen", und am Ende kündigen sie „mit Rücksicht auf die in dieser Wohnung und Familie herrschenden widerlichen Verhältnisse". Am Tag darauf, nach Gregors Tod, ist über diesem Ereignis ihr Frühstück vergessen worden; die Bedienerin führt sie noch zu Gregors „Leiche", dann aber werden sie vom Vater energisch aus der Wohnung hinausgeworfen, nehmen ihre Hüte und ihre Stöcke, verbeugen sich stumm und verschwinden langsam über die lange Treppe ins Wesenlose. Für den Leser haben sie etwas Marionettenhaftes, schon ihre Dreizahl nimmt ihnen das Personale. Sie gehören nicht zur Begebenheit dazu, sind auch kaum daran beteiligt; sie sind die Randfiguren, die sich zwar noch moralisch entrüsten können, dann aber ihre unzweideutige Verabschiedung als durchaus Rechtens hinnehmen. Die unverkennbare Komik, mit der sie vom Dichter behandelt werden, hat fast etwas Erheiterndes innerhalb dieser so durchaus düsteren Erzählung, in der auch das Humoristische sonst noch zum tragischen Aspekt gehört.

Es sind jedoch nicht die Zimmerherren, die Gregor zu seinem „Ausbruch" verlocken; es ist das Violinspiel der Schwester, das diese zur Unterhaltung der Hausgäste vorführt. Noch einmal wird der radikale Widerspruch von inneren Vorstellungen und äußerer Lage bis zum Extremen vom Dichter gesteigert. Nach Gregors Meinung wird das Spiel der Schwester von den Mietern nicht genügend gewürdigt. Nun will der Bruder die Schwester zu sich holen, um mit ihr zusammen in seinem Zimmer zu leben; „seine Schreckgestalt sollte ihm zum erstenmal nützlich werden; an allen Türen seines Zimmers wollte er gleichzeitig sein und den Angreifern entgegenfauchen; die Schwester aber sollte nicht gezwungen, sondern freiwillig bei ihm bleiben; sie sollte neben ihm auf dem Kanapee sitzen, das Ohr zu ihm herunterneigen, und er wollte ihr dann anvertrauen, daß er die feste Absicht gehabt habe, sie auf das Konservatorium zu schicken, und daß er dies, wenn nicht das Unglück dazwischen gekommen wäre, vergangene Weihnachten — Weihnachten war doch wohl schon vorüber? — allen gesagt hätte, ohne sich um irgendwelche Widerreden zu kümmern. Nach dieser Erklärung würde die Schwester in Tränen der Rührung ausbrechen, und Gregor würde sich bis zu ihrer Achsel erheben und ihren Hals küssen, den sie, seitdem sie ins Geschäft ging, frei ohne Band oder Kragen trug." Ist das eine phantastische Illusion? Ist es die eigentliche, die innere Wahrheit? So oder so steht es in schneidendem Kontrast zur Wirklichkeit der Verwandlung. Das wird besonders an den körperlichen, unverkennbar auch noch erotischen Vorstellungen sichtbar: das Nebeneinandersitzen auf dem Kanapee, das Herunterneigen der Schwester, das eigene Sichaufrichten und Küssen des schwesterlichen Halses. In einer Welt ohne „Verwandlung" wäre dies alles, trotz der der intensiven Steigerung der Zärtlichkeit, noch weitgehend normal und selbstverständlich gewesen. Wenn es hingegen im Zusammenhang unseres Textes durchaus schauerlich und grotesk wirkt, so ist dies nur darum der Fall, weil auch der Leser sich inzwischen an die fiktiv eingeführte Tatsache gewöhnt hat und mit ihr gleichsam vertraut geworden ist, daß Gregor unwiderruflich ein ungeheures, widerliches Ungeziefer geworden ist. Eben hierin liegt die suggestive Kraft des Kafkaschen Stils. Und dennoch: wie menschlich und liebevoll sind die inneren Vorgänge, mögen sie noch so sehr ins Hoffnungslose, Isolierte und Wahnhafte hineingeraten sein. Das fauchende Tier, das die Zweisamkeit von Bruder und Schwester gegen eine Welt von Feinden verteidigen will, ist ja ebenfalls nur eine Phantasie-vorstellung, aber keine mögliche Realität. So ist alles dies zum Scheitern verurteilt.

Zwar kommt es nunmehr zu keiner dritten Jagd des Vaters auf den Sohn. Dafür ist sich aber jetzt die ganze Familie, in erster Linie sogar die Schwester, über das „Untier" einig, dem man den Namen des Bruders oder des Sohnes verweigern muß. Von der mit Atemnot gepeinigten Mutter heißt es nur: sie „fing in die vorgehaltene Hand mit einem irrsinnigen Ausdruck der Augen dumpf zu husten an". Es ist, als ob ihr jedes Reagieren auf den Sohn abhanden gekommen wäre. Der bei seinem Ausbruch er-tappte Gregor bleibt zunächst still auf seinem Platz, auf dem ihn die Zimmerherren entdeckt haben, und er will gewiß niemandem, am wenigsten seiner Schwester, Angst einjagen. Aber sein bloßes Vorhandensein bedeutet schon Schrecken genug. Zwar wird er jetzt nicht mehr verfolgt, als er in schwer leidendem Zustand kläglich zurückzuwandern sucht, alle schauen ihn nur „schweigend" und „traurig" an. Aber diese sich selbst überlassene mühsame Wanderung zurück in sein einsames Zimmer, das dann sogleich „zugedrückt, festgeriegelt und versperrt" wird, ist in ihrer völligen Hoffnungslosigkeit vielleicht noch furchtbarer als die früheren Verfolgungen des Sohnes durch den Vater. Gregor wird im Be-wußtsein der Familie ausgelöscht; er existiert nur noch als Ungeziefer. Ihm selbst, der alle diese unbarmherzigen, schonungs-losen Reden über das Untier nur allzu genau versteht, obwohl alle dies für unmöglich halten, bleibt lediglich das stille, ebenso willenlose wie auch wieder gewollte Sterben übrig, immer noch im rührenden und liebevollen Zurückdenken an die Familie, für die dieser Tod des Ausgehungerten und Abgemagerten, dieses Krepieren eines „Es" nur eine Wohltat und Befreiung sein wird.

So schließt denn auch die Erzählung mit dem Ausflug ins Freie, in die Vorfrühlingssonne, heraus aus der qualvoll geworde-nen Wohnung, und mit den optimistischen Plänen der Familie für eine neue, bessere Zukunft. Ist ja doch diese nunmehr un-problematisch gewordene Familie von einem Sohne endgültig befreit, dessen „verwandelte" Existenz für sie alle eine ins Rätsel-hafte verfremdete Welt bedeuten mußte. Dem standzuhalten ging nicht nur über ihre Kräfte, sondern wurde noch nicht einmal ernst-haft erwogen. So dürfen sie denn ihr gerettetes, aber auch banales Dasein weiterführen. Denn alle Unheimlichkeit des Existierens war mit dem Verschwinden des Sohnes ein für allemal vorüber.

Kafka selbst hat sich über „Die Verwandlung", besonders über den Schluß, bald nach der Entstehung negativ geäußert. Im Tagebuch heißt es am 19. Januar 1914: „Großer Widerwillen vor ‚Verwandlung'. Unlesbares Ende. Unvollkommen fast bis in den Grund." Dennoch ist gerade das Ende dieser Geschichte aufschlußreich. Wie im „Hungerkünstler" kontrastiert das rein Vitale gegen die im Geistigen verankerte Schwäche der menschlichen Existenz. War dort der junge Panther die Inkarnation des reinen, unreflektierten Lebens, so heißt es nunmehr von der Schwester, daß sie „zu einem schönen und üppigen Mädchen aufgeblüht war", und den Eltern, die einen braven Mann für sie suchen wollen, ist es „wie eine Bestätigung ihrer neuen Träume und guten Absichten, als am Ziele ihrer Fahrt die Tochter als erste sich erhob und ihren jungen Körper dehnte". Sie, die Schwester, die am Ende der Erzählung am meisten dazu beitrug, den Bruder im Bewußtsein der Familie auszulöschen, ist nicht für den Tod, wohl aber für das Leben geboren. Es liegt nahe, das in einem rein negativen Sinne auszulegen. Aber dennoch darf man Kafkas eigene, ambivalente Haltung darüber nicht übersehen, die im „Verwandelten" gewiß auch noch jene Existenzschwäche konstatiert, aus der heraus er nicht zu leben vermochte; in der Schwester hingegen nicht nur das Versagen in der zu schwer gewordenen Hilfe am grausam entstellten Bruder, sondern ebenso eine Kraft des Weiterlebens, ohne die das Dasein des Menschen wieder ganz ins Unmögliche und damit Absurde geriete. Sosehr mit dem Vorgang der Verwandlung auch eine Befreiung aus der mechanischen Welt des Nutzens, der Geschäfte und der eng damit verbundenen Tyrannis der Familie erfolgt, sie bleibt zugleich der Weg, der unrettbar in den Tod führt, und das Depravierende und Bestrafende des Erscheinungsbildes ist nicht nur ein Zeichen dafür, daß die eigentlichen, ursprünglichen Schichten der Seele für eine im „man" erstarrte Welt der Familie unkenntlich geworden sind, sondern auch für eine Existenzkatastrophe des Ich selbst, mit der sich eine Flucht ins Anonyme und Isolierte ereignet, weil das Ich den mitmenschlichen und sozialen Aufgaben des Lebens nicht mehr gewachsen ist. Wenn sich in dieser Erzählung ein solcher Bruch von beiden Seiten her ergibt, ein Versagen der Familie, aber auch ein Scheitern des isolierten Selbst, so wird damit das Hoffnungslose eines Daseins sichtbar, innerhalb dessen „Verwandlung" nicht mehr Palingenesie, nicht mehr Wiedergeburt bedeutet, sondern Herausfallen des Einzelmenschen aus einem nicht mehr zu bewältigenden Ganzen und damit einen Auflösungsprozeß, an dessen Ende der Tod steht.

Kafkas „Verwandlung" ist gewiß keine „Novelle" im üblichen Sinne; sie läßt sich noch nicht einmal dem geschichtlichen Formtypus der Novelle in der zweiten Hälfte des 19. Jahrhunderts zuordnen. Dennoch zeichnen sich auch hier Grundzüge ab, die für die moderne deutsche Prosa charakteristisch sind. Der Erzähler ist in das Rätselhafte des erzählten Vorgangs noch selber leidend mit hineinverwoben, so daß er nur mühsam die kühle, zuschauende Distanz zu wahren vermag. Ja, es ist die eigene Vereinsamung des Dichters, die ihn eine solche verrätselte und grotesk verfremdete Welt erfinden ließ, eine Welt, die stellvertretende Bedeutung für die unauflösbaren Widersprüche des Existierens und eine unfaßbar gewordene Wirklichkeit gewinnen konnte. Ist bei Musil bereits alles Geschehen in sich vieldeutig, so daß auch das ausdrücklich vom Dichter hervorgehobene „Zeichen" nur auf eine Zeichenhaftigkeit des Lebens überhaupt verweisen kann, so gibt es bei Kafka, noch über die auch bei ihm verwandten Chiffren hinaus, eine scheinbar willkürliche, erst vom Dichter subjektiv erschaffene Realität, die jedoch alsbald den Charakter des zwingend Objektiven annimmt. Soviel „Spiel" in solchen suggestiven dichterischen Erfindungen auch noch stecken mag, Spiel bis in die Komik des Grotesken hinein — das Dargestellte selbst enthält, zum mindesten in unserem Text, den tödlichen Ernst der Verzweiflung, der sowohl mit den Mitteln der poetischen Ironie wie mit denen des novellistischen Zufalls nicht mehr dargestellt werden konnte. Es gehört zur Paradoxie moderner Prosa, daß sie der dichterischen Fiktion einen weit größeren Spielraum einräumt, als es etwa in der Novelle des „bürgerlichen Realismus" geschah — dafür ist der Eingang der „Verwandlung" ein höchst instruktives Beispiel —, daß aber eben dadurch das Mehrdeutige des modernen Bewußtseins, der grauenhafte Widerspruch von Innen und Außen oder auch das Vergebliche im menschlichen Schicksal sehr viel „wirklicher" uns entgegentreten, als es etwa einer ausdrücklich um „Realität" bemühten Dichtung gelänge. Ist es nicht das Geheimnis der modernen Wirklichkeit, daß sie sich mit den Stilmitteln des Realismus allein nicht mehr aussagen läßt? Vielleicht darf man sogar behaupten, daß die bewußt vom Dichter gewollte „Fiktion" in eine unfaßbar, fraglich und zusammenhanglos gewordene Welt tiefer und unerbittlicher hineinführt als der Versuch einer bloß nachahmenden Abspiegelung oder einer am Wirklichen selbst gewonnenen symbolischen Verdichtung. Für solchen Darstellungsstil bietet sich aber wiederum die Novelle an. Denn eben ihr ist es vergönnt, noch der persönlichsten Erzählperspektive den Schein eines rein objektiven Sprechens zu sichern. Weil aber bei Kafka gerade diese Spannung von extremer Subjektivität und entschiedenem Willen zu einer, sei es sogar für die Kunst noch tödlichen, Wahrheit so deutlich hervortritt, gehört auch er mit seinen parabolischen Erzählungen in die Geschichte der deutschen Novelle.

EINLEITUNG

Die Anordnung des Schrifttums folgt hier zunächst dem Gedankengang der Einleitung.
M. Schunicht, Der „Falke" am „Wendepunkt", in: Germ.-Rom. Monatsschr., Neue Folge Bd. X, 1960, Heft 1, S. 44–65; F. Martini, Die deutsche Novelle im „bürgerlichen Realismus", in: Wirk. Wort, Jahrg. 10, 1960, Heft 5, S. 257–278; B. v. Arx, Novellistisches Dasein, Spielraum einer Gattung in der Goethezeit, Zürich 1953; A. Hirsch, Der Gattungsbegriff Novelle, Berlin 1928; W. Kayser, Wer erzählt den Roman? in: Die Vortragsreise, Bern 1958, S. 82–101; J. Klein, Geschichte der deutschen Novelle von Goethe bis zur Gegenwart, Wiesbaden 1954, 4. Aufl. 1960, mit einem neu hinzugefügten Abschnitt „Überblick über die Formgeschichte der deutschen Novelle", S. 36–59; A. Jolles, Einfache Formen, Tübingen 1930, 2. Aufl. 1958; F. Sengle, Der Romanbegriff in der ersten Hälfte des 19. Jahrh., in: Festschrift für Franz-Rolf Schröder, Heidelberg 1959, S. 214–228; J. Kunz, Geschichte der deutschen Novelle vom 18. Jahrh. bis zur Gegenwart, in: Deutsche Philologie im Aufriß, Berlin/Bielefeld 1954, Bd. 2, Spalte 1739–1840; H. P. Herrmann, Zufall und Ich. Zum Begriff der Situation in den Novellen Heinrich von Kleists, in: Germ.-Rom. Monatsschr., Neue Folge Bd. XI, 1961, Heft 1, S. 69–99; N. Erné, Kunst der Novelle, Wiesbaden 1956, 2. Aufl. 1961. – *Zum Problem des Grotesken:* W. Kayser, Das Groteske. Seine Gestaltung in Malerei und Dichtung, Oldenburg und Hamburg 1957. – *Älteres,* in der Einleitung herangezogenes *Schrifttum:* Deutscher Novellenschatz, hrsg. v. P. Heyse und H. Kurz, München o. J. [1871], Bd. 1; Th. Mundt, Moderne Lebenswirren, Briefe und Zeitabenteuer eines Salzschreibers, Leipzig 1834; F. Schlegel, Nachricht von den poetischen Werken des Johannes Boccaccio, in: F. Schlegel, Seine prosaischen Jugendschriften, hrsg. v. J. Minor, Bd. 2, Wien 1882, S. 396–414. – An *allgemeiner,* in Bd. 1, auch in der letzten Auflage (1962) von mir nicht verzeichneten *Literatur* zur Novelle sei noch nachgetragen: F. Lockemann, Die Bedeutung des Rahmens in der deutschen Novellendichtung, in: Wirk. Wort, Jahrg. 6, 1955/56, Heft 4, S. 208–217; H. Prang, Formprobleme der Novelleninterpretation, in: Hüter der Sprache, München 1959, S. 19–38; W. Silz, Geschichte, Theorie und Kunst der deutschen Novelle, in: Der Deutschunterricht, Jahrg. 11, 1959, Heft 5, S. 82–100; R. Koskimies, Die Theorie der Novelle, in: Orbis Litterarum 14, 1959, S. 65–88.

ZU DEN EINZELNEN NOVELLEN

1.

Johann Wolfgang Goethe · Der Mann von funfzig Jahren
Text: Goethes Werke, Hamburger Ausgabe, Hamburg 1950, Bd. VIII: Wilhelm Meisters Wanderjahre, hrsg. v. Erich Trunz, S. 167–224,

226–241, 437,[21]–438,[30]; ferner: Weimarer Ausgabe, 1. Abt., Bd. 25/2, Weimar 1905, Paralipomena und Schemata (XXXI–XLI) S. 229–247. Schrifttum zu „Der Mann von funfzig Jahren": E. MAASS, in: Neue Jahrbücher für das klassische Altertum, Berlin 1916, S. 122–138; M. THALMANN, J. W. v. G., „Der Mann v. funfzig Jahren", Wien 1948; D. FISCHER-HARTMANN, Goethes Altersroman: Studien über die innere Einheit von Wilhelm Meisters Wanderjahren, Halle 1941; E. F. v. MONROY, Zur Form der Novelle in „Wilhelm Meisters Wanderjahre", in: Germ.-Rom. Monatsschr., Jahrg. 31, 1943, Heft 1, S. 1–19 (behandelt nicht „Der Mann von funfzig Jahren"); E. SPRANGER, Goethes Weltanschauung, Reden und Aufsätze, Leipzig 1946; A. HENKEL, Entsagung. Eine Studie zu Goethes Altersroman, Tübingen 1954; E. STAIGER, Goethe, Zürich 1959, Bd. 3, S. 145–157.

2.

Heinrich von Kleist · Das Erdbeben in Chili

Text: H. v. Kleist. Sämtl. Werke u. Briefe, hrsg. v. Helmut Sembdner, München o. J., Bd. 2, S. 151–167.

Dieses Kapitel erschien auch mit einigen kleineren Änderungen in: Jahrbuch der Deutschen Schillergesellschaft, Jahrg. 5, Stuttgart 1961, S. 102–117. Schrifttum zu „Das Erdbeben in Chili": H. PONGS, in: Das Bild in der Dichtung, Bd. 2, Marburg 1939, S. 152 f. und S. 292 f.; K. O. CONRADY, in: Germ.-Rom. Monatsschr., Neue Folge Bd. IV, 1954, Heft 3, S. 185–195; J. KLEIN, in: Der Deutschunterricht, Jahrg. 8, 1956, Heft 3, S. 5–11. W. KAYSER, Kleist als Erzähler, in: Die Vortragsreise, Bern 1958, S. 169–183, zuerst in: German Life and Letters, Jahrg. 1954. – Letzte Werke über Kleist: F. KOCH, H. v. Kleist, Stuttgart 1958; G. BLÖCKER, H. v. Kleist oder das absolute Ich, Berlin 1960; W. MÜLLER-SEIDEL, Versehen und Erkennen. Eine Studie über H. v. Kleist, Köln/Graz 1961.

3.

Achim von Arnim · Der tolle Invalide auf Fort Ratonneau

Text: Arnims Werke, hrsg. v. J. Dohmke, Leipzig o. J., S. 317–339. Hingewiesen sei auf die vom Verlag Carl Hanser, München, vorbereitete und von W. Migge herausgegebene dreibändige Ausgabe der Romane und Erzählungen Arnims.

Schrifttum zu „Der tolle Invalide": E. FEISE, in: The Journal of English and Germanic Philology, Jahrg. 53, 1954, S. 403–409; W. SILZ, in: Realism and Reality, Chapel Hill 1954, S. 29–35. – Vgl. ferner: F. GUNDOLF, L. A. v. Arnim, in: Romantiker, Berlin-Wilmersdorf 1930, S. 337–374; P. NOACK, Phantastik und Realismus in den Novellen A. v. Arnims, Diss. (Masch.) Freiburg 1952; W. RASCH, A. v. Arnims Erzählkunst, in: Der Deutschunterricht, Jahrg. 7, 1955, Heft 2, S. 38–55;

H. Henel, Arnims „Majoratsherren", in: Weltbewohner und Weimaraner, Ernst Beutler zugedacht, Zürich/Stuttgart 1960, S. 73—104.

4.

Ernst Theodor Amadeus Hoffmann · Rat Krespel

Text: E. T. A. Hoffmanns Werke, hrsg. v. Georg Ellinger, Berlin o. J., 5. Teil: Die Serapionsbrüder, Bd. 1, S. 72—92.
Schrifttum: Eine Interpretation von „Rat Krespel" ist mir nicht bekannt, einzelne Hinweise bei: H. Meyer, Der Typus des Sonderlings in der deutschen Literatur, Amsterdam 1953; W. Harich, E. T. A. Hoffmann, 2 Bde., Berlin 1920; sehr verzerrt bei K. Willimczik, E. T. A. Hoffmann. Die drei Reiche seiner Gestaltenwelt, Berlin 1939; W. Bergengruen, Die Dichter der Deutschen. E. T. A. Hoffmann, Stuttgart 1939; H. Mayer, Die Wirklichkeit E. T. A. Hoffmanns, in: Von Lessing bis Thomas Mann, Pfullingen 1959, S. 198—246.

5.

Georg Büchner · Lenz

Text: G. Büchners Werke und Briefe, hrsg. v. Fritz Bergemann, Wiesbaden 1958, S. 83—111; Büchners Quelle zum „Lenz", die Erzählung Oberlins, erschien zuerst unter dem Titel „Der Dichter Lenz im Steinthale" in der Erwinia 1839, Nr. 1—3, dann bei: August Stöber, Der Dichter Lenz und Friederike von Sesenheim. Aus Briefen und gleichzeitigen Quellen ..., Basel 1842; sie wurde neu abgedruckt in: G. Büchner, Gesammelte Schriften, hrsg. v. Paul Landau, Berlin 1909, Bd. 2, S. 117—130; ferner bei Herbert Thiele, G. Büchners Lenz als sprachliches Kunstwerk, in: Der Deutschunterricht, Jahrg. 8, 1956, Heft 3, S. 59—70.
Schrifttum zu „Lenz": K. Voss, G. Büchners „Lenz", eine Untersuchung nach Gehalt und Formengebung, Diss. Bonn 1922; K. Viëtor, in: Germ.-Rom. Monatsschr., Jahrg. 25, 1937, Heft 1, S. 2—15, auch in seinem Buch: G. Büchner, Politik, Dichtung, Wissenschaft, Bern 1949, S. 159—173; H. Pongs, in: Das Bild in der Dichtung, Bd. 2, Marburg 1939, S. 254—265. A. Schöne, Interpretationen zur dichterischen Gestaltung des Wahnsinns in der deutschen Literatur, Diss. (Masch.) Münster 1952, S. 28—58; G. Baumann, G. Büchner, Lenz. Seine Struktur und der Reflex des Dramatischen, in: Euphorion, Bd. 52, 1958, Heft 2, S. 153—173; vgl. auch G. Baumann: G. Büchner, Die dramatische Ausdruckswelt, Göttingen 1961, S. 118—147. — Ferner H. Mayer, G. Büchner und seine Zeit, Wiesbaden 1946, S. 255—272; A. H. J. Knight, G. Büchner, Oxford 1951, S. 143—157; H. Oppel, Die tragische Dichtung G. Büchners, Stuttgart 1951, S. 24—36.

6.

Adalbert Stifter · Abdias

Text: A. Stifter, Studien II, hrsg. v. Max Stefl, Augsburg 1956, S. 5—104;

A. Stifter, Erzählungen in der Urfassung, hrsg. v. Max Stefl, Augsburg 1952, S. 5—58.

Schrifttum zu „Abdias": H. Pongs, in: Das Bild in der Dichtung, Bd. 2, Marburg 1939, S. 227—230; W. Silz, in: Realism and Reality, Chapel Hill 1954, S. 52—66. W. Kohlschmidt, Leben und Tod in Stifters „Studien", in: Dichtung und Volkstum, Jahrg. 36, 1935, S. 210—230, neu abgedruckt in: W. K., Form und Innerlichkeit, München 1955, S. 210—232; P. Requadt, Nachwort zu Stifters Abdias, in: Vjschr. des A. Stifter-Instituts 6, 1957, S. 3—7; J. Müller, A. Stifter, Weltbild und Dichtung, Halle 1956, S. 118—130; P. Gottwald, Die Revision von Stifters Abdias, Ohio State University, Diss. 1955. — Zur Stifterliteratur überhaupt vgl. die Literaturberichte von E. Lunding, in: Euphorion, Bd. 49, 1955, Heft 2, S. 203—244, K. Vansca, Vjschr. des A. Stifter-Instituts 5, 1956, Folge 1 u. 2, S. 27—31 und P. Requadt, in: Wirk. Wort, Jahrg. 2, 1951/52, Heft 3, S. 160—166.

7.
Gottfried Keller · Der Landvogt von Greifensee

Text: G. Keller, Sämtl. Werke, hrsg. v. Jonas Fränkel, Bd. 9, Zürich und München 1944 = Züricher Novellen, Bd. 1, S. 158—290, krit. Apparat, vor allem S. 340—351; G. Keller, Ges. Briefe, hrsg. v. Carl Helbling, 4 Bde., Bern 1950.

Schrifttum: Eine eingehende Interpretation fehlte bisher. — M. Nussberger, Der Landvogt von Greifensee und seine Quellen, Frauenfeld 1903; Einleitung von B. Fairley zu seiner Ausgabe von Keller, Der Landvogt von Greifensee, Oxford 1945. — Allgemein über Keller: H. Boeschenstein, G. Keller, Grundzüge seines Lebens und Werkes, Zürich 1949; A. Zäch, G. Keller im Spiegel seiner Zeit, Zürich 1952; G. Lukács, G. Keller, in: G. L., Deutsche Realisten des 19. Jahrh., Berlin 1956, S. 146—228, ders., G. Keller, Berlin 1946; P. Ritzler, Das Außergewöhnliche und das Bestehende in G. Kellers Novellen, in: Dtsche. Vjschr., Jahrg. 28, 1954, Heft 3, S. 373—383; A. Hauser, G. Keller, Geburt und Zerfall der dichterischen Welt, Zürich 1959, bes. S. 109—113.

8.
Conrad Ferdinand Meyer · Die Hochzeit des Mönchs

Text: C. F. Meyer, Sämtl. Werke. Hist.-krit. Ausgabe. Besorgt von Hans Zeller und Alfred Zäch. Bd. 12: Novellen II. Bern 1961. S. 5—98. Vgl. auch die Anmerkungen zur Entstehungsgeschichte u. zu den Quellen, S. 246—264. Schrifttum zu „Die Hochzeit des Mönchs": E. Feise, D. H. d. M., eine Formanalyse, in: E. F., Xenion, Baltimore 1950, S. 215—225. R. Mühlher, C. F. Meyer und der Manierismus, in: R. M., Dichtung der Krise. Mythos und Psychologie in deutscher Dichtung des 19. u. 20. Jahrh., Wien 1951, S. 147—230; L. Hohenstein, C. F. Meyer, Bonn 1957.

9.

Wilhelm Raabe · Die Innerste

Text: W. Raabe, Sämtl. Werke, Braunschweiger Ausgabe, Bd. 12, 1955, bearb. v. Hans Butzmann und Hans Oppermann, S. 101—195, ferner: krit. Apparat, dazu S. 493—521.

Schrifttum: Eine Interpretation fehlte bisher. — A. Suchel, Raabes Novelle „Die Innerste" und ihre Quellen, in: W. Raabe-Kalender 1948, S. 15—23; ders., Raabes Novellenkunst, Goslar 1948; E. Winkelmann, Die Quelle zu Raabes „Innerste", in: Mitteilungen der Raabe-Gesellschaft 46, Braunschweig 1959, S. 30—32; G. Lukács, W. Raabe, in: G. L., Deutsche Realisten des 19. Jahrh., Berlin 1956, S. 229—259; G. Meyer, Zum Wesen von Raabes humoristischer Sprachform, in: Jahrbuch der Raabe-Gesellschaft, Braunschweig 1960, S. 77—93; H. Meyer, W. Raabe: „Hastenbeck", in: H. M., Das Zitat in der Erzählkunst, Stuttgart 1961, S. 186—206. — Gesamtdarstellungen Raabes: W. Fehse, Braunschweig 1937, H. Pongs, Heidelberg 1958.

10.

Theodor Storm · Hans und Heinz Kirch

Text: Th. Storm, Sämtl. Werke, hrsg. v. Albert Köster, Leipzig 1921, Bd. 6, S. 51—125; Briefwechsel: P. Heyse und Th. Storm, hrsg. v. G. Plotke, J. München 1917/1918.

Schrifttum: Eine Interpretation bei H. Pongs, in: Das Bild in der Dichtung, Bd. 2, Marburg 1939, S. 234—238. Vgl. ferner über Storm: W. Brecht, Storm und die Geschichte, in: Dtsche. Vjschr., Jahrg. 3, 1925, S. 444—462; F. Stuckert, Idyllik und Tragik in Storms Dichtung, ebd. Jahrg. 15, 1937, S. 513 ff.; Storms Menschendarstellung, in: Dichtung u. Volkstum, Bd. 38, 1937, Heft 4, S. 438—457; ders., Storms novellistische Form, in: Germ.-Rom. Monatsschr., Jahrg. 27, 1939, Heft 1, S. 24—39; W. Kayser, Bürgerlichkeit und Stammestum in der Novellendichtung Storms, Berlin 1938; Th. Mann, in: Adel des Geistes, Frankfurt/M. 1948, S. 506—530, zuerst Berlin 1930; R. Hilbig, Th. Storms „Carsten Curator" und „Hans und Heinz Kirch", ein Beitrag zur Erkenntnis seiner Altersnovellistik, Diss. (Masch.) Greifswald 1950; K. Klöckner, Die Krise der Tradition in der Novelle Storms, Diss. (Masch.) Frankfurt/M. 1955; W. Silz über Storms „Schimmelreiter", in: Realism and Reality, Chapel Hill 1954, S. 117—136; C. A. Berend, Die Erinnerungssituation in der Novellistik Th. Storms, Diss. (Masch.) Heidelberg 1958.

11.

Theodor Fontane · Schach von Wuthenow

Text: Th. Fontane, Gesamtausgabe der erzählenden Schriften, Berlin 1925, Bd. 3, S. 143—298.

Schrifttum: Eine ausführliche Interpretation fehlte bisher. — Aus der

Fontaneliteratur nennen wir: C. WANDREY, Fontane, München 1919; H. SPIERO, Fontane, Wittenberg 1928; TH. MANN, Th. Fontane (Vortrag), Berlin 1930; G. RADBRUCH, Th. Fontane oder Skepsis und Glaube, Leipzig 1945, 2. Aufl. 1948; G. LUKÁCS, Der alte Fontane, in: G. L., Deutsche Realisten des 19. Jahrh., Berlin 1956, S. 260—306; J. KUCZYNSKI, Fontanes Schach von Wuthenow und die Wandlung der deutschen Gesellschaft um die Wende der 70er Jahre, in: Studien über schöne Literatur und politische Ökonomie, 1954, S. 84—96 (geht auf die Dichtung kaum ein); H. RITSCHER, Fontane. Seine politische Gedankenwelt, Göttingen 1953; W. JÜRGENSEN, Th. Fontane im Wandel seiner politischen Anschauungen, in: Die Deutsche Rundschau 84, 1958, S. 561—569; K. LAZAROWICZ, Moral- und Gesellschaftskritik in Th. Fontanes erzählerischem Werk, in: Unterscheidung und Bewahrung. Festschrift für H. Kunisch, Berlin 1961, S. 218—231.

12.

Arthur Schnitzler · Die Toten schweigen

Text: A. Schnitzler, Gesammelte Werke, 1. Abt.: Die erzählenden Schriften, Berlin 1922, Bd. 1, S. 197—219, neu abgedruckt in: A. Schnitzler, Ausgew. Erzählungen, Frankfurt/M. 1950, S. 121—136.

Schrifttum: Eine Interpretation ist mir nicht bekannt. — Vgl. zu Schnitzler den Briefwechsel mit Otto Brahm, hrsg. und eingel. v. O. Seidlin, Berlin 1953, und den mit Georg Brandes, hrsg. v. K. Bergel, Bern 1956. — Von Darstellungen über Schnitzler sei auf die von R. SPECHT, Berlin 1922, und J. KÖRNER, Wien 1921, hingewiesen, auf die Gedenkworte von H. v. HOF-MANNSTHAL zu Schnitzlers 60. Geburtstag, zuerst in: Die Neue Rundschau 1922, Bd. 1, S. 504—505, dann in Hofmannsthals Gesammelten Werken, Prosa IV, Frankfurt/M. 1955, S. 99—100; R. PLAUT, A. Schnitzler als Erzähler, Diss. Basel 1935; E. JANDL, Die Novelle A. Schnitzlers, Diss. Wien 1950; H. CYSARZ, Das Imaginäre in der Dichtung A. Schnitzlers, in: Wissenschaft u. Weltbild 13, 1960, S. 102—112; W. NEUSE, ,,Erlebte Rede" und ,,Innerer Monolog" in den erzählenden Schriften A. Schnitzlers, in: Publications of the Modern Language Association of America Vol. XLIX, 1934, No. 1, S. 327—355. — Zum monologue intérieur: N. MILLER, Erlebte und verschleierte Rede, in: Akzente, Jahrg. 5, 1958, Heft 3, S. 213—226; G. STORZ, Über den ,,Monologue intérieur" oder die ,,Erlebte Rede", in: Der Deutschunterricht, 1955, Heft 1, S. 41—53.

13.

Eduard von Keyserling · Am Südhang

Text: E. v. Keyserling, Gesammelte Erzählungen, Berlin 1922, Bd. 3, S. 211—300.

Schrifttum: Eine Interpretation fehlte bisher. — Zu Keyserling vgl. S. SCHMITT, Keyserling, die Novellen, in: Mitteilungen der literarhistorischen

Gesellschaft Bonn, Jahrg. 5, 1910, S. 255—281; ferner: TH. MANNS Rede
„Zum Tode E. Keyserlings", in: Rede und Antwort, Berlin 1922,
S. 258—263; K. KNOOP, Die Erzählungen E. v. Keyserlings, Marburg
1929; D. BRANDS, Die Erzählform bei E. v. Keyserling, Diss. (Masch.)
Bonn 1950; R. BRINKMANN, Wirklichkeit und Illusion, Studien über
Gehalt und Grenzen des Begriffs Realismus für die erzählende Dichtung
des 19. Jahrh., Tübingen 1957, S. 216—290; I. SAUTER, Menschenbild
und Natursicht in den Erzählungen E. v. K.'s, Diss. Freiburg 1960.

14.

Robert Musil · Die Amsel

Text: R. Musil, Prosa, Dramen, späte Briefe, hrsg. v. Adolf Frisé, Ham-
burg 1957, S. 521—535; auch abgedruckt in: Der Goldene Schnitt, Große
Erzähler der Neuen Rundschau 1890—1960, Frankfurt/M. 1959,
S. 333—346.
Schrifttum: Eine Interpretation ist mir nicht bekannt. Aus dem recht
verstreuten Schrifttum über Musil führen wir an: G. KALOW, R. Musil, in:
Deutsche Literatur im 20. Jahrh., Heidelberg 1954, S. 338—352, 2. Aufl.
1956, S. 311—325; W. RASCH, Erinnerung an R. Musil, in: Merkur,
Jahrg. 9, 1955, Heft 2, S. 148—158; B. ALLEMANN, Ironie und Dichtung,
Pfullingen 1956, S. 177—220; W. BOEHLICH, Untergang u. Erlösung, in:
Akzente, Jahrg. 1, 1954, Heft 1, S. 35—50; I. BACHMANN, Ins tausendjäh-
rige Reich, ebd. S. 50—53; G. BLÖCKER, Die neuen Wirklichkeiten, Berlin
1957, S. 319—328; E. KAISER, Der Mann ohne Eigenschaften: ein
Problem der Wirklichkeit, in: Merkur, Jahrg. 9, 1957, Heft 7, S. 669—687;
E. FISCHER, Das Werk R. Musils. Versuch einer Würdigung, in: Sinn und
Form, Jahrg. 9, 1957, Heft 5, S. 851—901; G. BAUMANN, R. Musil, in:
Germ.-Rom. Monatsschr., Neue Folge Bd. X, 1960, Heft 4, S. 420—442;
H. ARNTZEN, Satirischer Stil. Zur Satire R. Musils im „Mann ohne Eigen-
schaften", Bonn 1960; W. EMRICH, Formen und Gehalte des zeitgenössi-
schen Romans, in: W. E., Protest und Verheißung, Bonn 1960, S. 169—175;
W. GRENZMANN, Der Mann ohne Eigenschaften. Zur Problematik der
Romangestalt, in: R. Musil, Leben, Werk, Wirkung, hrsg. v. K. Dinklage,
Hamburg 1960, S. 49—76; O. PÄCHT, Zur Vorgeschichte des Buches
„Nachlaß zu Lebzeiten", ebda. S. 386—387; A. SCHÖNE, Zum Gebrauch
des Konjunktivs bei Robert Musil, Euphorion, Jahrg. 55, 1961,
S. 196—220.

15.

Franz Kafka · Die Verwandlung

Text: F. Kafka, Erzählungen, Frankfurt/M. 1946, S. 71—142.
Schrifttum: P. L. LANDSBERG, Kafka and the Metamorphosis, Quarterly
Review of Literature 2, 1945, S. 228—236; W. A. MADDEN, A myth of
mediation: Kafka's Metamorphosis, in: Thought 26, 1951, S. 246—266;
D. ANGUS, Kafka's „Metamorphosis" and „The beauty and the beast" tale,

in: The Journal of English and Germanic Philology 53, 1954, S. 69–71; F. D. LUKE, Kafka's „Die Verwandlung", in: Modern Languages Review 46, 1951, S. 232–245; ferner als Wiederholung: The Metamorphosis, in: F. Kafka Today, Maddison 1958, S. 25–44; W. H. SOKEL, Kafkas „Metamorphosis": Rebellion and punishment, in: Monatshefte für deutschen Unterricht, 1956, S. 203–214; R. ULSHÖFER, Die Wirklichkeitsauffassung in der modernen Prosadichtung. Dargestellt an Th. Manns „Tod in Venedig", Kafkas „Verwandlung" und Borcherts „Kurzgeschichten" verglichen mit Goethes „Hermann und Dorothea", in: Der Deutschunterricht, Jahrg. 7, 1955, Heft 1, S. 13–40; F. EDEL, F. Kafka, Die Verwandlung. Eine Auslegung, in: Wirk. Wort, Jahrg. 8, 1957/58, Heft 4, S. 217–226; N. N. HOLLAND, Realism and unrealism, Kafka's „Metamorphosis", in: Modern Fiction Studies 4, 1958, S. 143–150; R. H. LAWSON, Ungeheures Ungeziefer in Kafkas „Die Verwandlung", in: The German Quarterly Review 33, 1960, Heft 3, S. 216–219; J. PFEIFFER, Über F. K.'s Novelle „Die Verwandlung", in: Sammlung 14, 1959, S. 297–302; M. SONNENFELD, Paralleles in „Novelle" (Goethe) and Verwandlung, in: Symposium 14, 1960, S. 221–225. – Ferner im größeren Zusammenhang: CH. NEIDER, Kafka. His Mind and Art, London 1949; C. HESELHAUS, Kafkas Erzählformen, in: Dtsche. Vjschr., Jahrg. 26, 1952, Heft 3, S. 353–376; H. S. REISS, F. Kafka, Heidelberg 1952, bes. S. 144–151; F. BEISSNER, Der Erzähler F. Kafka, Stuttgart 1952; W. EMRICH, F. Kafka, Bonn 1958.

Nachweise

10, 15 v. u. Deutscher Novellenschatz, hrsg. v. Paul Heyse und Hermann Kurz, München o. J. (1871), Bd. 1, S. XIV.

15, 3 v. u. Theodor Mundt, Moderne Lebenswirren, Leipzig 1834, S. 155 ff.

17, 16. J. Kunz, Geschichte der dt. Novelle ..., in: Dt. Philologie im Aufriß, hrsg. v. W. Stammler, Bd. 2, Berlin 1954, Spalte 1832.

17, 12 v. u. H. v. Hofmannsthal, Buch der Freunde, Leipzig 1929, S. 66.

18, 2. Nachrichten von den poetischen Werken des Johannes Boccaccio, in: Friedrich Schlegel, Jugendschriften, hrsg. v. J. Minor, Wien 1906, Bd. 2, S. 412.

34, 3 v. u. Goethes Werke, Weimarer Ausgabe, I. Abt., Bd. 25/2, S. 244.

48, 19. Ebd. S. 234.

52, 7. Brief an Zelter vom 3. Nov. 1812, in: Briefwechsel zw. Goethe u. Zelter i. d. Jahren 1796–1832, Berlin 1833, 2. Theil, S. 45.

71, 5. J. Lesowski im Archiv für das Studium der neueren Sprachen und Literaturen, Jahrg. 65, Braunschweig 1911.

78, 12 v. u. Fr. Th. Vischer, Ästhetik, 1857, Bd. 3, 2. Abschn. S. 1317 ff.

82, 7. Reinhold Steig, A. v. Arnim und die ihm nahe standen, Bd. 3, Stuttgart/Berlin 1904, S. 459.

84, 5. Ludwig Tiecks Schriften, Bd. 4, Berlin 1828, S. 129.

84, 17. Ebd. Bd. 21, Berlin 1853, S. 48.

89, 14 v. u. Brief vom 21. Juni 1796, abgedruckt i. d. Bd. Briefe aus dem Elternhaus, hrsg. v. E. Beutler, Zürich/Stuttgart 1960, S. 712 f.

90, 2. Herman Meyer, Der Typus des Sonderlings in der deutschen Literatur, Amsterdam 1953, S. 78.

97, 1. E. T. A. Hoffmanns Werke, hrsg. v. G. Ellinger, Berlin o. J., 5. Teil, S. 124.

97, 10 v. u. Ebd., 10. Teil, S. 65.

104, 11 v. u. Vgl. Gerh. Baumann, in: Euphorion Bd. 52, 1958, S. 162/64.

124, 10 v. u. Wolfgang Kayser, Das Groteske, Oldenburg/Hamburg 1957, S. 38; vgl. ferner S. 198 f.

149, 14. Neuauflage der Biographie von David Heß, erschien mit Einleitung von Eduard Korrodi, Zürich 1912.

155, 14 v. u. Brief an Adolf Exner v. 27. Aug. 1875, in: G. Keller, Ges. Briefe, hrsg. v. C. Helbling, Bd. 2, Bern 1951, S. 245.

169, 16 v. u. Brief an Berthold Auerbach v. 25. Juni 1860, ebd. Bd. 3, 2, Bern 1953, S. 195.

177, 8 v. u. Brief an Friedrich von Wyß v. 13. Dez. 1883, in: Briefe C. F. Meyers, hrsg. v. A. Frey, Leipzig 1908, Bd. 1, S. 90.

179, 10. Brief an Paul Heyse v. 12. Nov. 1884, ebd. Bd. 2, S. 340.

181, 3. Brief an Betsy Meyer v. 10. Dez. 1883, zitiert in: C. F. Meyer, Sein Leben u. s. Werke, v. A. Frey, 2. Aufl. Stuttgart/Berlin 1909, S. 328.

188, 19 v. u. Vgl. Storms Briefe an Paul Heyse v. 4. Jan. 1885, in: Th. Storm, Ein rechtes Herz. Sein Leben in Briefen, darg. v. B. L. Loets, Leipzig 1945, S. 462.

197, 6. Brief Meyers an Hermann Haessel v. 1. Nov. 1884, in: Briefe C. F. Meyers, hrsg. v. A. Frey ..., Bd. 2, S. 120 f.

197, 8. Brief Meyers an François Witte v. 16. Nov. 1883, ebd. Bd. 1, S. 167.

198, 10. Vgl. „Bemerkungen für Badende", in: Neues Hannöverisches Magazin von 1800—03, Spalte 1137—64 des 71. Stückes v. 4. Sept. 1801.

199, 13 v. u. Raabes Werke, Berlin-Grunewald, 3. Serie, Bd. 6, S. 584.

200, 14 v. u. sowie 203, 20. Ebd. S. 573 u. 584.

215, 4. Brief Raabes an Frau Gertrud Schneider-Enges v. 28. Okt. 1902, in: In alls gedultig, Briefe W. Raabes, hrsg. v. W. Fehse, Berlin 1940, S. 364.

217, 8 v. u. Walther Brecht, Storm und die Geschichte, in: Dtsche. Vierteljahrsschr., Jahrg. 3, 1925, das Zitat S. 447 f.

222, 15. Brief an Keller v. 27. Nov. 1882, in: Der Briefw. zw. Th. Storm u. G. Keller, hrsg. ... v. A. Köster, 3. Aufl. Berlin 1909, S. 157.

227, 2. Brief an Paul Heyse v. 2. Okt. 1884, in: Der Briefw. zw. P. Heyse u. Th. Storm, hrsg. ... v. G. J. Plotke, Bd. 2, München 1918, S. 119.

227, 13. Brief Kellers an Storm v. 21. Nov. 1882, in: Briefw. Storm / Keller ... S. 155.

227, 19. Brief Kellers an Storm v. 5. Jan. 1883, ebd. S. 163.

228, 6. Brief an Keller v. 27. Nov. 1882, ebd. S. 158.

228, 14 v. u. Brief an Erich Schmidt v. 15. Dez. 1882, in: Ein rechtes Herz ... S. 442.

231, 11 v. u. Brief an Paul Heyse v. 15. Nov. 1882, in: Briefw. Heyse / Storm ... Bd. 2, S. 53.

237, 23 v. u. Brief an Mathilde v. Rohr v. 11. Aug. 1878, in: Ges. Werke v. Th. Fontane, 2. Serie, Bd. X, hrsg. v. O. Pniower u. P. Schlenther, Berlin 1910, S. 390 f.

237, 14 v. u. Brief an Julius Grosser v. 31. Jan. 1882, in: Th. Fontane, Briefe an die Freunde, hrsg. v. H. Fricke, 2. Bd., Berlin 1943, S. 351 f.

237, 3 v. u. Brief an Wilhelm Friedrich v. 19. Jan. 1883, in: Ges. Werke ... Bd. XI, (= Briefe 2. Sammlg., 2. Bd.) S. 84.

238, 9. Brief an Graf Philipp zu Eulenburg v. 23. April 1881, ebd. S. 42.

238, 12. Brief an seine Frau v. 25. März 1880, in: Ges. Werke ... 2. Serie, Bd. VI, Berlin 1904, S. 286.

238, 26. Brief an seinen Sohn Theo v. 9. Okt. 1889, in: Th. Fontane, Heiteres Darüberstehen. Familienbriefe ... hrsg. v. Fr. Fontane, Berlin 1937, S. 235.

239, 5. Brief an seine Frau v. 19. Juni 1882, in: Ges. Werke ... 2. Serie, Bd. VIII, Berlin 1904, S. 8.

261, 3 v. u. in: Gespräche mit Kafka ... v. Gustav Janouch, Frankfurt (Main) 1951, S. 91.

263, 1 v. u. Brief von G. Brandes an Schnitzler v. 19. Okt. 1911, in: G. Brandes u. A. Schnitzler, Ein Briefwechsel, hrsg. v. K. Bergel, Bern 1956, S. 103.

270, 5 v. u. Brief von G. Brandes an Schnitzler v. 11. März 1906, ebd. S. 91.

280, 14. Thomas Mann, in: Rede und Antwort, Berlin 1922, neuerdings in: Ges. Werke in 12 Bdn., Frankfurt (Main) 1960, Bd. 10.

291, 8. Über die Liebe, von E. Graf Keyserling, in: Die Neue Rundschau, Berlin 1907, Bd. 1, S. 129—140, das Zitat S. 135.

307, 18. Tagebuch v. Febr. 1914 — Aug. 1914, in: Robert Musil, Tagebücher, Aphorismen, Essays und Reden, hrsg. v. Adolf Frisé, Hamburg 1955, S. 168.

310, 1 v. u. Kleines Notizheft a. d. Jahren 1916—1918, ebd. S. 183.

317, 6 v. u. Literarische Chronik (1914), ebd. S. 685.

318, 8. Frühe Studien u. „Ideenblätter", in: Robert Musil, Der Mann ohne Eigenschaften, hrsg. v. Adolf Frisé, Hamburg 1952, S. 1636.

321, 11 u. 18. Franz Kafka, Tagebücher 1910—1923, New York (1957), S. 297; vgl. Briefe 1902—1924, Frankfurt (Main) (1948), S. 390 u. 434.

325, 13. Vgl. Wolfgang Kayser, Das Groteske, S. 160.

327, 12. Franz Kafka, Briefe, S. 136; 331, 18 v. u. Tagebücher, S. 462; 331, 3 v. u. Briefe, S. 344 ff.; 343, 5. Tagebücher, S. 351.